GESTÃO DO CONHECIMENTO

GESTÃO DO CONHECIMENTO

Organizador
Fábio Câmara Araújo de Carvalho
Professor da ESPM, PUC-SP, FIAP e SENAC-SP
Doutorando em engenharia de produção pela Escola Politécnica da USP

PEARSON

abdr
Respeite o direito autoral

© 2012 by Pearson Education do Brasil

Todos os direitos reservados. Nenhuma parte desta publicação poderá ser reproduzida ou transmitida de qualquer modo ou por qualquer outro meio, eletrônico ou mecânico, incluindo fotocópia, gravação ou qualquer outro tipo de sistema de armazenamento e transmissão de informação, sem prévia autorização, por escrito, da Pearson Education do Brasil.

Diretor editorial: Roger Trimer
Gerente editorial: Sabrina Cairo
Coordenadora de produção editorial: Thelma Babaoka
Editora de texto: Daniela Braz
Coordenadora de texto: Thelma Guimarães
Redação: Yuri Bileski
Revisão: Renata Siqueira de Campos
Capa: Alexandre Mieda
Editoração eletrônica e diagramação: Globaltec Artes Gráficas Ltda.

Dados Internacionais de Catalogação na Publicação (CIP)
(Câmara Brasileira do Livro, SP, Brasil)

Gestão do conhecimento / Fábio Câmara Araújo de Carvalho. -- São Paulo : Pearson, 2012.

Bibliografia.
ISBN 978-85-7605-885-4

1. Administração de empresas 2. Conhecimento 3. Criatividade
I. Carvalho, Fábio Câmara Araújo de

11-13745   CDD-658.001

Índice para catálogo sistemático:
1. Conhecimento : Gestão : Administração de empresas 658.001
2. Gestão do conhecimento : Administração de empresas 658.001

Dezembro 2014
Direitos exclusivos para a língua portuguesa cedidos à
Pearson Education do Brasil,
uma empresa do grupo Pearson Education
Rua Nelson Francisco, 26, Limão
CEP: 02712-100 – São Paulo – SP
Fone: (11) 2178-8686 – Fax: (11) 2178-8688
e-mail: vendas@pearson.com

SUMÁRIO

Prefácio vii
Apresentação ix

Parte 1 **Panorama geral da gestão do conhecimento**

Capítulo 1 Definições essenciais

Introdução 4
   O conhecimento 4
   A gestão do conhecimento 15

Capítulo 2 Ambiente externo, gestão e sistemas

Introdução 40
   Ambiente externo 41
   Gestão 47
   Sistemas e tecnologias de apoio à gestão 48

Parte 2 **Práticas de gestão**

Capítulo 3 Gestão estratégica

Introdução 60
   O conhecimento em pontos estratégicos 60
   Balanced scorecard: ferramenta estratégica do conhecimento 75

Capítulo 4 Gestão da informação

Introdução 90
   Organizando dados e informações 91
   A base de conhecimento 97
   Utilização inteligente de STICs 103

Capítulo 5   Gestão de processos
Introdução 112
    Descrição de processos.. 112
    Mensuração de processos... 123
    Gerenciamento de processos... 127

Capítulo 6   Gestão de projetos
Introdução 140
    Projetos, processos e criação de conhecimento 140
    Práticas de conhecimento na gestão de projetos 151

Capítulo 7   Gestão do capital humano
Introdução 166
    O capital humano e sua gestão 166
    Práticas de conhecimento na gestão do capital humano...... 168

Capítulo 8   Gestão de clientes
Introdução 188
    Gestão, clientes, relacionamento, conhecimento................... 188
    Gestão, clientes, processos, conhecimento 196
    A inteligência competitiva focada no cliente 207

Capítulo 9   Gestão da inovação
Introdução 220
    O que é inovação?.. 220
    Por que e para que inovar?... 233
    Como inovar? 237

Parte 3   Síntese e desfecho

Capítulo 10   Rumo à capacitação
Introdução 256
    Conhecimento organizacional: da gestão para a capacitação 258
    Capacitação do conhecimento: uma jornada destinada à inovação......... 286

PREFÁCIO

Entendemos que toda organização possui alguma prática relacionada à gestão do conhecimento. Este livro tem por objetivo identificar e desenvolver práticas – tanto já existentes como mais recentes – que potencializem a criação de novos conhecimentos com o intuito de manter e/ou ampliar, de modo sustentável, uma posição competitiva da organização em seus negócios e mercados.

Esta obra pretende desmistificar a gestão do conhecimento em termos de práticas de gestão que podem ser trabalhadas em qualquer organização. Entendemos que, de modo formal ou informal, as organizações já fazem uso de práticas em gestão estratégica, da inovação, de clientes, do capital humano, da informação, de processos e projetos; e que muitas dessas práticas perpassam a gestão do conhecimento organizacional.

O grande desafio, então, é identificar tais práticas de conhecimento, definir suas metas e descobrir não apenas como adquirir conhecimento, mas também como desenvolvê-lo internamente, compartilhá-lo, utilizá-lo, preservá-lo e mensurar seus resultados de modo tangível (financeiramente, por exemplo) ou intangível (desenvolvimento de pessoas).

Como representações simplificadas de uma realidade, os modelos e práticas de conhecimento são descritos neste livro e poderão ser utilizados na realidade de sua organização para garantir o sucesso nos objetivos e resultados projetados.

A mudança é a principal certeza nos mercados. Nesse contexto, abordaremos um conteúdo desafiador para o seu negócio.

Desejo boa leitura! Que este livro inspire novos conhecimentos e modelos em negócios para a sua organização.

Prof. Fábio Câmara Araújo de Carvalho

APRESENTAÇÃO

Em algum momento da vida estudantil, todos nós já tivemos um professor inesquecível. Alguém capaz de tornar atraentes os mais áridos temas, lançando mão de exemplos e imagens instigantes. Esse professor especial tinha o dom de falar com simplicidade sobre coisas complicadas. Não porque desrespeitasse nossa inteligência, nem porque caísse na armadilha da simplificação. Mas porque sabia que palavras claras são sinal de respeito pelo interlocutor. Como escreveu o filósofo Friedrich Nietzsche em *A gaia ciência*: "Aquele que se sabe profundo esforça-se por ser claro, aquele que deseja parecer profundo à multidão esforça-se para ser obscuro".

O professor que ficou gravado na nossa memória buscava, ainda, o equilíbrio entre o saber teórico dos livros e o saber prático do cotidiano, que dia após dia revisa e atualiza o anterior. Acima de tudo, era um professor que valorizava nosso conhecimento prévio e, guiando-nos com paciência pelos novos conteúdos, fazia com que nos sentíssemos capazes de superar as dificuldades e aprender sempre mais.

Nós, da Pearson Education do Brasil, também tivemos professores assim. E foi com inspiração neles que criamos a Academia Pearson, uma coleção de livros-texto que apresentam os mais importantes conteúdos curriculares do ensino superior de um jeito diferente. Leve e atraente, porém fundamentado na mais rigorosa pesquisa bibliográfica. Claro e didático, porém tão aprofundado quanto exige o debate universitário. Sintonizado com as mais recentes tendências, mas sem deixar de lado os saberes tradicionais que resistiram à passagem do tempo.

Outro diferencial importante da Academia Pearson é que seus livros foram pensados especificamente para o graduando brasileiro. Isso vem preencher uma importante lacuna no mercado editorial, que até agora só oferecia duas opções. De um lado, os livros-texto estrangeiros (a maioria norte-americanos), muitos deles excelentes, mas elaborados para uma realidade diferente da nossa. Tal limitação tornava-se particularmente grave nas áreas em que é preciso conhecer leis, mercados, regulamentos ou sistemas oficiais que variam de país para país. Do outro lado, tínhamos as obras de autores nacionais — escassas e, na maioria das vezes, desatualizadas e pouco abrangentes. Portanto, ao lançar a Academia

Pearson, abraçamos o desafio de unir o melhor desses dois tipos de bibliografia: a contemporaneidade e solidez das edições estrangeiras e o foco na nossa realidade que as edições brasileiras permitem.

Por fim, uma última originalidade desta coleção diz respeito à extensão dos livros-texto. Buscamos oferecer uma alternativa prática e econômica aos gigantescos volumes que tradicionalmente compõem a bibliografia básica dos cursos. Para tanto, apostamos numa única fórmula: objetividade. Todos os pontos importantes de cada área são abordados, com a profundidade e a precisão necessárias, mas sem perda de tempo com redundâncias ou detalhes supérfluos.

Uma estrutura pensada para a sala de aula

Em relação à estrutura, os livros-texto da Academia Pearson foram pensados especialmente para o uso em sala de aula. Cada capítulo representa uma aula completa sobre o assunto que aborda, podendo ser examinado em um ou mais dias, a critério do professor. Para facilitar o processo de ensino e aprendizagem, foram incluídos os seguintes elementos didáticos:

- **perguntas introdutórias** — elas indicam os objetivos de aprendizagem do capítulo e direcionam a leitura, levando o aluno a se concentrar nos conceitos mais importantes;
- **boxes de hipertexto** — situados nas margens, eles acrescentam curiosidades, explicações adicionais, sugestões de leitura e outros detalhes, sem interromper o fluxo de leitura do texto principal;
- **seção "Estudo de caso"** — alguns capítulos são finalizados com um estudo de caso, isto é, uma situação real para os estudantes examinarem e elaborarem propostas de intervenção;
- **seção "Saiu na imprensa"** — os capítulos que não são finalizados com estudo de caso trazem matérias atuais da imprensa a respeito dos assuntos abordados, sempre acompanhadas por questões de análise e reflexão;
- **seção "Na academia"** — esta é a seção de atividades propriamente dita; nela, os alunos são convidados a realizar variados trabalhos de fixação e aprofundamento, individualmente ou em grupo;
- **seção "Pontos importantes"** — esta seção, a última do capítulo, resume os principais pontos estudados, o que a torna a fonte ideal para uma consulta ou revisão rápida.

Por todas essas características, temos certeza de que os livros da Academia Pearson serão importantes aliados de professores e graduandos. E é assim que esperamos dar nossa contribuição para que o ensino superior brasileiro alcance uma qualidade cada vez mais elevada.

Na Sala Virtual do livro (sv.pearson.com.br), professores e estudantes têm acesso a materiais adicionais que facilitam tanto a exposição das aulas como o processo de aprendizagem.

Para o professor:

- Apresentações em PowerPoint

Esse material é de uso exclusivo dos professores e está protegido por senha. Para ter acesso a ele, os professores que adotam o livro devem entrar em contato com seu representante Pearson ou enviar e-mail para universitarios@pearson.com.

Para o estudante:

- Links úteis

PARTE I
PANORAMA GERAL DA GESTÃO DO CONHECIMENTO

Nesta primeira parte do livro, composta pelos capítulos 1 e 2, convidamos você a conhecer os principais conceitos e teorias que fundamentam e direcionam a prática da gestão do conhecimento. No Capítulo 1, além de definirmos as diferenças entre dado, informação e conhecimento, apresentaremos as principais ideias que embasam a teoria de Ikujiro Nonaka e Hirotaka Takeuchi, considerados os pais da gestão do conhecimento. No Capítulo 2, você conhecerá também o mapa que estrutura nossa abordagem prática. Ele é dividido em três etapas, representando os principais níveis que influenciam a transmissão e a criação de conhecimento da organização para seu ambiente e vice-versa.

Capítulo 1

DEFINIÇÕES ESSENCIAIS

Neste capítulo, abordaremos as seguintes questões:
- Qual a diferença entre dado, informação e conhecimento?
- Qual a diferença entre conhecimento tácito e conhecimento explícito?
- Como surgiu a gestão do conhecimento?
- O que é o modelo SECI?
- O que significa "processo *middle-up-down*" e "organização em hipertexto"?
- O que é *ba*?
- Onde a gestão do conhecimento pode ser aplicada?

Introdução

Como as letras grandes da capa devem tê-lo feito deduzir, neste livro abordaremos a gestão do conhecimento. Trata-se de um assunto muito em voga nas últimas décadas, que, embora possa ser mais velho que você, está longe de ser arcaico. É claro que isso pode soar contraditório com um mundo no qual as atualizações diárias de produtos, serviços e pessoas nos levam a crer que o novo já nasce obsoleto. Mas, acredite, poucas coisas estão tão sincronizadas com as inovações da chamada "era da informação" quanto a gestão do conhecimento.

Outra acertada dedução que você já deve ter feito diz respeito à função específica deste capítulo. É verdade: apresentaremos aqui algumas definições essenciais que nos servirão de base não só para a instrutiva leitura deste livro, mas também — e este é nosso objetivo maior — para contribuir com seu bom desempenho no âmbito organizacional.

Para tanto, achamos por bem dividir este capítulo introdutório em duas partes. Na primeira, faremos o possível para definir o conceito de conhecimento de forma explícita, diferenciando-o de outros dois importantes termos: dado e informação. Na segunda, abordaremos alguns pontos fundamentais da gestão do conhecimento (GC), como sua história, o processo de criação do conhecimento, os contextos e as práticas que possibilitam o melhor desempenho da GC e seu campo de aplicação.

O conhecimento

Uma coisa interessante sobre o conhecimento é que, independentemente do contexto, ele não é fácil de definir. Certamente você sabe *o que é* conhecimento. O conceito deve estar bem claro na sua mente. Mas você sabe *explicar* o que é conhecimento? Isso é mais difícil. Consola-nos o fato de que desde Platão e Aristóteles, passando por Descartes e Locke, até os filósofos mais atuais, o conhecimento tem motivado um número extraordinariamente grande de discussões e gerado uma imensurável diversidade de material intelectual que, apesar de seu inquestionável valor, não parece próximo de uma conclusão. Além disso, como veremos mais adiante neste capítulo, antes de denotar algum tipo de fracasso de nossa parte, a incapacidade de explicar por completo o conhecimento é uma característica essencial do conhecimento em si (ou, pelo menos, de uma parte importantíssima dele).

Tal incapacidade não nos impede de traçar algumas definições que facilitarão nosso trabalho com o conhecimento no âmbito organizacional. Para começar, faremos algumas distinções básicas entre dado, informação e conhecimento.

> O segundo capítulo do livro Criação de conhecimento nas empresas *(NONAKA; TAKEUCHI, 1997)* apresenta de forma breve, mas muito interessante, o percurso da epistemologia (estudo do conhecimento) ao longo da filosofia ocidental. Esse resumo mostra como a visão de alguns filósofos — sobretudo Descartes — influencia ainda hoje nosso pensamento e, é claro, muitas teorias administrativas elaboradas ao longo do século XX.

Dado, informação e conhecimento

Sabemos que não é o seu caso, mas o que estamos prestes a dizer pode representar um trauma para leitores mais frágeis. Isso porque, apesar de simples, as revelações feitas a seguir podem mudar profundamente alguns paradigmas. Como não é nosso intuito causar mal a ninguém, aconselhamos cautela e atenção na leitura das próximas linhas:
- dado não é informação;
- informação não é conhecimento;
- conhecimento não é dado.

Não podemos negar que, lidas dessa maneira, essas ideias parecem extraordinariamente óbvias. Mas, muito provavelmente, você também vai acabar concordando que não são raras as vezes em que dado, informação e conhecimento são despudoradamente usados como sinônimos. Vejamos algumas considerações de Davenport e Prusak (1998, p. 1 e 2, grifo do original) a esse respeito:

> A confusão entre dado, informação e conhecimento — em que diferem e o que *significam* — gera enormes dispêndios com iniciativas de tecnologia que raramente produzem resultados satisfatórios. [...] Por mais primário que possa soar, é importante frisar que dado, informação e conhecimento não são sinônimos. O sucesso ou o fracasso organizacional pode depender de se saber qual deles precisamos, com qual deles contamos e o que podemos ou não fazer com cada um deles. Entender o que são esses três elementos e como passar de um para o outro é essencial para a realização bem-sucedida do trabalho ligado ao conhecimento.

Para que não haja mais esse tipo de confusão, vamos nos aprofundar um pouco em cada um desses três elementos.

Dado

Uma definição bem pontual sobre dado pode ser a seguinte: *dado* é o registro de um evento. Se pensarmos em uma "hierarquia do conhecimento", comparada à informação e ao conhecimento, o dado é o menor e o mais simples elemento do sistema. Trata-se de uma unidade indivisível e extremamente objetiva, além de abundante. Por causa disso, o dado é o elemento mais fácil de ser manipulado e transportado — considerando tanto um meio de transporte mais concreto (de um lugar para outro) como um mais abstrato (de um sistema para outro ou de uma pessoa para outra).

Essas características muitas vezes levam algumas pessoas menos íntimas do conteúdo deste livro a darem um valor exacerbado aos dados. Um valor até místico ou oracular, por assim dizer. Vejamos o que Davenport e Prusak (1998, p. 3) dizem a respeito:

> Às vezes, as empresas acumulam dados por serem factuais e, portanto, criarem a ilusão de exatidão científica. Junte dados suficientes, prossegue o argumento, e decisões objetivamente corretas se autossugerirão automaticamente.

Essa afirmação nos faz lembrar de uma velha anedota na qual se diz que, se mil macacos forem trancados em uma sala com mil máquinas de escrever durante um determinado tempo, eles escreverão uma obra literária como *Hamlet*. Pois bem, no mundo real, os macacos não escreverão *Hamlet* — da mesma forma, os dados não farão brotar decisões objetivamente corretas automaticamente.

Isso não quer dizer que os dados não sejam importantes. Todas as organizações precisam de dados, em maior ou menor quantidade, para alcançar seus objetivos. Pensemos, por exemplo, em uma ficha cadastral. Em geral, ela nada mais é que um conjunto de dados como nome, idade, endereço, telefone etc.; mas você pode imaginar a relevância que esses dados podem ter para uma escola, um hospital ou um banco. Além disso (e também por isso), os dados são matéria-prima essencial para a criação da informação. Entretanto, um ponto fundamental que às vezes não é levado em conta é que o dado *não tem significado inerente* (DAVENPORT; PRUSAK, 1998, p. 3).

Para entender melhor o que isso quer dizer, vamos voltar à nossa definição: o dado é o registro de um evento. Um evento pode ser registrado de diversas maneiras, gerando, assim, diversos dados. Tomemos como exemplo a compra de um aparelho de televisão. A partir desse evento, os dados que podem ser gerados são: quando a compra foi feita; em que loja ela aconteceu; quanto foi pago pelo aparelho; como foi feito o pagamento; que modelo de TV o cliente levou; etc. Isolados em si, esses dados não dizem nada sobre as razões pelas quais o cliente escolheu aquela loja para efetuar a compra, ou por que ele levou determinado aparelho e não outro. Eles também *não informam* se o cliente foi bem atendido ou não, se ele voltaria à loja, se compraria outro produto da mesma marca da televisão. Ou seja, questões importantes relacionadas a áreas como marketing, logística e produção, por exemplo.

Antes de abordarmos o conceito de informação, façamos duas analogias (que, na verdade, são uma só):

- um dado é como uma semente;
- um dado é como um átomo.

Informação

Não há mistério algum na conversão de um dado em informação. Podemos considerar o contexto como grande diferencial nesse processo; assim, uma definição bem simples pode ser: informação é um conjunto de dados dentro de um contexto. (O conceito de contexto será abordado com o devido aprofundamento mais adiante; por ora, ficaremos apenas com uma noção superficial necessária para nossa abordagem à informação.)

Tomemos como exemplo um evento registrado qualquer: chove. O que isso quer dizer? Basicamente, que água está caindo do céu e nada mais. Perceba que não há um significado inerente ou uma interpretação própria no registro desse evento. Acrescentemos, então, algo mais: são 16 horas e chove em Manaus. Ou então: são 16 horas e chove em São Paulo. Se perguntarmos agora o que isso quer dizer, talvez, você — leitor brasileiro, minimamente esclarecido sobre as condições climáticas das regiões Norte e Sudeste do país e sobre os hábitos dos moradores dessas duas cidades — já terá extraído um significado de pelo menos uma dessas frases. Podemos imaginar que, considerando a chuva como um evento cotidiano, um manauara vai marcar seus compromissos para antes ou depois da chuva, ao passo que um paulistano vai tentar (invariavelmente, em vão) sair mais cedo do trabalho para não ficar preso em algum engarrafamento.

A partir dessas situações hipotéticas, vemos que o contexto desempenhou papel fundamental para diferenciar o mesmo dado (a ocorrência de chuva). Podemos reconhecer também que esse contexto contava com outros dados: uma cidade (dado geográfico) e um horário (dado cronológico). Há, portanto, mais de um ou dois dados em questão. Isso indica que a informação depende de um conjunto de dados.

Um conjunto de dados, no entanto, pode não passar de um acúmulo de coisas sem significado. Isso porque, diferentemente da chuva, o significado não é um fenômeno da natureza que simplesmente acontece. É preciso a implicação de pelo menos um sujeito para que o conjunto de dados seja coordenado de forma significativa.

Voltando à nossa situação hipotética, lembre que os enunciados "São 16 horas e chove em Manaus/São Paulo" podem ser interpretados de maneiras diferentes por um manauara, por um paulistano ou por você. Por outro lado, mesmo conhecendo 13 palavras diferentes para definir a neve, um esquimó isolado no coração do Alasca muito possivelmente não encontrará nenhum significado nessas duas frases.

Isso indica que, além do conjunto de dados, é importante para a definição do contexto uma determinada carga subjetiva. Dessa maneira, uma definição mais elaborada para *informação* é a seguinte: um conjunto de dados com determinado significado para o sistema (CARVALHO, 2000).

Apesar de, como dissemos, conter uma determinada carga subjetiva, a informação não pode ser algo decifrável apenas por um sujeito específico. Ao contrário, ela deve poder ser codificada de diversas maneiras (como um e-mail, um enunciado verbal, uma placa etc.); ou seja, ela deve ser tangível para um grupo de pessoas, podendo ser acumulada, processada e compartilhada.

O compartilhamento, aliás, é de suma importância no que diz respeito à informação e ao conhecimento, como apontam Nonaka e Takeuchi (1997, p. 63):

> *Davenport e Prusak (1998) caracterizam a informação como mensagem. Nonaka e Takeuchi (1997) tratam-na como fluxo de mensagens. Seja como for, as duas abordagens pressupõem que a informação se relaciona à interação entre emissor e receptor. Nesse sentido, é importante destacar que, embora a conversão de dados em informação se dê quando o criador da informação dá um significado a eles, é o receptor (e não o emissor) que determina se a mensagem recebida configura-se ou não como informação. Como Davenport e Prusak ilustram: "Um memorando repleto de divagações pode ser considerado 'informação' por seu redator, porém tido como puro ruído pelo receptor. A única mensagem que ele pode comunicar com sucesso é uma mensagem involuntária sobre a qualidade da inteligência ou do discernimento do emitente" (1998, p. 4).*

A informação proporciona um novo ponto de vista para a interpretação de eventos ou objetos, o que torna visíveis significados antes invisíveis ou lança luz sobre conexões antes inesperadas. Por isso, a informação é um meio ou material necessário para extrair e construir o conhecimento.

Nas organizações, há dois canais pelos quais as informações são transmitidas (DAVENPORT; PRUSAK, 1998):

- a rede *hard*: esse canal caracteriza-se por uma infraestrutura bem definida que, atualmente, é cada vez mais baseada em tecnologia (cabos de fibra ótica, servidores, computadores, antenas etc.), mas que também conta com serviços mais tradicionais como correios, entregas expressas, informes, jornais etc.;
- a rede *soft*: nesse segundo canal, é mais difícil encontrar uma estrutura formal ou mesmo perceber que se está utilizando um canal. Isso porque uma rede *soft* é circunstancial: ela pode se estabelecer, por exemplo, em uma reunião com a equipe, em uma conversa durante o cafezinho, ou até mesmo no *happy hour* depois do expediente.

Um aspecto essencial da informação – muitas vezes relegado a segundo plano nas empresas – é que ela, assim como o conhecimento, é criada de forma dinâmica nas interações sociais entre os sujeitos. Por essa razão, tanto a informação quanto o conhecimento são considerados relacionais e específicos ao contexto (NONAKA; TAKEUCHI, 1997). Porém, com frequência testemunhamos as empresas enfatizarem a rede *hard* e a tecnologia em detrimento do aspecto humano. Não estamos dizendo que a tecnologia não seja importante; de fato, ela o é – sobretudo em empresas modernas. Contudo, embora computadores sejam capazes de armazenar e processar informações com agilidade e segurança, é preciso um cérebro bem humano para avaliar sua qualidade e direcioná-las de maneira útil – caso contrário, corre-se o risco de informar ao esquimó que está chovendo em Manaus (ou em São Paulo).

O desequilíbrio no binômio tecnologia e cérebro humano também pode ocorrer quanto à avaliação da informação. Com base em Nonaka e Takeuchi (1997), bem como em Davenport e Prusak (1998), podemos dizer que há duas maneiras de avaliar a informação. A primeira é a *avaliação quantitativa*, ou *sintática*, na qual o foco está sobre o fluxo de informação. As perguntas mais comuns nesse tipo de avaliação dizem respeito a números: "Quantas contas de e-mail a empresa tem?", "Quantas mensagens enviamos ou recebemos?", "Em quanto tempo?" etc.

Em suma, é uma avaliação que não deixa de ter sua importância – sobretudo para áreas ligadas à gestão da informação –, mas que pode ser perigosa nas mãos de gerentes ou diretores facilmente impressionáveis com grandes números. Isso porque eles, em geral, tendem a se maravilhar ou a se desesperar com a extensão dos dígitos e se esquecem da outra avaliação, a *qualitativa* ou *semântica*.

Nesse segundo tipo de avaliação, como podemos deduzir, o importante é a qualidade da informação, ou seja, seu significado. O que realmente pesa nesse caso é a *utilidade* da informação. Em geral, as perguntas são assim: "Essa informação vai me ajudar a encontrar uma solução ou a tomar alguma decisão?", "O que o meu subordinado ou meu superior precisam saber?", "Isso é relevante?" etc.

É fácil perceber que avaliações quantitativas/sintáticas podem ser facilmente executadas por computadores, enquanto as qualitativas/semânticas dependem profundamente de um julgamento humano. É justamente por causa disso que o segundo tipo de avaliação é mais importante para as organizações e para a criação e a gestão do conhecimento. Para que você tenha uma ideia clara, pense que a avaliação qualitativa/semântica pode impedir que sua empresa desperdice tempo e dinheiro informando ao esquimó isolado no Alasca que está chovendo em São Paulo (ou em Manaus).

Nesse sentido, Krogh, Ichijo e Nonaka (2001, p. 40) afirmam:

> Decerto, a tecnologia da informação é útil, talvez indispensável na empresa moderna. Mas os sistemas de informação são de utilidade limitada [...]. As habilidades humanas que impulsionam a criação de conhecimento têm muito mais a ver com relacionamentos e com construção de comunidades do que com bancos de dados, e as empresas precisam investir em treinamento que enfatize o conhecimento emocional e a interação social. Sozinhos, os investimentos em tecnologia da informação não fazem acontecer a empresa que cria conhecimento.

Para resumir o raciocínio até agora, vamos retomar nossas duas analogias antes de seguirmos para a tentativa de definir o conhecimento:

- se o dado é uma semente, a informação é um jardim;
- se o dado é um átomo, a informação é uma cadeia de carbono.

Conhecimento

Neste ponto, vale lembrar que uma das funções deste livro é ajudar você, audaz leitor, a desmistificar os fundamentos da gestão do conhecimento. Dessa maneira, para evitarmos discussões labirínticas, faremos agora um recorte preciso e pragmático, definindo *conhecimento* como a informação que, devidamente tratada, muda o comportamento do sistema (DAVENPORT, 1998). Subentendem-se nessa definição dois aspectos essenciais para nossa abordagem sobre o conhecimento.

O primeiro insere-se na condição de "devidamente tratada" da informação. Em linhas gerais, isso quer dizer que o conhecimento é o resultado de um processamento da informação complexo e altamente subjetivo. Ao ser absorvida, ela interage com processos mentais lógicos e não lógicos, experiências anteriores, *insights*, valores, crenças, compromissos e inúmeros outros elementos que subjazem na mente do sujeito. Conscientemente ou não, ele usa seu aparato psíquico para trabalhar a informação e, a partir daí, tomar uma decisão de acordo com o contexto no qual ele está inserido. Nesse sentido, o conhecimento se configura nessa tomada de decisão.

Muito próximo a essa conclusão, o segundo aspecto insere-se na questão de "mudar o comportamento". O que subjaz aqui é que o conhecimento está ligado à ação – ele existe e serve para fazer algo. Sob tal perspectiva, o conhecimento é um poderoso agente transformador.

Dessa característica, podemos depreender um terceiro aspecto fundamental do conhecimento: sua fluidez. Embora possa até ser cristalizada como um artigo, um manual ou um interessantíssimo livro sobre gestão do conhecimento, a natureza do conhecimento não é estática — pelo menos, não como nós a apresentamos aqui —; ao contrário, ela é dinâmica e fluida. O conhecimento pode transformar nossa visão sobre a realidade tanto quanto pode transformar nossa visão sobre ele mesmo, dependendo do contexto em que estamos inseridos, das escolhas que fazemos e das informações que temos à mão.

Esses três aspectos justificam a atual importância do conhecimento na busca constante pela inovação nas organizações modernas. Nonaka e Takeuchi (1997, p. 63, com grifos do original) sintetizaram-nos da seguinte forma:

> [...] o conhecimento, ao contrário da informação, diz respeito a *crenças e compromissos*. O conhecimento é uma função de uma atitude, perspectiva ou intenção específica. [...] o conhecimento, ao contrário da informação, está relacionado à *ação*. É sempre o conhecimento "com algum fim". [...] Consideramos o conhecimento como *um processo humano dinâmico de justificar a crença pessoal com relação à "verdade".*

Isso vai nos bastar para uma definição básica do conhecimento. O Quadro 1.1 resume as características básicas dos termos tratados neste tópico, e a Figura 1.1 mostra a linha evolutiva que transpassa cada um deles.

No próximo tópico, vamos nos aprofundar um pouco mais na questão abordando a diferença entre conhecimento explícito e tácito. Antes, porém, finalizemos nossas analogias:

Quadro 1.1 Características básicas de dado, informação e conhecimento.

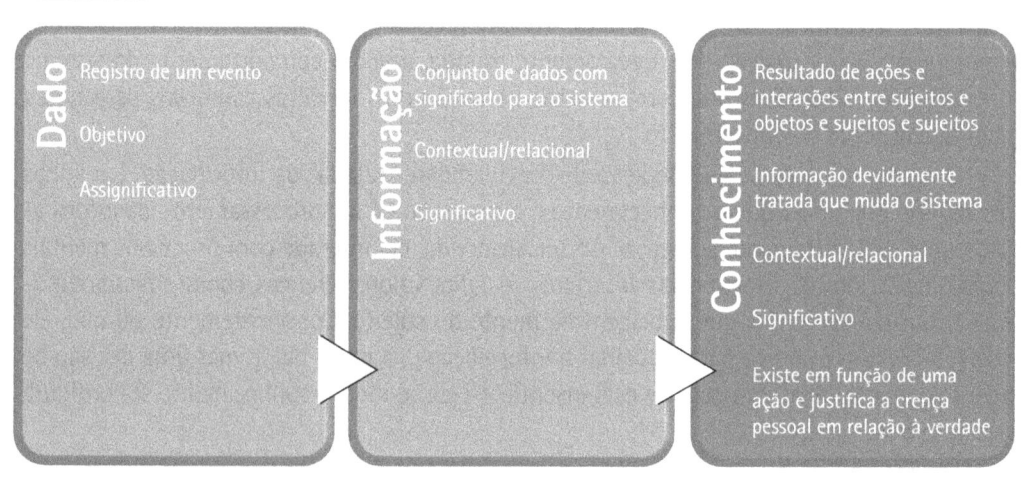

Dado	Informação	Conhecimento
Registro de um evento	Conjunto de dados com significado para o sistema	Resultado de ações e interações entre sujeitos e objetos e sujeitos e sujeitos
Objetivo	Contextual/relacional	Informação devidamente tratada que muda o sistema
Assignificativo	Significativo	Contextual/relacional
		Significativo
		Existe em função de uma ação e justifica a crença pessoal em relação à verdade

Figura 1.1 Desenvolvimento do dado em informação e desta em conhecimento (baseada em CARVALHO, 2008).

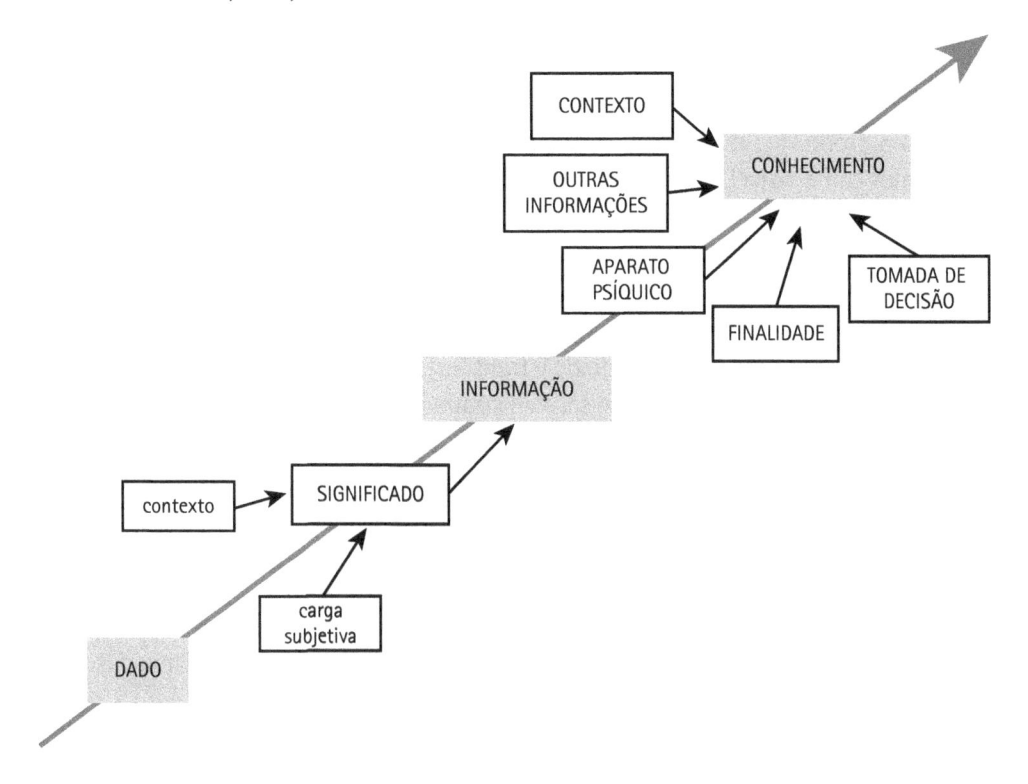

- o dado é uma semente. A informação é um jardim. O conhecimento é a Floresta Amazônica;
- o dado é um átomo. A informação é uma cadeia de carbono. O conhecimento é o DNA.

Dois componentes do conhecimento: explícito e tácito

Baseados na distinção feita por Michael Polanyi em *The tacit dimension* (1966), Nonaka e Takeuchi (1997) definiram a abordagem dada à análise do conhecimento dentro da gestão do conhecimento. Segundo eles, o conhecimento é formado por uma estrutura ambígua, ou paradoxal, na qual podemos identificar dois componentes aparentemente opostos: o conhecimento tácito e o conhecimento explícito. Em relação às teorias administrativas que existiam até então, essa abordagem é determinante para a inovação apresentada pela gestão do conhecimento, porque ele revela e instaura novos paradigmas para as organizações modernas.

É claro que, antes de falarmos de novos paradigmas e de relações com outras teorias administrativas, convém tratarmos das definições essenciais de conhecimento explícito e conhecimento tácito.

Conhecimento explícito

Como o próprio termo "explícito" sugere, esse componente do conhecimento é o que identificamos como visível ou tangível. De modo geral, podemos entendê-lo como o conhecimento codificado em linguagem. Por isso, ele apresenta uma estrutura formal e sistêmica, o que facilita sua transmissão de um indivíduo para outro e confere a ele um caráter mais impessoal.

Trata-se de um conhecimento cristalizado que pode ser transmitido por palavras, números, fórmulas etc.; pode ser armazenado e transportado em artigos, manuais, livros, planilhas, banco de dados etc.; pode, enfim, ser ministrado em aulas e palestras.

Nesse sentido, o *conhecimento explícito* é mensurável, além de ser mais racional e teórico. Você pode visualizar melhor esse conceito entendendo que o conhecimento explícito necessário para fazer um bolo, por exemplo, está contido na receita desse bolo.

Conhecimento tácito

O *conhecimento tácito* não é um conhecimento palpável, muito menos explicável. Ele é profundamente pessoal e, por isso, muito mais difícil de ser compartilhado. Uma das definições usadas por Nonaka e Takeuchi (2008a, p. 19) para conhecimento tácito é:

> O conhecimento tácito [...] é altamente pessoal e difícil de formalizar, tornando-se de comunicação e compartilhamento dificultoso. As intuições e os palpites subjetivos estão sob a rubrica do conhecimento tácito. O conhecimento tácito está profundamente enraizado nas ações e na experiência corporal do indivíduo, assim como nos ideais que ele incorpora.

Longe de intelectual e teórico, o conhecimento tácito é empírico e prático. Seu contexto é o do aqui e agora. Sua configuração aborda as sensações e emoções do indivíduo, bem como suas crenças, intuições, habilidades e experiências informais, modelos mentais e percepções. Em linhas gerais, o conhecimento tácito determina grande parte de nossa visão de mundo sem que nem ao menos percebamos e, muitas vezes, corresponde a um conhecimento que nós temos e ignoramos ou não sabemos explicar.

Assim, se antes consideramos o conhecimento explícito como uma receita de bolo, devemos entender agora que o conhecimento tácito necessário para fazer o bolo está na prática e na ponderação de detalhes, como uma pitada de certo ingrediente, ou o ponto em que as claras batidas ficam em neve. Uma maneira mais clara ainda é compreender o conhecimento tácito como andar de bicicleta — essa analogia funciona bem para indicar o aspecto empírico, corporal e pessoal do conhecimento tácito. Nenhumas das analogias, contudo, exprime muito bem seu aspecto mutável. O conhecimento tácito é fluido e adaptável ao contexto. Por isso ele não pode ser ensinado facilmente — embora possa ser aprendido a partir de relações pessoais. Assim, talvez fique mais claro se pensarmos no conhecimento explícito como uma partitura musical e no tácito como os improvisos de uma banda de jazz.

Apesar das dificuldades que esse componente do conhecimento impõe às tentativas de definição ou de explicação, podemos discernir nele duas dimensões: a *técnica* e a *cognitiva* (NONAKA; TAKEUCHI, 2008b).

Na primeira, encontramos as habilidades difíceis de serem discernidas. São técnicas que nós incorporamos inconscientemente graças a nossas experiências. Por isso, podemos considerá-las habilidades informais.

Nesse caso, como em quase todos, o futebol pode ilustrar a questão. Consideremos o Pelé. Nenhuma escolinha de futebol no mundo vai ensinar você ou seus filhos a terem aquela habilidade magistral com a bola. Se tivéssemos a oportunidade de perguntar a ele como fazia o que fazia — isto é, como ele sabia onde deveria estar, aonde deveria ir, como driblava os adversários e chutava a bola da maneira correta para marcar o gol —, o Edson provavelmente diria que esse era o tipo de coisa que o Pelé simplesmente fazia.

Para resumir, a dimensão técnica pode ser englobada em grande parte pelo termo *know-how*. Elementos como *insights*, intuições, palpites e inspirações adquiridas por meio da experiência corporal estão profundamente atrelados a essa dimensão.

A segunda dimensão, a cognitiva, é constituída pelas nossas crenças, percepções, ideais, valores, emoções e modelos mentais. Tais elementos estão tão entranhados em nós que comumente os consideramos naturais, como se tivéssemos nascidos com eles. Ignoramos, assim, que eles foram adquiridos e moldados ao longo de nossas vidas e também foram determinados por nossas escolhas (sobretudo, as inconscientes). Paradoxalmente, esses elementos também são responsáveis pela forma como vemos ou moldamos o mundo e, em consequência, pelas escolhas (inconscientes e conscientes) que fazemos.

Sobre a dimensão cognitiva do conhecimento tácito, Nonaka e Takeuchi (1997, p. 66) afirmam:

> Os modelos mentais, como esquemas, paradigmas, perspectivas, crenças e pontos de vista, ajudam os indivíduos a perceberem e definirem seu mundo. [...] É importante observar aqui que os elementos cognitivos do conhecimento tácito referem-se às imagens da realidade e visões para o futuro de um indivíduo, ou seja, "o que é" e "o que deveria ser".

No Quadro 1.2, resumimos as principais características dessas dimensões.

Quando falamos em experiência corporal, não podemos reduzir a questão às experiências que resultaram em cortes na pele ou ossos quebrados. Em nossas vidas, muitas vezes a descoberta de que o fogão pode ser perigoso acontece em decorrência de queimaduras e bolhas na mão durante a primeira infância. Antes dessas consequências físicas, houve uma tomada de decisão e um tipo de processo de tentativa e erro. Na maior parte dos casos, são esses dois elementos que embasam nosso aprendizado informal e, portanto, a dimensão técnica do conhecimento tácito.

Quadro 1.2 As duas dimensões do conhecimento tácito.

	Conhecimento tácito	
Dimensão	Técnica	Cognitiva
Ponto-chave	*Know-how*	Modelos mentais
Elementos	*Insights*, intuições, palpites, inspirações, experiências corporais	Esquemas, paradigmas, perspectivas, crenças, valores, emoções, pontos de vista, ideais
Resultado	Habilidades informais	Visão de mundo, "o que é" e "o que deveria ser"

Dois em um

Agora que já vimos os dois componentes do conhecimento (resumidos no Quadro 1.3), gostaríamos de deixar algo bem claro e, por isso, pedimos que você se concentre na leitura das próximas linhas.

- O conhecimento não é só explícito.
- O conhecimento não é só tácito.
- O conhecimento é explícito e tácito.

Quadro 1.3 Dois componentes do conhecimento (baseado em NONAKA; TAKEUCHI, 1997, p. 67).

Conhecimento explícito	Conhecimento tácito
Objetivo	Subjetivo
Conhecimento da racionalidade (mente)	Conhecimento da experiência (corpo)
Conhecimento sequencial (lá e então)	Conhecimento simultâneo (aqui e agora)
Conhecimento digital (teoria)	Conhecimento análogo (prática)
Receita de bolo *Partitura de música*	*Andar de bicicleta* *Improvisos de jazz*

Por ser racional, objetivo e facilmente mensurável, o conhecimento explícito, em geral, tende a ser mais valorizado pelas pessoas e empresas. Afinal, além de ser mais visível, é mais fácil de ser trabalhado e manipulado. Embora seja de extrema importância, ele, contudo, é apenas uma fração menor do conhecimento.

Já o conhecimento tácito costuma ser ignorado, não apenas por ser mais complexo ou porque temos dificuldade em encontrar uma aplicação prática para ele, mas, sobretudo, porque culturalmente somos conduzidos a trabalhar com estruturas lógicas e sistêmicas e a identificar os paradoxos como erros.

Essa afirmação, contudo, não pode ser generalizada. Afinal, o conhecimento tácito é muito valorizado em mercados essencialmente intangíveis, como esportes, artes, mídias em geral e alguns serviços especializados. Muitas vezes, isso leva a uma situação completamente avessa à que colocamos anteriormente. No texto de um crítico sobre uma pintura abstrata, por exemplo, dificilmente você encontrará elementos relacionados ao conhecimento explícito.

A tendência a ignorar o conhecimento tácito nas empresas ainda é grande, porém, aos poucos, muitas organizações vêm descobrindo que ele não é nenhum bicho de sete cabeças e que está presente o tempo todo em nosso cotidiano. A intuição, por exemplo, já é aceita por muitos como um elemento importante nas tomadas de decisão. Você pode saber mais sobre isso lendo o seguinte artigo da Folha de S.Paulo: <http://bit.ly/xBiNJi>.

A gestão do conhecimento

Agora que já discernimos alguns conceitos fundamentais para a gestão do conhecimento, é sobre ela que focaremos nossa atenção. Para tanto, as propostas desta seção são simples: nossa primeira tarefa é conhecer as origens da gestão do conhecimento; depois, devemos abordar o funcionamento da criação do conhecimento nas organizações; em seguida, apresentaremos algumas considerações sobre as práticas e o contexto propícios à criação e à gestão do conhecimento; por fim, indicaremos onde essa gestão deve ser aplicada.

De onde vem a gestão do conhecimento?

Após a Segunda Guerra Mundial, a sociedade mudou gradativamente o foco da indústria para os serviços e, em seguida, para a informação. Peter Drucker foi um dos primeiros teóricos a entender, ainda nos anos 1960, que o conhecimento serviria de base para os setores de produção, serviços e informações e que caberia às organizações o papel de criar conhecimentos de diversas maneiras para continuarem ativas (DRUCKER, 1994). Os termos "trabalho do conhecimento", "trabalhador do conhecimento" e "sociedade do conhecimento", cunhados por ele, deixam bem clara sua visão sobre a importância do conhecimento nas organizações de negócios modernas. Vejamos, por exemplo, a seguinte afirmação (DRUCKER, 1991, p. 69):

O maior desafio com o qual os gerentes dos países desenvolvidos se deparam é aumentar a produtividade dos trabalhadores do conhecimento e da área de serviços. Tal desafio, que dominará a agenda gerencial durante várias das próximas décadas, acabará determinando o desempenho competitivo das empresas. Mais importante, determinará a própria estrutura da sociedade e a qualidade de vida de todos os países industrializados.

Drucker também considerou, por um lado, que as habilidades não podem ser explicadas por palavras, mas podem ser aprendidas pela experiência, e, por outro, que métodos científicos permitem a conversão de experiências em sistemas, histórias em informações e habilidades em algo capaz de ser aprendido e ensinado. Dessa forma, um considerável avanço de seu pensamento reflete-se no que podemos entender como um esboço da conversão do conhecimento tácito em explícito. Contudo, Drucker não se aprofundou o suficiente na importância da interação humana para esse processo de conversão e compartilhamento de conhecimento.

O autor austríaco apontou, ainda, a administração da autotransformação como desafio vital para as novas organizações. Segundo ele, três pontos são essenciais para que a organização seja capaz de abandonar o conhecimento obsoleto e aprenda a criar novos conhecimentos:

1. ela deve melhorar continuamente suas atividades como um todo;
2. ela deve desenvolver novas aplicações a partir de seus próprios sucessos;
3. ela deve promover a inovação contínua como um processo organizado.

Nos estudos das *organizações que aprendem*, nos quais Peter Senge merece grande destaque, a necessidade de mudança contínua nas organizações também é de suma importância. Em geral, essa teoria compreende o aprendizado como composto por duas atividades:

- a primeira é a obtenção de *know-how* com o intuito de usar as premissas existentes na organização para resolver problemas específicos;
- a segunda é o estabelecimento de novos paradigmas, modelos mentais ou perspectivas que anulem as premissas existentes, dando lugar a novas premissas.

Houve, é claro, além de Drucker e Senge, outros teóricos que ajudaram a conferir ao conhecimento a posição de protagonista nas novas teorias administrativas e organizacionais. Entretanto, preferimos manter sua atenção focada no assunto deste livro a fazer uma lista de nomes e teorias que, embora interessante, pouco nos ajudará agora. Basta, então, entender que as teorias de Drucker e Senge foram importantes para criar o cenário propício ao surgimento da gestão do conhecimento.

A gestão do conhecimento, como a entendemos aqui, veio ao mundo em 1991 nas páginas de "The knowledge-creating company", um artigo de Ikujiro Nonaka publicado na *Harvard Business Review*, que, em 1995, serviu como base para um livro homônimo (lançado no Brasil como *Criação de conhecimento na empresa*, da editora Campus) escrito pelo mesmo autor e por Hirotaka Takeuchi. Além de ocupar posição privilegiada em nossas cabeceiras, esse livro estrutura as bases do processo de criação e disseminação de conhecimento dentro das organizações — isto é, a essência da gestão do conhecimento. No próximo tópico, vamos abordar esse processo e alguns detalhes relacionados a seu funcionamento.

A criação de conhecimento

As teorias anteriores se concentravam em mostrar como as organizações processam informações a partir do ambiente externo para se adaptar a novas circunstâncias. A *teoria da criação do conhecimento*, por outro lado, concentra-se em como as organizações podem criar conhecimento dentro delas mesmas, e usá-lo para inovar não só seus processos e produtos, mas também o próprio meio no qual se inserem. Assim, afirmam Nonaka e Takeuchi (1997, p. 61):

> Quando as organizações inovam, elas não só processam informações, de fora para dentro, com o intuito de resolver os problemas existentes e se adaptar ao ambiente em transformação. Elas criam novos conhecimentos e informações, de dentro para fora, a fim de redefinir tanto os problemas quanto as soluções e, nesse processo, recriar seu meio.

Para tanto, o primeiro passo dos autores foi definir a distinção entre conhecimento explícito e conhecimento tácito, como você mesmo deve se lembrar. Segundo eles, "o segredo da criação do conhecimento está na mobilização e na conversão do conhecimento tácito" (NONAKA; TAKEUCHI, 1997, p. 62). O processo que permite essa mobilização e conversão é composto por quatros modos que se alternam em um movimento de espiral, como veremos a seguir.

Quatro modos de conversão do conhecimento

Uma vez que estamos falando de criação de conhecimento, você provavelmente já deve ter considerado que o conhecimento não é algo que simplesmente existe por aí *a priori*. De fato, para um termo abstrato, ele apresenta algumas características bem orgânicas; por exemplo, ele começa (é criado), desenvolve-se (é convertido) e, depois de ser utilizado ou consumido, invariavelmente acaba (é aniquilado por outro conhecimento recém-criado). Foi assim com os dinossauros, foi assim com os chapéus-coco e foi assim também com os desenhos animados da Disney antes da Pixar. No entanto, como gostamos de repetir, essas coisas simplesmente não acontecem sozinhas.

O conhecimento sempre começa com um indivíduo. Invariavelmente, as relações que um indivíduo estabelece com outro promovem a troca de algum tipo de conhecimento tácito, como um *know-how* ou uma crença. Essa *socialização* é uma interação que configura a primeira conversão do conhecimento. Temos, então, uma *conversão de conhecimento*

> A conversão de conhecimento tácito → conhecimento tácito não é obrigatoriamente feita por meio da linguagem. Ela pode ser feita por meio da observação, da imitação e também da prática. É o caso, por exemplo, das relações mestre-aprendiz. O essencial para a aquisição de conhecimento tácito é a experiência compartilhada entre indivíduos. Sem isso, é praticamente impossível que alguém consiga se projetar no processo de raciocínio de outra pessoa.

tácito para conhecimento tácito. A partir dessa experiência empírica, produz-se um *insight*, o embrião de um novo conceito.

Em seguida, quando houver um grupo de indivíduos comovidos em torno do mesmo conhecimento, que ainda é tácito, a tendência é que a interação entre eles (conversas, discussões e reflexões) leve a uma *externalização* do conhecimento. Trata-se de cristalizar o conhecimento tácito de cada um na criação de um novo conceito. Em outras palavras, é a *conversão do conhecimento tácito em conhecimento explícito*.

Segundo Nonaka e Takeuchi (1997, p. 73), a chave para a criação do conhecimento reside nessa conversão, pois é aqui que são criados os conceitos novos e explícitos a partir do conhecimento tácito. Não se trata, contudo, de um processo simples, como apontam os mesmos autores em outra obra (2008b, p. 62):

> [A externalização] É a quintessência do processo de criação do conhecimento, no qual o conhecimento tácito torna-se explícito, tomando a forma de metáforas, analogias, conceitos, hipóteses ou modelos. Quando tentamos conceituar uma imagem, expressamos a sua essência principalmente na linguagem [...]. Ainda assim, as expressões são frequentemente inadequadas, inconsistentes e insuficientes. Essas discrepâncias e falhas entre as imagens e as expressões, no entanto, ajudam a promover a "reflexão" e a interação entre indivíduos.

Os autores (NONAKA; TAKEUCHI, 1997, p. 75) indicam que a eficácia e a eficiência dessa conversão dependem do cumprimento de três etapas: metáfora, analogia e modelo. Na *metáfora*, fazemos associações livres entre conceitos, abstratos ou não, e formamos uma rede de novos conceitos. Esse processo criativo e cognitivo revela incoerências e contradições inerentes à associação de conceitos diversos, mas também, a partir disso, esboça um novo conceito. Tais contradições são harmonizadas na *analogia*, um processo de associação mais estruturado e lógico que se baseia nas semelhanças estruturais e/ou funcionais entre duas coisas. Nesse segundo processo, o novo conceito desprende-se dos anteriores e ganha autonomia, tornando-se explícito. Assim ele pode ser finalmente modelado, isto é, transposto em um *modelo* lógico no qual não haja contradições e os conceitos e proposições sejam expressos em linguagem sistemática e lógica coerente. Isso não significa que o modelo seja uma representação absoluta da realidade e de suas especificidades, muito pelo contrário: em geral, nas organizações, os modelos não passam de representações ou esquemas simplificados de determinada realidade.

Uma vez que um grupo de indivíduos explicitou o conhecimento por meio de um novo conceito, cabe à organização disponibilizar esse conhecimento explícito de modo que todos os demais grupos sejam capazes de fazer a *combinação* desse conhecimento explícito com outros que já existem em seu ambiente interno e externo. Assim, eles poderão combinar os conjuntos de conhecimentos explícitos e sistematizar cada conceito em um sistema de conhecimento.

A esta altura, já deve ter ficado bem visível para você que estamos falando da *conversão de conhecimento explícito em conhecimento explícito*. Esse processo acontece com extrema frequência nas organizações, afinal, nós trocamos e combinamos conhecimentos por meio de documentos, telefonemas, e-mails, reuniões etc. Como você pode perceber, as redes de comunicação computadorizadas e as bases de dados são, portanto, ferramentas que podem facilitar muito esse processo.

Cabe ressaltar que a combinação não diz respeito apenas a juntar conhecimentos; ela também pode incluir a decomposição de conceitos, como afirmam Nonaka e Toyama (2008, p. 97):

> Decompor um conceito, como a visão corporativa em negócio operacionalizado ou conceitos de produtos, cria ainda mais conhecimento sistêmico explícito.

Isso acontece porque, depois de decompostos, os conceitos são combinados a outros, seguindo um processo semelhante ao que apresentamos anteriormente quando falamos sobre a externalização.

A combinação é um processo que viabiliza a disseminação do conhecimento dentro da organização. No entanto, para que isso aconteça com sucesso é preciso que haja a *internalização* do conhecimento. Isso significa que a organização deve, por um lado, processar o conhecimento explícito e, por outro, capacitar o indivíduo de modo que ele seja capaz não só de assimilar esse conhecimento, mas também de incorporá-lo a seu conhecimento tácito. Estamos falando, portanto, de uma *conversão de conhecimento explícito em conhecimento tácito*.

Nessa etapa da criação do conhecimento, a elaboração de manuais e documentos é fundamental para o processamento do conhecimento explícito, ao passo que programas de treinamento e estágios ajudam na capacitação do indivíduo. O estabelecimento de uma comunicação clara e direta é importante para o processo como um todo.

A internalização tem o objetivo de permitir a criação de novos modelos mentais e a expansão do *know-how* do indivíduo. Para isso, além dos métodos citados no parágrafo anterior, também são válidas outras práticas que possibilitem a incorporação do novo conhecimento, como, por exemplo, uma simulação, a leitura de uma história de sucesso ou o estudo de um caso.

Em linhas gerais, o que nós acabamos de apresentar aqui foram os quatro modos de conversão de conhecimento segundo o modelo SECI (Socialização, Externalização, Combinação e Internalização), de Nonaka e Takeuchi. É de suma importância deixar claro que a dinâmica desse modelo não é nem em linha reta nem em círculo, mas em espiral, como afirmam Nonaka e Toyama (2008, p. 98, com grifo do original):

> É importante observar que o movimento através dos quatros modos de conversão do conhecimento forma uma *espiral*, e não um círculo. Na espiral da criação do conhecimento, a interação entre o conhecimento tácito e o conhecimento explícito é amplificada por meio de quatro modos de conversão do conhecimento. A espiral torna-se maior em escala à medida que sobe para os níveis ontológicos.

Faz bem aclarar que, por "níveis ontológicos", devemos entender as entidades criadoras de conhecimento, a saber: o indivíduo, o grupo, a organização e a interorganização. Nessa sequência, podemos identificar uma progressão do conhecimento tácito para o explícito; contudo, não devemos desconsiderar que o movimento de espiral pressupõe uma volta constante e, portanto, tal progressão não acontece em linha reta.

Para finalizar este tópico, a Figura 1.2 mostra uma representação do modelo SECI, o Quadro 1.4 expõe os principais pontos de cada modo de conversão do conhecimento, e a Figura 1.3 ilustra a ascensão da espiral da criação do conhecimento de acordo com o eixo ontológico e epistemológico.

Processo *middle-up-down* e organização em hipertexto

Independentemente da teoria administrativa ou organizacional na qual se encaixe ou do modelo de gestão que adote, uma hora ou outra a organização depara com a criação de um novo conhecimento acontecendo dentro de si mesma. Em incontáveis casos, essa criação ocorre de maneira inesperada, acidental e, consequentemente, imprevisível. Para não cair em

Figura 1.2 Representação do modelo SECI (baseada em NONAKA; TOYAMA, 2008).

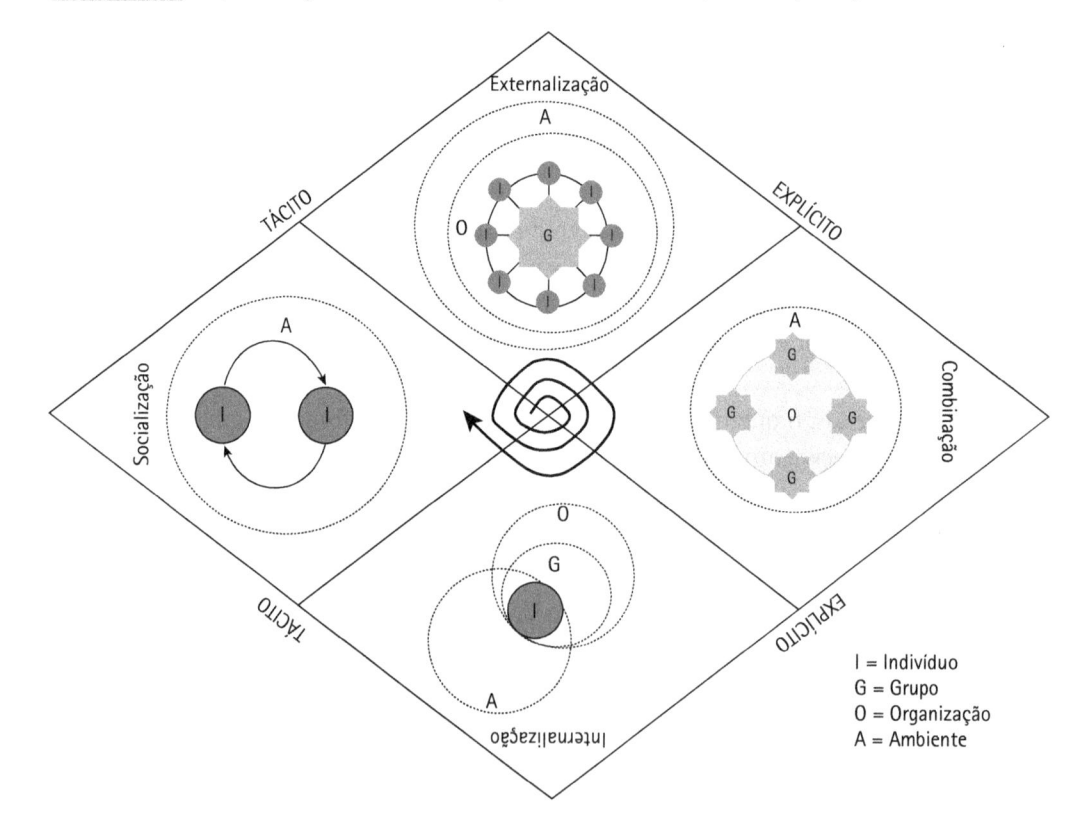

I = Indivíduo
G = Grupo
O = Organização
A = Ambiente

Quadro 1.4 Visão geral do modelo SECI.

	MODO DE CONVERSÃO			
	SOCIALIZAÇÃO	EXTERNALIZAÇÃO	COMBINAÇÃO	INTERNALIZAÇÃO
DE/PARA	Tácito/Tácito	Tácito/Explícito	Explícito/Explícito	Explícito/Tácito
FATORES CRIATIVOS	Construção do campo de interação	Diálogo e reflexão coletiva significativos	Associação dos conhecimentos explícitos	Aprender fazendo
CONTEÚDO CRIADO	Conhecimento compartilhado	Conhecimento conceitual	Conhecimento sistêmico	Conhecimento operacional
FERRAMENTAS CRIATIVAS	Diálogo, observação, imitação e prática	Metáfora, analogia e modelo	Sistemas de comunicação e banco de dados	Treinamentos, simulações, histórias de sucesso
RESUMO	Experiência empírica	Construção de conceito	Decomposição e associação de conceitos	Ampliação do conhecimento tácito
ENTIDADES CRIADORAS ENVOLVIDAS	Indivíduo/Indivíduo	Indivíduo/Grupo	Grupo/Organização	Organização/Indivíduo

clichês, evitaremos a analogia com uma gravidez não programada, mas devemos ressaltar que a imprevisibilidade, nesse caso, também pode ter efeitos negativos, como a falta de preparo em assimilar o novo conhecimento e fazê-lo atuar eficientemente em todas as áreas da organização.

Por outro lado, é claro que a gestão do conhecimento não torna a organização capaz de criar conhecimento com hora marcada. O que ela faz é propiciar a gestão sistêmica do processo de criação de conhecimento. Quando não acontece "no susto", esse processo tende a ser mais eficaz e eficiente para todos os envolvidos. Nesse sentido, além dos processos de conversão do conhecimento, também é preciso levar conta a elaboração do ambiente mais adequado para a criação do conhecimento organizacional. Nonaka e Takeuchi (1997) indicam dois pontos-chaves para esse ambiente: o processo gerencial *middle-up-down* e a estruturação da organização em hipertexto.

Figura 1.3 Espiral da criação do conhecimento organizacional (baseada em NONAKA; TAKEUCHI, 1997).

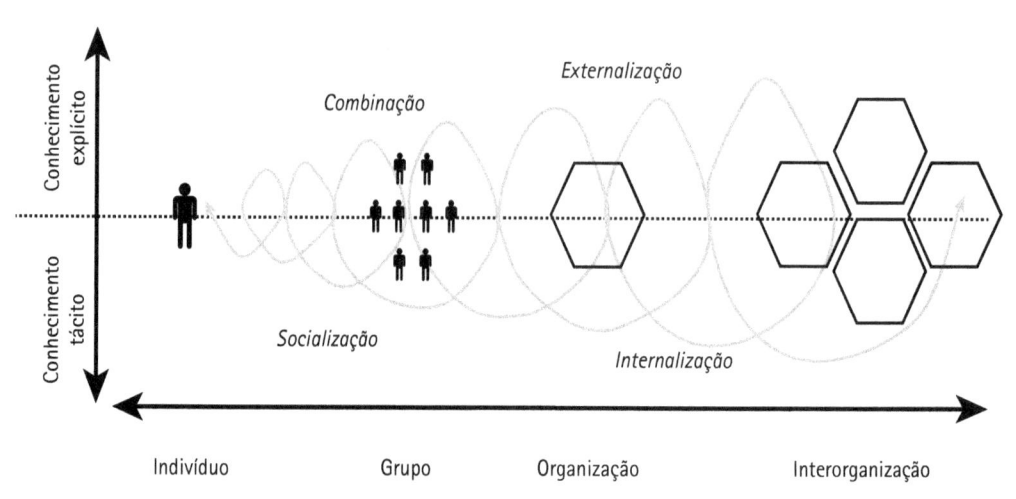

Em linhas gerais, o gerenciamento *middle-up-down* é uma síntese e uma superação dos modelos *top-down* e *bottom-up*. Como você já deve saber, *top-down* é um modelo hierárquico clássico na administração que molda a organização como uma pirâmide. Em outras palavras, dados e informações são filtrados à medida que sobem a pirâmide até chegarem à diretoria ou à alta gerência. Os executivos então criam planos e ordens que fazem o caminho inverso, descendo a hierarquia rumo aos níveis inferiores. Na linha de frente, o nível mais baixo, a execução das ordens superiores, é tido como tarefa de rotina.

Nesse esquema, dá-se mais importância ao conhecimento que é criado na alta cúpula e transmitido da organização para os grupos e indivíduos na forma de ordens. Dessa forma, os processos de conversão de conhecimento mais desenvolvidos são a combinação e a internalização, ou seja, trabalha-se mais com o conhecimento explícito.

O modelo *bottom-up*, por outro lado, seria uma espécie de antítese do *top-down*: a hierarquia e a divisão de trabalho dão mais espaço para a autonomia. Os funcionários da linha de frente têm mais liberdade no processo de criação e controle de conhecimento — mas, obviamente, isso só acontece de forma coordenada com os objetivos finais da organização. Nesse modelo, os altos gerentes ou diretores dão menos ordens e instruções, servindo mais como "patrocinadores do empreendedorismo" dos funcionários da linha de frente. Dessa maneira, a criação de conhecimento tende a focar mais o conhecimento tácito.

A valorização excessiva da autonomia como princípio operacional, contudo, pode acarretar a falta de interação entre os membros e grupos da organização, prejudicando a disseminação e o compartilhamento do conhecimento.

A superação desses modelos, proposta pelo *middle-up-down*, consiste em entender que o conhecimento é criado de cima para baixo e de baixo para cima, de acordo com as interações entre conhecimento tácito e explícito que vimos há pouco. Considerar as especificidades dos conhecimentos criados pela linha de frente e pela alta gerência também é fundamental para a dinâmica desse modelo. Vejamos algumas considerações de Nonaka e Takeuchi (1997, p. 16) a esse respeito:

> Os funcionários da linha de frente estão diariamente imersos nos detalhes de determinada tecnologia, produtos ou mercados específicos. [...] Faz sentido dar-lhes liberdade, pois não há maior especialista na realidade dos negócios de uma empresa do que eles.
>
> [...]
>
> Os gerentes seniores proporcionam senso de direção criando conceitos gerais para identificar as características comuns, que associam atividades ou negócios aparentemente díspares, em um todo coerente.

A análise dos autores mostra que, na linha de frente, os indivíduos têm uma noção mais clara *do que é* a organização, o que ela faz e como é vista. Assim, eles também estão mais familiarizados com os problemas, internos ou externos, que a organização enfrenta no meio em que atua. Porém, muitas vezes eles encontram dificuldade em transformar tais informações em conhecimentos práticos, ou porque suas perspectivas não alcançam o contexto global da organização, ou porque o mercado apresenta sinais muito ambíguos e vagos, ou, então, porque eles não conseguem comunicar de maneira válida seus *insights* àqueles que estão em outro contexto.

A alta gerência tem a função de se preocupar com o futuro da organização. Para isso, ela não se baseia exatamente no que a organização é, mas *no que deveria ser*. Dessa maneira, os altos gerentes são responsáveis por estipular as metas e direções que a organização deve seguir. Por outro lado, a diferença entre o que a organização é e o que deveria ser pode atravancar seus processos, atrasando ou impedindo o cumprimento de suas metas.

Krogh, Ichijo e Nonaka (2001, p. 104) levantam mais uma questão interessante sobre a alta gerência:

> Os gerentes seniores conquistaram suas posições hierárquicas por meio da experiência; no entanto, tal experiência encontra-se fortemente arraigada na história da empresa, no conhecimento do passado, nas competências e ativos existentes, na dinâmica competitiva do setor no passado e nas expectativas dos *stakeholders* também no passado. [...] A perspectiva ampla sobre mudanças potenciais aumentará a conscientização da equipe gerencial quanto a possíveis cursos de ação. Nesses casos, convém ampliar as perspectivas da equipe gerencial com a visão de jovens participantes que cultivem ideias não convencionais.

A afirmação de que a alta gerência baseia-se no conhecimento passado é conflitante com sua função de pensar no futuro da organização. Uma das principais soluções para esse conflito — e também para o conflito entre as visões da linha de frente e da alta gerência — pode ser encontrada no papel do gerente médio.

É muito provável que em leituras anteriores, ou mesmo em sua própria experiência profissional, você tenha encontrado alguma identificação pejorativa de gerente médio como um burocrata que emperra os processos, em vez de fazê-los fluir, e engessa a hierarquia da organização. Esse tipo de visão, muito disseminada algumas décadas atrás, está mudando progressivamente nos últimos anos. Nonaka e Takeuchi (1997, p. 146), por exemplo, destacaram o gerente médio como "os verdadeiros 'gerentes do conhecimento' da empresa criadora do conhecimento". Para eles, esse tipo de gerente ocupa uma posição-chave dentro da organização e desempenha um papel fundamental ao harmonizar os conhecimentos criados pela alta gerência com os criados pela linha de frente:

> No modelo *middle-up-down*, a alta gerência cria uma visão ou sonho, enquanto a gerência de nível médio desenvolve conceitos mais concretos que os funcionários da linha de frente possam compreender e implementar. Os gerentes de nível médio tentam resolver a contradição entre o que a alta gerência espera criar e o que realmente existe no mundo real. (NONAKA; TAKEUCHI, 1997, p. 147)

A Figura 1.4 mostra o processo de criação do conhecimento *middle-up-down* proposto por Nonaka e Takeuchi, e o Quadro 1.5 apresenta uma breve comparação entre os três modelos gerenciais dos quais falamos de acordo com o paradigma da criação do conhecimento.

A implantação do modelo *middle-up-down* é essencial para a formação de um ambiente propício à criação de conhecimento. Isolada, contudo, essa ação é tão produtiva quanto uma Ferrari sem gasolina na garagem — é bonita de olhar, mas você não irá a lugar nenhum com ela.

Figura 1.4 Processo de criação do conhecimento *middle-up-down* (NONAKA; TAKEUCHI, 1997, p. 147).

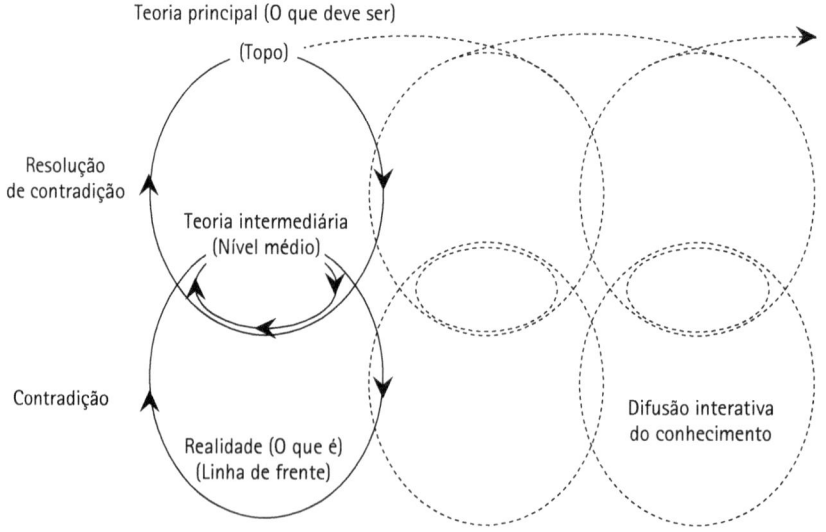

Quadro 1.5 A criação do conhecimento em três modelos gerenciais.

		Top-down	Bottom-up	Middle-up-down
QUEM	cria o conhecimento?	Alta gerência.	Indivíduo empreendedor.	Equipe (com gerente médio atuando como sintetizador de conhecimentos).
QUAL É	o papel da alta gerência?	Comandante.	Patrocinadora/ mentora.	Criar uma teoria principal, uma visão ou um sonho que norteie a melhor direção para a organização seguir.
	o papel da gerência média?	Processadora de informações.	Intraempreendedora autônoma.	Traduzir a teoria principal à linha de frente de maneira que ela possa ser aplicada empiricamente. Resolver a contradição entre as experiências da linha de frente e da alta gerência.
	o papel da linha de frente?	Acatar e executar as ordens recebidas de acordo com a rotina de trabalho.	Desenvolver produtos e soluções a partir de contatos com os clientes e com o meio externo.	Criar e desenvolver produtos e soluções de acordo com a visão da organização e sua realidade.
	o conhecimento acumulado?	Explícito.	Tácito.	Explícito e tácito.
	a conversão de conhecimento empregada?	Combinação/ Internalização (conversão parcial).	Socialização/ Externalização (conversão parcial).	Socialização/ Externalização/ Combinação/ Internalização (conversão em espiral).
ONDE	o conhecimento é armazenado?	Banco de dados e manuais.	Personificado no indivíduo.	Base de conhecimento organizacional.
COMO É	a estrutura da organização?	Hierarquia.	Equipe de projeto e rede informal.	Hierarquia e força-tarefa (organização em hipertexto).
	feita a comunicação?	Ordens e instruções.	Princípio de auto-organização.	Diálogo e uso de metáfora/analogia.

Por isso, precisamos considerar que a gestão do conhecimento acarreta profundas mudanças na organização como um todo, inclusive em sua estrutura. Dessa forma, Nonaka e Takeuchi (1997) propõem como uma nova estrutura organizacional adequada ao gerenciamento *middle-up-down* e à criação de conhecimento: a *organização em hipertexto*.

Quando falamos em "hipertexto", estamos considerando um conjunto formado tanto pela multiplicidade de textos sobrepostos e integrados entre si quanto pela flexibilização de leituras em diferentes níveis desse conjunto. Assim, seguindo o procedimento de síntese e superação, essa nova estrutura organizacional surge como produto de duas outras estruturas tradicionais opostas: a hierarquia/burocracia e a força-tarefa.

A estrutura baseada na hierarquia/burocracia é centralizada e apresenta um alto grau de formalização e especialização. Ela é eficiente na condução de trabalhos rotineiros em grande escala. Como você pode concluir facilmente, trata-se de uma estrutura na qual a combinação e a internalização são os principais métodos utilizados para adquirir, acumular e explorar novos conhecimentos. Entretanto, em razão de sua forte propensão ao controle e à valorização do conhecimento tácito, ela prejudica a iniciativa individual, tornando-se perigosamente morosa em épocas de instabilidade e mudanças rápidas.

A força-tarefa, por outro lado, é uma equipe composta geralmente por representantes de diversas unidades da organização. Ela demonstra grande flexibilidade, sendo também dinâmica e participativa; por isso, é muito produtiva em tarefas bem definidas que requerem um período determinado para serem completadas. Trata-se, assim, de uma estrutura fragmentária e eficiente na criação de conhecimento por meio da socialização e da externalização. Contudo, sua natureza temporária dificulta a exploração e a transferência do conhecimento de forma extensiva dentro da organização.

> Você não deve confundir a estrutura organizacional em hipertexto com a estrutura matricial. Nesta última, o indivíduo fica subordinado a duas estruturas simultaneamente, enquanto na primeira ele fica subordinado a apenas uma estrutura durante um período determinado, possibilitando que sua energia seja usada de forma mais concentrada na execução do projeto. Além disso, a estrutura matricial não é voltada para a conversão de conhecimento nem facilita a disseminação e a combinação de conhecimento entre diferentes níveis.

A organização em hipertexto surge como um *design* organizacional "mais adequado para servir como base estrutural para a criação de conhecimento" (NONAKA; TAKEUCHI, 2008a, p. 28). Sua estrutura não apenas engloba dois níveis referentes à hierarquia e à força-tarefa, mas também acarreta um terceiro nível, a base de conhecimento. Antes de continuarmos, veja a Figura 1.5 para entender melhor o desenho de uma organização em hipertexto.

Localizado do centro, o nível de sistemas de negócios representa a estrutura hierárquica/burocrática e, como tal, é moldado na forma de uma pirâmide. Ele é fundamental para desempenhar as operações normais de rotina da organização. No nível de equipe de projeto, encontramos a força-tarefa. Nesse nível, equipes de projeto são formadas por pessoas provenientes de diversas áreas do nível de sistema

Figura 1.5 Organização em hipertexto (NONAKA; KONNO, 1998, p. 196).

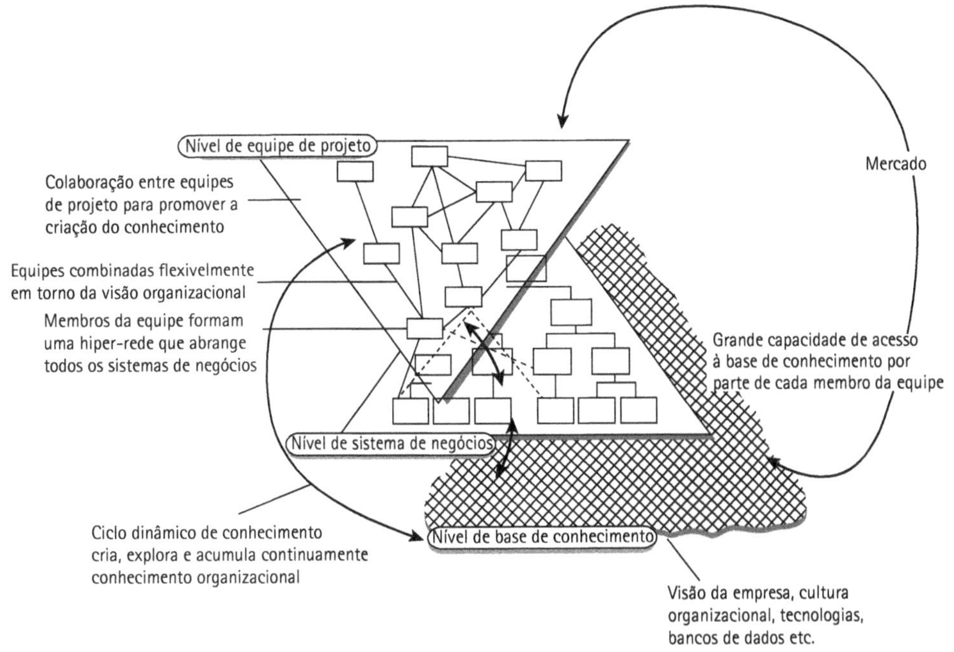

Labels na figura:
- Nível de equipe de projeto
- Colaboração entre equipes de projeto para promover a criação do conhecimento
- Equipes combinadas flexivelmente em torno da visão organizacional
- Membros da equipe formam uma hiper-rede que abrange todos os sistemas de negócios
- Ciclo dinâmico de conhecimento cria, explora e acumula continuamente conhecimento organizacional
- Nível de sistema de negócios
- Nível de base de conhecimento
- Mercado
- Grande capacidade de acesso à base de conhecimento por parte de cada membro da equipe
- Visão da empresa, cultura organizacional, tecnologias, bancos de dados etc.

de negócio com o intuito de trabalharem exclusivamente no desenvolvimento de produtos e soluções — ou seja, na criação de novo conhecimento. Abaixo desses dois, encontramos o nível de base de conhecimento. Apesar de não poder ser identificado como uma entidade física ou concreta, esse nível existe incorporado à visão, à cultura, aos processos e à tecnologia da organização. De certa maneira, esse último nível perpassa os outros dois e cada uma das pessoas da organização, pois ele concentra tanto o conhecimento criado na hierarquia quanto aquele criado na força-tarefa. Assim, é possível que o conhecimento seja recontextualizado em um nível, em outro ou em ambos.

Nonaka e Takeuchi (1997, p. 304, nota 8) chamam a atenção para a coordenação total de tempo, espaço e recurso dentro da organização como um fator crítico para o sucesso da estrutura em hipertexto:

> A organização em hipertexto é uma estrutura organizacional que permite a orquestração de ritmos diferentes ou "frequências naturais" geradas por várias equipes de produto e pela organização hierárquica. Coordena a alocação de tempo, espaço e recursos dentro da organização a fim de compor um ritmo organizacional que torna a criação do conhecimento organizacional mais eficaz e eficiente. Nesse sentido, uma organização em hipertexto é um dispositivo estrutural para criar "variedade de requisitos" dentro da organização, que não é garantido apenas pela gerência *middle-up-down*.

Em suma, como você mesmo já deve ter descoberto, o grande diferencial da organização em hipertexto é a flexibilidade que ela oferece para que seus membros alternem contextos de maneira dinâmica a fim de se adequarem a situações internas ou externas à organização.

Contexto e prática

De maneira genérica, qualquer contexto organizacional é composto por quatro elementos: cultura, valores, linguagens e espaço. É impossível não relacionar esses elementos com o conhecimento. De uma maneira ou de outra, todo contexto produz conhecimento. Mas não é qualquer contexto que produz conhecimento competitivamente vantajoso para a organização.

Nesse sentido, o primeiro objetivo que a implantação da gerência *middle-up-down* e da estrutura em hipertexto visam cumprir é, basicamente, a formação de um *contexto capacitante para a criação de conhecimento* — sendo esse conhecimento uma vantagem competitiva adequada aos objetivos da organização. A esse contexto é dado o nome de *ba*. Nas palavras de Krogh, Ichijo e Nonaka (2001, p. 217):

> Ba é uma ideia japonesa cuja tradução aproximada seria 'lugar'. Ela foi proposta pelo filósofo Kitaro Nishida (1970) como o espaço de interação no qual a experiência pura acontece, ou seja, onde o mundo e a consciência se encontram. Posteriormente, o cientista químico Hiroshi Shimizu (1995) desenvolveu essa ideia relacionando-a à informação. Finalmente, Nonaka e Konno (1998) adaptaram-na de maneira que ela ficasse de acordo com o modelo SECI.

> Ba é basicamente um espaço compartilhado, que serve de fundamento para a criação de conhecimento, caracterizando-se geralmente por uma rede de interações. [...] o conceito de ba unifica os espaços físicos, os espaços virtuais e os espaços mentais envolvidos na criação de conhecimento.

Krogh, Ichijo e Nonaka (2001) apontam que o pressuposto fundamental para a existência do *ba* dentro das organizações é a *solicitude* — palavra incomum para muitos e cujo significado um pouco obscuro pode ser dado como "a qualidade daquele que é solícito" ou "a boa vontade de atender a uma solicitação da melhor forma". Para melhor entendimento da questão, os autores designam cinco dimensões da solicitude, sendo elas: confiança mútua, empatia ativa, acesso à ajuda, leniência no julgamento e coragem. De modo sucinto, vejamos a seguir algumas considerações sobre cada uma dessas dimensões antes de falarmos mais um pouco sobre o *ba* e sobre as práticas capacitantes.

Cinco dimensões da solicitude

A solicitude, o *ba* e tudo de que estamos tratando aqui tem a ver com a interação entre duas ou mais pessoas. Por tudo que vimos até agora, como a importância do diálogo e do compartilhamento de experiências individuais, é previsível, portanto, que *confiança mútua* embase as relações entre os membros de uma organização criadora de conhecimento. É redundante, mas não podemos deixar de frisar que a confiança deve ser recíproca. Tanto aquele que pede ajuda quanto o que a oferece se expõem um ao outro e é preciso haver confiança em ambos para que a exposição lhes seja, além de bem-sucedida, compensatória.

A segunda dimensão da solicitude é a *empatia ativa*. Em suma, empatia é a tentativa de nos colocarmos no lugar dos outros, ou seja, de vermos a situação a partir do ponto de vista de alguém com quem nos relacionamos, considerando seus interesses, suas dificuldades, suas habilidades e experiências passadas. Krogh, Ichijo e Nonaka (2001, p. 68) defendem que a empatia deve ser empregada de maneira proativa dentro das organizações com o intuito de evitar conflitos emocionais que possam interferir no processo de criação de conhecimento:

> Esse tipo de conhecimento tácito às vezes é o mais difícil de manifestar-se numa organização de negócios, pois os trabalhadores individuais não querem parecer incompetentes. Contudo, é natural que os empregados, principalmente aqueles que trabalham duro e se importam com os resultados, sintam uma vasta gama de emoções sobre suas atividades. Acreditamos que a ampla aceitação da vida emocional alheia é crucial para a construção de bons relacionamentos de trabalho – e esses bons relacionamentos, por sua vez, promovem a eficácia na criação de conhecimento.

De certa maneira, a empatia ativa tanto se baseia na confiança mútua quanto a fortalece. Ambas fomentam um ambiente seguro e confiável para a troca de informações e conhecimentos; no entanto, é o *acesso à ajuda* que faz a solicitude "se manifestar por meio de apoio real e tangível" (KROGH; ICHIJO; NONAKA, 2001). Em outras palavras, o acesso à ajuda confere à solicitude uma dimensão muito mais prática, pois atribui a todos a responsabilidade de adquirir conhecimento e se colocar à disposição daqueles que necessitam de ajuda. Como dizem os autores, o "especialista solícito" é aquele que atinge a excelência pessoal, com conhecimentos tácitos e explícitos, e assume a responsabilidade de compartilhar aquilo que sabe com os demais.

Além do acesso à ajuda, a *leniência no julgamento* é outra dimensão que fortalece a solicitude e a criação do *ba* dentro das organizações. Leniência é sinônimo de brandura e suavidade, características essenciais no processo de criação do conhecimento, pois, como vimos, ele está atrelado a um nível de experimentação mental e linguística consideravelmente alto.

Quando falamos em experimentação, nos referimos implicitamente, entre outras coisas, tanto a algo novo quanto à possibilidade de erro. A leniência é importante por nos fazer aceitar os erros como parte do processo. Dessa forma, em vez de castrar a criatividade, nosso julgamento estará mais propício para orientá-la. Nesse sentido, Krogh, Ichijo e Nonaka (2001, p. 71) comentam:

> Os julgamentos rigorosos às vezes impedem a criação do conhecimento explícito por meio da externalização; na pior das hipóteses, sufocam as demais fases da criação de conhecimento.
>
> [...]
>
> Para ajudar alguém a crescer, é preciso deixar que a pessoa experimente.

Embora afete consideravelmente o julgamento, a leniência não o simplifica, não o torna menos intenso e, principalmente, não o anula. Nossas experiências e ações, bem ou malsucedidas, tornam-se válidas apenas após nosso julgamento. A mesma coisa acontece em relação às ações e experiências de outras pessoas a nosso redor. Individual e socialmente, o processo de criação do conhecimento envolve diversos e constantes julgamentos.

Por isso a *coragem* também é uma das dimensões da solicitude. É preciso coragem para julgar as próprias experimentações ou submetê-las ao julgamento de outras pessoas. Da mesma forma, é preciso coragem para encarar e aceitar os erros cometidos no processo, assim como para comunicá-los a outros. De fato, ampliando um pouco a visão, a coragem perpassa cada uma das dimensões da solicitude — afinal, como viemos afirmando, o desenvolvimento da solicitude na organização é um processo de exposição do indivíduo em face do grupo. Isso também deixa mais claro que cada uma das dimensões existe em função das outras, e que a solicitude é formada por todas juntas em igual medida.

Dessa maneira, o grande benefício que a solicitude traz para os indivíduos e para a própria organização é a *convivência*, uma "fonte de inovação radical" (KROGH; ICHIJO; NONAKA, 2001, p. 75) decorrente da transferência mútua de conhecimentos. Assim, uma organização que promove a solicitude em alto nível leva seus membros a se comprometerem não apenas uns com outros, mas com ideias, experiências e conceitos criados e vivenciados por eles mesmos. A seguinte afirmação dos autores (p. 77) resume este tópico:

> O pré-requisito da convivência é a alta solicitude nos relacionamentos organizacionais. Compartilham-se experiências por meio da empatia ativa. A confiança entre os participantes facilita a manifestação dos aspectos emocionais das experiências. Os participantes ajudam-se uns aos outros na descoberta de novos meios de transferir e compartilhar experiências; são lenientes nos julgamentos; defendem com coragem suas ideias e oferecem críticas construtivas uns aos outros. Poucos filtros forçam a explicitação do conhecimento e, assim, o compartilhamento do conhecimento tácito dentro da organização é produto da solicitude.

Ba — contexto capacitante

Considerando tudo o que dissemos na primeira parte deste capítulo, você já deve ter em mente que, tanto por nós como pelos autores aqui citados, o conhecimento não é entendido como uma verdade absoluta, estática e imutável — ao contrário, trata-se de algo profundamente dinâmico e flexível. De fato, nossa compreensão do conhecimento assume que ele é determinado pelo tempo e pelo espaço no qual existe, sendo assim específico a um contexto (HAYEK, 1945). Isso significa que um conhecimento pode ser válido para um grupo de pessoas, mas não para outro.

O ensaio "Dos canibais", de Montaigne, apresenta um exemplo bem claro de como contextos discrepantes criam conhecimentos diferentes. Relatando suas conversas com os índios tupinambás que foram levados à França em 1562, o filósofo comenta que se, de um lado, os europeus abominavam a prática de comer partes dos inimigos vencidos para aquisição de suas habilidades, de outro, os índios não conseguiam entender como era possível que uma criança governasse aquele país – o rei Carlos IX tinha então 12 anos de idade.

Voltando a nossos tempos globalizados, precisamos considerar a afirmação de Nonaka e Toyama (2008, p. 99, com grifo nosso) sobre a criação de conhecimento:

> [...] o processo de criação do conhecimento é, necessariamente, específico ao contexto em termos de tempo, espaço e relacionamento com outros. O conhecimento não pode ser criado não vácuo, e *necessita de um lugar* onde a informação receba significado através da interpretação para tornar-se conhecimento.

Como já dissemos, a esse lugar mencionado dá-se conceitualmente o nome de *ba* e ele pode ser físico, virtual ou mental. Dessa maneira, ele pode ser estabelecido nas mais diversas situações, como, por exemplo, em uma reunião de *brainstorming*, em um grupo de *e-mail*, em um fórum virtual, em um grupo de estudo, em um site de relacionamento, em um encontro informal etc.

As organizações modernas devem entender o *ba* como uma forma de estruturação temporária e mutável. Além disso, elas devem buscar uma configuração que permita a coexistência de vários *ba* – para a organização como um todo, para suas diversas equipes, para interações com o meio externo (clientes e fornecedores, por exemplo) e para interorganização (*joint ventures*, por exemplo).

A representação conceitual do *ba* da Figura 1.6 ilustra como a interação entre os contextos individuais dos membros de uma organização com outros contextos influencia e altera

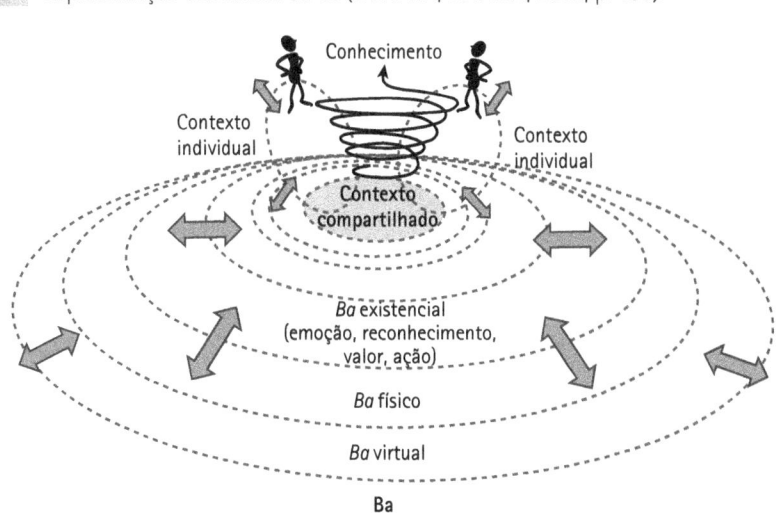

Figura 1.6 Representação conceitual do *ba* (NONAKA; TOYAMA, 2008, p. 100).

os contextos envolvidos e proporciona a criação de conhecimento. Já a Figura 1.7 apresenta esquematicamente a organização como uma configuração orgânica do *ba*, na qual vemos a coexistência de diversos *ba* dentro e fora da organização.

Práticas

Estamos quase no final do capítulo e após tantos conceitos, modelos, figuras e quadros achamos que este é um bom momento para retomarmos algo que dissemos lá no início: "O que subjaz aqui é que o conhecimento está ligado à ação — ele existe e serve para fazer algo". É bom repetirmos isso aqui para lembrá-lo, estimado leitor, que a gestão do conhecimento não é algo isolado no campo conceitual ou teórico; ao contrário, ela também apresenta um forte aspecto pragmático. Afinal, o sucesso de seu funcionamento depende tanto do entendimento e da incorporação desses conceitos quanto de sua aplicação prática no cotidiano da organização.

Qualquer prática gerencial está associada a quatro elementos básicos: circunstância, estratégia, processo e recursos (CARVALHO; IVANOFF, 2010). Nesse sentido, podemos entender que as práticas estão profundamente relacionadas aos contextos nos quais elas ocorrem e, consequentemente, ao conhecimento desse contexto. Na verdade, assim como o conhecimento, as práticas também ajudam a configurar um determinado contexto que baliza ou coordena essas práticas.

Nesse sentido, os contextos capacitantes de que falamos há pouco tanto estimulam as práticas de criação e gestão de conhecimento como são por elas desenvolvidos. Isso não

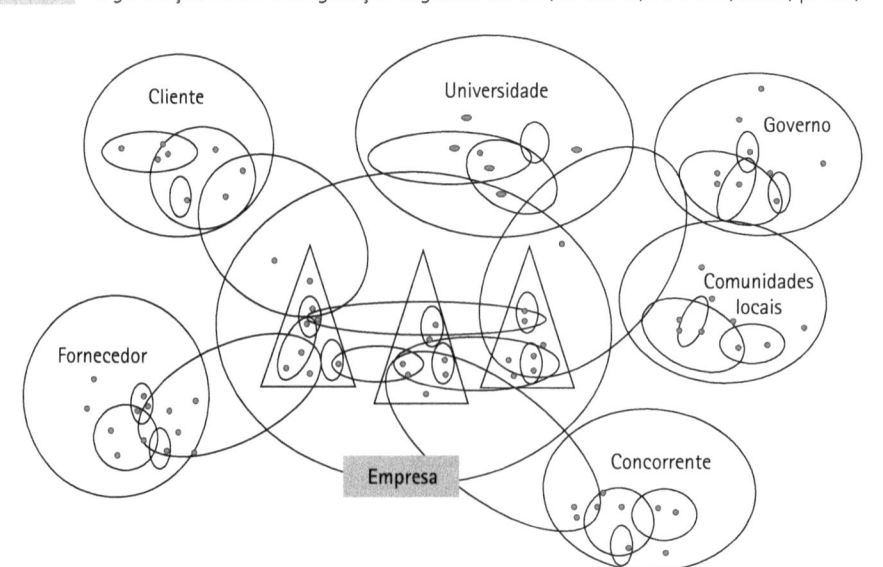

Figura 1.7 Organização como configuração orgânica do *ba* (NONAKA; TOYAMA, 2008, p. 101).

requer necessariamente uma revolução das práticas organizacionais. A presença de tecnologias de informação e comunicação (TICs), como e-mails, programas de mensagens instantâneas, fóruns, intranet e sistemas de *groupware*, por exemplo, já não é nenhuma novidade em muitas organizações. Apesar disso, em muitos casos, os usuários das TICs ignoram o poder que essas ferramentas têm no processo de criação de conhecimento. Nesses casos, a conscientização e a mudança de perspectiva a respeito da utilização das TICs pode ser um grande passo para a estruturação do *ba* organizacional. A partir daí, é possível estruturar uma base de conhecimento acessível a todos os membros da organização que funcione como uma espécie de macro-*ba* virtual.

Outras práticas, como investimento em universidades corporativas, reuniões de *brainstorming*, conferências e mentorização, dentre outras, são de extrema utilidade para o desenvolvimento de contextos capacitantes. Contudo, o sucesso da aplicação de uma prática está intimamente relacionado à especificidade do contexto no qual ela se insere. O fundamental, no que diz respeito às práticas, é que elas sejam capazes de orientar os processos e recursos da organização de acordo com a estratégia estipulada por ela mesma. Como afirmam Davenport e Prusak (1998, p. 196):

> De modo geral, é a empresa que tem de tomar suas próprias decisões em relação a qual conhecimento é mais importante gerir, como motivar as pessoas a compartilhar e utilizar o conhecimento e o que fará um projeto ter sucesso em seu ambiente próprio e específico.

Ainda falaremos um pouco mais de práticas gerenciais e gestão do conhecimento na segunda seção do Capítulo 2 e exploraremos devidamente os detalhes desse assunto ao longo deste livro.

Campos para aplicação da gestão do conhecimento

A julgar pelo número de vezes que repetimos a palavra "organização", não deve ser difícil entender que a gestão do conhecimento está essencialmente relacionada ao campo organizacional. Mas o que é uma organização? Nós a entendemos como um conjunto formado por pessoas, processos e tecnologias e, nesse sentido, ela pode ser tanto uma empresa corporativa quanto uma escola de samba ou uma igreja, por exemplo.

A partir daí, você já pode ver que o campo de aplicação de nosso tema é extremamente abrangente. Além disso, como você verá ao longo deste livro, a prática da gestão do conhecimento não é excludente, ou seja, ela pode — e em muitos casos deve — coexistir com as práticas de outras gestões, como as da gestão da estratégia ou da gestão de processos, por exemplo.

O importante é sempre ter em mente que o conhecimento é inerente aos seres humanos. Considerando esse fato, você verá que a gestão do conhecimento não é algo completamente revolucionário nem demanda uma alteração radical dentro da organização. De fato, a maior inovação desse tipo de gestão é a mudança de foco que ela propõe ao demonstrar que as organizações produzem conhecimentos a todo o momento e que elas podem potencializar essa criação.

ESTUDO DE CASO

ARGAMASSA DO SABER

A Votorantim Cimentos é reconhecida como uma das maiores empresas de cimento do mundo. Tendo mais de cinco mil funcionários apenas no Brasil, em 2009 a empresa registrou R$ 7,4 bilhões de faturamento líquido. E as previsões são otimistas para os próximos anos. Qual o segredo para esse sucesso? Cimento, areia, cal e muito conhecimento formam a argamassa dos negócios.

Como toda empresa que conhece o potencial humano de seus funcionários, a Votorantim Cimentos preocupava-se toda vez que um de seus operários experientes se aposentava ou mudava de emprego. Como a maioria de suas unidades localiza-se no interior dos estados, a dificuldade de padronizar os processos industriais e garantir a uniformidade de produtos provenientes de localidades tão diversas aumentava com a fuga de conhecimento. Afinal, como afirma Guilherme Rhinow, diretor de RH da empresa: "Muitos detalhes específicos da função ocupada por esse profissional acabavam indo embora junto com ele". Nesses casos, a contratação de um consultor (muitas vezes, um funcionário aposentado) para identificar e solucionar problemas na operação costumava ser uma solução custosa tanto em termos de dinheiro quanto de tempo.

Foi por isso que em 2006 a Votorantim Cimentos iniciou o Treinamento Técnico Operacional (TTO) como solução para a padronização dos processos e a retenção de conhecimento técnico. O TTO é um programa de capacitação e gestão do conhecimento destinado exclusivamente aos funcionários do chão de fábrica. Seu funcionamento se dá em três etapas.

Inicialmente, funcionários com boa bagagem de conhecimento teórico e vivência prática são selecionados para formar um grupo de "conteudistas" — em geral, são engenheiros com mestrado ou doutorado. Cada um deles deve desenvolver, dentro de sua área, o material básico para os diversos módulos do programa. Em seguida, eles devem treinar outro grupo de funcionários selecionados como "multiplicadores". Finalmente, em suas próprias unidades esses funcionários se responsabilizam por transmitir os conhecimentos necessários aos demais.

Os treinamentos são estipulados de acordo com os planos individuais de desenvolvimento e estabelecidos pelos gestores com a participação de cada subordinado. Além disso, todo o material técnico desenvolvido pelos "conteudistas" está disponível na intranet — aliás, ferramenta responsável pelo prêmio *e-Learning Brasil*, com o qual a empresa foi contemplada em 2004.

O retorno apresentado pelo programa foi mais do que satisfatório; hoje a Votorantim Cimentos tem um processo muito mais padronizado e os gastos com consultoria para problemas na operação foram consideravelmente reduzidos.

Fontes: OLIVEIRA, Maurício. Receita concreta. *VocêRH*. Disponível em <http://revistavocerh.abril.com.br/noticia/melhoresp/conteudo_476535.shtml>. Acesso em: 20 nov. 2010. Votorantim Cimentos é destaque no Guia da Você SA-Exame — As melhores empresas para você trabalhar. *Revista Engenharia*. Disponível em: <http://www.brasilengenharia.com.br/noticias.asp?noticia=7909>. Acesso em: 20 nov. 2010. Prêmio e-Learning Brasil: Votorantim Cimentos conquista prêmio com projeto Canal do Conhecimento. *Superobra*. Disponível em: <http://www.superobra.com/admin/news.asp?ID_New=1376&Pag=all_news.asp&offset=720&ID_Sessao_New=1>. Acesso em 20 nov. 2010.

1. Quais etapas do modelo SECI você consegue identificar neste *case*?
2. A Votorantim Cimentos é uma das empresas nacionais que mais têm se destacado na gestão do conhecimento. Pesquise outras práticas ou ferramentas usadas por ela nesse sentido e comente-as brevemente.

NA ACADEMIA

A partir do que vimos ao longo deste capítulo, faça uma pesquisa sobre a empresa na qual você trabalha e relate de que maneira se constitui o contexto no qual o conhecimento é criado e transmitido por ela. Além disso, considere a seguinte questão: esse conhecimento é reconhecido como um valor pelos membros da empresa?

Caso você não esteja trabalhando em nenhuma empresa, lembre-se de que uma organização é um conjunto formado por pessoas, processos e tecnologias. Dessa forma, escolha uma organização da qual você faça parte ou que esteja próxima a você, pesquise-a e faça seu relato com base nela.

Pontos importantes

- Dado, informação e conhecimento são termos bem distintos. Dado é o registro de uma ocorrência e não tem significado inerente. Informação é um conjunto de dados com determinado significado para o sistema. Conhecimento é a informação que, devidamente tratada, muda o comportamento do sistema.
- O conhecimento é formado por dois componentes: o tácito e o explícito. No primeiro, concentram-se nosso *know-how* e nossas experiências empíricas (dimensão técnica) e nossas crenças, valores, modelos mentais etc. (dimensão cognitiva); no segundo, o conhecimento codificado em linguagem. Ambos os componentes são indissociáveis do conhecimento como um todo.
- Em linhas gerais, a gestão do conhecimento nasce com a proposta de formalização teórica feita em meados dos anos 1990 por Ikujiro Nonaka e Hirotaka Takeuchi a respeito da criação de conhecimento dentro das organizações.
- De acordo com Nonaka e Takeuchi, a criação de conhecimento organizacional ocorre de acordo com o modelo SECI, um processo em espiral formado por quatro etapas: socialização,

exteriorização, combinação e internalização. As entidades criadoras de conhecimentos envolvidas no processo são: indivíduo, grupo, organização, interorganização.

- Os mesmos autores propõem um novo modelo de gerenciamento, o *middle-up-down*, proveniente da síntese dos modelos *top-down* e *bottom-up*; e uma nova estrutura organizacional, a organização em hipertexto, que combina a estrutura da hierarquia/burocracia com a da força-tarefa.
- A criação de conhecimento é favorecida por um contexto capacitante, denominado *ba*, que pode ser físico, virtual ou mental. Esse contexto fundamentado na solicitude e em suas cinco dimensões (confiança mútua, empatia ativa, acesso à ajuda, leniência no julgamento e coragem). As organizações devem proporcionar a coexistência de diversos *ba* em vários níveis.
- O campo de aplicação da gestão do conhecimento é vasto e não se limita apenas às empresas, mas engloba qualquer organização em seu conceito mais básico, isto é, um conjunto de pessoas, processos e tecnologia.

Referências

AHMADJIAN, Christina L. Criação do conhecimento interorganizacional: conhecimentos e redes. In: NONAKA, Ikujiro; TAKEUCHI, Hirotaka. *Gestão do conhecimento*. Porto Alegre: Bookman, 2008.

CARVALHO, Fábio Câmara Araújo de. *Gestão do conhecimento*: o caso de uma empresa de alta tecnologia. Dissertação de Mestrado em Engenharia. Programa de Pós-Graduação em Engenharia de Produção, Universidade Federal de Santa Catarina - UFSC. Florianópolis, 2000.

_____. *Gestão do conhecimento*. Curso de férias ESPM. São Paulo, 2008.

_____; IVANOFF, Gregório Bittar. *Tecnologias que educam*: ensinar e aprender com as tecnologias de informação e comunicação. São Paulo: Pearson, 2010.

COLLABORATIVE Places. *Space, Place and* 場. Disponível em: <http://xn--rls.viveka.id.au/about/>. Acesso em: 17 nov. 2010.

DAVENPORT, Thomas. *Ecologia da informação:* porque só a tecnologia não basta para o sucesso na era da informação. São Paulo: Futura, 1998.

_____; PRUSAK, Laurence. *Conhecimento empresarial*: como as organizações gerenciam seu capital intelectual. 15. ed. Rio de Janeiro: Elsevier, 1998.

DRUCKER, Peter F. The new productivity challenge. *Harvard Business Review*. nov./dez. 1991.

_____; *Sociedade pós-capitalista*. São Paulo: Pioneira, 1994.

HAYEK, F. A. The use of knowledge in society. *The American Economic Review*, n. 35, 1945. p. 519-530.

KROGH, Georg Von; ICHIJO, Kazuo; NONAKA, Ikujiro. *Facilitando a criação de conhecimento*: reinventando a empresa com o poder da inovação contínua. Rio de Janeiro: Campus, 2001.

NISHIDA, Kitaro. *Fundamental problems of philosophy:* the world of action and the dialectical world. Tokyo: Sophia University, 1970.

NONAKA, Ikujiro, KONNO, Noboru. The concept of ba: building a foundation for knowledge creation. *California Management Review*, v. 40, n. 3, abr./jun. 1998.

_____; TAKEUCHI, Hirotaka. *Criação de conhecimento na empresa*: como as empresas japonesas geram a dinâmica da inovação. 20. ed. Rio de Janeiro: Elsevier, 1997.

_____; _____. Criação e dialética do conhecimento. In: _____; _____. *Gestão do conhecimento*. Porto Alegre: Bookman, 2008a.

_____; _____. A empresa criadora de conhecimento. In: _____; _____. *Gestão do conhecimento*. Porto Alegre: Bookman, 2008b.

_____; TOYAMA, Ryoko. Criação do conhecimento como processo sintetizador. In: NONAKA, Ikujiro; TAKEUCHI, Hirotaka. *Gestão do conhecimento*. Porto Alegre: Bookman, 2008.

SHIMIZU, Hiroshi. Ba-Principle: new logic for the real-time emergence of information. *Holonics*, v. 5, n.1, 1995.

TUOMI, Ilkka. *Theories of open innovation*. Disponível em: <http://www.meaningprocessing.com/personalPages/tuomi/articles/TheoriesOfOpenInnovation.pdf>. Acesso em: 17 nov. 2010.

Capítulo 2

AMBIENTE EXTERNO, GESTÃO E SISTEMAS

Neste capítulo, abordaremos as seguintes questões:
- Quais são os elementos do ambiente externo que influenciam o fluxo de conhecimento de dentro para fora da organização e vice-versa?
- Como a gestão do conhecimento pode ser desenvolvida por meio de práticas gerenciais já existentes dentro das organizações?
- De que maneira os sistemas e as tecnologias de informação e comunicação apoiam as práticas gerenciais e, consequentemente, a gestão do conhecimento?

Introdução

No capítulo anterior, abordamos uma série de conceitos fundamentais à teoria da gestão do conhecimento. Neste capítulo, com o intuito de prepará-lo para a guinada pragmática dos próximos capítulos, apresentaremos as ferramentas e os meios que facilitam a aplicação da gestão do conhecimento em uma organização, bem como os principais pontos que influenciam a estruturação da rede na qual a organização atua.

Na Figura 2.1, desenhamos um esquema no qual é possível distinguir três níveis. O primeiro nível representa o ambiente externo da organização e nele destacamos seis pontos que influenciam o posicionamento e as decisões organizacionais em relação à gestão do conhecimento: complexidade; macroambiente; sustentabilidade; padrões e interfaces; redes sociais; e redes interorganizacionais. Esse nível constitui a primeira seção deste capítulo, "Ambiente externo", assim intitulada porque tais pontos fazem parte de um quadro muito mais amplo e complexo no qual a organização está inserida.

Já o segundo nível da figura está mais focado no ambiente interno, pois nele destacamos, em seis tópicos, os processos gerenciais com os quais relacionaremos a gestão do conhecimento. Esses processos são: gestão estratégica; gestão de clientes e de inteligência competitiva; gestão de processos e projetos; gestão da inovação; gestão de informação e de sistemas inteligentes; e, por fim, gestão do capital humano. A segunda seção do capítulo, "Gestão", tratará brevemente desses tópicos, que serão devidamente desenvolvidos e aprofundados a partir do próximo capítulo.

O último nível, localizado no centro da figura, representa um aspecto mais infraestrutural das organizações ao abordar os sistemas e as tecnologias de informação e comunicação. Assim, a terceira seção do capítulo, "Sistemas e tecnologias de apoio à gestão", apresenta as relações críticas entre sistemas e tecnologias de informação e comunicação (STICs), com cada prática de gestão que será abordada neste livro.

Figura 2.1 Esquema para gestão do conhecimento na organização (baseada em CARVALHO, 2010).

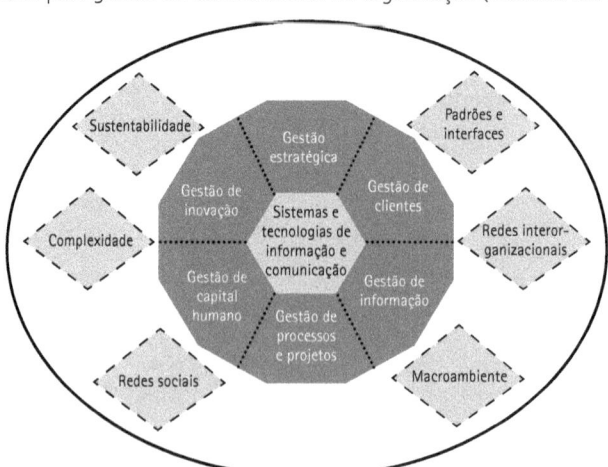

Ambiente externo

Sejamos óbvios: uma organização *não* é constituída por construções físicas sobre um pedaço de terra que vaga aleatoriamente por um espaço vazio. Ao contrário, uma organização, seja ela qual for, situa-se em um espaço determinado, seja ele qual for, fazendo parte de um ambiente com outros elementos (pessoas, outras organizações, leis, tecnologias etc.). Sob o prisma do conhecimento, qualquer abordagem feita à organização deve considerar essa perspectiva. Isso porque o conhecimento do ambiente externo causa impacto dentro da organização, do mesmo modo que a criação de conhecimento dentro da organização causa impacto no ambiente externo.

Há uma quantidade muito grande de elementos que interferem direta ou indiretamente nesse processo. Em vez de tentar abordar cada um deles — o que seria uma empreitada babélica e fadada ao fracasso —, vamos sintetizá-los em seis elementos: (1) complexidade; (2) macroambiente; (3) sustentabilidade; (4) redes interorganizacionais; (5) redes sociais e (6) padrões e interfaces.

Convém explicar que, entre tantos outros, esses conceitos foram selecionados porque, além de estarem interconectados de tal maneira que englobam a quase totalidade dos elementos externos, eles apresentam maior grau de significância no que se refere à gestão do conhecimento em nossa época.

A Figura 2.2 ilustra a rede formada por esses seis elementos e o fluxo de interação que ela possibilita, sob o qual o conhecimento transita.

Figura 2.2 Rede de interação formada pelos seis conceitos.

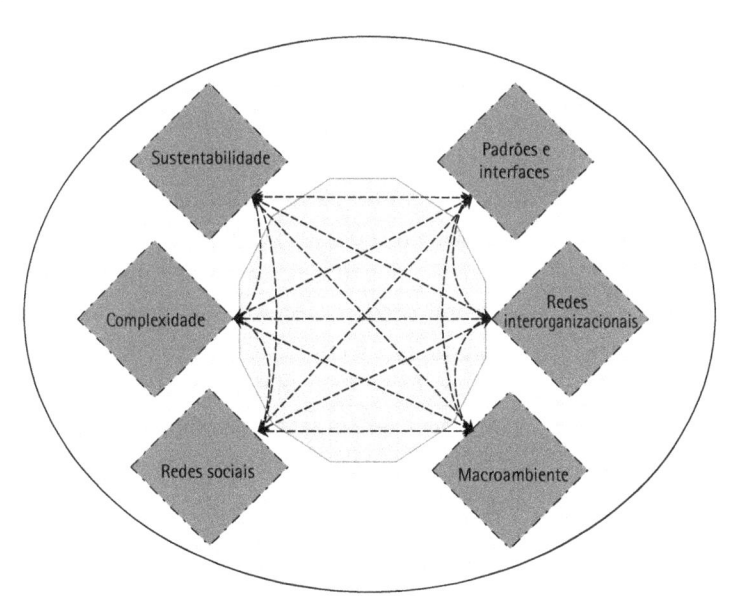

Complexidade

A *complexidade* (ou *teoria da complexidade* ou *pensamento complexo*) é um conceito transdisciplinar que propõe novos paradigmas para a compreensão de "estruturas e processos organizacionais complexos que transcendem as teorias clássicas sobre organização" (TORRES, s/d). Em outras palavras, tal teoria abandona a visão cartesiana que norteou, nos últimos séculos, o pensamento ocidental e a investigação científica em todos os campos do saber, em busca de uma nova e mais completa abordagem sobre a realidade.

Essa corrente de pensamento compreende um sistema complexo ou uma organização complexa como decorrência de uma formação não linear de suas partes — as *redes sociais*, sobre as quais falaremos a seguir, são exemplos de sistemas complexos. Nas palavras de Edgar Morin (1986), o entendimento da complexidade pode se dar por três etapas: na primeira, o *todo é mais que a soma de suas partes*; na segunda, *o todo é menor que a soma de suas partes*; e, na terceira, *o todo é, ao mesmo tempo, maior e menor que a soma das partes*. Como nosso objetivo não é o aprofundamento nessa teoria, entendamos apenas que o foco do pensamento complexo está sobre as partes que compõem o todo e, ao mesmo tempo, sobre esse mesmo todo que está inserido nas partes.

A complexidade se aproxima da teoria de criação de conhecimento de Nonaka e Takeuchi no que diz respeito à superação dos limites do pensamento cartesiano. De modo geral, as questões levantadas pelas duas teorias (a criação de conhecimento organizacional e a complexidade) não se satisfazem com o modelo cartesiano que orienta o pensamento ocidental desde o século XVII. Além disso, ambas centram seus estudos na interação entre as partes de sistemas ou redes complexas. Contudo, o foco da complexidade mostra-se muito mais amplo (toda a realidade), ao passo que a teoria da criação de conhecimento se restringe ao ambiente organizacional.

René Descartes foi um dos principais filósofos do Iluminismo francês e tornou-se célebre graças à frase: "Penso, logo existo". Mas isso não foi tudo o que Descartes disse. Ele marcou a epistemologia ocidental com seu racionalismo, baseado em uma visão dualista na qual corpo (sentidos) e mente (razão) são elementos separados. Descartes defendia que a verdade definitiva só poderia ser deduzida por um "eu pensante", constituído pela mente.

O pensamento cartesiano é considerado uma teoria reducionista, pois se baseia em um processo de análise no qual um objeto de estudo é reduzido e separado em partes com o intuito de que, a partir de unidades menores, seja possível explicar o todo. O pensamento complexo, por outro lado, caracteriza-se como uma visão holística, na qual o todo é mais do que a soma de suas partes e, portanto, deve ser estudado em sua integridade.

Obviamente, a complexidade vai muito além do que esboçamos aqui. Caso você se interesse por esse assunto intrigante, recomendamos a leitura dos artigos "A complexidade e a empresa", "Complexidade e ação" e "Complexidade e liberdade", escritos por Edgar Morin e traduzidos e disponibilizados na Internet pelo professor Júlio Tôrres em: <http://bit.ly/yYY4kX>.

Redes sociais e redes interorganizacionais

Atualmente, o termo "rede social" é amplamente empregado para se referir a redes de relacionamentos como o Orkut, o LinkedIn e o Facebook, por exemplo. Essas redes, porém, representam apenas um recorte bem específico de uma rede social. Definida de maneira simples, uma *rede social* é um conjunto estruturado de pessoas e/ou organizações que se conectam por meio de um ou mais tipos de relação, por exemplo, amizade, parentesco, interesses comuns etc.

Dentro de uma rede, os limites entre um nó (pessoa ou organização) e outro são determinados pela identidade desses nós (CAPRA, 2008); ou seja, as informações e os conhecimentos sobre si mesmo que um nó troca com o outro são fundamentais para a formação ou a dissolução de laços que, consequentemente, reestruturam essa rede a todo momento. Assim, o compartilhamento de tais informações e conhecimentos coordenado por objetivos comuns é o que dá sustentabilidade à rede. Por exemplo: em uma sala de aula (que certamente é uma rede social), quanto mais os nós – alunos e professor – trocarem informações e conhecimentos entre si, mais sólidos serão os laços a unir essa rede.

Outro ponto a levar em conta é que as redes sociais podem operar em diversos níveis e dimensões, de acordo com a identidade e a relação entre seus participantes; da mesma forma, um mesmo participante pode figurar em diversas redes. Isso significa, por exemplo, que uma pessoa pode fazer parte de uma rede estudantil, uma rede familiar, uma rede profissional, uma rede política etc.

Redes interorganizacionais

Uma rede interorganizacional é constituída por organizações que se relacionam para fornecer algum produto ao mercado. Para entendermos o que é uma rede interorganizacional, talvez seja interessante saber primeiro o que é uma cadeia de valor (*supply chain*). De acordo com Gattorna (2009, p. 2):

> Na prática, uma cadeia de valor é qualquer combinação de processos, funções, atividades, relacionamentos e caminhos, ao longo dos quais produtos, serviços, informações e transações financeiras movimentam-se internamente e entre empresas. Isso inclui todas e quaisquer atividades, começando com a extração de matérias-primas e terminando com o consumo final [...].

Daí podemos entender que a cadeia de valor se constitui majoritariamente por atividades que ocorrem dentro e fora da organização. Dentro da organização, tais atividades

> *O termo "supply chain", abordado por Gattorna em seu livro* Living supply chain *(o título é o mesmo na edição brasileira), pode ser traduzido também como "cadeia de suprimentos". Contudo, como o conceito desse termo envolve uma série de cadeias de valor, tende-se a usar uma coisa pela outra, ou seja, a traduzir "supply chain" por "cadeia de valor", como é o caso da citação que aparece aqui.*
>
> *Todos esses conceitos serão abordados com mais detalhes no Capítulo 5.*

se desenvolvem em algo que podemos chamar de *rede intraorganizacional*, que nada mais é do que a relação entre as diversas áreas da organização — por exemplo, marketing, produção, vendas, finanças. Fora da organização — e é aqui que se encontra nosso ponto de interesse — a cadeia de valor é sustentada por uma *rede interorganizacional*, constituída pelas demais organizações que atuam como fornecedoras, associadas e/ou revendedoras de determinada organização.

Pensemos, por exemplo, na Embraer, cujo principal negócio é a produção de aviões. Para produzir os jatos executivos Legacy 450 e Legacy 500, a empresa brasileira conta com cerca de 20 fornecedores (OSSE, 2008), dentre os quais podemos destacar a canadense Héroux-Devtek, que fornece trens de pouso; as americanas B/E Aerospace e Goodrich, que fornecem, respectivamente, os assentos da cabine de passageiros e os da cabine de comando; e a sueca SKF Aerospace, que fornece o controle de propulsão e o sistema de pedais de comando do leme. Não precisamos ser especialistas em aeronáutica para perceber que os componentes citados são de considerável importância para qualquer tipo de avião. Contudo, o que realmente importa para nós é mostrar que essas empresas e outras não citadas *compõem uma rede interorganizacional com a Embraer*.

Devemos lembrar que, antes dos produtos, serviços e transações financeiras, o primeiro vínculo de uma rede interorganizacional é o conhecimento. Veja que, no exemplo dado, todas as empresas envolvidas compartilham algum conhecimento relacionado à aeronáutica. Dessa forma, podemos entender que, além dos fornecedores de uma cadeia de valor e de associados, as redes interorganizacionais podem ser formadas também por empresas rivais, que compartilham entre si um mesmo mercado ou, nos dizeres de Porter (1986), um mesmo *microambiente*. É claro que, nesse caso, a troca de informações e conhecimentos pode não ser tão direta, mas mesmo assim ela ocorre. Por exemplo, ao lançar um produto inovador no mercado, uma empresa indiretamente disponibiliza para suas concorrentes informações e conhecimentos relacionados a tecnologia, *design*, tendências de mercado etc.

Uma rede interorganizacional pode ser vista de maneira mais ou menos complexa, da mesma forma como suas conexões podem ser mais ou menos mapeadas. Para nós, no entanto, importa compreender que a existência dessa rede ocorre por meio das relações que diferentes organizações mantêm entre si e que nessas relações há intensa troca de informações e conhecimentos.

Macroambiente

O *macroambiente* é composto do conjunto de fatores que afetam o contexto no qual as organizações estão inseridas — e, consequentemente, suas estratégias e seus processos decisórios. O mais importante a respeito do macroambiente é que ele não pode ser controlado pelas organizações: elas têm de se convencer de que *precisam* se adaptar a ele.

Os fatores do macroambiente são inter-relacionados e divididos em seis grupos que as organizações devem monitorar (KOTLER; KELLER, 2006, p. 75-92). São eles:

- *Fator demográfico:* diz respeito às características populacionais, como tamanho, composição etária, composição étnica, grau de instrução, distribuição física das pessoas etc.
- *Fator econômico:* está atrelado a indicadores como distribuição de renda, câmbio, taxa de juros, crescimento econômico, disponibilidade de crédito, terceirização etc.
- *Fator sociocultural:* baseia-se em crenças, valores e normas que moldam a sociedade ao longo do tempo e são por elas moldados; eles determinam o modo como as pessoas veem a si mesmas, aos demais, às organizações e à sociedade como um todo. Elementos culturais, como, por exemplo, comemorações carnavalescas ou a celebração do dia de ação de graças, também constituem um aspecto importante desse fator.
- *Fator natural:* relaciona-se a aspectos geográficos, como clima e relevo, e a fenômenos como furacões, terremotos e *tsunamis*. Entretanto, o foco das organizações ao monitorar esse fator concentra-se hoje em quatro pontos fundamentais: a escassez de matérias-primas, o aumento do custo de energia, as pressões antipoluição e a mudança no papel dos governos em prol da defesa ambiental. No Brasil, um exemplo claro disso é a crescente preocupação com o desmatamento das florestas.
- *Fator tecnológico:* está ligado aos avanços tecnológicos e à "destruição criativa" que eles proporcionam, ao mesmo tempo que afetam consideravelmente os demais fatores. Como afirmam Kotler e Keller (2006, p. 90), "uma nova tecnologia cria consequências de longo prazo nem sempre previsíveis". Por isso, em relação a esse fator, as organizações precisam acompanhar tendências, como aceleração do ritmo das mudanças tecnológicas, oportunidades de inovação, variações no orçamento de P&D e regulamentação da mudança tecnológica. Atualmente, o fator tecnológico tem trazido mudanças relevantes também para os demais fatores, como, por exemplo, as redes sociais (fator sociocultural), o menor consumo de energia ou a utilização de energia limpa (fator natural), o aumento da produtividade (fator econômico), a virtualização do trabalho (fator demográfico), a questão dos direitos autorais (fator político-legal).
- *Fator político-legal:* refere-se ao ambiente composto por leis, órgãos governamentais e grupos de pressão que podem influenciar e/ou limitar organizações e indivíduos. Relacionadas a esse fator, as pressões sociais por direitos e novas leis, bem como as articulações políticas no contexto social, merecem destaque especial.

> Em geral, a destruição criativa (ou inovação disruptiva) é um tipo de inovação não evolutiva que não está relacionada à melhoria de um produto, serviço ou processo, mas sim à criação de novos elementos capazes de mudar o paradigma do mercado. Atualmente, podemos encontrar um bom exemplo de destruição criativa no papel que os tablets estão desempenhando na conversão de diversos processos em diferentes empresas.

> *Dentro das organizações, mais especificamente, a sustentabilidade deve estar relacionada também à utilização de recursos (dinheiro, tempo, conhecimento etc.) na execução de processos e projetos, bem como à manutenção de vantagens competitivas. Considere isso durante sua leitura dos capítulos 3, 5, 6 e 9.*

Sustentabilidade

Se você não passou os últimos vinte anos preso em uma ilha perdida no Oceano Pacífico, podemos supor que *sustentabilidade* é uma palavra com a qual já está familiarizado e que faz parte do seu dia a dia em alguma medida. Muito embora o senso comum relacione esse termo à ecologia, precisamos considerar que a sustentabilidade atua equitativamente em três esferas: a ambiental, a social e a econômica.

Ambientalmente, a sustentabilidade está relacionada com a preservação da natureza, das fontes de energia e de alimento e dos ambientes nos quais podemos viver e estruturar uma sociedade. Economicamente, a sustentabilidade deve se concentrar na preservação de um sistema que permita a troca de bens e serviços entre os indivíduos e garanta um relativo equilíbrio entre todos, sem o qual seria impossível manter uma sociedade. Finalmente, a sustentabilidade social refere-se à preservação de valores culturais, políticos e legais que permitam aos indivíduos certa estabilidade para poderem viver com segurança em grandes grupos.

Perceba que, nesse tripé, uma parte interdepende das outras. Assim, todas são essenciais para que o conceito de sustentabilidade seja aplicado com sucesso, uma vez que seu objetivo final é, além de manter o planeta vivo para as próximas gerações, garantir que a humanidade também permaneça viva até lá.

Dessa maneira, definimos, em linhas gerais, o conceito de *sustentabilidade* como o conjunto de ações que possibilita a reestruturação e garante a continuidade de processos e sistemas organizacionais. Compreendemos, então, que isso se aplica aos mais diversos níveis e formas de organização, desde a vizinhança de um bairro até o planeta inteiro.

Padrões e interfaces

Padrões e interfaces são conceitos importantes para o fluxo de conhecimento na sociedade, porque eles garantem que a interação entre dois ou mais elementos ocorra com o menor nível de ruído possível.

O termo *padrão* pode ser entendido de inúmeras maneiras; contudo, para situá-lo entre os conceitos com os quais estamos trabalhando aqui, vamos defini-lo como uma medida que baliza e sustenta os processos interacionais em que há troca de informações e conhecimentos. Em geral, os dicionários definem esse termo como uma base de comparação ou aquilo que foi consagrado como modelo pelo consenso ou por algum órgão oficial.

Sob essa perspectiva, a norma culta da língua pode ser um exemplo mais tangível de padrão – se considerarmos, é claro, que os agentes envolvidos no processo possuem um nível compatível de conhecimento dessa norma. Porém, nem sempre o conhecimento da língua é um padrão disponível ou mesmo suficiente. Imagine, por exemplo, que você faça parte de uma organização que trabalha em parceria com uma empresa chinesa. Nesse caso, provavelmente haverá outros padrões compartilhados para garantir o sucesso nos processos de troca.

A *interface*, por sua vez, é definida como um dispositivo (material e lógico) que permite a interação entre dois sistemas. Assim, quando falamos que duas empresas compartilham determinados padrões, isso significa que esses padrões constituem uma interface entre elas. A interface funciona como um filtro pelo qual a informação ou o conhecimento passa de um meio a outro.

Pensando em um exemplo corriqueiro do nosso dia a dia, tomemos o Facebook. Em si mesmo, ele não é uma rede social. Na verdade, é basicamente um site da Internet que opera como uma interface entre os diversos usuários, e um software que estrutura uma rede social virtual. Graças a essa interface, qualquer pessoa pode participar dessa rede sem precisar saber como programar o software.

Gestão

No final do capítulo anterior, afirmamos que a gestão do conhecimento está presente dentro de uma organização por meio de práticas. Entretanto, é preciso ressaltar que a gestão do conhecimento não é algo que precise ser trazido de fora e implantado. Um olhar atento sobre as práticas gerenciais existentes em qualquer organização revelará que muitas delas são práticas de conhecimento.

Por isso, nossa crença é que a gestão do conhecimento já existe em nível mais ou menos desenvolvido em toda organização. Assim, o que norteia este livro é o intuito de ajudá-lo, caro leitor, a cumprir duas funções essenciais: a primeira é reconhecer a gestão do conhecimento onde e como ela já ocorre dentro das organizações, por meio das práticas adotadas por elas; a segunda é potencializar essa gestão do conhecimento por meio de outras práticas correlatas que se adaptem ao foco da organização. A fim de alcançar tal objetivo, é essencial que lhe apresentemos essas práticas. Para tanto, vamos levar em conta as práticas de gestão indicadas no segundo nível do nosso esquema, a Figura 2.1.

É provável que, ao ler os seis tópicos indicados no esquema, você questione por que não falamos também de gestão financeira ou gestão de marketing. Pois bem, a resposta segue o seguinte raciocínio: suponha que você trabalhe em uma empresa. Nessa empresa, há um gestor de operações, um gestor financeiro e um gestor de marketing, entre outros gestores. Porém, muito possivelmente, não há ninguém que ocupe os cargos de gestor estratégico, gestor da inovação, gestor de processos ou gestor da informação. Isso porque essas gestões não se estruturam como áreas da empresa. Na verdade, elas são constituídas por diversas práticas presentes em todas as áreas empresariais — inclusive nos setores financeiro e de marketing. Assim, fica claro que, independentemente do cargo ou da área em que atue, um gestor é essencialmente um gestor de estratégia, de processos, de inovação, de informação, de capital humano —, mas, retomando o que dissemos anteriormente, ele deve ser também um gestor do conhecimento. Cabe ressaltar que nossa crença é que não apenas os gestores, mas todos os funcionários devem ser responsáveis pela gestão do conhecimento dentro das organizações.

Nossa principal meta é demonstrar como, a partir das práticas já existentes, os membros de uma organização podem promover a *capacitação para o conhecimento* — um processo que Krogh, Ichijo e Nonaka (2001, p. v) definem como "o conjunto geral de atividades organizacionais que afetam de maneira positiva a criação de conhecimento". Isso será feito ao longo deste livro, à medida que apresentarmos as práticas gerenciais relevantes para o conhecimento organizacional.

A Figura 2.3 serve como um mapa do conteúdo que será apresentado nos próximos capítulos.

Figura 2.3 Mapa conteudístico das práticas gerenciais de conhecimento.

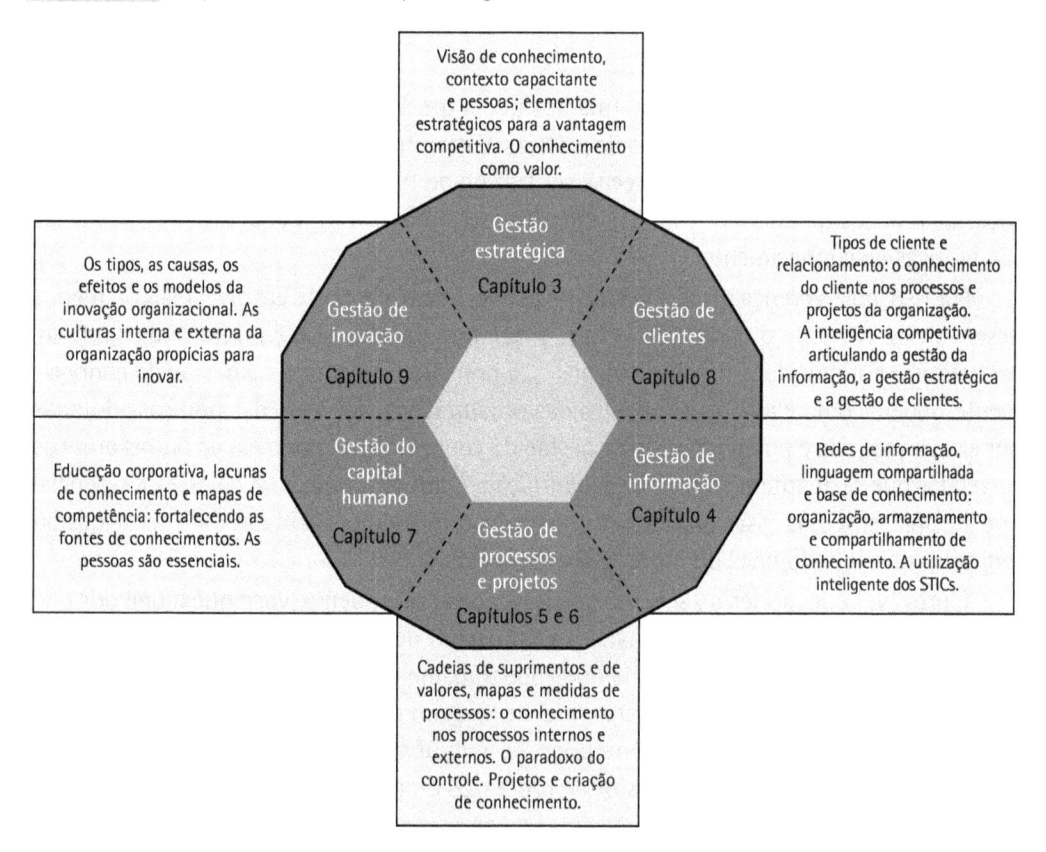

Visão de conhecimento, contexto capacitante e pessoas; elementos estratégicos para a vantagem competitiva. O conhecimento como valor.

Gestão estratégica — Capítulo 3

Os tipos, as causas, os efeitos e os modelos da inovação organizacional. As culturas interna e externa da organização propícias para inovar.

Gestão de inovação — Capítulo 9

Gestão de clientes — Capítulo 8

Tipos de cliente e relacionamento: o conhecimento do cliente nos processos e projetos da organização. A inteligência competitiva articulando a gestão da informação, a gestão estratégica e a gestão de clientes.

Educação corporativa, lacunas de conhecimento e mapas de competência: fortalecendo as fontes de conhecimentos. As pessoas são essenciais.

Gestão do capital humano — Capítulo 7

Gestão de informação — Capítulo 4

Redes de informação, linguagem compartilhada e base de conhecimento: organização, armazenamento e compartilhamento de conhecimento. A utilização inteligente dos STICs.

Gestão de processos e projetos — Capítulos 5 e 6

Cadeias de suprimentos e de valores, mapas e medidas de processos: o conhecimento nos processos internos e externos. O paradoxo do controle. Projetos e criação de conhecimento.

Sistemas e tecnologias de apoio à gestão

É comum encontrar pessoas que imediatamente associam sistemas computadorizados e tecnologias de informação dignos dos melhores filmes de ficção científica à gestão de conhecimento. Sem dúvida, os avanços tecnológicos são produtos do conhecimento. No entanto, não se pode acreditar que a tecnologia substitua o conhecimento — um erro pelo qual muitos gestores e executivos acabam pagando caro.

Por isso, achamos importante avisá-lo, caro leitor, que, por mais complexos que possam ser e por mais que facilitem nossa vida e nosso trabalho, sistemas e tecnologias de informação e comunicação não criam conhecimento. As vendas de uma empresa não aumentam simplesmente porque milhões foram investidos na área de TI, mas sim porque as pessoas certas tinham ou criaram o conhecimento certo para que o investimento tivesse um retorno satisfatório.

É claro que, por conta disso, você não precisa começar a queimar computadores nem transformar sua organização em um aglomerado de cavernas pré-históricas. O intuito de nosso aviso é fazer você não perder o foco ou cair em alguma cilada. Não queremos dizer com isso que a tecnologia não é importante. Pelo contrário! Os STICs são extremamente úteis no apoio às práticas de qualquer gestão, inclusive as de gestão do conhecimento.

Em linhas gerais, o apoio fornecido pelos STICs relaciona-se à automatização de tarefas ou processos específicos, dentre os quais podemos citar o monitoramento de indicadores, o controle de execução de projetos ou o cruzamento de dados. Assim, nosso objetivo nesta seção é, em primeiro lugar, apresentar uma lista com os 12 principais STICs que apoiam as práticas de GC e, em segundo lugar, mencionar as relações críticas entre eles e as práticas de gestão que serão estudadas ao longo do livro.

> Você pode ler um texto enriquecedor sobre o crescimento da gestão do conhecimento no Brasil e as ciladas relacionadas à tecnologia no artigo "A bolha da vez", publicado pela revista Exame e disponível em: <http://bit.ly/A7p3Sg>.

Os 12 principais sistemas e tecnologias de informação e comunicação que apoiam as práticas de gestão do conhecimento são:

1. *Sistema de gestão de desempenho*: monitora indicadores relacionados aos objetivos estratégicos da organização para mostrar como eles estão sendo cumpridos de forma tanto global quanto setorizada.
2. *Sistema de inteligência competitiva*: coleta e processa dados e informações do ambiente externo, auxiliando na análise e na interpretação desses dados e informações para facilitar a identificação antecipada de tendências, oportunidades e ameaças.
3. *Sistema de CRM*: possibilita a criação de uma estrutura que integra e automatiza diversos processos de atendimento ao cliente, marketing e serviços de produtos relacionados aos clientes de uma organização com o intuito de ajudá-la a identificar e escolher seus melhores clientes para desenvolver uma relação forte e duradoura com eles. CRM é a sigla para *customer relationship management*, que, em português, significa gestão do relacionamento com o cliente.
4. *Sistema ERP*: integra o planejamento, o gerenciamento e o uso de todos os recursos da organização, fornecendo apoio a suas operações, como as de finanças, as de

controle de estoque e as de programação. ERP é a sigla para *enterprise resourcing planning*, que, em português, significa planejamento de recursos empresariais — embora *ERP system* seja comumente traduzido como sistema integrado de gestão ou sistemas empresariais. A principal finalidade desse sistema é combinar os demais sistemas de informação funcionais de uma organização.

5. *Sistema de workflow*: monitora e controla as etapas de um fluxo de trabalho (*workflow*) preestabelecido, invocando outras ferramentas e aplicações de TI ou notificando os agentes da cadeia de trabalho da necessidade de sua participação quando necessário.
6. *Sistema de gestão de conteúdo*: permite que conteúdos (texto, imagem ou som) sejam editados e administrados em tempo real sem a necessidade de programação, facilitando a gestão de intranets, sites e portais. Um sistema de gestão de conteúdo (CMS — sigla inglesa para *content management system*) geralmente trabalha em conjunto com o gerenciamento eletrônico de documentos (GED), tecnologia que possibilita armazenar, compartilhar, controlar e recuperar rapidamente informações contidas em documentos organizacionais físicos (papel) ou virtuais (arquivos eletrônicos).
7. *Groupware*: conjunto de aplicativos capazes de facilitar o trabalho colaborativo, permitindo que um grupo de pessoas envolvidas em uma mesma tarefa ou em um mesmo objetivo compartilhe recursos e trabalhe simultaneamente em um mesmo arquivo ou documento.
8. *Sistema de gestão de competências*: auxilia no acompanhamento, na avaliação e a identificação de competências pessoais, departamentais e organizacionais, permitindo, assim, o gerenciamento de informações sobre o desempenho de pessoas e áreas da organização e facilitando a realização de diversos tipos de avaliação.
9. *Sistema de gestão de projetos*: monitora e controla o andamento de projetos, além de automatizar funções como o agendamento de eventos interdependentes, a escalação de pessoas e recursos para determinadas tarefas, o gerenciamento do controle e de orçamento, o controle de transmissão de documentos e a provisão de informações necessárias a cada tipo de usuário do sistema.
10. *Portal corporativo*: site privado de uma organização que funciona como interface entre os usuários e diversos STICs integrados que podem ser acessados pela Internet. É conhecido também como portal empresarial e, embora no início tenha sido desenvolvido por meio da intranet organizacional, hoje engloba a intranet e serve como ponto de acesso a informações críticas que podem ser localizadas tanto dentro quanto fora de uma organização.
11. *Sistema de SCM*: apoia tarefas relacionadas à cadeia de fornecimento, como produção, controle de estoque, programação e transporte, melhorando os processos

de tomada de decisão, otimização e análise. SCM é a sigla para *supply chain management*, que, em português, significa gestão da cadeia de suprimentos (reveja o que comentamos sobre *supply chain* na primeira seção).

12. *Sistemas inteligentes*: auxiliam a tomada de decisão do usuário por meio de um modelo de inteligência artificial. O termo "sistemas inteligentes" abrange diversos STICs que simulam o comportamento e os padrões do pensamento humano, tais como sistemas especialistas, redes neurais, raciocínio baseado em casos, lógica difusa (ou *fuzzy*), algoritmos genéticos e agentes inteligentes, entre outros.

A Figura 2.4 mostra um plano geral dos STICs que apoiam a prática de GC em cada tipo de gestão.

> *Caso sua curiosidade tenha sido aguçada pelos STICs descritos aqui, sugerimos quatro leituras que aprofundarão seus conhecimentos sobre o assunto:* Sistemas de informação gerenciais, *de Kenneth C. Laudon e Jane P. Laudon (Pearson, 2011),* Tecnologia da informação para gestão, *de Efraim Turban, Ephraim Maclean e James Wetherbe (Bookman, 2007),* Administração de sistemas de informação, *de James O'Brien e George Marakas (McGraw-Hill, 2007) e* Sistemas integrados de gestão – ERP, *de Cícero Caiçara Júnior (IBPEX, 2009).*

Figura 2.4 STICs que apoiam as práticas de conhecimento em cada tipo de gestão (plano geral).

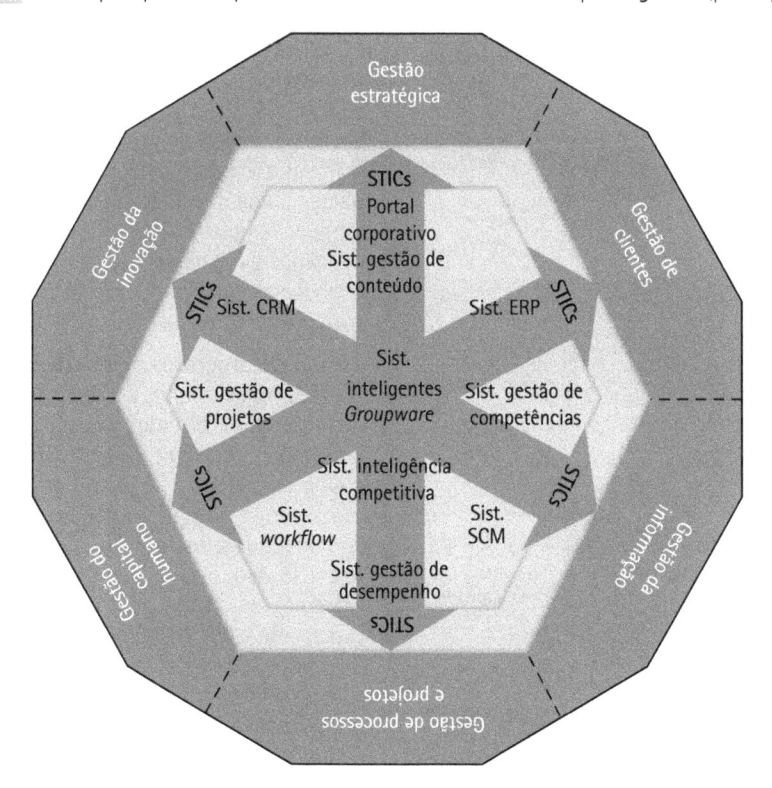

Agora, no Quadro 2.1, veremos as relações críticas entre esses 12 STICs e as práticas de gestão que serão estudadas ao longo do livro. Por *relações críticas* entendemos as relações mais diretas e de maior relevância entre uma gestão e um STIC. O que queremos dizer é: se, por exemplo, não indicamos a relação entre a gestão do capital humano e os sistemas de *workflow*, isso não significa que essa relação inexista, apenas que ela não é tão direta e tão impactante como as demais relações indicadas.

Quadro 2.1 Relações críticas entre STICs e as práticas de conhecimento de cada gestão.

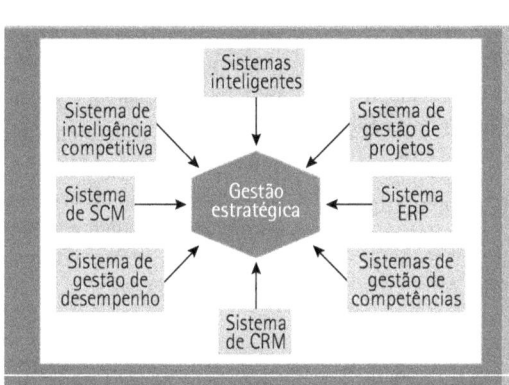

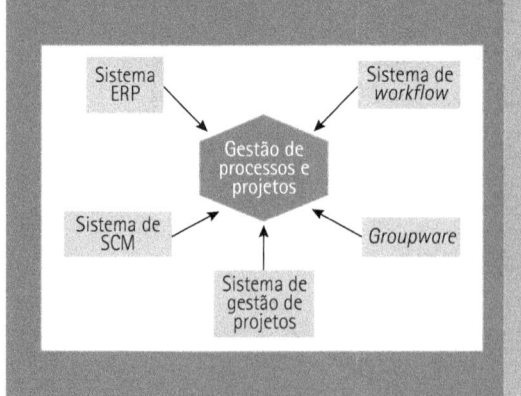

Gestão estratégica: Sistemas inteligentes, Sistema de inteligência competitiva, Sistema de gestão de projetos, Sistema de SCM, Sistema ERP, Sistema de gestão de desempenho, Sistemas de gestão de competências, Sistema de CRM	**Gestão estratégica** Os STICs que relacionamos às práticas de conhecimento da gestão estratégica são relevantes, porque eles podem fornecer uma ampla variedade de indicadores que facilitam a análise dos ambientes internos e externos da organização. Tais indicadores e as informações relacionadas a eles são fundamentais para as decisões de quais estratégias a organização deve adotar para adquirir e/ou manter sua vantagem competitiva.
Gestão da informação: Sistema de workflow, Sistemas inteligentes, Portal corporativo, Groupware, Sistema de gestão de conteúdo, Sistema ERP	**Gestão da informação** Uma das principais finalidades de qualquer STIC é melhorar a transmissão de dados e informações, disponibilizando tais recursos de forma ágil e precisa a quem necessitar. Você não precisa de nossa ajuda para concluir que isso é um ponto importante na gestão da informação. Além desse nobre motivo, as funcionalidades dos STICs aqui indicados ajudam a estruturar uma base de conhecimento segura, dinâmica e acessível para os membros da organização.
Gestão de processos e projetos: Sistema ERP, Sistema de workflow, Sistema de SCM, Groupware, Sistema de gestão de projetos	**Gestão de processos e projetos** Os STICs relacionados ao apoio da gestão de processos e projetos são capazes de automatizar o monitoramento e o controle da logística de tarefas e recursos que transitam inter e intraorganizacionalmente — o que, por si só, já é muita coisa. Mas não é só isso! Eles também são ferramentas extremamente úteis no mapeamento das cadeias de valor, da rede de operações, dos processos críticos e do fluxo de atividades referentes a todos os agentes (indivíduos e organizações) envolvidos no fornecimento de algum produto ou serviço ao mercado.

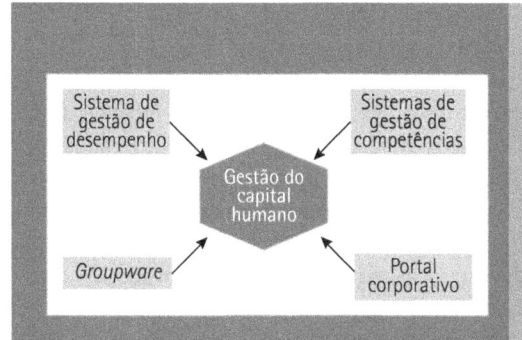

Gestão do capital humano

Os STICs que destacamos como apoio à gestão do capital humano ajudam no processo de mapeamento das competências — que identifica não apenas as competências (individuais e grupais) já existentes como também as que precisam ser criadas ou desenvolvidas — e no alinhamento das pessoas aos processos e à estratégia da organização. Esses pontos são importantes para o desenvolvimento de um contexto capacitante para a criação e a transmissão de conhecimento.

Gestão de clientes

O apoio dado pelos STICs selecionados à gestão de clientes é útil para monitorar o ambiente externo, auxiliando no mapeamento do conhecimento organizacional referente ao mercado e aos clientes. Isso é importante para identificar oportunidades de inovação de produtos e serviços.

Gestão da inovação

Os STICs que indicamos aqui facilitam o monitoramento da curva de inovação, processos e cadeias de valor. Eles também são úteis na avaliação de oportunidades relacionadas ao desenvolvimento de novos processos e à criação de cadeias de valor e redes de operações inter e intraorganizacionais.

ESTUDO DE CASO

O CONHECIMENTO NA INTEGRAÇÃO ENTRE GESTÃO E SISTEMAS DE INFORMAÇÃO

Há não muito tempo, o diretor de marketing de uma grande rede de supermercados brasileira identificou uma excelente oportunidade de negócios: lançar uma linha de produtos *light*. Essa linha ganharia uma marca própria (que vamos chamar de XYZ) e englobaria produtos como barras de cereais, iogurtes, sucos e até água — tudo *light*, orgânico, nutritivo e saudável. A ideia era boa, porque o público consumidor desse tipo de produto estava crescendo cada vez mais — da mesma maneira como as academias de ginástica, ou os *fitness centers*, estavam se expandindo em regiões próximas às lojas de supermercados da rede.

O problema é que grande parte desse público já era bastante fiel a uma das três marcas nacionais e a duas importadas que atuavam com muita força nesse mercado, e eram reconhecidas pela qualidade de seus produtos. Como a linha XYZ seria vendida apenas nos supermercados da rede, os baixos custos de produção e logística lhe dariam uma vantagem competitiva em relação às outras. Sem dúvida, isso era um ponto relevante e atrativo, sobretudo para os novos consumidores desse tipo de produto (oriundos muitas vezes de classes mais baixas). Mas como fazer para convencer os consumidores das marcas mais antigas a trocá-las pela novata? Era bem possível que eles relacionassem o preço mais baixo a uma qualidade supostamente inferior.

Foi pensando nisso que a equipe responsável pelo projeto XYZ desenvolveu um plano de ação em que o apoio dos sistemas de informação seria imprescindível. Utilizando o sistema de CRM ao qual o programa de fidelidade dos clientes estava ligado, era possível obter dados a respeito do padrão de compra dos clientes cadastrados. Esses dados alimentavam um sistema inteligente capaz de fazer uma análise multidimensional com eles. De forma resumida, essa análise cruzava diferentes perspectivas, fazendo consultas complexas com diversas variáveis. Para o lançamento da linha XYZ, a equipe determinou que os dados relevantes para análise seriam: a identidade do cliente, os produtos *light* das marcas concorrentes que ele comprou, a quantidade de vezes, a frequência e o local onde ele os comprou. Por fim, um sistema de ERP fez a integração entre os dois sistemas citados e o sistema do caixa.

Dessa forma, quando um cliente associado ao programa de fidelidade do supermercado passava suas compras no caixa, os sistemas de informação automaticamente verificavam se ele era um consumidor fiel de produtos *light*. Quando o cliente era identificado como um consumidor-alvo da campanha, uma mensagem era exibida imediatamente na tela do computador do caixa, indicando que aquele cliente deveria receber gratuitamente um produto XYZ similar ao que ele estava comprando. Para fazer essa identificação, o sistema inteligente analisava os dados relacionados à quantidade e à frequência de compras do produto. Já os dados referentes ao local da compra indicavam em quais lojas havia maior concentração de público-alvo.

Embora essa operação fosse integrada a todas as lojas da rede, ela não demorava mais do que alguns segundos — apenas o tempo de o cliente passar suas compras no caixa. Assim, a qualidade e a agilidade do serviço eram mantidas, o cliente ficava positivamente surpreendido com a ação, e a aceitação do novo produto era potencializada. Ao término da campanha promocional, os clientes já estavam familiarizados com os novos produtos alimentícios *light* e muitos já haviam se tornado consumidores fiéis deles.

Posteriormente, o diretor de marketing responsável pela marca XYZ cruzou algumas informações sobre o perfil desses consumidores e a expansão dos *fitness centers* próximos aos supermercados da rede. Com base nessa análise, ele desenvolveu outros produtos para a marca XYZ — dessa vez, uma linha de roupas e acessórios para esportistas. Mas isso é assunto para outro estudo de caso.

1. Na sua opinião, quais das práticas de gestão mencionadas neste capítulo podem ter sido impactadas pelas ações descritas no estudo de caso? Por quê?
2. É possível identificar uma rede social a partir da leitura do estudo de caso? E uma rede interorganizacional?
3. Por que os sistemas de informação foram imprescindíveis para o plano de ação traçado pela equipe responsável pela marca XYZ?

NA ACADEMIA

- Seja no ambiente profissional, seja no acadêmico, você faz parte de uma organização. Reflita sobre o fluxo de conhecimento que perpassa essa organização e elabore um relatório, analisando a maneira como o conceito de rede social, apresentado neste capítulo, e o de *ba*, visto no capítulo anterior, se relacionam com a estrutura dessa organização, e como o conhecimento transita entre ela e seu ambiente.
- Por fim, indique dois sistemas de informação da organização aos quais você tenha acesso e comente de que maneira eles influenciam o processo de criação de conhecimento.

Pontos importantes

- Toda organização insere-se em um meio social no qual atuam outros elementos. Podemos separar esses elementos em seis grupos que influenciam e orientam a criação e a transmissão de conhecimento. São eles:
    - complexidade — contrária ao pensamento científico reducionista, a complexidade se mostra como uma nova teoria para compreender a realidade por meio da análise dos sistemas complexos;
    - redes sociais — uma rede social é um exemplo de sistema complexo; ela é um conjunto estruturado de pessoas e organizações que se inter-relacionam, compartilham informações e conhecimentos de acordo com um objetivo em comum;
    - redes interorganizacionais — uma rede interorganizacional é um tipo específico de rede social formada por organizações; a base dessa rede é o mercado, e as interações entre seus elementos podem ser classificadas como concorrência ou associação;
    - macroambiente — é formado por seis fatores contextuais que não podem ser controlados pelas organizações: o fator demográfico, o fator econômico, o fator sociocultural, o fator natural, o fator tecnológico e o fator político-legal;
    - sustentabilidade — é o conjunto de ações que possibilita a reestruturação e garante a continuidade de processos e sistemas organizacionais; ela atua em três esferas interdependentes: ambiental, social e econômica;
    - padrões e interfaces — eles garantem a transmissão de informações e conhecimentos entre dois elementos ou sistemas.

- A existência de uma organização pressupõe a existência de práticas gerenciais. Tais práticas podem ser agrupadas em seis tópicos: gestão de processos e projetos, gestão da inovação, gestão de informação e de sistemas inteligentes e gestão do capital humano. Muitas dessas práticas são práticas de conhecimento; portanto, mesmo que seus membros não tenham consciência, a gestão do conhecimento já existe dentro das organizações.
- Sistemas e tecnologias de informação e comunicação (STICs) automatizam processos e tarefas, disponibilizando de forma segura, ágil e precisa dados e informações aos membros da organização. Dessa forma, os STICs potencializam as práticas de conhecimento de cada tipo de gestão e, consequentemente, a gestão do conhecimento como um todo.

Referências

CAPRA, Fritjof. Vivendo redes. In: DUARTE, Fábio; QUANDT, Carlos; SOUZA, Queila. *O tempo das redes*. São Paulo: Perspectiva, 2008.

CARVALHO, Fábio Câmara A. *Gestão do conhecimento*. Curso de férias ESPM. São Paulo, 2008.

_____. Esquema para gestão do conhecimento na organização. Atualizado em nov. 2010. Disponível em: <http://www.kmbusiness.net/gc.htm>. Acesso em: 15 dez. 2010.

GATTORNA, John. *Living supply chains*: alinhamento dinâmico de cadeias de valor. São Paulo: Pearson, 2009.

KOTLER, Philip; KELLER, Kevin L. *Administração de marketing*. 12. ed. São Paulo: Pearson, 2006.

KROGH, Georg Von; ICHIJO, Kazuo; NONAKA, Ikujiro. *Facilitando a criação de conhecimento*: reinventando a empresa com o poder da inovação contínua. Rio de Janeiro: Campus, 2001.

MORIN, Edgar. Complexity and the enterprise. In: AUDETE, Michele; MALOIN, Jean-Louis (eds.). *The generation of scientific, administrative knowledge*. Quebec: Universidade de Laval, 1986.

OSSE, José S. Embraer anuncia já ter 20 fornecedores para o programa dos novos jatos Legacy. *O Globo*, 17 jul. 2008. Disponível em: <http://oglobo.globo.com/economia/mat/2008/07/17/embraer_anuncia_ja_ter_20_fornecedores_para_programa_dos_novos_jatos_legacy-547300437.asp>. Acesso em: 10 fev. 2011.

PORTER, Michel E. *Estratégia competitiva:* técnicas para análise de indústrias e da concorrência. Rio de Janeiro: Campus, 1986.

SCHNEIDER, Grazielle. Empresas brasileiras usam Facebook, LinkedIn e Twitter para espiar a concorrência. *Folha de S.Paulo*, 30 out. 2010. Disponível em: <http://www1.folha.uol.com.br/mercado/823143-empresas-brasileiras-usam-facebook-linkedin-e-twitter-para-espiar-a-concorrencia.shtml>. Acesso em: 05 jan. 2011.

TÔRRES, Júlio. *Teoria da complexidade*. Disponível em: <http://www.teoriadacomplexidade.com.br/teoria-da-complexidade.html>. Acesso em: 02 jan. 2011.

PARTE II
PRÁTICAS DE GESTÃO

Como as grandes letras aí em cima não escondem, ao virar esta página, começamos a segunda parte deste livro, que compreende os capítulos de 3 a 9. Nesta parte, abordaremos a aplicação da gestão do conhecimento no cotidiano organizacional por meio de práticas gerenciais. Na verdade, mais do que apresentar novas e revolucionárias metodologias de trabalhado, nosso intuito é *revelar* a gestão de conhecimento já existente e disseminada em diversas práticas gerenciais do cotidiano organizacional. A essas práticas, demos o sugestivo nome de *práticas de conhecimento*.

Para os fins didáticos a que este livro se propõe, agrupamos as práticas de conhecimento de maneira que elas pudessem ser abordadas sob sete perspectivas gerenciais distintas: estratégia, informação, processos, projetos, capital humano, clientes e inovação. Contudo, ao longo da leitura, explícita ou implicitamente, você facilmente perceberá que a aplicação de uma prática pode muito bem impactar diversos tipos de gestão e que, em uma visão panorâmica, todos os tipos estão profundamente interligados entre si – da mesma maneira que as práticas.

Capítulo 3

GESTÃO ESTRATÉGICA

Neste capítulo, abordaremos as seguintes questões:
- De que forma a gestão do conhecimento se relaciona com a estratégia de uma organização?
- O que é visão do conhecimento?
- Por que os contextos capacitantes são estrategicamente importantes para as organizações?
- Como a aprendizagem da organização pode lhe garantir uma vantagem competitiva?
- Por que as pessoas são um elemento central no desenvolvimento de estratégias para a gestão do conhecimento?
- Como as organizações são avaliadas e valoradas pelo mercado na era do conhecimento?
- O que é *balanced scorecard* e de que modo seu emprego pode impactar positivamente nos processos de gestão do conhecimento?

Introdução

Tradicionalmente, as discussões sobre estratégia tendem a enfatizar resultados e objetivos quantificáveis. Assim, fatores humanos de difícil mensuração, como valores, significados e experiências, acabam ficando de fora quando chega o momento de planejar formalmente os negócios e aplicar os recursos estratégicos. Sem dúvida, as estratégias que seguem essa linha de pensamento apresentam índices consideráveis de acerto, sobretudo no que diz respeito ao controle operacional da organização no curto prazo. Entretanto, elas se mostram perigosamente limitadas à medida que a sociedade se baseia, cada vez mais, no conhecimento, e à medida que a capacidade de inovar e criar novos conhecimentos torna-se um importante diferencial entre pessoas e organizações.

No âmbito organizacional, o conhecimento, apesar do destaque que vem recebendo nos últimos anos, ainda se encontra fortemente atrelado a uma ótica bastante operacional, voltada a setores específicos como RH, P&D e TI. Entretanto, como você já sabe, a gestão do conhecimento só apresenta um resultado pleno e satisfatório para a organização quando todas as suas áreas estão capacitadas e engajadas no desenvolvimento do conhecimento como valor organizacional e fonte de vantagem competitiva.

Assim, é inútil pensar em alastrar o conhecimento nas operações de todas as áreas da organização se ele não estiver relacionado à sua visão estratégica geral. Nesse sentido, Krogh, Ichijo e Nonaka (2001, p. 92) propõem que os estrategistas organizacionais reformulem seu entendimento sobre o papel do conhecimento na organização:

> [...] é imperativo que os gerentes recorram a um referencial prático para avaliar o papel do conhecimento em relação à estratégia [...]. Em vez de encarar o conhecimento como algo indefinido, vagamente relacionado com a criatividade, absolutamente imprescindível, mas de objetivação impossível, os executivos devem considerá-lo como um recurso, vinculado a tarefas e resultados específicos.

Nosso objetivo, neste capítulo, é mostrar como o conhecimento pode ser um recurso importante em algumas práticas relacionadas à elaboração e ao desenvolvimento de estratégias organizacionais. Para tanto, dividimos o capítulo em duas seções. Na primeira, você encontrará os principais pontos nos quais o conhecimento potencializa a estratégia da empresa — são eles: a visão do conhecimento, os contextos capacitantes, a aprendizagem organizacional, as pessoas e os ativos intangíveis. Na segunda, apresentamos o *balanced scorecard* como uma ferramenta importante para definição e implantação de estratégias em organizações criadoras de conhecimento.

O conhecimento em pontos estratégicos

As organizações tendem a se concentrar mais em atividades operacionais e no "aqui e agora" do que em planos efetivos sobre o futuro e nas estratégias para alcançar objetivos de médio e longo prazos. No que diz respeito à gestão do conhecimento e suas práticas, como já dissemos, o foco não só é muito mais operacional, mas também é direcionado a um ou outro setor da organização. Invariavelmente, isso gera um obstáculo para a gestão do conhecimento e, pior, para toda a organização.

Quando o conhecimento atua apenas no campo operacional, grande parte de sua utilidade fica restrita ao meio, às ações e aos processos da organização no presente. Atrelado à gestão estratégica, contudo, o conhecimento torna-se uma fonte de vantagem competitiva não apenas para o agora, mas também para o futuro. Para tanto, o primeiro passo a ser dado é amalgamar o conhecimento à visão estratégica da organização e usá-lo como ferramenta na construção de cenários.

Nos próximos tópicos, vamos detalhar um pouco mais essa questão da visão do conhecimento e sua utilização na construção de cenários.

Visão do conhecimento

Quando dizemos que a *visão do conhecimento* é uma importante fonte de vantagem competitiva para as organizações modernas, não estamos apenas justificando a existência deste livro nem sua boa escolha, leitor, ao adquiri-lo. De fato, a visão do conhecimento é a ignição que promove todo processo de criação e gestão de conhecimento. Nas palavras de Krogh, Ichijo e Nonaka (2001, p. 130): "[...] a visão do conhecimento enfatizará a importância da criação de conhecimento como função organizacional, inserindo-a na agenda da alta administração."

O comprometimento com a gestão do conhecimento deve partir de todos os membros da organização, mas sobretudo daqueles que compõem o alto escalão. Uma vez que os diretores ou gerentes seniores são os responsáveis por definir a visão da organização e traçar o rumo que ela deve seguir, é essencial que eles entendam a visão do conhecimento como um valor importante na orientação desse trajeto.

Com ou sem gestão do conhecimento, a criação de conhecimento ocorre o tempo todo em qualquer organização. De modo abrangente, o que a gestão do conhecimento faz é capacitar os membros da organização com o intuito de potencializar esse processo de criação. Contudo, temos de considerar que nem todo conhecimento é útil. Dessa maneira, a visão do conhecimento também é importante porque ela norteia o processo de criação a fim de evitar desperdícios. Como afirmam Krogh, Ichijo e Nonaka (2001, p. 129):

> A visão do conhecimento adequada inspirará a empresa a buscar conhecimento em certas áreas e a construir estoques de conhecimento a serem utilizados para enfrentar futuros desafios.

Evitar o desperdício de conhecimento não significa fechar a torneira que goteja sem parar ou focar a criação de conhecimento de maneira exclusiva para determinados resultados. Como já vimos no Capítulo 1, o processo de criação do conhecimento envolve muitos fatores não controláveis. Assim, é normal que algumas vezes um conhecimento seja criado acidentalmente ou, até mesmo, seja reprovado dentro de um projeto. Para uma organização criadora de conhecimento isso não representa necessariamente um prejuízo. Vejamos, por exemplo, o célebre caso da criação do Post-it por dois cientistas da 3M.

Em 1968, Spencer Silver tentava desenvolver um adesivo muito aderente. Em um dos experimentos, alguma coisa saiu errada e o resultado foi um adesivo que aderia levemente às superfícies. Durante cinco anos, Silver anunciou sua descoberta sem encontrar, contudo, alguém interessado em um adesivo fraco. Em 1974, quando Silver já havia desistido da ideia, Art Fry buscava uma solução para um seriíssimo problema de seu cotidiano. Sendo um dos coristas de sua igreja, ele usava pedaços de papel para marcar os hinos selecionados – o que não era um método muito bom, já que os papéis invariavelmente acabam caindo e se perdendo. Assim, Fry pensou em criar um marcador que pudesse ser colado no papel e desgrudado sem deixar marcas. Foi então que Fry se lembrou do invento de Silver e deu origem ao pedaço de papel quadrado e amarelo mais vendido no mundo.

Casos com esse demonstram como os "estoques de conhecimento" mencionados por Krogh, Ichijo e Nonaka são fundamentais para empresas que buscam a inovação constante.

O desperdício de conhecimento não é o único problema que a visão do conhecimento ajuda a evitar. A perda de foco de uma empresa em relação ao seu posicionamento competitivo perante o mercado é uma ameaça muito maior e mais tangível. Veja, por exemplo, o recente caso da Apple, cujo iOS – sistema operacional móvel para *smartphones* e *tablets* – vem perdendo gradativamente espaço para o Android, da Google (NOYES, 2011). Em muitos aspectos, isso se deve basicamente ao fato de a Apple utilizar um sistema fechado, enquanto o Android é um sistema aberto. Dessa forma, pode-se dizer que, embora a Apple tenha desempenhado um papel central no desenvolvimento da nova geração de celulares, faltou-lhe certa visão para identificar os perigos que sua estratégia baseada em um sistema fechado poderia trazer.

Em entrevista à revista *Veja*, o ex-CEO da Google, Eric Schmidt, explicou os fatores que levaram ao crescente sucesso do Android sobre o iOS (GRAIEB, 2011):

> Os produtos da Apple são engenhosos, úteis e funcionam muito bem uns com os outros. O problema com a Apple é que ela leva seus clientes para um sistema fechado. Você tem de usar seus aparelhos, seus programas, seus aplicativos. Se você quer criar um aplicativo para o iPhone ou para o iPad, vai ter de se submeter a um procedimento de aprovação. Você tem de comprar tudo nas lojas da Apple. E assim por diante. O Android é o oposto disso. Oferecemos uma plataforma que funciona em vários tipos de aparelho, não estabelecemos restrições para a criação de aplicativos nem cobramos uma taxa de 30% para distribuí-los, como a Apple faz. É um modelo aberto. E o resultado é que o Android já tem mais volume de vendas que o iPhone, e continua crescendo. Nosso ecossistema será consideravelmente maior que o da Apple. Isso não significa que o modelo da Apple vai morrer. Haverá quem busque essa experiência fechada. Mas os consumidores, em geral, gostam de ter alternativas. É isso que o Android lhes oferece.

Nesses e em muitos outros casos, o papel da visão do conhecimento é fundamental, porque ela fornece um mapa mental que auxilia a organização a alcançar seus objetivos estratégicos. Esse mapa mental é composto por três áreas correlatas (KROGH; ICHIJO; NONAKA, 2001): (1) o mundo em que vivemos; (2) o mundo em que devemos viver; e (3) o conhecimento que devemos buscar e criar (veja o Quadro 3.1). São essas coordenadas que, além de potencializar o planejamento estratégico e a criação de conhecimento, estreitam os laços entre esses dois processos.

Colocando em termos práticos, podemos pensar no Brasil em relação à Copa do Mundo de 2014. Nesse caso, um mapa mental que contemple um panorama macro deve considerar aspectos infraestruturais que extrapolam a construção ou a reforma de estádios de futebol. É preciso olhar para diversas questões, como transporte, comércio, sociedade etc. Em outras palavras, é necessário analisar tais aspectos agora e projetar o desenvolvimento deles até 2014. Isso não se limita a contratar empresas de engenharia civil para construir prédios e estradas, mas toca em pontos importantes a respeito de capacitar a população das cidades sedes para recepcionar e interagir com um volume consideravelmente grande de pessoas provenientes dos mais diversos lugares do mundo. O Centro de Educação Tecnológica do Amazonas (Cetam), por exemplo, começou em 2010 a oferecer, em parceria com a Infraero, cursos de inglês para os taxistas do aeroporto de Manaus (CETAM, 2011).

Outro aspecto importante da visão do conhecimento é o tempo. A visão do conhecimento não se projeta em direção ao futuro como quem simplesmente grita: "Para o alto e avante!". Ao contrário, ela deve mirar o cumprimento de objetivos concretos e, portanto, deve ser pautada por prazos também concretos. Retomando o exemplo anterior, não é cabível que se pense em resolver o recorrente problema do caos aéreo brasileiro em janeiro de 2015, depois de passada a Copa.

Por outro lado, também não podemos pensar que o cumprimento do objetivo determinado encerra a visão do conhecimento. Tenha em mente, leitor, que o conhecimento também tem data de validade – considere, por exemplo, o fato de que, há menos de duas décadas, empresas como a Sony desenvolviam uma tecnologia para impedir que os CDs pulassem dentro dos *discmans*. Assim, a visão de conhecimento, bem como sua criação e gestão, deve ser entendida como um processo contínuo.

Quadro 3.1 Mapa mental criado pela visão do conhecimento (baseado em KROGH; ICHIJO; NONAKA, 2001, p. 130-131).

VISÃO DO CONHECIMENTO		
Presente	Futuro	Conhecimento
"A visão do conhecimento deve fornecer um mapa mental do mundo em que vivem os membros da organização"	"A visão de conhecimento deve incluir um mapa mental do mundo em que os membros da organização devem viver"	"A visão do conhecimento deve especificar que conhecimentos os membros da organização devem buscar e criar"
Analisar o mundo/organização hoje	Projetar o mundo/organização do amanhã	Descobrir como partir do hoje e chegar ao amanhã

Para o desenvolvimento desse processo, Krogh, Ichijo e Nonaka (2001, p. 132-137) indicam sete critérios que caracterizam a boa visão do conhecimento: (1) comprometimento com uma trajetória; (2) fecundidade; (3) especificação do estilo; (4) foco na reestruturação do sistema de conhecimentos vigentes; (5) foco na reestruturação do atual sistema de tarefas; (6) comunicação de valores externos; (7) comprometimento com o desenvolvimento da competitividade. Veremos resumidamente cada um deles logo a seguir e encerraremos o tópico com algumas considerações importantes a respeito da construção de cenários para a visão do conhecimento.

Comprometimento com uma trajetória

Como já dissemos, a visão do conhecimento exige o comprometimento de toda a organização, sobretudo do alto escalão, tanto com o atual cenário de conhecimento no qual ela atua quanto com o futuro cenário no qual ela atuará e com o desenvolvimento dos conhecimentos que permitirão essa mudança. Nesse caso, o comprometimento também está atrelado à estabilidade do processo. Uma vez que a visão estratégica da organização é voltada para médio e longo prazos, uma alta frequência de mudanças na visão do conhecimento dificultaria o trabalho dos indivíduos envolvidos em processos de criação do conhecimento.

Fecundidade

Mais do que a criatividade, esse critério tem a imaginação como principal valor. Ainda que muitas vezes ela seja compreendida, erroneamente, por um viés pueril, a imaginação pode e deve ser incentivada em nível organizacional. É papel da visão de conhecimento garantir um espaço para que as pessoas possam sonhar com o futuro. Como dizem Krogh, Ichijo e Nonaka (2001, p. 133): "A visão de conhecimento de uma empresa deve capacitar os membros da organização a livrar-se de suas atuais percepções sobre a organização e permitir-lhes pensar com imaginação sobre o que a organização deve ser e em que deve transformar-se."

Mas não se engane, leitor: fecundidade não é bagunça! A imaginação, no âmbito organizacional, deve ser orientada — os autores citados usam a expressão "improvisação dirigida" para esboçar na fecundidade uma finalidade tangível. Eles também lembram que a criação de conhecimento é uma atividade *exploratória*, e não explorada. Trata-se de um aspecto importante para gerar novas ideias que permitam utilizar com eficácia o conhecimento existente e, assim, construir um futuro sonhado. E é nesse aspecto exploratório que reside a fecundidade.

Considere isso e procure alguma foto ou vídeo do escritório central da Google (veja, por exemplo, a Figura 3.1). Será difícil dizer que ali não se desenvolve a fecundidade. Mais difícil ainda será não pensar em quanto essa empresa lucra por ano. Contudo, não queremos dizer com isso que toda organização deve ser igual à Google, apenas que elas devem entender a fecundidade e a imaginação como ferramentas produtivas.

Figura 3.1 Alexandre Hohagen, presidente da Google no Brasil (Alex Almeida, Folhapress).

Especificação do estilo

A relação com o desenvolvimento de mapas mentais não significa que a visão do conhecimento está restrita ao interior da cabeça das pessoas. Pelo contrário! A visão do conhecimento deve ser expressa uniformemente para toda a organização, da mesma maneira que a visão estratégica. De fato, em muitos casos, acreditamos que a visão do conhecimento deve ser expressa na própria visão estratégica, já que, como gostamos de frisar, o conhecimento se mostra cada vez mais como o principal recurso das organizações modernas.

O ponto crucial deste critério, contudo, é expressar a visão do conhecimento para a organização. Seja inserida na visão estratégica ou não, a visão do conhecimento deve ser um documento da organização. A questão do estilo, nesse caso, diz respeito à conformidade de tal documento com a identidade da organização.

É fundamental salientar aqui que não se trata de elaborar um *slogan* bacana ou de dar vazão à verve poética para criar frases bonitas que, não obstante, são vazias de significado. A declaração de visão do conhecimento deve ser clara ao manter o equilíbrio entre fecundidade e trajetória, sintonizando-se com outras mensagens da organização. Para tanto, sugerimos que essa declaração, antes de elaborada, seja discutida pelos estrategistas da empresa e que eles se preocupem não apenas em encontrar o cerne da visão do conhecimento, mas também uma maneira eficiente de transmiti-la a todos os membros.

Você, astuto leitor, não demorará em identificar nessa sugestão as etapas de conversão de conhecimento das quais falamos no Capítulo 1.

> *A declaração de visão do conhecimento não precisa necessariamente ser divulgada por meio de um texto. A divulgação pode ser feita por meio de vídeos, fotos, seminários, música etc. Independentemente do suporte em que ela se baseie, há dois pontos importantes a respeito da declaração de visão do conhecimento: ela precisa tocar as pessoas, ou seja, comovê-las para uma nova forma de pensar proposta pela organização; a declaração precisa ser aberta o suficiente para ser capaz de transformar-se e adaptar-se à dinâmica competitiva.*

Foco na reestruturação do sistema de conhecimentos vigentes

Muitas vezes a visão do conhecimento não deve focar a manutenção, mas sim a inovação de conhecimentos. Isso significa que ela deve mirar para além das experiências que resultaram em sucesso no passado. Um dos valores da Livraria Cultura retrata bem essa ideia ao afirmar: "Nossa premissa é que, se algo funciona, já está obsoleto".

Uma boa visão do conhecimento permite desenvolver novas interpretações da história estratégica da organização e de sua relação com os elementos que atuam no mesmo meio que ela. Além disso, ela deve instigar a organização a criar novos conhecimentos a partir de novas associações.

Foco na reestruturação do atual sistema de tarefas

Uma vez que a inovação ocorre no sistema de conhecimento da organização, é um tanto óbvio que isso se reflita em suas atividades. Afinal, se abandonamos os conhecimentos passados, devemos fazer o mesmo quanto às práticas relacionadas a eles. Assim, as tarefas também devem ser reinterpretadas à luz dos novos conhecimentos. Nas palavras de Krogh, Ichijo e Nonaka (2001, p. 135-136):

> *Muitas editoras, em todo o mundo, já estão reestruturando seus sistemas de tarefas em virtude dos conhecimentos criados (e daqueles em vias de criação) a partir da expansão de iPads, Kindles e outros tablets e e-readers. De fato, a acessibilidade cada vez maior à informação coloca em xeque a maneira como os livros são produzidos, vendidos e consumidos hoje e como o serão amanhã. Pense nisto, leitor: talvez você venha a comprar a próxima edição deste livro pelo seu celular e ela seja à prova de rasgos.*

Na aplicação de novos conhecimentos e existentes a outros negócios, a visão do conhecimento precisa mostrar as consequências das atividades de criação de valor. Em algum ponto, é necessário prever respostas para várias perguntas: Deve a organização descartar algumas de suas atuais atividades críticas? Que novas atividades de fabricação, marketing e vendas, P&D, logística e gestão devem ser reformuladas para o futuro?

Comunicação de valores externos

Ao falarmos sobre o critério de especificação do estilo, afirmamos que a visão de conhecimento não deve ficar apenas na mente dos estrategistas da organização, mas deve ser posta como uma declaração documentada. Da mesma forma, essa declaração deve ser aberta a todos os *stakeholders* da organização (acionistas, funcionários, clientes, fornecedores, financiadores). Por um lado, isso os ajudará a entender o que devem esperar dela; por outro, também ajudará outros indivíduos e organizações a se identificarem com ela, determinando, assim, um novo posicionamento estratégico.

Devemos esperar que essa declaração, cedo ou tarde, chegue às organizações concorrentes – afinal, como dissemos no Capítulo 2, elas estão inseridas na mesma rede social. Em consequência desse fato, em geral o efeito que se observa é o reposicionamento também por parte delas. A tendência é que algumas formem visões de conhecimento alternativas, enquanto outras procurarão imitar a boa visão do conhecimento.

Nesse caso, a imitação em si não representa um risco direto, porque, como sabemos, ela ocorre a partir de um fragmento de conhecimento explícito. Dessa forma, considerando que a visão de conhecimento é profundamente embasada no conhecimento tácito, cada organização, eventualmente, desenvolverá seus próprios mapas mentais e traçará sua própria trajetória de elaboração de conhecimento.

> Há muitos casos em que a imitação tem um papel de risco tão latente que passa a ser uma fonte de motivação para que a organização busque novos conhecimentos a fim de se superar e inovar continuamente. Exemplo claro disso é a marca Omo (pertencente à multinacional Unilever), que está sempre lançando novos "Omos" para se manter em um mercado muito copiado.

Comprometimento com o desenvolvimento da competitividade

Você já deve ter notado que uma de nossas funções neste livro é lembrá-lo a todo o momento que a gestão do conhecimento tem como objetivo final a criação e o desenvolvimento da *competitividade* — que nada mais é do que a capacidade de uma organização em implantar com sucesso estratégias que lhe permitam manter ou ampliar sua posição no mercado. Este critério apresenta-se como uma ocasião propícia para retificar tal proposta. Assim, a pergunta que está por trás dele é: "Esta visão de conhecimento ajuda a organização a melhorar seu posicionamento no mercado?".

Recomendamos excepcional atenção a tal pergunta, porque, em muitos casos, ela será crucial na tomada de decisões relacionadas ao conhecimento da organização — tanto o que já existe quanto o que será desenvolvido no futuro. Por isso, acreditamos que esse critério tenha um valor especial aos gestores em geral, uma vez que ele coloca a gestão do conhecimento no âmago da estratégia. Como dizem os autores:

> A visão do conhecimento deve não apenas contribuir para que a empresa destine recursos à criação de conhecimento em importantes áreas de negócios futuros, mas também inspirar o atual processo de criação de conhecimento, para que ele se desenvolva com mais rapidez e maior produtividade do que as iniciativas dos concorrentes.

Veja na Figura 3.2 um resumo ilustrado do que foi tratado até aqui.

Construção de cenários

A visão de conhecimento é fruto de um processo de tomada de decisão, assim como orienta outras tomadas de decisões. Paralelamente, ela pode indicar um processo de construção de cenários e orientar outras construções — lembre-se dos mapas mentais dos quais falamos no tópico anterior. O *cenário* de que falamos aqui é a descrição coerente de um futuro provável, feita com base em um conjunto de hipóteses, as quais essas formadas a partir da análise do desenrolar de acontecimentos presentes. Compreender e aplicar a construção de cenários como prática estratégica é, portanto, essencial para o desenvolvimento da visão do conhecimento.

Figura 3.2 Finalidade estratégica da visão do conhecimento.

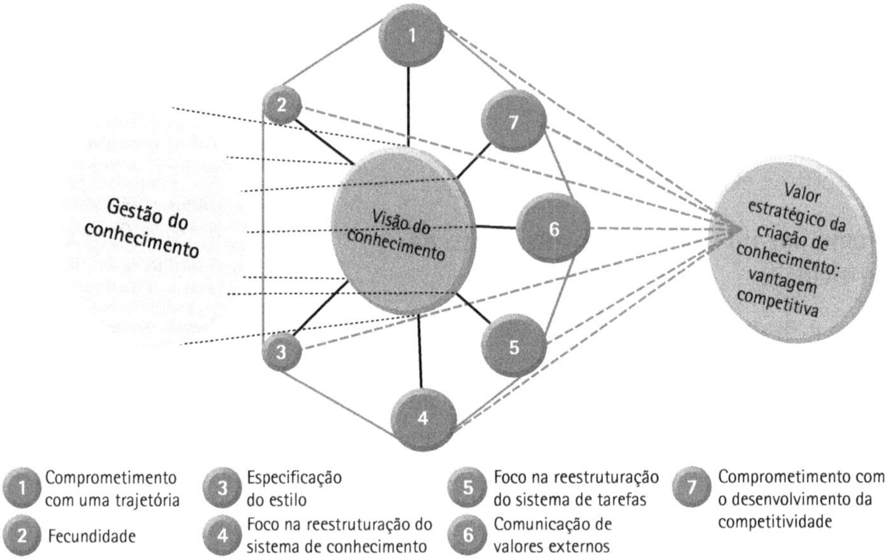
Gestão do conhecimento
Visão do conhecimento
Valor estratégico da criação de conhecimento: vantagem competitiva
1 Comprometimento com uma trajetória
2 Fecundidade
3 Especificação do estilo
4 Foco na reestruturação do sistema de conhecimento
5 Foco na reestruturação do sistema de tarefas
6 Comunicação de valores externos
7 Comprometimento com o desenvolvimento da competitividade

Dizemos isso porque a visão do conhecimento é direcionada para o futuro a médio e longo prazos, e esse direcionamento acontece por meio da análise cuidadosa dos chamados "fatores condutores" (EHRLICH, 2005) ou "elementos predeterminados" (SCHWARTZ, 2003). Esses elementos nada mais são do que acontecimentos que se dão no presente e se desenrolam ao longo do tempo, dando origem a outros acontecimentos no futuro.

De acordo com Schwartz (2003), as surpresas inevitáveis são elementos naturalmente percebidos na sociedade que produzirão impactos nela mesma em um futuro próximo. Você mesmo convive com várias "surpresas inevitáveis". Pensemos, por exemplo, na escassez de recursos causada pela exploração desenfreada do meio ambiente; ou no envelhecimento da população brasileira e em seus impactos econômicos; ou, ainda, no envelhecimento da população europeia e norte-americana em comparação às da Ásia, África e Oriente Médio.

Em muitos casos, um acontecimento futuro é maior que um presente, por ser o somatório de vários elementos predeterminados. Em mais casos ainda, as pessoas consideram uma surpresa a ocorrência de tal acontecimento futuro simplesmente porque ignoraram a existência dos elementos predeterminados. Outra razão para a surpresa é a falsa noção de estabilidade que muitos têm em relação ao mundo. Precisamos nos conscientizar de que a instabilidade faz parte do mundo e é cada vez mais recorrente que algumas mudanças sejam inexoráveis – Schwartz (2003) usa o termo "surpresas inevitáveis" – e que mesmo assim muitas delas podem ser previstas.

Cabe aqui uma ressalva: diferentemente dos búzios ou do tarô, a construção de cenários não está centrada na previsão do futuro, mas antes na análise de fatos passados e presentes e suas consequências futuras. Não se trata, portanto, de uma prática divinatória – o que aliás, nos lembra uma anedota contada por Kleiner (1996) sobre o francês Pierre

Wack (1922-1997), célebre executivo da Royal Dutch/Shell e pioneiro na prática de construções de cenários. Wack comparava seu trabalho à previsão de enchentes no rio Ganges da seguinte maneira:

> Da nascente à foz o Ganges é um rio extraordinário, com extensão aproximada de 2.400 km. Se percebemos chuvas extraordinariamente pesadas na monção, na região superior da bacia, podemos prever com certeza que, em dois dias, algo incrível acontecerá em Rishikesh, aos pés do Himalaia. [...] o povo de Benares não sabe que a enchente está a caminho, mas eu sei. E sei porque estive na nascente, onde isso tudo tem início. Eu vi! Isso não é adivinhação. Não é previsão de bola de cristal. É simplesmente a descrição dos desdobramentos futuros de algo que já aconteceu.

Como adverte Ehrlich (2005, p. 2), essa descrição, contudo, é meramente plausível — o que significa que a precisão não é um bom critério para avaliar a construção de cenários. Isso porque, ainda segundo Ehrlich, "distintas extrapolações ou visões para estes fatores condutores conduzem a distintos cenários".

Dessa maneira, o ideal é que se faça, preventivamente, a construção de mais de um cenário, considerando que o objetivo é indicar possíveis pontos de decisão a respeito de eventos futuros. Ehrlich (2005, p. 2) também indica algumas características que um bom cenário deve possuir. São elas:

- Que seja plausível (tenha conexões racionais entre pontos no tempo).
- Que tenha consistência interna.
- Que descreva um processo causal.
- Cenários distintos devem representar diferentes estruturas.
- Que seja útil para a tomada de decisões.
- Apesar de o termo "cenário" conotar a descrição de um retrato estático, um bom cenário deve enfatizar os processos dinâmicos.

A construção de cenários tanto ajuda na elaboração da visão de conhecimento quanto é influenciada por ela. O principal ponto de relação entre os dois processos pode ser depreendido das conclusões de Krogh, Ichijo e Nonaka (2001, p. 154):

> [...] a instilação da visão do conhecimento é um processo que por vezes capacita os membros da organização a esperar o inesperado [...] o processo ajuda a pensar o futuro de maneira estruturada. É melhor antecipar-se a futuras ameaças e oportunidades do que esconder-se dos acontecimentos possíveis.

Em outras palavras, a construção de cenários permite visualizar a resposta para a seguinte pergunta: que conhecimento devemos criar para o futuro?

> A construção de cenários é um tema riquíssimo, cujo estudo pode trazer diversos benefícios para você e sua empresa. Caso se interesse, indicamos aqui a leitura de *Metodologias e técnicas de construção de cenários globais e regionais*, ensaio escrito pelo economista e sociólogo Sérgio C. Buarque para o Instituto de Pesquisa Econômica Aplicada (Ipea). Você pode encontrá-lo na Internet acessando: <http://bit.ly/Af2ppy>.

Determinação de ambientes favoráveis à criação de conhecimento (contextos capacitantes)

O desenvolvimento de contextos capacitantes, conforme apresentamos no Capítulo 1, é um ponto relevante para a estratégia da organização. Pensemos, por exemplo, que a elaboração da visão de conhecimento de uma organização é o produto de um longo processo baseado principalmente nas conversas e discussões entre os diretores ou gerentes seniores. Seja por e-mail, telefone ou pessoalmente, essas conversas e discussões acontecem em um *ba*, que promove a criação de conhecimento — nesse caso, a visão do conhecimento. Da mesma maneira, o desenvolvimento de novos produtos e serviços dependerá de um contexto capacitante para que as pessoas se reúnam, proponham novas ideias, discutam-nas, trabalhem na elaboração de conceitos e protótipos etc.

De fato, nenhuma organização que direcione suas atividades para a criação de conhecimento obterá bons resultados se não se preocupar com o desenvolvimento de seus contextos capacitantes — afinal, sem eles é impossível determinar qualquer tipo de estratégia. Assim, uma vez que o conhecimento é assumido como um recurso estratégico de suma importância, a existência de tais contextos e a criação de novos torna-se uma questão decisiva para a estratégia da organização.

Planejamento da "aprendizagem organizacional"

Para entendermos de forma simples o que é o planejamento da aprendizagem organizacional, vamos começar pensando em duas perguntas:

- *Quais* conhecimentos precisamos criar para o futuro?
- *Como* criar tais conhecimentos?

Como já dissemos anteriormente, a primeira pergunta diz respeito ao cerne da visão do conhecimento. A segunda trata diretamente do planejamento de aprendizagem — que não deixa de ser um planejamento estratégico. Ou seja, o planejamento da aprendizagem organizacional é o meio pelo qual a visão do conhecimento e os objetivos relacionados a ela serão alcançados dentro do prazo estipulado.

Para definir esse planejamento, devemos considerar três esferas que influenciam o processo de aprendizagem: (1) capacitação pessoal; (2) pesquisa e desenvolvimento; (3) novas formas de captar e processar informações e conhecimentos. Na primeira esfera, encontramos práticas como cursos de especialização, palestras, treinamentos, *coaching*, *mentoring*, programas ligados a universidades corporativas etc. Na segunda esfera, concentram-se processos que levam à criação de novos conceitos, protótipos, modelos e afins. Na última, o que vai se destacar é a busca por novas fontes de informações e conhecimentos e/ou por novas maneiras de interpretá-los.

> *Atualmente, muitas organizações têm encontrado no Facebook uma maneira de expandir seu próprio ba. O site de relacionamento aparece como uma imensa fonte dos mais diversos tipos e níveis de informação, facilitando, em muitos casos, a identificação de novas tendências e até mesmo a interação entre desenvolvedores de novos produtos e seu público-alvo.*

No processo de aprendizagem, pode acontecer de uma esfera agir isoladamente; contudo, o mais comum é a ocorrência de uma interação lógica entre elas. Dizemos "lógica" nesse caso, pois se trata de um processo de causa e efeito. Vejamos o caso da Iveco como exemplo.

A Iveco é uma fabricante de caminhões, ônibus e veículos comerciais que tinha seu foco estratégico no produto. Em meados da última década, ela começou a mudar sua metodologia de cruzamento de dados e a mapear informações sobre os negócios de seus clientes. Dentre as novas informações buscadas constam, além de que tipo de produtos os clientes carregam nos caminhões, o levantamento da localização de pedágios e seus respectivos valores (cobrados de acordo com o número de eixos do veículo) e a legislação específica de transporte de cada região (algumas impedem o tráfego de veículos grandes em determinados horários e áreas). A partir dessas novas informações (esfera três), a Iveco mudou seu foco estratégico para as necessidades dos clientes e, consequentemente, desenvolveu um novo modelo de vendas (esfera dois). É claro que isso não daria certo se a Iveco não tivesse capacitado seu pessoal (esfera um) para interpretar as novas informações, tomar decisões a partir delas e desenvolver novos processos para atender a seus clientes. Apenas para se ter uma ideia, todo esse processo de aprendizagem rendeu à Iveco um crescimento de 131% em 2007 no Brasil, enquanto o restante do mercado cresceu apenas 41% (CUNHA, 2008).

De maneira geral, o processo de aprendizagem organizacional resultará na criação de novos processos, patentes, marcas, estruturas e sistemas. Esses elementos devem representar, de forma tangível, o conhecimento criado pela organização e também devem conferir a ela vantagem competitiva. A Figura 3.3 resume o conteúdo deste tópico.

> *Há muitos pontos relevantes à aprendizagem organizacional que serão retomados no Capítulo 6, no qual abordaremos a gestão do capital humano.*

Desenvolvimento de estratégias para GC a partir de pessoas

Durante sua leitura até aqui, em algum momento você deve ter notado que há alguns pontos que simplesmente não nos cansamos de repetir. Neste tópico, o ponto em questão é o seguinte: as pessoas são essenciais para a gestão do conhecimento. Lembremo-nos de que o conhecimento é criado e gerido a partir das pessoas. Faz sentido, então, dar a elas um papel especial na estratégia da organização.

Na prática, isso significa que todas as pessoas da organização devem ser capacitadas para o conhecimento. Elas precisam entender que são aquilo que Peter Drucker cunhou como "trabalhadores do conhecimento" e, mais importante, que precisam estar alinhadas à visão e à estratégia de conhecimento da organização. Isso não significa necessariamente que todos os funcionários (do porteiro ao CEO) serão criadores de produtos e serviços inovadores. Contudo, eles serão responsáveis por criar e manter diversos ambientes favoráveis à criação

Figura 3.3 Processo de aprendizagem organizacional.

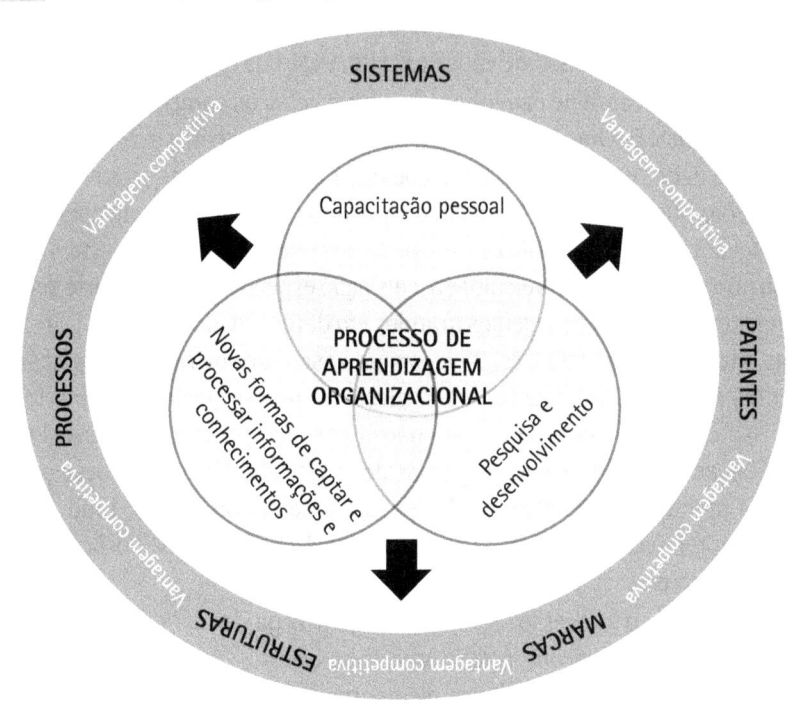

de conhecimento, por monitorar e identificar a criação de conhecimento tanto no ambiente interno quanto no externo e, sobretudo, por compartilhar diversos tipos de conhecimento.

Levemos em conta a seguinte afirmação de Kotler e Keller (2006, p. 701) a respeito do marketing interno para o desenvolvimento do marketing holístico:

> [...] uma empresa pode ter um excelente departamento de marketing e mesmo assim falhar nessa atividade. Depende muito da maneira como os outros departamentos veem os clientes. Se eles apontam para o departamento de marketing e dizem: "são eles que fazem o marketing", a empresa não implementou o marketing com eficácia. Somente quando todos os funcionários perceberem que seu trabalho é servir e satisfazer os clientes é que a empresa se tornará uma vendedora eficaz.

Trocando "marketing" e "clientes" por "gestão do conhecimento" e "conhecimento" e fazendo suaves adaptações, eis que teremos o ponto-chave deste tópico. Uma organização pode criar um setor próprio para a gestão de conhecimento — algumas de fato o fazem —; entretanto, se os processos e as práticas de criação e gestão do conhecimento ficarem restritos a ele, a organização não só terá desperdiçado tempo, pessoas e dinheiro, mas também limitará perigosamente sua capacidade de inovar.

Repare que no parágrafo anterior desenhamos um cenário no qual o conhecimento está isoladamente restrito a um setor. Não queremos dizer com isso que a gestão do conhecimento não possa ser implantada em um único setor. Imaginemos uma empresa cujo gerente de produção, por conta própria, tenha resolvido capacitar seus funcionários para o conhecimento e implantar a gestão de conhecimento. Nesse cenário, o gerente em questão poderá ser bem-sucedido, inovando os processos, os sistemas ou até os produtos desenvolvidos em sua área. No entanto, digamos que os diretores da empresa resolvam capacitar as demais áreas para o conhecimento. O gerente de produção será, então, muito mais bem-sucedido, assim como os demais gerentes e todos os funcionários da empresa.

Assim, retomando o que dissemos na introdução deste capítulo, devemos pensar na gestão de conhecimento como um processo *holístico*, ou seja, que englobe o todo tanto em suas partes quanto em sua integridade. Isso depende não apenas do engajamento dos gerentes médios, mas de todos os membros da organização. Esse alinhamento total das pessoas só pode acontecer por meio de iniciativas que partam da alta cúpula da organização.

Ativos intangíveis e valor de mercado

Quanto mais o foco das organizações — e da sociedade como um todo — passa a ser o conhecimento, mais difícil e anacrônica se torna uma avaliação de valor de mercado baseada unicamente no capital financeiro e nos ativos tangíveis de uma organização. De maneira simples, podemos dizer que, hoje, para chegarmos ao valor de mercado de uma organização, devemos somar seus ativos tangíveis e intangíveis. Essa conclusão está por trás do modelo de capital intelectual mostrado na Figura 3.4.

Edvinsson e Malone (1998) subdividem esse modelo em mais seis partes para desenhar com mais detalhes a estrutura de valor de mercado das modernas organizações. Dessa maneira, podemos entender que o capital intelectual é composto pelos seguintes capitais:

Figura 3.4 Modelo do capital intelectual (baseada em STEWART, 2001, p. 13).

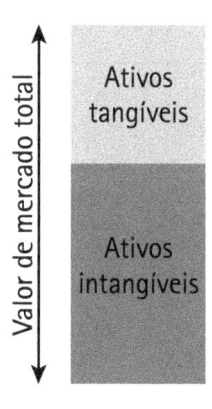

humano, estrutural, de clientes, organizacional, de inovação e de processos. A Figura 3.5 ilustra a estrutura do modelo de Edvinsson e Malone.

Veja que, a partir do capital intelectual, podemos facilmente reconhecer todos os aspectos relacionados ao conhecimento que abordamos tanto neste quanto no primeiro capítulo. Assim, no *capital humano*, destaca-se o conhecimento explícito (escolaridade, grau de instrução etc.) e o conhecimento tácito (valores, habilidades, experiências, *know-how* etc.) dos membros da organização. Paralelo a ele, temos o *capital estrutural*, subdividido em dois campos com focos cognitivos distintos e complementares. O primeiro, *capital de clientes*, atua no que podemos considerar um *ba* externo à organização — a riqueza desse capital advém dos conhecimentos adquiridos e construídos a partir de relações com os clientes. O segundo, *capital organizacional*, centra-se no *ba* interno da organização para desenvolver aspectos como cultura, liderança, alinhamento e trabalho em equipe. Como já dissemos diversas vezes, tais pontos são importantes para a criação e o desenvolvimento de novos produtos, serviços, processos e estruturas. É por isso que, subordinado ao capital organizacional, encontramos o *capital de inovação* e o *capital de processos*.

O que você pode perceber a partir dessa análise é que cada um dos tópicos abordados ao longo desta seção influenciam diretamente um ou mais dos segmentos que compõem o capital intelectual. Dessa forma, o desenvolvimento de estratégias de conhecimento a partir das pessoas enriquece todo o capital intelectual, ao passo que a determinação de contextos capacitantes ajuda na valorização do capital estrutural e o planejamento de aprendizagem organizacional faz crescer o capital organizacional. Tudo isso, é claro, de acordo com o ali-

Figura 3.5 Valor de mercado das organizações (baseada em EDVINSSON; MALONE, 1998).

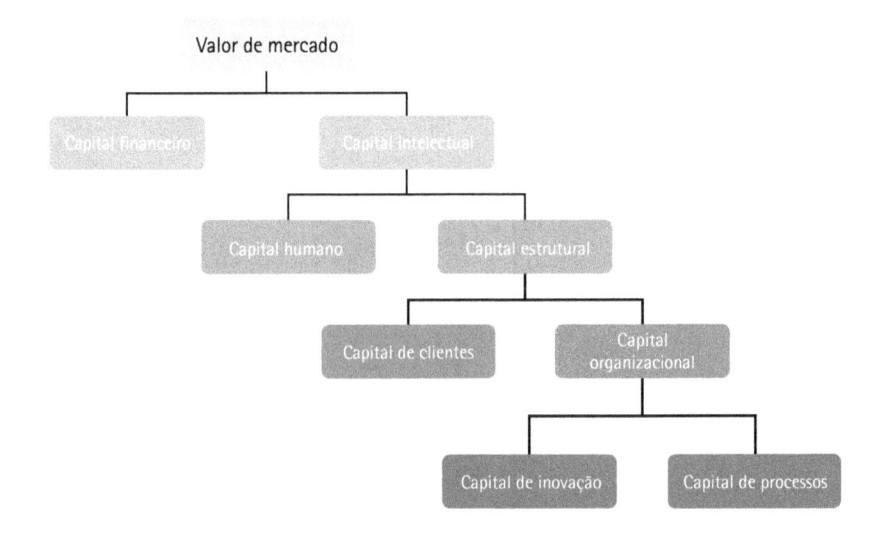

nhamento à visão de conhecimento da organização. A Figura 3.6 resume este tópico, bem como esta seção.

Balanced scorecard: ferramenta estratégica do conhecimento

Nesta seção, vamos nos concentrar na utilização do *balanced scorecard* (BSC) como uma ferramenta fundamentalmente útil para estruturar e operacionalizar a estratégia da organização. Dessa maneira, os tópicos a seguir visam explicar o que é o *balanced scorecard*, por que e como usá-lo.

BSC: o que é?

O *balanced scorecard* é uma ferramenta extremamente útil para mensurar, acompanhar e comunicar a estratégia da organização em todos os recantos de seu ambiente interno e, consequentemente, para auxiliar decisões relacionadas ao rumo da organização em direção a sua visão de futuro (CARVALHO, 2011). As origens do BSC estão ligadas ao reconhecimento da importância do capital intelectual para a valoração das organizações que apresentamos no final da seção anterior. Ele foi originalmente elaborado por Robert Kaplan, da Harvard Business School, e David Norton, do Instituto Nolan Norton, como um modelo para avaliação de desempenho organizacional que propunha o estabelecimento e a mensuração clara de objetivos relacionados a quatro perspectivas: *financeira, clientes, processos internos de negócios* e *aprendizado e crescimento*. Como você pode notar, com exceção da perspectiva financeira, as demais estão profundamente atreladas aos ativos intangíveis, conforme já apresentamos na Figura 3.6.

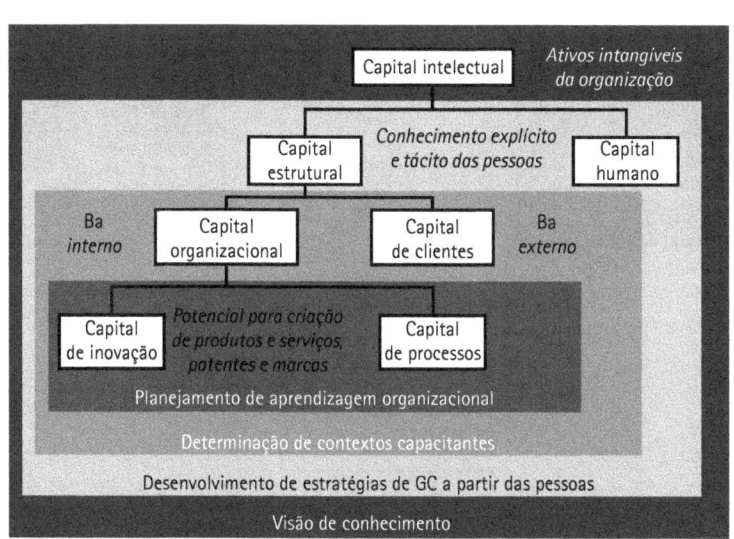

Figura 3.6 Relação estrutural entre capital intelectual e gestão estratégica do conhecimento.

Kaplan e Norton apresentaram o BSC em um artigo intitulado "The balanced scorecard: measures that drive perfomance" ("O *balanced scorecard*: medidas que impulsionam o desempenho"), publicado em 1992 pela *Harvard Business Review*. Entre uma infinidade de modelos de avaliação de desempenho, o BSC se destacou graças a dois aspectos essenciais. Primeiro: ele não se concentra exclusivamente na perspectiva financeira nem apenas em resultados passados, mas engloba outras três importantes perspectivas para uma organização atuante na era do conhecimento com foco no futuro. Segundo: a mensuração de indicadores não financeiros não era uma iniciativa nova (ASSEN; BERG; PIETERSMA, 2010; BSCI, 2010); entretanto, Kaplan e Norton mostraram que isso pode ser feito em um "placar equilibrado" (tradução literal de *balanced scorecard*). Em outras palavras, eles propuseram um modelo no qual é fácil entender e visualizar que, por exemplo, as iniciativas referentes às perspectivas de aprendizado e crescimento produzem efeitos sobre as iniciativas de processos internos, que impactam as iniciativas voltadas aos clientes, que, por fim, refletem-se nos objetivos financeiros. Tudo isso, é claro, alinhado à visão e à missão da organização.

Assim, a dinâmica do BSC pode ser desenvolvida a partir de quatro perguntas (Figura 3.7):

Figura 3.7   O *balanced scorecard* (baseada em KAPLAN; NORTON, 1996b).

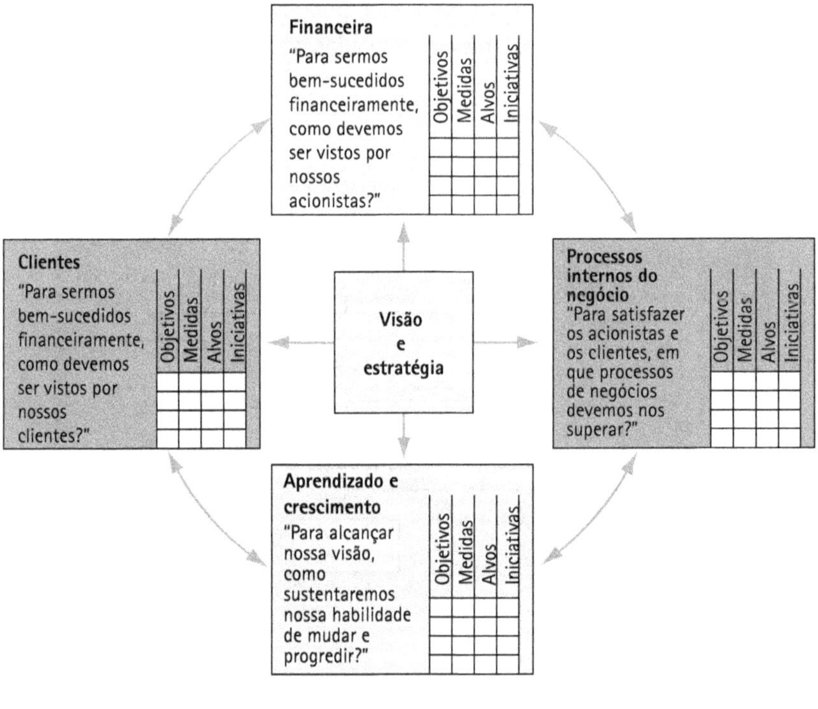

- O que é importante para nossos acionistas?
- Como os clientes nos percebem?
- Quais processos internos podem agregar valor?
- Somos inovadores e estamos prontos para o futuro?

Desse modo, o que começou como um modelo de avaliação de desempenho hoje é considerado um dos mais completos modelos de estratégia gerencial. A mudança gradual foi registrada pelos próprios autores em artigos subsequentes, também publicados na HBR. No artigo de 1993, "Putting the balanced scorecard to work" ("Colocando o *balanced scorecard* para funcionar"), a partir de suas experiências e avaliações referentes à implantação do BSC em algumas empresas norte-americanas, Norton e Kaplan indicam que muitos executivos mantinham, em relação ao BSC, a visão de que ainda se tratava de um sistema de indicadores financeiros. Já em 1996, com um terceiro artigo, intitulado "Using the balanced scorecard as a strategic management system" ("Usando o *balanced scorecard* como um sistema de gestão estratégica"), eles registraram o que podemos chamar de um primeiro passo rumo à consagração do BSC. Leiamos o que Kaplan e Norton (1997, ix) escreveram a respeito:

> As experiências realizadas mostram que os executivos arrojados utilizavam o BSC não apenas para esclarecer e comunicar a estratégia, mas também para gerenciá-la. Na realidade, o BSC deixou de ser um sistema de medição aperfeiçoado para se transformar em um sistema gerencial essencial [...] [utilizado] como a principal ferramenta organizacional para importantes processos gerenciais: estabelecimento de metas individuais e de equipe, remuneração, alocação de recursos, planejamento, orçamento, *feedback* e aprendizados estratégicos.

> Verdade seja dita: Kaplan e Norton só registraram que o BSC poderia ser efetivamente usado como uma ferramenta de implantação da estratégia no livro The strategy-focused organization, de 2000 (lançado no mesmo ano pela Campus como A organização orientada para a estratégia), no qual podemos ler (p. 7-8): "Desde 1996, temos sido testemunhas do crescimento e da prosperidade do primeiro conjunto de adeptos do balanced scorecard, que utilizaram a ferramenta como elemento central dos respectivos sistemas e processos gerenciais [...]. Constatamos que as empresas adeptas estavam usando o BSC para a solução de um problema muito mais importante do que a mensuração do desempenho na era da informação. A questão, da qual francamente não estávamos conscientes quando concebemos de início o BSC, consistia em como implementar novas estratégias".

BSC: por que usar?

A versatilidade que o BSC apresenta em diversos processos gerenciais, como indica a citação de Kaplan e Norton no tópico anterior, já é um bom motivo para atrair a atenção de muitos gestores. Entretanto, para explicar sua importância como uma boa prática para a gestão do conhecimento, devemos ter em mente que o ponto central do BSC é *estabelecer a visão e a missão da organização de forma muito clara*. Para a gestão do conhecimento, especificamente, a relação entre o BSC e a visão é quase vital — lembremo-nos, então, do que dissemos quando abordamos a visão do conhecimento na primeira seção deste capítulo.

Assim, a implantação do BSC se dá por meio de um processo de conversão e criação de conhecimento. Os altos executivos da organização precisam se reunir e definir qual é a visão que eles almejam buscar nos próximos anos. Apenas isso já exige muito diálogo e muita discussão, pois certamente haverá divergências iniciais entre o que um diretor e outro pensam a respeito dos rumos que a organização deve tomar.

Além disso, uma vez que a diretoria chegou a uma conclusão quanto à visão da organização, ela precisa estabelecer objetivos tangíveis para concretizá-la. Se pensarmos exclusivamente na perspectiva financeira, o estabelecimento de tais objetivos seria, de certa forma, bem simplista; contudo, precisamos ter em mente que o cumprimento de objetivos financeiros está atrelado ao cumprimento de outros objetivos não financeiros, que, por isso, estão relacionados aos ativos intangíveis da organização. Dessa forma, podemos entender que a implantação do BSC depende fortemente dos mapas mentais elaborados pela visão de conhecimento — o que somos, o que devemos ser e como chegaremos a ser.

> A respeito dos termos "microvisão" e "macrovisão" relacionados às questões de alinhamento estratégico e de estratégia como tarefa de todos, indicamos veementemente a leitura de um curto artigo da revista Exame, no qual David Norton respondeu a algumas dúvidas. O texto está disponível no site da revista por meio do link: <http://bit.ly/zkgsUF>.

O BSC, contudo, não deve ser um fim em si mesmo. Por isso, não adianta nada os diretores se reunirem, discutirem e chegarem a qualquer conclusão referente à estratégia se ela não for plena e claramente comunicada a todos os membros da organização. O bom funcionamento do BSC requer o alinhamento de todos. Consequentemente, a estratégia acaba por fazer parte das tarefas de todos, porque todos os membros — independentemente de sua função — deverão adequar seus objetivos pessoais (microvisão) aos objetivos da organização (macrovisão). Isso vai facilitar a conversão da estratégia em um processo contínuo. O que, é preciso dizer, só acontecerá se mudanças necessárias forem executadas a partir da diretoria, ou seja, em um processo *top-down* (KAPLAN; NORTON, 2004).

Convidamos você, leitor, a notar que muito do que foi dito aqui está de acordo com o conteúdo da primeira seção deste capítulo. No próximo tópico, mostraremos como o BSC pode ser empregado nas organizações e defenderemos que, embora possa ser complexo, ele não é complicado. Enquanto isso, o Quadro 3.2 resume as diretrizes deste tópico.

BSC: como usar?

Como dissemos no tópico anterior, o modelo BSC pode até ser complexo, já que exige a discussão sobre as relações de causa e efeito entre diferentes fatores que articulam as hipóteses estratégicas (CARVALHO, 2011); contudo, ele não é complicado. De fato, sua complexidade nada mais é do que o reflexo do atual cenário no qual as organizações se encontram e dos desafios que elas devem superar para serem bem-sucedidas. Além disso, a maneira simples com a qual o BSC permite traduzir essa complexidade é um dos seus grandes diferenciais em relação aos modelos anteriores. Em linhas gerais, isso se deve a

Quadro 3.2 Por que usar o BSC?

A partir do BSC é possível:	Isso significa que:
Traduzir a estratégia em termos operacionais	Definida a estratégia, a diretoria deve estabelecer objetivos e indicadores tangíveis tanto para acompanhar o desenvolvimento organizacional como para que todos entendam o que cada setor deve fazer.
Alinhar a organização à estratégia	O BSC deve funcionar como um quadro panorâmico no qual cada um dos membros da organização seja capaz de identificar os objetivos macro de cada perspectiva, bem como as iniciativas a serem tomadas e os indicadores de mensuração.
Transformar a estratégia em tarefa de todos	Uma vez que todos identificaram a macrovisão, cada um deve correlacioná-la à microvisão, adequando seus objetivos pessoais aos da organização.
Converter a estratégia em processo contínuo	Depois de equilibrar os objetivos organizacionais com os pessoais, os membros da organização devem tornar a estratégia uma prática cotidiana para o alcance de ambos os grupos de objetivos.
Mobilizar a mudança por meio da liderança executiva	Apesar de entendermos que todos são importantes para a gestão do conhecimento, a plena eficiência do BSC depende, sobremaneira, do engajamento da alta direção da organização.

quatro características do BSC: (1) é um modelo *top-down*; (2) tem uma estrutura compacta; (3) exige estabelecimento de relações de causa e efeito; (4) permite a visualização de pontos críticos. No Quadro 3.3, apresentamos mais alguns detalhes dessas características e as comparamos às características dos modelos anteriores.

Tendo esclarecido essa questão, concentremo-nos agora nas etapas da construção do BSC. Nós as dividiremos em três:

1. Definir a organização.
2. Estabelecer/confirmar a visão.
3. Estabelecer as perspectivas.

Nos itens a seguir, veremos com mais detalhes cada uma dessas etapas.

Definir a organização

A definição da organização não se limita apenas à descrição de sua visão e sua missão. Embora não possamos desconsiderar esses dois aspectos, devemos entendê-los como resultado de uma análise mais ampla, que descreve o desenvolvimento da organização, seu papel e suas tendências. Para tanto, o emprego da análise SWOT em conjunto com o modelo de cinco forças de Porter mostra-se muito relevante.

Quadro 3.3 Comparativo entre BSC e modelos anteriores.

MODELO DO *BALANCED SCORECARD*		MODELOS ANTERIORES	
Características			Características
Modelo *top-down*	Os objetivos são definidos a partir da estratégia central da organização e, em vez de serem divididos por áreas, são divididos pelas quatro perspectivas.	Os objetivos eram elaborados de baixo para cima, ou seja, cada área estabelecia suas próprias metas e as comunicava à diretoria. Não havia alinhamento entre as áreas e a estratégia central.	Modelo *bottom-up*
Estrutura compacta	Há poucos objetivos e pode-se entender a relação entre eles.	A organização acabava ficando com um excesso de objetivos e era impossível entender ou mesmo estabelecer relações entre todos eles. Consequentemente, objetivos baseados em fatores não financeiros acabam ficando perdidos. Além disso, era mais difícil integrar programas de áreas diferentes e distinguir os programas realmente úteis dos outros.	Estrutura dispersa
Relações de causa e efeito	As relações são estabelecidas entre fatores financeiros e não financeiros. Isso facilita a integração de diversos programas e a identificação dos realmente úteis.		
Visualização de pontos críticos	A estrutura compacta e as relações de causa e efeito exigem a concentração nos pontos que realmente importam. Isso facilita a identificação de soluções para o futuro.	Os indicadores desses modelos baseavam-se, principalmente, em fatos passados (por exemplo, "quanto a empresa faturou no ano passado"). Em muitos casos, isso não ajudava a definir o que deveria ser feito para o futuro. Além disso, a quantidade de objetivos e indicadores não permitia identificar pontos críticos.	Miopia organizacional

A *análise SWOT* (*Strengths, Weaknesses, Opportunities, Threats* – em português, Forças, Fraquezas, Oportunidades, Ameaças), como o próprio nome sugere, define a organização a partir de duas linhas: suas características internas (forças e fraquezas) e fatores decorrentes do macroambiente (oportunidades e ameaças). Na primeira linha, podemos identificar, de um lado, deficiências nas competências e nos recursos que a organização pode corrigir e, de outro lado, pontos fortes que ela pode explorar (ANSOFF, 1990). Na segunda linha, a análise macroambiental revela qual o posicionamento que a organização deve ter para aumentar sua eficácia – de maneira um tanto óbvia, isso significa que ela deve aproveitar as oportunidades e evitar as ameaças (KALLÁS, 2003).

O *modelo de cinco forças de Porter* (Figura 3.8), permite analisar o microambiente no qual a organização está inserida. As cinco forças mencionadas são: (1) a concorrência entre competidores; (2) o poder de barganha dos compradores; (3) o poder de barganha dos fornecedores; (4) a ameaça de novos entrantes; e (5) a ameaça de produtos ou serviços substitutos (PORTER, 1986). Identificar essas cinco forças ajuda a organização a entender a dinâmica do setor em que atua e, assim, encontrar uma posição estrategicamente mais favorável.

Combinando a análise SWOT com o modelo das cinco forças, podemos elaborar o primeiro mapa relacionado à visão do conhecimento, aquele que define a situação atual da organização. Em muitos casos, algumas oportunidades vislumbradas na análise macroambiental também podem ajudar na elaboração do segundo mapa, aquele que define a situação futura da organização – e essa afirmação serve de gancho para a segunda etapa da construção do BSC, abordada a seguir.

Figura 3.8 Modelo das cinco forças de Porter (baseada em PORTER, 1986).

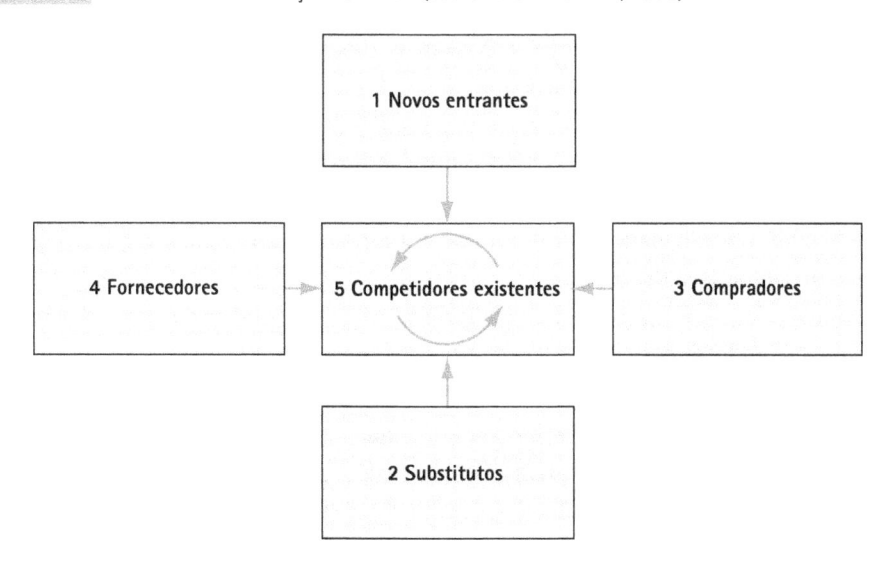

Estabelecer/confirmar a visão

Nesta etapa, retomaremos o que já dissemos no início deste capítulo com relação à visão de conhecimento. A partir da definição (etapa anterior), a organização será capaz de encontrar alguns indicadores que a ajudarão a vislumbrar pontos importantes referentes a seu futuro. Um processo de construção de cenários deve permitir que ela enxergue com mais clareza o quadro desafiador e imaginativo de seu papel futuro e de seus objetivos — que certamente ultrapassam seu ambiente e sua posição competitiva atuais.

Além disso, nessa etapa é importante definir, redefinir ou ainda confirmar a missão da organização. Ou seja, os executivos precisam definir o negócio no qual a organização está, ou deveria estar, de acordo com os valores e as expectativas dos investidores.

Por fim, também é preciso definir os objetivos, os prazos e as estratégias. Em outras palavras, é preciso estabelecer *quais* alvos devem ser alcançados, em até *quanto tempo* eles devem ser alcançados e *como* eles devem ser alcançados.

O estabelecimento das quatro perspectivas do BSC facilita a estruturação e a visualização dessas questões e da dinâmica entre os objetivos. Mais detalhes a seguir.

Estabelecer as perspectivas

Uma vez que a organização definiu sua missão e visão e sabe claramente onde ela se encontra agora e onde ela quer se encontrar no futuro, ela precisa traduzir isso para suas operações por meio das quatro perspectivas do BSC — financeira, clientes, processos internos e aprendizagem e crescimento. É nessa etapa que devemos pensar nas relações de causa e efeito e estabelecer o equilíbrio entre todas as perspectivas.

Vamos usar como exemplo uma companhia aérea cuja diretoria, após fazer a análise interna e externa e definir sua visão estratégia, tenha concluído que:

- A *perspectiva financeira* deve se basear na diminuição do número de aviões e no aumento de clientes para aumentar os lucros.
- A *perspectiva dos clientes* deve se preocupar com a pontualidade dos voos e com preços mais baixos para a satisfação dos clientes.
- A *perspectiva de processos internos* deve focar na diminuição do tempo que cada avião fica no solo, para garantir tanto o cumprimento dos objetivos relacionados aos clientes quanto a diminuição do número de aviões.
- A *perspectiva de aprendizado e crescimento* deve se concentrar no alinhamento do pessoal em terra para cumprir o objetivo de processos internos.

Dessa forma, a estratégia pode ser desenhada conforme mostra a Figura 3.9.

A tradução da estratégia em termos operacionais deve ser balizada pela descrição de objetivos, indicadores, metas e iniciativas. Os *objetivos*, como já dissemos, descrevem aquilo que, sendo crítico para o sucesso da organização, deve ser alcançado. Os *indicadores* mos-

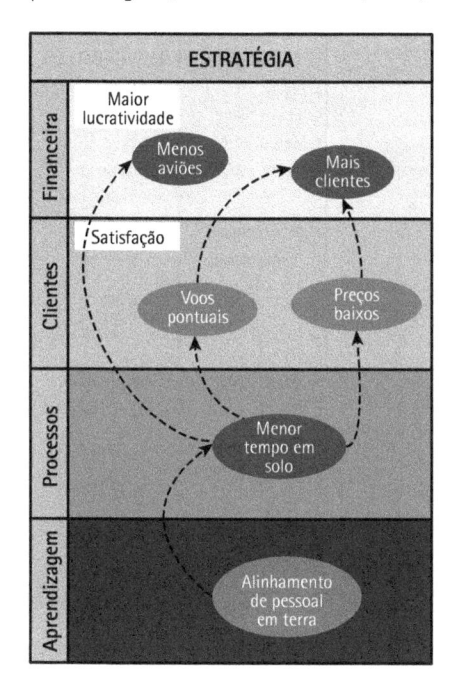

Figura 3.9 Exemplo de mapa estratégico (baseado em KALLÁS, 2003).

tram como as trajetórias rumo aos objetivos serão medidas e acompanhadas. As *metas* indicam o nível de desempenho necessário para o cumprimento dos objetivos. As *iniciativas* representam o plano de ação elaborado por meio de programas de ação essenciais para o cumprimento dos objetivos.

Todos esses elementos devem ser definidos de acordo com *a identificação dos fatores críticos*, ou seja, fatores cujos efeitos têm maior relevância sobre os resultados. A Figura 3.10 desenvolve o já referido mapa estratégico da companhia área e apresenta a tradução da estratégia em termos operacionais.

Antes de finalizarmos, cabe ressaltar que o BSC é flexível o suficiente para ser usado por outros tipos de organização que não as de negócios. Ele também pode ser usado em órgãos públicos, ONGs, escolas, igrejas e muitas outras entidades. É claro que, em cada caso, a relação entre as quatro perspectivas pode variar drasticamente, mas precisamos considerar que o BSC deve refletir a realidade da organização.

> O que apresentamos aqui é uma visão geral do balanced scorecard sob o prisma da gestão do conhecimento. Contudo, acreditamos que o assunto vai despertar seu interesse, e, por isso, indicamos, além dos textos de Kaplan e Norton citados, as leituras do livro Balanced scorecard para performance total, de Hubert K. Rampersad (2006, Editora Campus), e a dissertação de mestrado de David Kallás, "Balanced scorecard: aplicação e impactos" (2003, disponível em: <http://bit.ly/ABsxG2>.

Figura 3.10 Tradução do mapa estratégico em termos operacionais (baseada em KALLÁS, 2003).

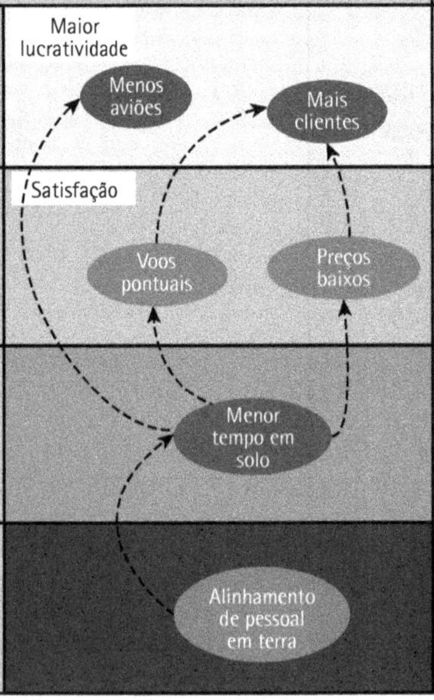

ESTRATÉGIA		OBJETIVOS	INDICADORES	METAS	INICIATIVAS
Financeira	Maior lucratividade / Menos aviões / Mais clientes	• Maior lucratividade • Mais clientes • Menos aviões	• Valor de mercado • Receita por assento • Custo dos aviões	• 30% cresc. anual • 20% cresc. anual • 5% cresc. anual	—
Clientes	Satisfação / Voos pontuais / Preços baixos	• Voos pontuais • Preços baixos	• Pontualidade • Ranking do cliente/pesquisa de mercado	• Liderar o ranking • Liderar o ranking	• Gestão da qualidade • Programa de fidelidade
Processos	Menor tempo em solo	• Menor tempo em solo	• Tempo em terra • Partidas pontuais	• 30 minutos • 90%	• Otimização de tempo de ciclo
Aprendizagem	Alinhamento de pessoal em terra	• Alinhamento de pessoal em terra	• % pessoal de terra treinado • % pessoal de terra com ações	• Ano 1 70% • Ano 3 90% • Ano 5 100%	• Campanha de divulgação interna • Treinamento de pessoal em terra

SAIU NA IMPRENSA

EMBRAER CRIA EMPRESA DE DEFESA COM RECEITA ESTIMADA EM R$ 1,5 BI JÁ EM 2011

Maíra Teixeira, de São Paulo

A Embraer divulgou nesta sexta-feira a criação da Embraer Defesa e Segurança, empresa focada no desenvolvimento de jatos e sistemas de defesa. Segundo o diretor-presidente da Embraer, Frederico Curado, a previsão é de que em 2011, a receita alcance R$ 1,5 bilhão.

(...)

A Embraer tem hoje unidades especializadas em jatos comerciais e executivos e já trabalha com projetos de desenvolvimento exclusivo para as Forças Armadas e para o governo Federal.

"Temos contratos com o governo que vão desde a concepção da aeronave, desenvolvimento, preparação industrial. Essa nova empresa trouxe visão estratégica e quer fortalecer o setor de defesa à medida que o governo deve demandar mais", afirma o executivo que ressalta que o projeto visa assegurar a capacitação e autonomia tecnológicas que o país necessita, além de soberania.

Há atualmente mais de 30 forças de defesa, em todo o mundo, operando produtos e sistemas da Embraer. Nos últimos anos, a empresa tem investido significativamente em tecnologias de ponta para o setor de defesa, não apenas no que tange a aeronaves e sistemas embarcados, mas também em soluções integradas para outras aplicações, inclusive para os segmentos de comunicação, computação, comando, controle e inteligência e de treinamento.

"Esperamos que esse negócio se fortaleça em poucos anos, não apenas no atendimento às necessidades do país. Também queremos crescer nas exportações [de sistemas e equipamentos de defesa]". Segundo Curado, a Embraer já desenvolve um avião-cargueiro, o KC-390, aeronave de grande porte e que vai substituir os Hércules e que possui grande potencial para exportações.

Curado explica que, devido a movimentações internas não há previsão de criação de empregos neste momento. "Fizemos uma mudança organizacional para dar mais agilidade, mas a expectativa é de que o negócio cresça e que precisemos contratar."

Luiz Carlos Siqueira Aguiar será diretor da nova unidade e acumula cargo de CFO (diretor financeiro) da Embraer.

Fonte: Maíra Teixeira, *Folha de S.Paulo*, 10 dez. 2010, fornecido pela Folhapress.

1. Após a leitura dessa reportagem, forme um grupo com seus colegas (de três a cinco pessoas) e faça o seguinte:
- Indique e comente quais aspectos da gestão do conhecimento apresentados neste capítulo podem ser identificados na leitura do artigo.
- A partir de uma breve análise do macroambiente, indique que fatores condutores poderiam sustentar o cenário indicado por Curado, referente ao aumento da demanda no setor de defesa por parte do governo.
- Pesquise um pouco mais sobre a Embraer e redija, com suas palavras, uma declaração de visão de conhecimento adequada ao assunto abordado pelo artigo.
- Esboce um mapa mental relacionado ao(s) objetivo(s) estratégico(s) da Embraer no que diz respeito à criação da Embraer Defesa e Segurança.

NA ACADEMIA

1. Reúna-se em grupo com seus colegas e elabore um *balanced scorecard* para uma das organizações indicadas a seguir:
a) Escola pública.
b) Granja.
c) Biblioteca.
d) Circo.

2. A partir do que foi apresentado sobre a visão de conhecimento neste capítulo, explicite os três mapas mentais relacionados à organização que seu grupo escolheu no exercício anterior.

Pontos importantes

- Tanto a gestão estratégica quanto a do conhecimento exigem que toda a organização esteja engajada em uma visão que oriente o cumprimento de seus objetivos, garantindo, assim, sua competitividade.
- A visão do conhecimento é o elemento orientador na identificação daquilo que a organização é hoje, do que ela deverá ser no futuro e dos conhecimentos que ela deve criar para cumprir sua trajetória.
- O desenvolvimento de contextos capacitantes que possibilitem a criação de conhecimento está diretamente relacionado com a criação de vantagem competitiva para as organizações modernas.
- Os processos de aprendizagem organizacional podem acontecer por meio da capacitação pessoal, de pesquisa e desenvolvimento ou de novas formas de captar e processar informações e conhecimento. Cada uma dessas esferas influencia o potencial de inovação de uma organização.
- A gestão do conhecimento pode até acontecer dentro de um grupo específico de pessoas; contudo, ela será muito mais bem-sucedida se todos os membros da organização estiverem alinhados e capacitados para a criação de conhecimento.
- O capital financeiro já não é mais suficiente para definir o valor de muitas organizações modernas. Além dele, os ativos intangíveis, relacionados ao capital intelectual, são cada vez mais importantes para a avaliação do mercado. Segundo Edvinsson e Malone (1998), a estrutura de capital intelectual subdivide-se em: capital humano, capital estrutural, capital de clientes, capital organizacional, capital de inovação e capital de processos.
- O BSC é um modelo de gestão que facilita a definição de uma estratégia, sua tradução em termos operacionais e o alinhamento de todas as pessoas envolvidas nos objetivos da organização. Ele é uma ferramenta ideal para desenvolver a gestão do conhecimento, pois, desde a definição da visão e da missão até o estabelecimento de objetivos e indicadores, todas as suas etapas relacionam-se com a criação de conhecimento organizacional.

Referências

ANSOFF, Igor. *A nova estratégia empresarial*. São Paulo: Atlas, 1990.

ASSEN, Marcel van; BERG, Gerben van den; PIETERSMA, Paul. *Modelos de gestão:* os 60 modelos que todo gestor deve conhecer. São Paulo: Pearson, 2010.

BSCI – Balanced Scorecard Institute. *Balanced scorecard basics.* 2010. Disponível em: <http://www.balancedscorecard.org/BSCResources/AbouttheBalancedScorecard/tabid/55/Default.aspx>. Acesso em: 2 fev. 2011.

BUARQUE, Sérgio C. Metodologias e técnicas para a construção de cenários globais e regionais. Ipea, 2003. Disponível em: <http://www.ipea.gov.br/pub/td/2003/td_0939.pdf>. Acesso em: 26 jan. 2011.

CARVALHO, Fábio Câmara A. *Balanced scorecard como ferramenta o planejamento estratégico.* Curso de extensão ESPM. São Paulo, 2011.

_____. *Gestão do conhecimento.* Curso de extensão ESPM. São Paulo, 2008.

CENTRO de Educação Tecnológica do Amazonas (Cetam). Cetam qualifica para a copa de 2014. Disponível em: <http://www.cetam.am.gov.br/noticia.php?cod=364>. Acesso em: 2 mar. 2011.

CUNHA, Lilian. Com inteligência, Iveco cresce 131%. Melhores práticas. *Meta-análise*, 26 de junho de 2008. Disponível em: <http://www.metaanalise.com.br/inteligenciademercado/index.php?option=com_content&view=article&tid=456&catid=4&Itemid=355>. Acesso em: 30 jan. 2011.

DAVENPORT, Thomas; PRUSSAK, Laurence. *Conhecimento empresarial*: como as organizações gerenciam seu capital intelectual. 15 ed. Rio de Janeiro: Elsevier, 1998.

EDVINSSON, Leif; MALONE, Michael S. *Capital intelectual.* São Paulo: Makron, 1998.

EHRLICH, Pierre J. Dinâmica de sistemas e cenários. In: _____. *Dinâmica de sistemas na gestão empresarial.* Material de apoio para curso da FGV–EASP, 2005. Disponível em: <http://www.fgv.br/academico/professores/Pierre_J_Ehrlich/7-DinamicadeSistemaseCenarios.pdf>. Acesso em: 20 jan. 2011.

GRAIEB, Carlos. A revolução não é digital. *Veja*, 2 mar. 2011. Disponível em: <http://veja.abril.com.br/020311/revolucao-nao-digital-p-17.shtml>. Acesso em: 5 mar. 2011.

HERZOG, Ana Luiza. Mais perguntas para David Norton. *Exame*, 13 out. 2003. Disponível em: <http://exame.abril.com.br/negocios/gestao/noticias/mais-perguntas-para-david-norton-m0042933>. Acesso em: 3 fev. 2011.

KALLÁS, David. *Balance scorecard*: aplicações e impactos – um estudo com jogos de empresas. 2003, 184 f. Dissertação (Mestrado em administração) – Faculdade de Economia, Administração e Contabilidade, Universidade de São Paulo.

KAPLAN, Robert; NORTON, David. The balanced scorecard: measures that drive performance. *Harvard Business Review*, jan./fev., 1992.

_____; _____. *The balanced scorecard:* translating strategy into action. Cambridge: Harvard Business School Press, 1996a.

_____; _____. Using the balanced scorecard as a strategic management system. *Harvard Business Review*, jan./fev., 1996b.

_____; _____. *A estratégia em ação:* balanced scorecard. Rio de Janeiro: Campus, 1997.

_____; _____. *Mapas estratégicos.* Rio de Janeiro: Campus, 2004.

KLEINER, Art. *The age of heretics*: heroes, outlaws, and the forerunners of corporate. Nova York: Doubleday, 1996.

KOTLER, Philip; KELLER, Kevin L. Administração de marketing. São Paulo: Pearson, 2006.

KROGH, Georg von; ICHIJO, Kazuo; NONAKA, Ikujiro. *Facilitando a criação de conhecimento*: reinventando a empresa com o poder da inovação contínua. Rio de Janeiro: Campus, 2001.

NONAKA, Ikujiro; TAKEUCHI, Hirotaka. *Criação de conhecimento na empresa*: como as empresas japonesas geram a dinâmica da inovação. 20 ed. Rio de Janeiro: Elsevier, 1997.

NOYES, Katherine. Android cresce com velocidade maior que o imaginado, apontam pesquisas. IDG Now!, 2 mar. 2011. Disponível em: <http://idgnow.uol.com.br/mercado/2011/03/01/android-cresce-com-velocidade-maior-que-o-imaginado-apontam-pesquisas/>. Acesso em: 3 mar. 2011.

PORTER, Michel E. *Estratégia competitiva:* técnicas para análise de indústrias e da concorrência. Rio de Janeiro: Campus, 1986.

SCHWARTZ, Peter. *Cenários*: as surpresas inevitáveis. Rio de Janeiro: Campus, 2003.

STEWART, Thomas A. *The wealth of knowledge*: intellectual capital and the twenty-first century organization. Nova York: Doubleday, 2001.

TEXEIRA, Maíra. Embraer cria empresa de defesa com receita estimada em R$ 1,5 bi já em 2011. *Folha de São Paulo*, 10 dez. 2010. Disponível em: <http://www1.folha.uol.com.br/mercado/843871-embraer-cria-empresa-de-defesa-com-receita-estimada-em-r-15-bi-ja-em-2011.shtml>. Acesso em: 20 maio 2011.

Capítulo 4

GESTÃO DA INFORMAÇÃO

Neste capítulo, abordaremos as seguintes questões:
- De que maneira as redes de informação se configuram dentro das organizações?
- Por que a atenção em aspectos como controle terminológico/semântico e linguagem compartilhada potencializa a gestão da informação?
- Que importância a construção de um modelo da rede de informação tem para as organizações na era do conhecimento?
- O que é a base de conhecimento?
- Por que devemos mapear o conhecimento?
- Como utilizar os sistemas e tecnologias de informação e comunicação de maneira inteligente?

Introdução

Entre *tweets*, lojas virtuais, sites de relacionamento e muito mais, a era da informação nos trouxe diversos benefícios. Mas trouxe também alguns problemas — o principal talvez seja justamente a quantidade avassaladora de informações disponível. Para as organizações, esse é um desafio a ser enfrentado pela gestão da informação, que deve adquirir, armazenar, processar e disponibilizar dados e informações a quem deles precisar.

Para muitos, os problemas relacionados à gestão da informação podem ser resolvidos pelos miraculosos sistemas de informação. Talvez seja por isso que encontramos, em muitas organizações, um entendimento implícito de que a gestão da informação é responsabilidade exclusiva da área de TI. Cabe, no entanto, algumas importantes ressalvas a respeito dessa situação.

Em primeiro lugar, como já deixamos bem claro no Capítulo 2, por mais importante que a tecnologia seja, o santo é de *chip* e *bit* e, por mais avançada que a inteligência artificial possa ser, ela não dá bons resultados se a inteligência humana não trabalhar direito. Em segundo lugar, é preciso reconhecer que em nenhuma organização os dados e as informações ficam trancados na salinha de TI — eles são manipulados por muitos membros de diferentes áreas e, portanto, a gestão da informação é responsabilidade de todos. É claro que, em alguns casos, a área de TI pode desempenhar um papel vital para a gestão da informação, mas ela não deixa de ser apenas um nó em uma rede que envolve todos aqueles que recebem, processam e transmitem dados, informações e conhecimentos.

Algumas práticas de conhecimento podem potencializar a estruturação e o funcionamento dessa rede e, consequentemente, a gestão da informação. Por isso, o foco deste capítulo será mostrar como a gestão de conhecimento pode ser útil para nos ajudar a organizar dados, informações e conhecimentos e a criar modelos baseados na rede de informação.

Uma das funções primordiais da área de TI é implementar os sistemas e tecnologias que promovam o cumprimento dos objetivos estratégicos. Isso, no entanto, não é tão simples quanto pode parecer. Você deve se lembrar de que, no Quadro 2.1, indicamos uma série de STICs que oferecem suporte aos tipos de gestão abordados neste livro, incluindo, é claro, a gestão da informação. Mas não pense que a aquisição de todos eles vai garantir o sucesso da organização. De fato, invariavelmente, isso costuma ser um grande desperdício de recursos. Por isso, o conhecimento e a expertise da TI são importantes para analisar as características da organização e, assim, definir precisamente quais STICs se alinham aos objetivos organizacionais.

Cabe ainda ressaltar que a implementação não diz respeito apenas a conectar cabos e programar softwares, mas também a disseminar o conhecimento relacionado aos sistemas e tecnologias para que as pessoas saibam como usá-los, podendo, dessa maneira, desempenhar com excelência a gestão da informação.

Organizando dados e informações

Independentemente do tamanho ou da finalidade, qualquer organização estabelece uma rede de dados, informações e conhecimento. Nessa rede, os fios são definidos pelos caminhos que esses dados, informações e conhecimentos percorrem de um nó a outro. Os nós da rede, por sua vez, são determinados pelos pontos que recebem, transmitem e/ou processam dados, informações e conhecimentos — incluindo aí indivíduos isolados, grupos e sistemas de informação.

Uma rede desse tipo pode ser mais simples ou mais complexa (dependendo da quantidade de nós e das relações entre eles), da mesma forma que seu nível de estruturação pode ser maior ou menor (indo desde o boca a boca até sistemas avançados com base em inteligência artificial). Tudo isso varia de acordo com as características e as necessidades da organização. Assim, definir uma rede simples e bem estruturada pode *não ser* o papel da gestão da informação.

> *É preciso certos cuidados ao pensar nessa rede. Não vá pensar, por exemplo, que os STICs sejam capazes de fazer tudo automaticamente. Como você já viu no Capítulo 1, dados, informações e conhecimentos são coisas bem distintas, por isso o papel das pessoas na condução dessa rede é de fundamental importância.*

Pense, por exemplo, em uma organização como a IBM. Temos fortes indícios para acreditar que sua rede de informação é muito bem estruturada. Contudo, ela não deve ser nada simples. Afinal, além da grande quantidade de nós (clientes, fornecedores, associados, engenheiros, programadores, gerentes, diretores etc.), há também o fato de que existe uma hierarquia entre eles que determinada quem deve ter acesso a que tipos de dados, informações e conhecimento.

Agora, por outro exemplo, pense em uma organização como a Orquestra Sinfônica do Estado de São Paulo (Osesp). Certamente, sua rede é bem mais simples que a da IBM. Mas haveria alguma necessidade de que ela fosse tão ou mais bem estruturada que a do exemplo anterior?

Em resumo: o que de fato devemos esperar de uma boa gestão da informação é que ela permita às pessoas encontrarem os dados, as informações e/ou os conhecimentos de que precisam da maneira mais fácil e ágil possível. Em geral, isso acontece por meio de duas ações complementares: (1) a construção de caminhos de acesso para melhorar o fluxo e o armazenamento de dados, informações e conhecimentos; (2) a capacitação das pessoas para utilizarem de maneira eficaz tais caminhos e a rede de informações como um todo.

Em linhas gerais, podemos dizer que a primeira ação é mais voltada para o modo de fazer a informação chegar até as pessoas. Por isso, é comum que ela seja associada às práticas e funções de TI — sobretudo no que diz respeito à configuração e à manutenção de STICs. Trata-se, enfim, de parte de uma visão já bastante difundida em muitas organizações.

O problema dessa visão é a razão pela qual tantas vezes repetimos nosso alerta em relação ao que muitos esperam da tecnologia no campo da gestão do conhecimento. Ou seja, é comum

> Como veremos adiante, no tópico sobre o mapeamento do conhecimento organizacional, a procura pelo conhecimento acontece de forma mais direta com o conhecimento explícito, que é cristalizado na forma de documentos. Por outro lado, a procura pelo conhecimento tácito é mais indireta, já que, pela sua própria natureza, ele não pode ser delimitado. Por isso, nesse caso a solução é procurar pelas pessoas que detêm o conhecimento tácito — os especialistas.

a gestão da informação focar apenas essa primeira ação e acabar ignorando a importância da segunda, que estabelece um processo de orientação para que as pessoas saibam onde e como procurar dados, informações e conhecimento.

Notamos que essa segunda ação concentra-se na maneira de fazer as pessoas chegarem aos dados, informações e conhecimento. Mas não é só isso! A capacitação diz respeito também a como — e para quem — as pessoas devem distribuir as informações. Nesse aspecto, convém lembrarmo-nos daquele esquimó alasquiano que recebia informações profundamente inúteis sobre a meteorologia das cidades de São Paulo e Manaus, do qual falamos no Capítulo 1.

Assim, da mesma maneira que o alinhamento de pessoas é importante para a gestão estratégica, ele também o é para a gestão da informação. De fato, os dois tipos de gestão se complementam, uma vez que a boa comunicação entre indivíduos, grupos e setores é essencial para a disseminação dos objetivos organizacionais. Isso não significa que todos os membros da organização devam ter acesso aos mesmos dados, informações e conhecimento explícito, mas sim que todos devem estar cientes do papel que cada um interpreta na gestão da informação.

Retornando às ações fundamentais da gestão da informação, é preciso considerar que ambas dependem de dois elementos: (1) controle terminológico/semântico e linguagem compartilhada; (2) modelo de rede, que envolve a organização e a estrutura das informações. Abordaremos esses dois elementos com mais detalhes nos tópicos a seguir.

Controle terminológico/semântico e linguagem compartilhada

> A taxonomia é uma forma de controle terminológico. De acordo com Terra et al. (2011), ela "é um vocabulário controlado de uma determinada área do conhecimento". Em outras palavras, podemos dizer que é uma estrutura hierárquica de palavras, na qual os termos são organizados de acordo com suas classes e subclasses.
> Assim, a taxonomia em conjunto com o trabalho de indexação — que nada mais é do

No que diz respeito a construção de caminhos de acesso às informações, o controle terminológico/semântico é essencial para o funcionamento eficaz de mecanismos de buscas e para o correto armazenamento de documentos, pois possibilita — e requer — a realização de *taxonomias* e *ontologias*. Por outro lado, no que diz respeito a capacitação de pessoas, tal controle está mais ligado ao cuidado com a linguagem organizacional.

Esse cuidado não se restringe às orientações sobre como construir e/ou usar taxonomias e ontologias — ainda que isso possa ser essencial para a gestão do conhecimento

(TERRA et al., 2011). De fato, ele não apenas é um elemento central da gestão da informação, mas também desempenha um papel decisivo na comunicação de qualquer organização.

Lembremo-nos de que a criação do conhecimento organizacional, como explicada no Capítulo 1, acontece por meio da interação social. Algumas vezes, essa interação pode significar uma conversa amigável; outras vezes, uma discussão acirrada. Contudo, ela sempre envolve a verbalização, meio pelo qual o conhecimento tácito é convertido em explícito. Por isso, a atenção com a troca de informações por meio de conversas também é importante, tanto para a gestão da informação como para a do conhecimento. Nas palavras de Probst, Raub e Romhardt (2002, p. 186):

> A palavra falada é mais poderosa que os registros escritos. É a melhor maneira de preservar e fixar experiências de grupo. A fala está mais perto de nós do que a palavra escrita. No decorrer de sua vida, uma empresa desenvolve seu vocabulário próprio; os novos funcionários precisam aprendê-lo para participarem da conversa. Isso vai muito além das abreviações usuais, que são usadas em prol da eficiência. Palavras comuns como qualidade, mudança e segurança são usadas de formas específicas na empresa e, assim, tornam-se veículos da história da empresa.

A partir disso, os autores também defendem que uma das funções dos gestores do conhecimento é "fixar experiências ou ideias vitais no vocabulário da organização e usá-las para os próprios propósitos" (PROBST; RAUB; ROMHARDT, 2002, p. 187).

Assim, sob a perspectiva da capacitação de pessoas, o controle terminológico/semântico diz respeito à elaboração e à manutenção de uma linguagem, ou vocabulário, que deve necessariamente ser compreensível por todos na organização (SALES, 2007). Em outras palavras, trata-se de uma linguagem compartilhada por todos os membros da organização.

Isso não apenas facilita a criação de taxonomias e ontologias, como permite que os membros da organização utilizem tais elementos com mais facilidade. Além disso, e mais

---

que a catalogação de dados e informações — torna-se muito útil para a organização de documentos e conteúdos dos mais variados tipos, como textos, sons, imagens, vídeos etc. Em muitos casos, é isso que permite, por exemplo, que um sistema de busca vasculhe um banco de dados.

A ontologia é uma forma de controle semântico. Em linhas gerais, podemos dizer que, no contexto da ciência da informação, ela engloba uma taxonomia de conceitos (não de termos) e um conjunto de regras de inferência (CHAHOUD, 2011). Isso permite, por exemplo, que um software seja capaz de reconhecer os significados de dois termos distintos e identificar os conceitos com o qual ambos se relacionam — como se ele estivesse de fato lendo e interpretando o texto.

Atualmente, a ontologia é uma das pedras fundamentais da Web semântica, uma evolução do atual sistema Web que possibilita a criação de "um ambiente no qual computadores podem processar e relacionar conteúdos provenientes de diferentes fontes e executar tarefas sofisticadas para os usuários" (CHAHOUD, 2011). Entre outras vantagens, isso torna mecanismos de busca muito mais flexíveis e inteligentes, como Chahoud exemplifica: "Os agentes serão capazes de entender, por exemplo, não apenas que a página do Instituto de Matemática Estatística possui palavras-chave tais como 'graduação', 'docentes', 'Inteligência Artificial', mas também que a secretaria abre às oito horas da manhã e que um dado professor não poderá atender seus orientandos na próxima quarta-feira porque estará ministrando uma palestra na sala 259-B".

De forma geral, a gestão do conhecimento está sempre relacionada à construção de modelos. Independentemente de o resultado ser um produto, um processo mais eficiente, uma mudança organizacional ou um novo posicionamento no mercado, o processo de criação e gestão de conhecimento invariavelmente passará pela construção de um modelo que represente uma realidade. O modelo pode ser usado também para projetar uma nova realidade. E é aí que a inovação germina.

Convém destacar que essa construção segue um princípio fundamental do design: a relação eficácia–eficiência. Façamos uma analogia com um novo projeto de faca. Ela é bem projetada se, por conta de seu design, desempenha sua função (eficácia) de modo mais eficiente. Da mesma maneira, a construção de um modelo deve

importante, a linguagem compartilhada garante que todos sejam capazes de se comunicar nas mais variadas atividades organizacionais (SALES, 2007).

Modelo de rede: organização e estrutura das informações

Como observamos no início desta seção, se há uma organização, há uma rede de informação. Diante dessa premissa, cabe questionar: que rede é essa? Como ela funciona? As respostas para essas perguntas são essenciais à eficácia da gestão da informação e à eficiência da organização como um todo. Porém, é importante notar que tais respostas não são simplesmente *encontradas* — elas devem ser *construídas*. Isso é feito por meio da elaboração de um modelo.

Caso você não se lembre, no Capítulo 1 definimos que modelo é uma representação simplificada de determinada realidade. Neste caso, a realidade a ser representada é a rede de informações. A construção de um modelo dessa rede é um trabalho coletivo que se configura como processo de criação de conhecimento. Vamos entender isso de acordo com o modelo SECI:

Socialização — é necessário que um grupo de membros da organização se reúna para discutir a visão que cada um tem sobre a rede de informação.

Em geral, essa visão é limitada à realidade individual de cada membro e faz parte de seu conhecimento tácito. Ou seja, eventualmente uma pessoa pode até saber de onde vêm as informações ou onde as encontra, qual o tipo de informação com que trabalha e para quem tais informações são repassadas; mas dificilmente ela saberá mais do que isso. Por isso, nessa fase é importante que todos interajam e compartilhem suas visões individuais.

Externalização — uma vez que o conhecimento tácito foi compartilhado, é hora de convertê-lo em conhecimento explícito e construir o conceito da rede, isto é, o modelo propriamente dito.

Nessa fase, as diversas visões individuais tornam-se fragmentos que se conjugam em uma visão global (o modelo ou o conceito). Para usar uma analogia, é como se juntássemos as peças de um quebra-cabeça cuja imagem representa um mapa dos diversos caminhos percorridos pelas informações, bem como dos diversos tipos de informações.

Combinação — o modelo da rede de informação é um conhecimento que deve necessariamente ser compatibilizado com outros conhecimentos, modelos e conceitos da organização.

Como você se lembra, nessa fase, diversos conhecimentos explícitos são combinados para produzir novos conhecimentos explícitos. Dessa forma, entre todos os conhecimentos explícitos da organização com os quais o modelo da rede de informação será associado, há dois que merecem destaque. O primeiro é o conhecimento da área de TI. O modelo da rede é fundamental para que os especialistas planejem a *arquitetura* e a *infraestrutura* das informações, de forma que possam definir o desenho do sistema de informação mais adequado às necessidades da organização (TURBAN; MCLEAN; WETHERBE, 2004).

O segundo é o conhecimento estratégico da organização. Precisamos ter em mente que o modelo da rede de informação é importante para o cumprimento dos objetivos operacionais — ou seja, as tarefas e os processos do dia a dia — e, mais do que isso, para o cumprimento dos objetivos estratégicos. Em outras palavras, ele pode fornecer ferramentas preciosas para a concretização da visão de conhecimento que apresentamos no Capítulo 3. A partir daí, não precisamos nos esforçar muito para deduzir a importância do envolvimento da alta direção na construção desse modelo de rede informacional.

ter um design que promova a maior eficiência possível desse modelo.

De acordo com Turban, McLean e Wetherbe (2004, p. 68), arquitetura da informação é a conceituação das necessidades de informação do negócio central de uma organização, incluindo a forma como tais necessidades devem ser supridas. Em outras palavras, é um planejamento conceitual do que chamamos de rede de informação.

A arquitetura da informação está fortemente relacionada a outro conceito conhecido como infraestrutura da informação. Esse conceito define a maneira que "computadores, rede, bancos de dados específicos e outras instalações estão agrupados e como são interligados, operados e administrados" (TURBAN; MCLEAN; WETHERBE, 2004).

Internalização — o conhecimento é efetivamente colocado em prática e o modelo da rede de informação é internalizado por todos os membros da organização.

Isso não significa que todas as pessoas conhecerão a fundo cada um dos detalhes da rede de informação da organização. Mas, certamente, elas terão uma visão mais consistente da maneira como o fluxo, o armazenamento e a organização de dados e informações funcionam. Dessa maneira, o conhecimento criado pode ser aplicado nas operações correntes da organização.

Para que a construção desse modelo cumpra seu objetivo — representar a rede, possibilitando a melhoria do fluxo de dados, informações e conhecimento —, é muito importante que os envolvidos nessa construção levem em conta a relação entre os tipos de estrutura das informações e das decisões. Por isso, fique atento ao item a seguir.

Informações e decisões: grau de estruturação

Nas organizações, as informações não são categorizadas apenas por seu conteúdo ou pelo setor em que transitam (por exemplo, "informação financeira", "informação de marketing" etc.); elas também podem ser classificadas de acordo com seu grau de estruturação. Nesse caso, há três categorias para a informação: estruturada, semiestruturada e não estruturada. Antes de nos aprofundarmos nessa questão, vejamos a Figura 4.1, que mostra quem toma que tipo de decisão, usando que tipo de informação, em qual nível gerencial.

> É importante ressaltar que, embora a pirâmide da Figura 4.1 seja um modelo gerencial clássico (top-down), ela também pode ser aplicada em estruturas organizacionais não hierárquicas (O'BRIEN; MARAKAS, 2007, p. 314). Além disso, ela pode ser facilmente adaptada ao modelo gerencial middle-up-down, sobre o qual falamos no Capítulo 1.

O fator determinante para o grau de estruturação de uma informação é a amplitude do contexto no qual ela é aplicada. Uma informação estruturada aplica-se em um contexto restrito; por exemplo, uma linha de produção ou ponto de venda. Nesse contexto, a informação precisa ser detalhada, frequente e programada. Além disso, ela é uma informação interna e histórica — é comum que gerentes operacionais recebam semanalmente um relatório informando quantas unidades foram produzidas ou vendidas na semana anterior.

No extremo oposto, uma informação não estruturada aplica-se em um contexto amplo, que, em geral, corresponde à organização e a seu ambiente externo. Nesse caso, a informação é resumida para que não seja confusa ou dispersiva. E, como se trata de uma informação externa, ela também é in-

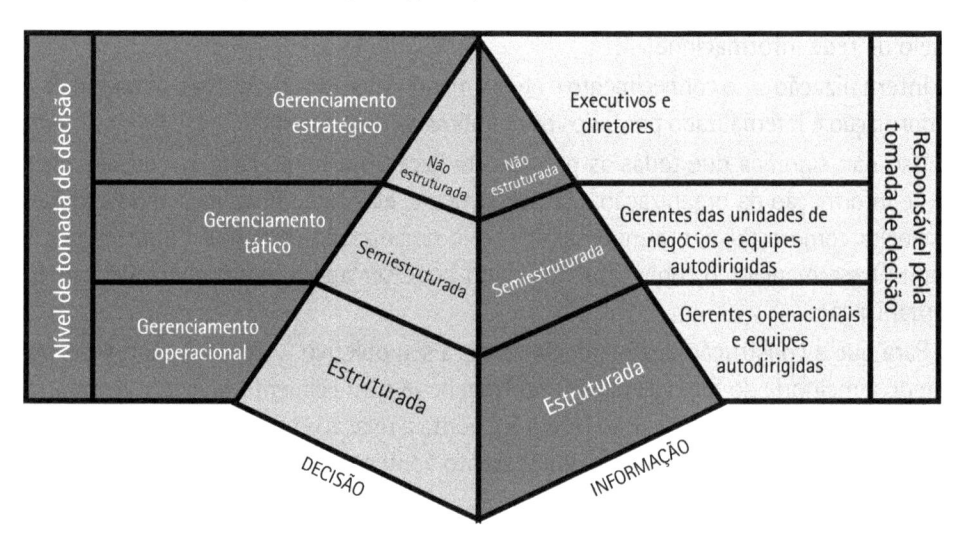

Figura 4.1 Grau de estruturação das decisões e informações de acordo com o nível gerencial (baseada em O'BRIEN; MARAKAS, 2007, p. 317).

frequente e não programada. Além disso, o foco dessa informação é o futuro. Um exemplo de informação não estruturada diz respeito ao quanto uma organização pode crescer em determinado mercado dentro de dez anos.

A Figura 4.2 apresenta um resumo do grau de estruturação das informações em relação ao das decisões. A primeira seta da figura retoma alguns elementos apresentados na Figura 1.4 para relacionar os conhecimentos produzidos nas extremidades do modelo *middle-up--down* aos graus de estruturação de informações e decisões.

A base de conhecimento

Uma vez que o modelo da rede de informação tenha se tornado uma realidade para a organização, a próxima etapa é construir sua *base de conhecimento*. Ainda que consideremos o título desta seção bastante óbvio, cabe explicitar que a base de conhecimento é um modelo de armazenamento de tudo aquilo que a organização pode deter em termos de conhecimento (CARVALHO, 2000). Isso significa que ela engloba tanto o conhecimento criado no ambiente interno quanto o captado do ambiente externo. Da mesma forma que a rede de informação, o modelo da base de conhecimento não representa uma estrutura padrão, ou seja, ele varia de acordo com as necessidades e depende do negócio da organização (CARVALHO, 2000).

Assim, seria perigosamente inútil para nós querer apresentar os detalhes de uma base de conhecimento específica. Vale a pena, porém, conhecer alguns aspectos relevantes desse conceito. Então, com o intuito de entender melhor o que é — ou o que não é — a base

Figura 4.2 Relação entre os graus de estruturação de informação e decisão e entre a criação de conhecimento no modelo *middle-up-down*.

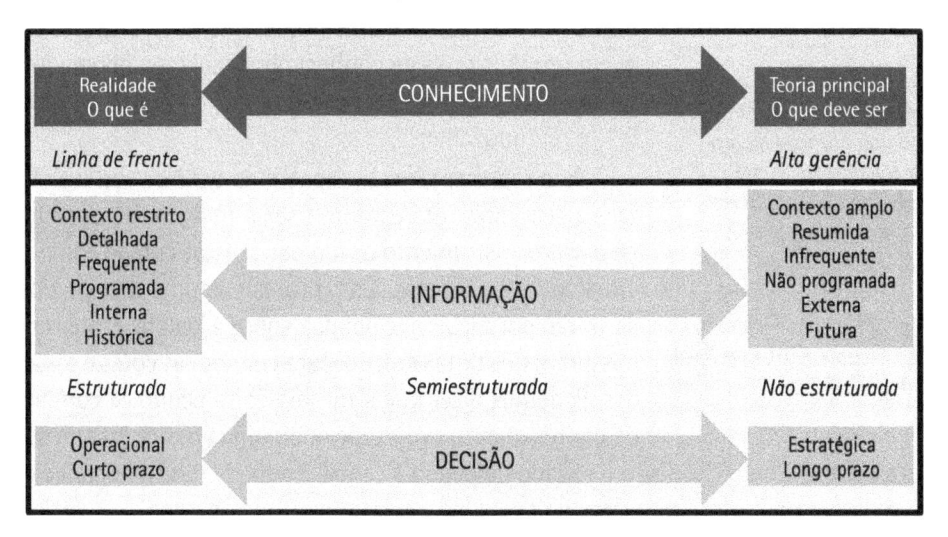

Realidade O que é	CONHECIMENTO	Teoria principal O que deve ser
Linha de frente		*Alta gerência*
Contexto restrito Detalhada Frequente Programada Interna Histórica	INFORMAÇÃO	Contexto amplo Resumida Infrequente Não programada Externa Futura
Estruturada	*Semiestruturada*	*Não estruturada*
Operacional Curto prazo	DECISÃO	Estratégica Longo prazo

A base de conhecimento abordada aqui não é necessariamente um sistema de informação. De fato, ela diz mais respeito ao nível de base de conhecimento indicado por Nonaka e Takeuchi no modelo de organização em hipertexto (você se lembra da Figura 1.6?). Para usar um exemplo genérico, vamos pensar em uma escola de samba. Como já foi dito no Capítulo 1, a escola de samba constitui uma organização (pessoas, processos e tecnologia). Como tal, ela cria, manipula e armazena conhecimentos. Portanto, podemos dizer que uma escola de samba tem em sua estrutura uma base de conhecimento. Da mesma forma, uma organização como o Grupo Pão de Açúcar também possui uma base de conhecimento — embora, nesse caso, seja uma base bem diferente da primeira em relação aos aspectos tecnológicos.

Como já dissemos no Capítulo 2, a utilização de STICs é mais útil na automatização de processos e tarefas que na criação de conhecimento propriamente dita. Nesse caso, portanto, a tecnologia é mais eficiente como um instrumento que ajuda as pessoas a abastecerem a base e a localizarem o conhecimento de que precisam.

de conhecimento, lançaremos mão de algumas analogias no tópico a seguir. Depois, no último tópico, voltaremos nosso foco para o mapeamento do conhecimento organizacional, prática fundamental para a criação da base de conhecimento.

Algumas analogias e um pouco mais sobre a base de conhecimento

Quando definimos a base de conhecimento como um modelo de armazenamento, a primeira reação é pensar nela como um enorme repositório de conhecimento — algo como uma *caixa d'água* do saber organizacional. O funcionamento dessa analogia é limitado porque, embora a base de conhecimento seja um agrupamento de conhecimento organizacional, tal conhecimento não fica parado dentro dela, como a água dentro da caixa. Conforme já vimos em diferentes ocasiões, o conhecimento organizacional está em movimentação e mutação constantes, apresentando uma evolução contínua.

Nesse sentido, já chegamos inclusive a indicar no Capítulo 1 que o conhecimento apresenta características bem orgânicas, como, por exemplo, um ciclo de vida. Assim, podemos pensar na base de conhecimento como uma *área de preservação ambiental*. A biodiversidade de uma área de preservação representa bem a ideia da diversidade de conhecimento que pode haver em uma organização. Mas ela não traduz muito bem a noção de combinação e recontextualização do conhecimento. Afinal, a base de conhecimento de uma organização permite que diferentes tipos de conhecimento sejam combinados entre si, enquanto a natureza não permite que espécies diferentes se reproduzam.

Para representar esse aspecto da base de conhecimento, talvez seja mais interessante usar a imagem de uma *paleta de pintura*, instrumento usado por artistas como Leonardo da Vinci, Monet e Picasso. Os pintores costumam disponibilizar as tintas por eles selecionadas sobre a paleta e, além disso, misturam tais tintas entre si para criar novas cores e tonalidades. Podemos dizer que a mesma coisa acontece com a base de conhecimento organizacional. Ainda assim, há um senão: o controle sobre o material disponibilizado na paleta é centralizado; na base de conhecimento, ele é descentralizado. Em outras palavras, na paleta, uma única pessoa — o artista —

seleciona as cores a serem disponibilizadas e combinadas da maneira que ela quiser. Já na base de conhecimento, todos os responsáveis por atividades criadoras de conhecimento e todos aqueles que detêm algum conhecimento específico devem abastecê-la com registros de suas ações ou com a descrição de suas perícias. Isso deve ser feito de tal maneira que possibilite a todos localizar e identificar o conhecimento de que necessitam para suas próprias atividades.

Poderíamos continuar elaborando diversas analogias sobre a base de conhecimento, mas acreditamos que as que aqui se encontram são suficientes para ilustrar seus principais aspectos. Cabe apenas ressaltar um ponto fundamental e já comentado: tal como o conhecimento, sua própria base é um modelo em desenvolvimento contínuo. Portanto, o ideal é entendê-la como algo que está sempre a um passo de ser acabado, mas nunca o será.

É claro que dizemos isso, leitor, com o foco mais centrado no conteúdo da base de conhecimento. Se pensarmos em sua estrutura, então é melhor considerar que ela deve ser um pouco menos dinâmica em relação às mudanças — afinal, se toda semana a base de conhecimento passar por uma reestruturação, sua eficácia e eficiência serão drasticamente comprometidas.

Abordaremos alguns pontos relacionados à estrutura da base de conhecimento quando falarmos do mapeamento do conhecimento organizacional no próximo tópico. Por enquanto, fechamos este tópico com o Quadro 4.1, no qual apresentamos um resumo dos aspectos da base de conhecimento que foram tratados aqui.

Mapeamento do conhecimento organizacional

Para que uma base de conhecimento funcione efetivamente, é preciso mapear o conhecimento organizacional. A tarefa de identificá-lo e localizá-lo em suas mais variadas facetas não é simples — como muitas práticas do conhecimento, ela exige comprometimento de todos os membros da organização. Contudo, quando bem executada, ela proporciona inúmeros benefícios, contribuindo diretamente para a

Atenção, leitor, ao indicar que a estrutura da base de conhecimento deve ser menos dinâmica em relação a mudanças, não queremos dizer que ela deva ser mais inflexível. Pelo contrário! A flexibilidade deve ser uma característica inerente à base. Contudo, é preciso considerar que as mudanças estruturais devem acontecer de acordo com o ritmo de assimilação dos usuários da base e com as propostas estratégicas da organização.

Uma ferramenta cada vez mais comum, o portal corporativo funciona como uma espécie de interface pela qual os usuários — em grande parte funcionários, mas também clientes e fornecedores — têm acesso à base de conhecimento da organização. De acordo com Terra e Bax (2003), um portal corporativo se configura como um ponto único e personalizado de acesso no qual "os usuários podem encontrar, extrair e analisar toda informação que prolifera no ambiente corporativo". Trata-se de um ponto único porque ele integra os mais diversos STICs (incluindo softwares ERP, sistemas legados, sistemas de gestão de conteúdo, banco de dados heterogêneos, ferramentas de e-commerce, e-business, entre muitos outros) de maneira a permitir que os usuários os utilizem por meio de uma intranet ou mesmo da Internet.

É também personalizado, porque a integração que ele promove só funciona eficientemente quando sua arquitetura está alinhada aos propósitos e às necessidades específicas da organização. Em outras palavras, ele deve funcionar de maneira simples e intuitiva para que todos os usuários — sobretudo os que não são especialistas em TI — melhora da qualidade dos processos e para o potencial inovador da organização.

O que indicamos aqui não é apenas a elaboração de mapas mentais (o que, sem dúvida, é de extrema valia), mas a criação de mapas concretos que ajudem os indivíduos a encontrar o conhecimento de que precisam da forma mais rápida e segura possível. A importância de tais mapas reside no fato de eles servirem como a planta a partir da qual a base de conhecimento será edificada.

Quadro 4.1 Aspectos conceituais da base de conhecimento.

ANALOGIA	FUNCIONA	NÃO FUNCIONA	CONSIDERE QUE
Caixa d'água	A base de conhecimento é um repositório de todo conhecimento organizacional.	Diferentemente da água dentro de um reservatório, o conhecimento não fica parado. Ele se movimenta e se desenvolve constantemente.	O conhecimento apresenta características orgânicas de mutação e evolução, portanto, a base de conhecimento não pode funcionar apenas como um museu.
Área de preservação ambiental	Entre a flora e a fauna, há diversos tipos de seres vivos em uma área de preservação. Da mesma maneira, há diversos tipos de conhecimentos em uma base de conhecimento.	Na natureza, apenas indivíduos da mesma espécie podem se reproduzir. Na base de conhecimento, a combinação e a recontextualização podem envolver os mais diferentes tipos de conhecimento.	A combinação e a recontextualização não são limitadas pela "genética" do conhecimento, mas pela criatividade daqueles que o manipulam.
Paleta de pintura	Em uma paleta, o pintor pode misturar cores diversas para criar novas cores e tonalidades. Da mesma forma, na base de conhecimento, novos conhecimentos podem ser criados a partir da combinação de antigos.	Em uma paleta de pintura, o controle é centralizado nas mãos do pintor. Na base de conhecimento, ele deve ser descentralizado, ou seja, a responsabilidade é de todos.	Não se deve esperar que a base de conhecimento seja algo pronto ou completo. Seu processo de desenvolvimento é constante e, por isso, sua estrutura deve ser flexível o suficiente para se adaptar às mais diversas mudanças.

Com o intuito de manter a boa didática deste livro, segmentamos as considerações a respeito desse mapeamento em duas vertentes — cada uma de acordo com os tipos de conhecimento (explícito e tácito) detalhados no Capítulo 1 — para compor os itens a seguir.

Mapas do conhecimento explícito

Como você deve lembrar, o conhecimento explícito é uma forma cristalizada do conhecimento. Em muitos casos, ele se configura de maneira tangível e registrada — um documento, por exemplo. Portanto, o mapeamento desse tipo de conhecimento deve se concentrar na localização e na catalogação dos documentos organizacionais. Tais documentos podem incluir textos, imagens e sons. Além disso, o ideal é que eles incluam algum tipo de registro ou de relatório sobre o desenvolvimento dos projetos da organização.

A elaboração desse tipo de relatório pode ser de grande valia para projetos futuros da organização. Pense, por exemplo, em uma empresa como a Unilever, que desenvolve diferentes produtos para os mais diversos tipos de mercado. É muito provável que, em alguns casos, projetos muito distintos entre si passem por dificuldades semelhantes, seja com fornecedores, seja com a logística, seja com os materiais usados etc. Agora pense que, no passado dessa empresa, houve uma equipe que teve de lidar com um problema muito parecido com o qual outra equipe está lidando no presente. Em vez de a segunda equipe gastar tempo e outros recursos buscando a solução desse problema, ela poderia simplesmente acessar o relatório no qual está registrado que solução a primeira equipe encontrou para o caso.

Outro exemplo bastante claro que pode ser retomado é o caso da criação do post-it, que apresentamos no Capítulo 3. A 3M é uma empresa que reconhece a importância de registrar o desenvolvimento de todos os seus projetos, até mesmo os que poderiam ser taxados como fracasso. Ela se preocupa não apenas em desenvolver um sistema de base de conhecimento, mas também, e principalmente, em estimular seus funcionários a utilizar tal sistema tanto para pesquisa como para registro de desenvolvimento de seus projetos. Dessa maneira, mais pessoas da empresa podem fazer como Arthur Fry fez ao reapro-

---

sejam capazes de utilizá-lo para divulgar e obter informações.

Dessa maneira, é imprescindível que o portal corporativo esteja integrado à comunicação interna da organização. Só assim ele será, muito mais que um simples repositório de informação, um instrumento de incentivo e suporte às práticas de conhecimento.

Para saber mais sobre o tema, sugerimos a leitura do capítulo "Portais corporativos: instrumento de gestão de informação e de conhecimento", de José Terra e Marcello Bax, disponível em: <http://bit.ly/xlbLGb>.

Desde 2001, a IBM tem trabalhado com a Coca-Cola no desenvolvimento de um sistema único de gestão de conteúdo, informação e conhecimento. Basicamente, trata-se de um sistema que concentra digitalmente todo material publicitário da empresa de refrigerantes produzido ao longo de seus mais de 125 anos de existência.

Nas palavras do diretor de arquivos corporativos da Coca-Cola, Philip F. Mooney (IBM, 2011): "A Coca-Cola Company possui um rico e extenso arquivo de imagens e documentos que define nossa empresa e nossa marca. Ainda que a conservação e recuperação do material sejam importantes, nós também queríamos criar um sistema robusto que permitisse aos nossos funcionários em mais de 200 países acessarem, de forma eficiente, nossos dados históricos e trabalharem de forma colaborativa — tudo a partir de próprias mesas de trabalho". Apesar da grandeza e da complexidade do sistema, os usuários encontram uma interface com a qual é muito fácil trabalhar. Por exemplo, se em qualquer lugar do mundo houver uma equipe de publicidade da Coca-Cola trabalhando em uma campanha para o verão, um membro dessa equipe pode fazer uma busca a partir da palavra-chave "verão" e acessar todas as peças publicitárias relacionadas ao tema. Os arquivos incluem, ainda, metadados que fornecem informações importantes sobre os anúncios, como o nome do responsável por determinada peça, os direitos das imagens, as restrições de uso e as referências cruzadas a outros materiais.

Para criar um sistema dessa magnitude, a IBM Global Services formou uma equipe de especialistas composta por gestores de projeto, desenvolvedores de aplicativos, webdesigners e integradores de sistema para catalogarem, coordenarem e integrarem conhecimentos, produtos e tecnologias da Coca-Cola. Todo o trabalho elaborado foi fundamentado em processos de criação e gestão de conhecimento por parte das duas companhias. No que se refere a este capítulo, não é difícil imaginar

veitar a fórmula de seu colega Spencer Silver — contudo, elas o fazem de forma cada vez mais controlada, segura e ágil.

É claro que, para tais situações, sistemas de informação (como um sistema de gestão de documentos) podem ser muito úteis. Entretanto, eles apenas serão plenamente eficazes se, antes de sua implementação e utilização, houver o mapeamento do conhecimento explícito — um trabalho que depende muito da elaboração de taxonomias e ontologias próprias para cada organização, tal como apresentado na primeira seção deste capítulo.

Mapas do conhecimento tácito

A conversão de conhecimento tácito em explícito representa um grande benefício para a organização. Sob tal perspectiva, a gestão da informação, como já vimos, é de fundamental importância para a organização e o armazenamento desses registros e documentos, bem como para o acesso a eles. No entanto, essa conversão nem sempre é possível. Em alguns casos, o tempo e o custo necessários se tornam um obstáculo grande demais. Além disso, o foco excessivo sobre a conversão — a ideia de que todo o conhecimento organizacional deve se registrado em algum tipo de manual — pode prejudicar a capacidade de inovação, engessando o desenvolvimento de novas ideias e *insights* em processos burocráticos.

É nesse sentido que Probst, Raub e Romhardt (2002, p. 70) comentam o seguinte:

Diz-se que o conhecimento especializado só pode ser usado para fins de inovação se elementos inconscientes forem antes formalizados e depois combinados com outros elementos do capital intelectual da organização. Entretanto, os custos para recuperar o conhecimento tácito podem ser muito elevados e desproporcionais ao benefício esperado. Na maioria dos casos, tudo o que se precisa é a pronta identificação dos especialistas apropriados.

É no tocante à "pronta identificação dos especialistas apropriados" que indicamos o mapeamento do conhecimento tácito como uma prática de conhecimento essencial para enriquecer e detalhar a base de conhecimento. A elaboração desses mapas — também chamados de *mapas de fonte de conhecimento* — indica quais pessoas de uma equipe, uma organização ou mesmo do ambiente externo podem contribuir com o conhecimento especializado para tarefas específicas (PROBST; RAUB; ROMHARDT, 2002, p. 70). Afinal, às vezes é mais fácil localizar o especialista certo para situações inusitadas e urgentes, nas quais as decisões não podem depender de um mero "eu acho que...", ou para ocasiões em que é preciso formar uma equipe de especialistas para determinado projeto.

> *como o desenvolvimento de taxonomias e ontologias, bem como o mapeamento de conhecimento, foi fundamental para a modelagem da base de conhecimento que alimenta essa biblioteca de arquivos digitais.*

Por fim, vale dizer que a identificação das fontes de conhecimento pode ser facilitada por outras práticas de conhecimento, como a utilização de páginas amarelas e o mapeamento de competências, cujos detalhes e minúcias você encontra no Capítulo 7 deste livro.

Utilização inteligente de STICs

Principalmente nas organizações de negócios, a estruturação da base de conhecimento — por meio do controle terminológico/semântico, da linguagem compartilhada e do mapeamento do conhecimento organizacional — é de fundamental importância para a utilização inteligente de STICs. Considerando que os STICs são instrumentos poderosos das gestões da informação e do conhecimento, devemos ter em mente que a utilização inteligente deles também se reflete, de forma recíproca, no enriquecimento da base de conhecimento organizacional. Contudo, a utilização de STICs e o enriquecimento da base não podem ser um fim em si mesmo — essas ações devem estar alinhadas aos objetivos estratégicos de cada empresa.

> *Utilizar os STICs de maneira inteligente significa escolhê-los, modelá-los e, é claro, usá-los de modo que gere vantagem competitiva para a organização.*

De fato, ainda que, sob a perspectiva da gestão do conhecimento, construir acessos e capacitar pessoas sejam ações importantes também para a utilização de sistemas e tecnologias, o primordial é que estes sejam adequados para viabilizar o cumprimento dos objetivos estratégicos da empresa. Nesse sentido, a análise do custo/benefício é uma prática de conhecimento e um primeiro passo importante para garantir a utilização inteligente das ferramentas tecnológicas. Correndo o risco de sermos repetitivos, o que queremos dizer o seguinte: não adianta um diretor ou um CEO decidir informatizar toda a empresa com tudo o que há de mais moderno se, financeiramente, os resultados desse empreendimento não superarem os gastos. Assim, o melhor é analisar quais áreas ou processos críticos para a empresa precisam receber determinado investimento em tecnologia para que ela possa concretizar sua visão estratégica.

De maneira complementar, deve-se analisar quais STICs são mais adequados tanto para as necessidades quanto para as características da empresa. Uma organização pode achar mais vantajoso investir em um portal corporativo, por exemplo, ao passo que sua concorrente direta pode considerar um sistema de *data mining* a melhor opção. Desse modo, é preciso ter em mente que, em se tratando de STICs, não existe uma solução absoluta para gerar vantagem competitiva. Ainda que as duas empresas concorrentes do exemplo façam a mesma escolha em relação aos STICs, os impactos dessa decisão podem não ser os mesmos, já que os contextos internos são diferentes.

Nesse sentido, a relação dos STICs não é apenas com a base de conhecimento, mas também com todo o *ba* da organização. Isso significa que sua implementação — sejam eles "softwares de prateleira" ou soluções exclusivamente customizadas — exige que os profissionais de TI estejam atentos a esse contexto, para que possam integrar as ferramentas com o conhecimento organizacional. Para tanto, é preciso considerar que os STICs operam sobre um conjunto de processos que se relacionam profundamente com a base de conhecimento e com o *ba*. Esse conjunto é formado por seis processos que Probst, Raub e Romhardt (2002, p. 33) chamam de *processos essenciais da gestão do conhecimento*. A Figura 4.3 ilustra esse conjunto.

Como podemos ver na Figura 4.3, trata-se de um conjunto de processos interdependentes. Dessa forma, as ações voltadas para um desses processos impactam também os demais. Essa afirmação engloba a aplicação de STICs. Pense, por exemplo, em um sistema de inteligência competitiva que, *grosso modo*, atua mais nos processos de aquisição e identificação do conhecimento externo. A aplicação desse sistema em tais processos reflete-se diretamente nos demais, sobretudo no de utilização. Contudo, é importante notar que a aplicação de STICs não se dá necessariamente em apenas um ou dois desses processos — muitos sistemas de *business intelligence* (BI) se valem igualmente de todos os processos essenciais e, consequentemente, suportam esses mesmos processos. A Figura 4.4 ilustra essa relação.

Figura 4.3 Processos essenciais da gestão do conhecimento (PROBST; RAUB; ROMHARDT, 2002, p. 33).

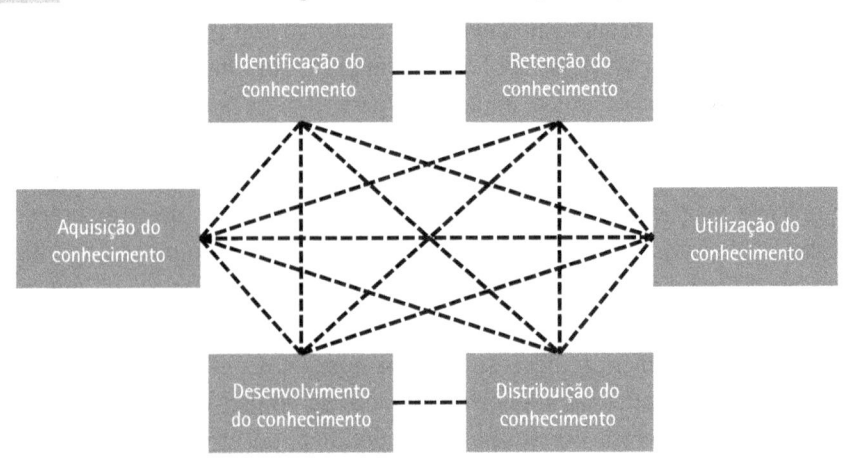

Figura 4.4 Relação entre sistemas de BI e os processos essenciais.

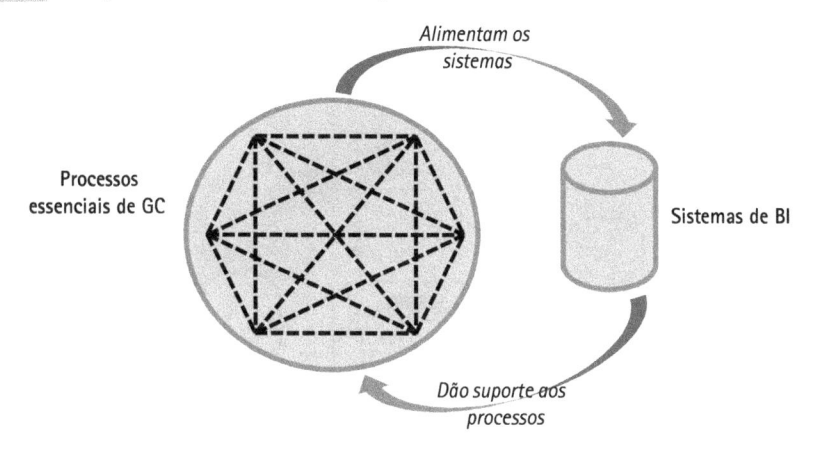

Alimentam os sistemas

Processos essenciais de GC

Sistemas de BI

Dão suporte aos processos

Um exemplo bem claro dessa relação entre sistemas e processos essenciais é a aplicação de *raciocínio baseado em casos* (*RBC* ou *CBR*, do inglês *case based reasoning*). O RBC é um método que se baseia na recuperação e na adaptação de experiências anteriores — os casos — armazenadas em uma base de conhecimento para solucionar novos problemas — que posteriormente se tornarão novos casos. Veja a ilustração do modelo RBC na Figura 4.5.

Como você pode ver, o sistema RBC não apenas se relaciona com todos os processos essenciais indicados por Probst, Raub e Romhardt, como também trabalha quase exclusivamente com a combinação de conhecimento (já apresentada no Capítulo 1). Perceba ainda que, no aspecto tecnológico, a eficiência desse sistema se deve não apenas ao processo de reter os casos, mas sobretudo ao de recuperar as soluções de casos anteriores e relacioná-las corretamente às entradas de novos casos. Em grande parte, isso se deve às práticas apresentadas neste capítulo (controle terminológico/semântico, mapeamento etc.), bem como à criação de caminhos de acesso sobre a qual também já falamos.

Não podemos deixar de lado, contudo, o aspecto humano. Os processos de reutilizar e revisar os casos têm sua eficiência comprometida pela capacitação das pessoas para manipular tanto o sistema quanto o conhecimento organi-

> *Podemos expandir a relação da Figura 4.4 entendendo que, em uma visão mais ampla, a base de conhecimento desempenha o mesmo papel dos processos essenciais, e os STICs, o dos sistemas de BI. Ou seja, a base alimenta os STICs, enquanto eles, por sua vez, dão suporte a ela.*

> *As aplicações de um sistema RCB podem ser as mais variadas possíveis. Há chefes de cozinha que o utilizam para preparar novas receitas, da mesma forma que oficinas mecânicas o fazem para consertar carros ou bancos para analisar a liberação de crédito aos clientes.*
>
> *Caso tenha se interessado e queira saber um pouco mais sobre o RBC, você também pode encontrar uma leitura*

Figura 4.5 O ciclo RBC (AAMODT; PLAZA, 1994).

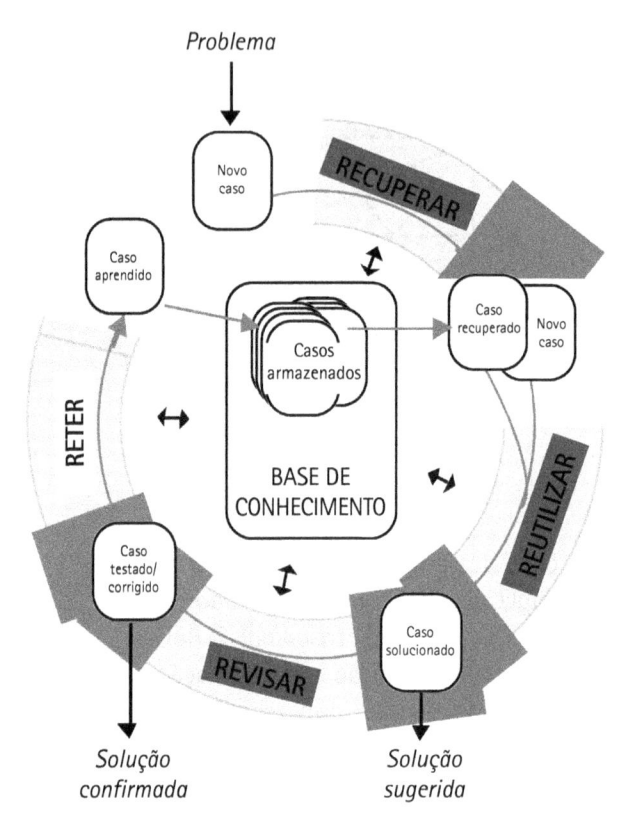

mais aprofundada, porém em inglês, no artigo "Case-based reasoning: foundational issues, methodological variations, and system approaches", de Aamdot e Plaza, disponibilizado em: <http://bit.ly/z3WBJk>.

zacional. É claro que, nesta última afirmação, desconsideramos, em parte, alguns casos de uso de inteligência artificial avançada, que possibilita ao sistema RCB executar todos os processos de forma quase totalmente automatizada.

Seja como for, o que realmente devemos ressaltar é que as práticas apresentadas no decorrer deste capítulo são fundamentais para promover, além da integração entre as pessoas e a base de conhecimento, a integração entre a tecnologia e a base de conhecimento. Essa integração, por consequência, é a responsável pela utilização inteligente dos STICs. E isso é válido para qualquer STIC — seja um sistema de *data mining* ou de ERP, um portal corporativo ou um OLAP, entre tantos outros.

ESTUDO DE CASO

TECNOLOGIA E ORIENTAÇÃO PARA UMA FEDERAÇÃO DE ATIVOS

Se alguma vez você já ouviu falar da British Petroleum, muito provavelmente deve ter sido algo a respeito do grande vazamento de óleo ocorrido no Golfo do México em 2010. Entretanto, antes dessa recente mancha em sua imagem, a BP era mais conhecida por sua excelência na gestão da informação e do conhecimento. Dos casos bem-sucedidos aos quais ela deve sua boa reputação, um dos mais notórios foi o que permitiu a criação de uma "federação de ativos" — como veio a ser chamada por John Browne, diretor-executivo da BP entre 1995 e 2007.

Para que você possa entender melhor essa ideia de Browne, saiba que, no início dos anos 1990, a British Petroleum era constituída por 42 centros operacionais regionais espalhados pelo mundo. Nessa situação, o objetivo de Browne era que cada unidade (ou ativo) tivesse liberdade suficiente para criar processos e soluções apropriados para seus próprios problemas. Além disso, as melhores e mais adaptáveis inovações locais poderiam ser utilizadas em qualquer parte da empresa. Dessa forma, a BP poderia ser valer de 42 empresas médias como centros de criação de conhecimento.

Assim, enquanto o mundo aprendia a navegar pela Internet, a alta diretoria da empresa já sabia que a agilidade na troca de informações e na inovação seria o principal combustível para que uma empresa gigantesca não afundasse em si mesma. Para concretizar essa visão, em 1994 a BP lançou o *Programa de Trabalho em Equipe Virtual* (PTEV), um projeto-piloto de 18 meses de duração cujo objetivo era desenvolver maneiras eficazes para que os membros de equipes localizadas em diferentes lugares pudessem se ajudar de forma mútua.

John Cross, chefe de TI da British Petroleum, foi responsável por uma das decisões cabais para o sucesso do programa ao determinar que um grupo independente de sua própria área, formado por pessoas oriundas de diversas partes da empresa, deveria assumir o controle do projeto. Para ele, esse ponto era fundamental por duas razões: primeiro, haveria menos chances de o programa cair em padrões de TI já conhecidos; segundo, a ausência proposital do setor de TI e a presença de um grupo eclético no controle do projeto reforçariam as principais ideias do programa — comunicação, mudança e comportamento corporativos. Dessa forma, por um lado, a busca pela inovação teria menos chances de ser comprometida por modelos já existentes e, por outro, as pessoas entenderiam de forma clara que não se tratava de um projeto restrito à TI.

Além disso, para potencializar esse entendimento, dentro do PTEV foi desenvolvido um programa para ajudar os participantes a usarem a tecnologia proposta e a se referirem a *orientação* em vez de *treinamento*. O interessante dessa questão terminológica era salientar um aspecto importante do processo: a interação pessoal. A base do programa de orientação era o trabalho do orientador com *atores* — algo bem diferente de um treinador passando informações para um grupo passivo de pessoas.

No que diz respeito à tecnologia, além de reuniões presenciais, os envolvidos no programa de orientação se comunicavam por meio das próprias ferramentas propostas ao programa: equipamentos de videoconferência, e-mail, scanner de documentos, compartilhamento de aplicativos, *groupware*, um browser de Internet, entre outros. Tais utensílios formavam estações de *telecomunicação virtual* (*VT* — do inglês, *virtual telecommunication*) que buscavam diminuir a distância entre os interlocutores, reproduzindo ao máximo possível os detalhes e as sutilezas de uma conversa face a face. Isso era fundamental para o compartilhamento de conhecimento tanto explícito quanto tácito. Além disso, também era importante para o cumprimento do objetivo primário do PTEV, assim resumido por Davenport e Prusak (1998, p. 23):

"O principal objetivo da iniciativa era permitir que pessoas possuidoras do conhecimento conversassem umas com as outras [...] era construir uma rede de pessoas, não um armazém de dados, informações ou conhecimento."

De acordo com essa premissa, o programa de orientação tinha sua ênfase no contato entre as pessoas. Os orientadores empregavam cerca de 80 por cento de seu tempo ajudando os participantes a relacionarem seus objetivos de negócios à capacidade do sistema e os desafiando a criarem novas maneiras de trabalho a partir do equipamento de VT. Os 20 por cento restantes eram gastos em treinamentos sobre a utilização desse equipamento. Assim, orientação abordava não apenas o *como*, mas também (e mais importante) o *o quê* e o *porquê*.

O programa de orientação possibilitou o sucesso do PTEV, como demonstra um exemplo real ocorrido em 1995 em um navio de perfuração móvel. As operações do navio tiveram de ser suspensas em decorrência de uma falha em determinado hardware. Antes do PTEV, uma situação como essa exigiria ou que o navio retornasse ao porto ou que um especialista se deslocasse até o local. Considerando que o aluguel desse tipo de navio custava então US$ 150.000,00 por dia, pode-se ter uma ideia da dimensão do prejuízo causado pela demora em solucionar o problema. Contudo, graças ao PTEV, foi possível localizar um especialista em equipamento de perfuração que, com o auxílio de uma câmera de vídeo e uma ligação via satélite, pôde examinar a peça defeituosa ao mesmo tempo que orientava os engenheiros a bordo. Resultado: o navio voltou à ativa em apenas algumas horas.

Esse exemplo é um vislumbre dos benefícios que o PTEV trouxe para a British Petroleum. Em 1996, o programa-piloto foi finalizado e os executivos da empresa aprovaram planos de larga expansão para o PTEV. A utilização da tecnologia das estações de VT, e sobretudo da ênfase dada no programa de orientação, foram essenciais para transformar um conglomerado de empresas dispersas em uma consolidada "federação de ativos".

1. Esse caso já tem mais de 15 anos. Considerando todas as inovações tecnológicas e organizacionais que ocorreram durante esse período, indique e comente as razões pelas quais você acredita que um programa como o PTEV possa ou não ser válido nos dias de hoje.
2. Você acredita que o PTEV pôde constituir uma base de conhecimento para a British Petroleum? Justifique.

NA ACADEMIA

- Escolha uma organização da qual você faça parte — pode ser a empresa na qual você trabalha, a faculdade em que estuda, a igreja que frequenta etc. — e, com base no que foi apresentado neste capítulo, faça uma análise considerando as seguintes questões:
  a) De que maneira se constitui a rede de informação dessa organização?
  b) Que elementos compõem a base de conhecimento dessa organização e como eles interagem entre si?

Pontos importantes

- Redes de informação são inerentes à constituição de qualquer organização. Elas podem ser mais ou menos complexas e estruturadas, dependendo das características e dos objetivos de cada organização.
- O objetivo maior da gestão da informação é sustentar a rede de informação organizacional, garantindo sua eficácia e eficiência. Em outras palavras, ela deve permitir que as pessoas encontrem, da forma mais fácil e ágil possível, os dados, as informações e os conhecimentos de que precisam. Nesse sentido, o controle terminológico/semântico e o desenvolvimento de uma linguagem compartilhada são ações úteis na organização desses itens e na orientação das pessoas que os procuram.
- A construção de um modelo da rede de informação organizacional permite um entendimento claro e compartilhado a respeito do funcionamento do fluxo de informações. Além disso, ela representa um papel de maior relevância ao pavimentar a estruturação da base de conhecimento da organização.
- A base de conhecimento é um modelo que engloba tudo aquilo que a organização pode deter em termos de conhecimento, seja em seus documentos, seja na *expertise* de seus funcionários. Ela permite que o conhecimento não apenas seja armazenado e organizado, mas também recontextualizado no processo de criação de novo conhecimento. Por isso ela está em contínuo desenvolvimento.
- O conhecimento organizacional — identificado explicitamente, por meio dos documentos e arquivos, ou tacitamente, por meio dos especialistas (fontes de conhecimento) — deve ser mapeado para que a base de conhecimento funcione

efetivamente. Trata-se de uma tarefa que exige comprometimento de todos os membros da organização e que, se bem executada, contribui diretamente para a melhora da qualidade dos processos e para o potencial inovador da organização.

- A utilização inteligente de STICs depende de um planejamento que alinhe os sistemas e as tecnologias da organização à sua estratégia e que os integre à base de conhecimento e ao contexto capacitante organizacional. Dessa maneira, por meio das práticas de conhecimento apresentadas neste capítulo, a escolha, a modelagem e o uso propriamente dito garantem que a utilização de STICs seja feita de maneira inteligente e proporcione vantagem competitiva à organização.

Referências

AAMODT, A.; PLAZA, E. Case-based reasoning: foundational issues, methodological variations, and system approaches. *AI Communications*. IOS Press, v. 7, 1994. Disponível em: <http://home.cc.gatech.edu/ccl/uploads/45/aug-28-Aamodt-Plaza-94.pdf>. Acesso em: 14 jul. 2011.

CARVALHO, Fábio Câmara Araújo de. *Gestão do conhecimento*: o caso de uma empresa de alta tecnologia. Dissertação de Mestrado em Engenharia. Programa de Pós-Graduação em Engenharia de Produção, Universidade Federal de Santa Catarina — UFSC. Florianópolis, 2000.

CHAHOUD, Juliana J. *Relatório de estudo*: web semântica. Disponível em: <http://www.ime.usp.br/~cpgmac/Disciplinas_Passadas/2003i/mac5701/Relatorios/Juliana.relatorio.pdf>. Acesso em: 15 abr. 2011.

DAVENPORT, Thomas; PRUSAK, Laurence. *Conhecimento empresarial*: como as organizações gerenciam seu capital intelectual. 15. ed. Rio de Janeiro: Elsevier, 1998.

IBM. *The Coca-Cola Company and IBM create unique digital media management system*. Disponível em: <http://www-03.ibm.com/press/us/en/pressrelease/977.wss>. Acesso em: 17 maio 2011.

O'BRIEN, James; MARAKAS, George. *Administração de sistemas de informação*: uma introdução. São Paulo: McGraw-Hill, 2007.

PROBST, Gilbert; RAUB, Steffen, ROMHARDT, Kai. *Gestão do conhecimento*: os elementos construtivos do sucesso. Porto Alegre: Bookman, 2002.

SALES, Rodrigo. Questão da linguagem usada dentro das organizações: um levantamento bibliográfico. *Revista ACB*, Florianópolis, v. 12, n. 1, p. 99-111, jan./jun., 2007. Disponível em: <http://revista.acbsc.org.br/index.php/racb/article/viewArticle/486/624>. Acesso em: 13 abr. 2011.

TERRA, José C.; SCHOUERI, Ricardo; VOGEL, Michely J.; FRANCO, Carlos. *Taxonomia*: elemento fundamental para a gestão do conhecimento. [s/d]. Disponível em: <http://biblioteca.terraforum.com.br/BibliotecaArtigo/libdoc00000102v003taxonomia_%20fundamental_GC.pdf>. Acesso em: 11 abr. 2011.

_____; BAX, Marcello. P. Portais corporativos: instrumento de gestão de informação e de conhecimento. In: PAIM, Isis. (Org.). *A gestão da informação e do conhecimento*. Belo Horizonte, 2003. Disponível em: <http://biblioteca.terraforum.com.br/BibliotecaArtigo/portaisCorporativosInstumentosGestao.pdf>. Acesso em: 10 jul. 2011.

TURBAN, Efraim; McLEAN, Ephraim; WETHERBE, James. *Tecnologia da informação para gestão*. Porto Alegre: Bookman, 2004.

Capítulo 5

GESTÃO DE PROCESSOS

Neste capítulo, abordaremos as seguintes questões:
- O que é uma cadeia de suprimentos e qual a importância de mapeá-la?
- O que é uma cadeia de valor e qual é a importância de mapeá-la?
- Quais conhecimentos relacionados à mensuração de processos podem melhorar a gestão de processos?
- Qual é a função do controle na gestão de processos e como ela se relaciona com a gestão de conhecimento?

Introdução

Não seria difícil montar uma biblioteca de proporções consideráveis apenas com obras sobre gestão de processos. Tampouco seria difícil encontrar em cada item dessa biblioteca diversos modelos, casos ou abordagens que nos remetessem às práticas de criação e gestão de conhecimento. Assim, para cumprir nosso objetivo didático dentro dos limites deste livro e para não tornar sua leitura enfadonha, seguimos, nas próximas seções, três vertentes nas quais tais práticas podem se concentrar: a descrição, a mensuração e o gerenciamento de processos.

Na primeira seção, ao abordarmos a descrição, procuramos estabelecer uma perspectiva que, antes de se restringir ao ambiente interno da organização, contemple um panorama mais amplo da gestão de processos por meio dos conceitos de cadeia de suprimentos e redes interorganizacionais. Nesse aspecto, nossa intenção é mostrar gradativamente — na medida em que nosso foco for se fechando sobre o ambiente interno e a cadeia de valor — a abrangência do impacto causado pelas práticas de conhecimento na gestão de processos tanto em nível macro (interorganizacional) quanto em nível micro (intraorganizacional).

Na segunda seção, nos concentraremos no ambiente interno e na cadeia de valor. Nessa seção, deixamos mais explícito um entendimento da gestão de processos como uma contraparte da gestão estratégica. Por isso, muitos elementos abordados no Capítulo 3 reaparecem aqui sob outro ponto de vista. E, finalmente, na última seção, enfatizamos a relevância de questões ligadas ao controle de processos como fatores determinantes tanto para a gestão de processos como para a gestão do conhecimento.

> Marque bem o conceito de processo e fique atento às práticas que apresentaremos aqui, pois esses elementos também são importantes para a gestão de projetos, que será abordada no próximo capítulo.

Para terminar esta introdução, devemos deixar claro o conceito de processo que vamos adotar. Neste capítulo, tomaremos *processo* como o conjunto de atividades interagentes e interdependentes, com objetivos e funções determinadas. Dessa forma, entendemos que um processo é composto por atividades e que elas, por sua vez, são compostas por operações.

Descrição de processos

Para podermos entender as práticas de conhecimento que se agrupam nesta primeira vertente, antes precisamos esclarecer dois conceitos: cadeia de suprimentos e cadeia de valor. Para começar, tenha em mente que nenhuma organização é uma ilha. A constatação desse fato pode ser feita por meio de uma simples observação de seu cotidiano, leitor: da padaria da esquina às megacorporações mundiais, todas as organizações estão inseridas em uma malha de relacionamento com outras organizações. A rede interorganizacional é o conceito que delimita essa malha a partir de seus componentes críticos. Ela pode ser configurada de diversas maneiras.

Em relação às empresas, um dos formatos mais comuns para essa rede é a *cadeia de suprimentos*. Trata-se, em geral, de um tipo de rede interorganizacional formada por empresas líderes, fornecedoras e clientes que se associam para obter uma vantagem competitiva que dificilmente teriam caso atuassem por conta própria (OLIVEIRA; LEITE, 2010). Uma cadeia de suprimentos é um sistema de relação complexo (ela engloba desde o primeiro fornecedor do fornecedor até o último cliente do cliente) ao longo do qual são processados fluxos financeiros, materiais, bens, serviços, informações e, é claro, conhecimentos.

Dada sua amplitude e sua complexidade, podemos traçar uma analogia da gestão da cadeia de suprimentos como a gestão de diversas gestões de processos — pois cada empresa da cadeia tem sua própria gestão de processos. Por isso, Oliveira e Leite (2010, p. 448) indicam a integração das empresas componentes da cadeia de suprimentos como aspecto fundamental para garantir sua eficiência e sua sustentabilidade:

> Observações mostram que usualmente o projeto de uma cadeia de suprimentos resulta de ações não sistematizadas estimuladas por ações reativas de seus membros em responder às demandas dos clientes e aos ataques concorrenciais, quando o projeto de gestão integrada da cadeia de suprimentos deveria ser desenvolvido e planejado para funcionar sustentavelmente e de maneira proativa às múltiplas demandas existentes.

Para nós, é interessante ressaltar aqui que a integração, o desenvolvimento, o planejamento e o consequente funcionamento sustentável e proativo da cadeia de suprimentos não podem acontecer satisfatoriamente sem que antes haja um trabalho de mapeamento dessa cadeia. Nesse caso, a descrição já se apresenta como uma prática de conhecimento que integra os componentes da cadeia, porque sua eficiência não pode ser alcançada por meio de ações isoladas e unilaterais.

Sob a perspectiva da cadeia de suprimentos, podemos categorizar as organizações em três tipos: fornecedoras, clientes e líderes. No primeiro grupo, empresas fornecedoras, encontramos as responsáveis pela produção ou extração de matéria-prima e pela produção de componentes. Como não poderia deixar de ser, tais empresas compõem uma das pontas da cadeia. No segundo grupo, empresas clientes, encontramos a outra ponta, formada em geral por empresas distribuidoras e varejistas. Entre esses dois tipos — mais ou menos no centro, dependendo da cadeia de suprimentos — encontramos o último grupo, as empresas líderes (também conhecidas como empresas focais), que, genericamente, é constituído pelas fabricantes de produtos, bens e serviços.

Assim, se tomarmos como exemplo a Parmalat, veremos que, de forma bem resumida, ela atua como empresa líder em uma cadeia de suprimentos na qual pequenos produtores de leite e a Tetra Pak atuam como empresas fornecedoras e redes de supermercados atuam como empresas clientes.

O mapeamento na cadeia de suprimentos não se limita à simples indicação das organizações participantes e do posicionamento delas na cadeia. De fato, ele se desdobra mais aprofundadamente como um trabalho de análise do valor gerado entre os elos da cadeia (OLIVEIRA; LEITE, 2010) — o que, posteriormente, orientará o alinhamento interorganizacional. Por isso, espera-se que uma empresa líder exerça determinado grau de influência

> *O mapeamento é essencial também para criação de um modelo que represente a cadeia de suprimentos. Como já dissemos no capítulo anterior, a criação de um modelo é um dos principais produtos gerados pela gestão do conhecimento. No caso da cadeia de suprimentos — o mesmo vale para a cadeia de valor — a criação de um modelo tangível e visível para todas as partes envolvidas é fundamental não apenas para que elas reconheçam seu posicionamento e sua relevância dentro da cadeia, mas também para que, a partir dele, elas possam adquirir, criar ou adequar seus STICs para que eles funcionem de forma mais integrada e eficiente.*

entre os membros e até determine a coordenação de sua cadeia. Nesse sentido, o mapeamento da cadeia de suprimentos pode ser uma responsabilidade vital para essa empresa líder. Isso, contudo, não significa que o mapeamento não seja uma ação importante também para as empresas fornecedoras ou clientes. De fato, ele se apresenta como um trabalho mútuo no qual é imprescindível a participação ativa de todas as empresas envolvidas.

Dessa forma, devemos considerar a cadeia de suprimentos como um *sistema de valores* (PORTER, 1989), ou seja, uma sequência de diversas cadeias de valor na qual cada uma corresponde a uma empresa participante (NOVAES, 2004). A Figura 5.1 ilustra essa concepção da cadeia de suprimentos.

A *cadeia de valor* é definida por Koh e Nam (2005) como uma série de atividades com ênfase no planejamento e na coordenação dos negócios da empresa, cujo objetivo é obter o melhor desempenho e promover o valor. Podemos então entendê-la como um processo que, englobando toda a organização e baseando-se em suas competências centrais, gera valor — traduzido como vantagem competitiva.

Daremos mais atenção à cadeia de valor e aos processos internos da organização nos itens a seguir. Por ora, é importante ressaltar um ponto levantado por Oliveira e Leite (2010, p. 448 e 449):

> O incremento na eficiência de uma cadeia de suprimentos passa necessariamente pela análise do valor gerado entre os elos do arranjo. [...] O estudo das cadeias de valor entre os membros da cadeia de suprimentos revela se os elos estão gerando o valor esperado pelos clientes finais e demonstra se as competências centrais dos membros (atividades de valor) são compatíveis, sincronizadas e complementares para maximizar o nível de serviço esperado.

A partir dessa afirmação, podemos ver de que maneira a análise das cadeias de valor também indica o grau de alinhamento entre elas. Isso é importante para garantir não apenas a satisfação dos clientes internos da cadeia, mas, sobretudo, do consumidor final do produto

Figura 5.1 Sistema de valores (baseada em PORTER, 1989).

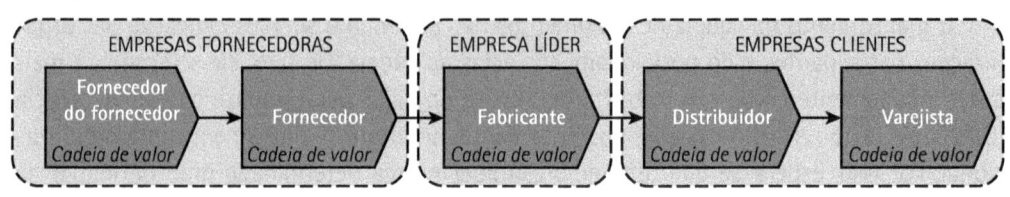

EMPRESAS FORNECEDORAS		EMPRESA LÍDER	EMPRESAS CLIENTES	
Fornecedor do fornecedor *Cadeia de valor*	Fornecedor *Cadeia de valor*	Fabricante *Cadeia de valor*	Distribuidor *Cadeia de valor*	Varejista *Cadeia de valor*

gerado pela cadeia. Chopra e Meindl (2003) afirmam que toda cadeia de suprimentos tem como objetivo a maximização do valor global gerado por ela e que isso é conseguido por meio do alinhamento estratégico entre as cadeias de valor.

O alinhamento estratégico cria uma zona de intersecção entre as estratégias das empresas da cadeia de suprimentos. Para que isso ocorra, é preciso que se crie um *ba* interorganizacional, de modo que as empresas dialoguem entre si, se conheçam melhor e produzam mutuamente o conhecimento necessário para promover o alinhamento. Nas palavras de Nonaka e Takeuchi (1997, p. 65):

> A criação do conhecimento organizacional, pois, deve ser entendida como um processo que amplia "organizacionalmente" o conhecimento criado pelos indivíduos, cristalizando-o como parte da rede de conhecimentos da organização. Esse processo ocorre dentro de uma "comunidade de interação" em expansão, que atravessa níveis e fronteiras interorganizacionais.

Esse conhecimento criado em um âmbito interorganizacional deve se refletir nos processos internos de cada empresa; afinal, eles compõem a cadeia de valor. Isso não significa que necessariamente todas as empresas da cadeia de suprimentos terão os mesmos processos, mas sim que, sob uma perspectiva mais ampla que a do ambiente interno, eles terão uma orientação mais clara e definida. Além disso, e por causa disso, essas empresas poderão criar interfaces entre seus processos com mais facilidade. Em outras palavras, o valor criado pelo processo da empresa *A* passa, de forma mais segura, rápida e eficiente, para a empresa *B*, que, por sua vez, passa da mesma maneira para a empresa *C* o valor de *A* e *B*.

Nos próximos itens, concentraremos nosso foco ainda mais na cadeia de valor e apresentaremos algumas práticas de conhecimento em gestão de processos que potencializam a produção de valor dentro da organização.

Cadeia de valor: mapeamento, memória e capital intelectual

A cadeia de valor é um conjunto integrado de processos que gera uma vantagem competitiva para a organiza-

---

Se você não pulou o Capítulo 3, fica fácil perceber que, mesmo em níveis quase opostos, há um paralelismo entre o alinhamento estratégico de pessoas e o de empresas. A criação de um espaço capacitante, a comunicação e a troca de conhecimentos entre as partes são aspectos fundamentais na busca por um diferencial competitivo nos dois casos.

O Walmart protagoniza um caso célebre que ilustra a ideia principal que tentamos passar neste tópico. A empresa norte-americana é notoriamente reconhecida por sua eficiência na reposição de mercadorias. Na medida em que os produtos são vendidos nas lojas, a informação é transmitida diretamente para a sede da empresa e para os fornecedores, que, imediatamente, enviam novas mercadorias para as lojas. Isso permite que o Walmart economize recursos com estoque e ofereça produtos novos e frescos.

Dessa forma, podemos ver como um processo interno de uma empresa afeta o processo de outras em uma cadeia de suprimentos. Kotler e Keller (2006, p. 37) afirmam que o foco do Walmart é gerenciar o fluxo, não o estoque. Para tanto, a empresa repassou a responsabilidade pelo estoque para seus principais fornecedores em um sistema conhecido como vendor-ma-

> naged inventories *(VMI)* — em português, gerenciamento de estoque pelo fornecedor. Obviamente, tal sistema não pode funcionar sem que haja alinhamento entre o Walmart e seus fornecedores e, consequentemente, a compatibilização entre seus processos.

ção. Daí fica fácil deduzir que sem processos não há cadeia de valor nem vantagem competitiva — muito menos, motivo para que uma organização seja mantida em uma cadeia de suprimentos.

Outra fácil dedução que podemos depreender do que já foi apresentado diz respeito à importância da gestão de processos na estruturação desse conjunto integrado. Nesse sentido, como você já deve saber, nosso intuito aqui é destacar as principais práticas de conhecimento que potencializem essa gestão. Para isso, precisaremos analisar brevemente alguns detalhes relacionados à cadeia de valor antes de apresentar tais práticas.

A cadeia de valor tal como nós a entendemos aqui foi conceituada por Porter (1989). Como já dissemos, ela abrange a empresa como um todo — de fato, o modelo de Porter assume que toda a organização é constituída como a síntese de processos executados para projetar, produzir, comercializar, entregar e sustentar um valor (KOTLER; KELLER, 2006, p. 36). Na cadeia de valor, Porter identifica nove processos essenciais para a geração de valor e os divide em duas categorias: processos principais e processos de apoio. A Figura 5.2 ilustra esse modelo de Porter.

Se, como já falamos, o mapeamento da cadeia de suprimentos é uma prática de conhecimento em nível macro, paralelamente — e de forma complementar — o mapa da cadeia de valor também se mostra, em nível micro, como um conhecimento vital para as organizações. Nesse sentido, é preciso analisar os processos críticos que compõem a cadeia de valor, bem como seus respectivos fluxos de atividades. Como não poderia deixar de ser, trata-se de uma prática que deve abordar toda a organização em seus vários níveis, da linha de frente à alta diretoria.

> *Relembrando mais uma vez o Capítulo 3, você deve considerar o seguinte: a vantagem competitiva é visualizada por meio da visão de conhecimento; os meios para chegar até ela são desenhados pela estratégia organizacional; e a realização, em termos práticos, tanto desses meios quanto da própria vantagem competitiva, se dá pelos processos da organização.*

Cabe ressaltar que a importância dessa prática — como de tantas outras relacionadas à gestão de conhecimento — encontra-se na externalização de conhecimento, já que em muitos casos o conhecimento específico de determinados processos encontra-se internalizado em uma única pessoa. Mais adiante, quando tratarmos da reengenharia de processos, ficará mais claro para você que essa situação pode representar um risco muito grande para a organização. Por ora, contudo, destacamos o mapeamento como o fundamento para a construção de uma memória de processos organizacionais — uma parte relevante da base de conhecimento apresentada no capítulo anterior.

Figura 5.2 Cadeia genérica de valor (PORTER, 1989).

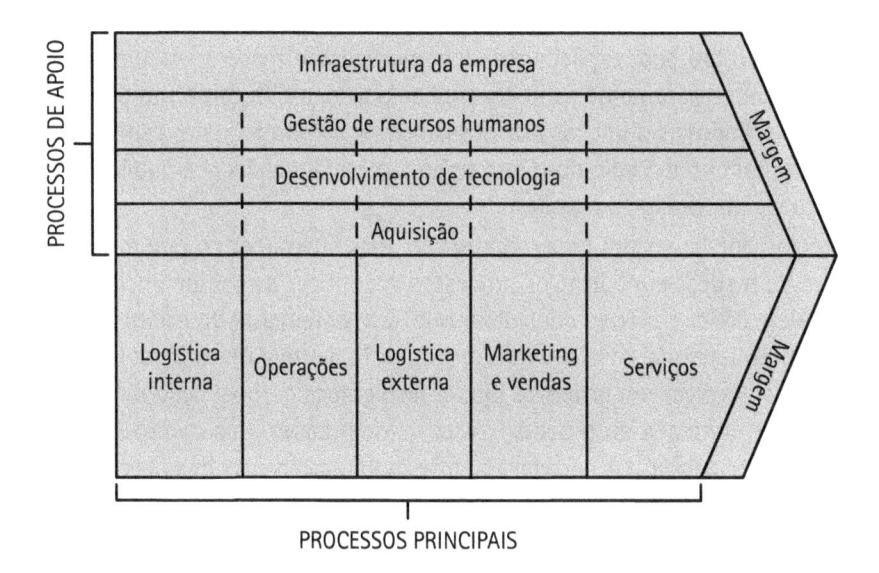

```
                  ┌─────────────────────────────────────────┐╲
                  │        Infraestrutura da empresa        │ ╲
PROCESSOS         ├─────────────────────────────────────────┤  ╲
DE APOIO          │      Gestão de recursos humanos         │   ╲ Margem
                  ├─────────────────────────────────────────┤   ╱
                  │      Desenvolvimento de tecnologia      │  ╱
                  ├─────────────────────────────────────────┤ ╱
                  │                Aquisição                │╱
                  ├────────┬────────┬────────┬────────┬─────┤╲
                  │Logística│       │Logística│Marketing│    │ ╲
                  │interna │Operações│externa │e vendas │Serviços│ Margem
                  │        │         │        │        │    │ ╱
                  └────────┴────────┴────────┴────────┴─────┘╱
                             PROCESSOS PRINCIPAIS
```

A construção dessa memória, contudo, não deve se restringir ao mapeamento dos processos. Mais uma vez, a construção de modelos apresenta-se como prática de conhecimento relevante para potencializar a eficácia e a eficiência gerenciais. No caso dessa gestão específica, a modelagem de processos pode ser auxiliada pelo *business process modeling notation* (*BPMN*) — em português, notação de modelagem de processos de negócios —, que será abordado no próximo item.

Antes disso, contudo, é importante frisar que, independentemente de qual técnica seja utilizada para a modelagem dos processos, ela deve ser feita em todos os processos críticos que compõem a cadeia de valor da organização. Além disso, como não nos cansamos de repetir, é fundamental que tais modelos sejam claros tanto para os que estão envolvidos com a modelagem e com os processos quanto para os que futuramente possam estar.

Outro aspecto da gestão de processos a ser considerado pela perspectiva do conhecimento é o seguinte: as pessoas são essenciais. Por mais perfeitamente mapeados e modelados que estejam, os processos em si não se sustentam apenas sobre fluxos de atividades estruturados. O sucesso ou o fracasso de uma cadeia de valor depende, em larga escala, de a organização ter as pessoas certas fazendo as coisas certas. E por "pessoas certas", queremos que você entenda *competências*.

Dessa maneira, criar modelos de processos que sejam claros e acessíveis a todos é, sem dúvida, uma ação crítica. Contudo, isoladamente, ela também é insuficiente para potencializar a gestão de processos. Exemplifiquemos a questão com a seguinte analogia: dois processos bem distintos — a confecção de um bolo de casamento e a aterrissagem de um Boeing 747 — são tão bem explicitados, documentados e modelados que um confeiteiro conseguiria entender claramente as instruções de pouso, assim como um piloto entenderia a receita do bolo. Por mais otimistas que possamos ser, nenhum de nós esperará que a aterrissagem do confeiteiro e o bolo do piloto terão a mesma eficiência e qualidade que o bolo do confeiteiro e a aterrissagem do piloto.

O exemplo pode beirar um pouco o absurdo, mas ilustra bem o que queremos dizer: é preciso, além de mapear e modelar os processos, identificar as competências que cada um deles exige. Além disso, é preciso considerar que, diferentemente do exemplo, muitas vezes os processos organizacionais não se limitam à atuação de uma única pessoa. O fluxo de atividades costuma envolver um grupo de diferentes pessoas no qual cada uma é responsável por uma parte determinada do processo — parte que requer uma competência específica. Por isso, reconhecer e indicar a correlação entre as características dos processos e as competências por elas requisitadas constitui uma prática de conhecimento minuciosa que, além de complementar a modelagem de processos, potencializando a gestão do conhecimento, fortalece o capital intelectual da organização.

No item a seguir, apresentaremos o BPMN e a SOA, dois elementos relevantes para as práticas de conhecimento em gestão de processos que facilitam a padronização na modelagem de processos e, a partir daí, possibilitam a integração entre processos e sistemas de tecnologias de informação e comunicação (STICs) relacionados a serviços.

BPMN e SOA: modelagem de processos, padronização e integração de sistemas

Em linhas muito gerais, podemos entender o BPMN como um modo de representar as etapas e os fluxos de um processo. De forma mais precisa, Braconi e Oliveira (2009, p. 77) definem-no como uma técnica baseada em um padrão desenvolvido para oferecer uma notação que possa ser mais facilmente compreendida e usada por todos os envolvidos nos processos de negócios — desde os estrategistas e analistas de negócios até os técnicos que selecionam e implementam as tecnologias de apoio à gestão e ao monitoramento. Ainda segundo os autores (p. 78):

> Trata-se de uma técnica abrangente e que oferece recursos para a modelagem dos mais variados tipos de processos, desde os mais genéricos aos específicos. Por isso, pode ser usada na modelagem de processos de qualquer tipo e natureza, como: administrativos (compras, vendas, controle de materiais etc.), financeiros (empréstimos, aplicações, controle de capital etc.), operacionais (manutenção, fabricação, distribuição etc.), garantia de qualidade, desenvolvimento de software, desenvolvimento de produtos ou de serviços etc.

Muito da facilidade e, consequentemente, do sucesso do BPMN, reside no fato de ele possuir um único modelo de diagrama — conhecido como *business process diagram* (BPD) ou diagrama de processo de negócio (DPN). Esse diagrama permite o mapeamento explícito e a modelagem de qualquer tipo de processo, representando qualquer nível de complexidade de forma clara por meio de quatro elementos genéricos: atividade, evento, *gateway* e conector (Figura 5.3).

Figura 5.3 Elementos básicos do BPMN.

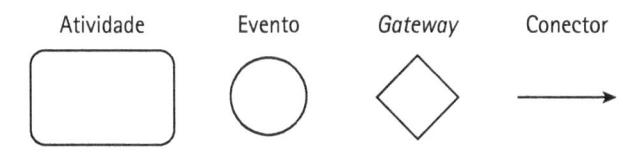

Atividade   Evento   *Gateway*   Conector

> Existem outras técnicas para modelagem de processos além do BPMN. Algumas mais antigas e conhecidas como a unified modeling language *(UML)* ou a integration definition *(IDEF)*. No entanto, ainda que mais recente, o BPMN vem recebendo tanta aceitação que já pode ser considerado a técnica mais utilizada da atualidade. De acordo com Neto (2009), estima-se que mais de 40 softwares já ofereçam suporte para o uso do BPMN, dentre os quais ele destaca o WBI Modeler, da IBM, o ARIS Business Architect, da IDS Scheer, o Intalio Designer, o TIBCO Business Studio, o iGrafx e o Savvion Process Modeler. Um dos principais motivos desse sucesso é, além da facilidade de uso, a vasta compatibilidade que essa técnica oferece com outros padrões e técnicas.
>
> Se você quiser conhecer um pouco sobre o BPMN, vale a pena conferir um tutorial (em inglês) preparado pela IBM e disponibilizado neste link: <http://bit.ly/zOk2Gv>.

De acordo com Braconi e Oliveira (2009), os papéis que tais elementos representam são, basicamente, os seguintes:

- **Atividade** — é um trabalho a ser executado em um processo. Pode ser uma tarefa ou um subprocesso.
- **Evento** — algo que ocorre durante um processo, afetando seu fluxo.
- ***Gateway*** — é um elemento de modelagem utilizado para controlar como a sequência do fluxo interage dentro de um processo ao convergir e divergir. Em outras palavras, ele separa e junta o fluxo do processo, marcando em que ponto é necessário controlar esse fluxo.
- **Conector** — pode representar o fluxo de atividades e eventos, o fluxo de mensagens entre duas entidades ou uma associação de elementos do processo.

Na Figura 5.4, apresentamos um processo de compra como exemplo de modelagem por meio do BPMN.

No exemplo da figura, vemos a interação entre dois processos distintos, o de compra em uma loja e o de transferência bancária para os pagamentos efetuados com cartão de crédito ou débito. Trata-se de uma interação simples, já que se restringe a duas organizações. No entanto, você pode imaginar que um cenário mais complexo apresente um desafio muito maior para a interação. Pense, por exemplo, em uma agência de turismo de Porto Alegre que deve atender ao pedido de um cliente que deseja passar duas semanas de férias com a família visitando os parques de diversão da cidade de Orlando, na Flórida. Para fechar o negócio com seu cliente,

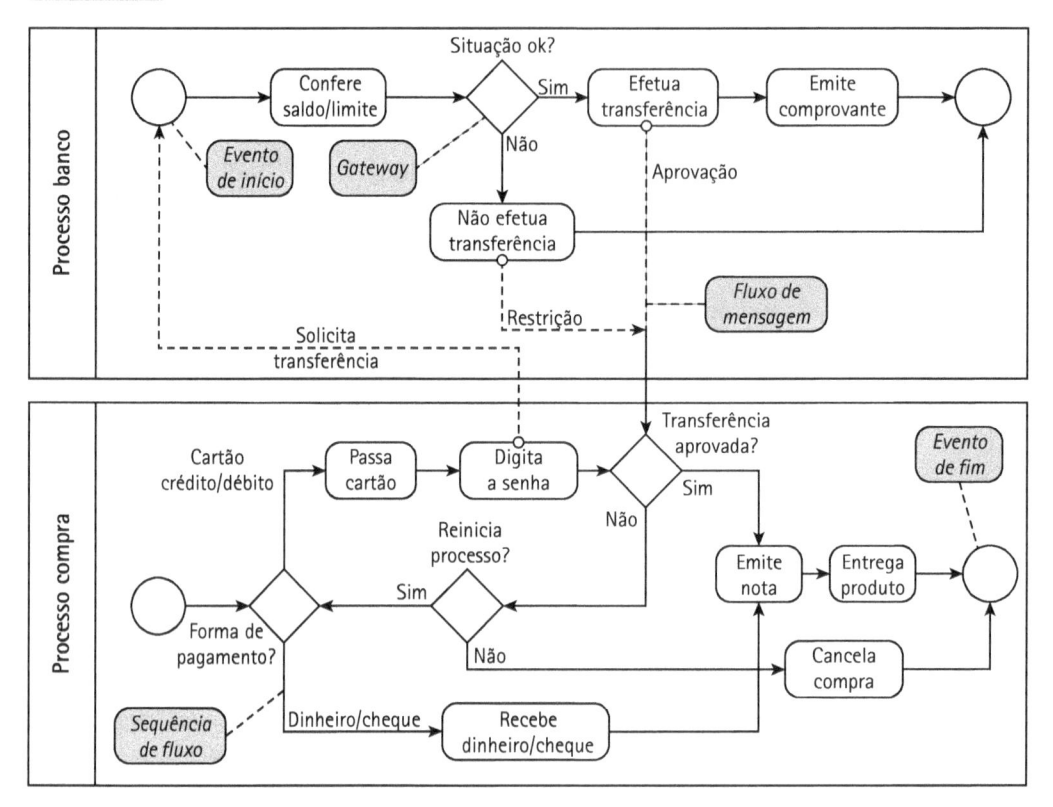

Figura 5.4 Processo de compra modelado por meio do BPMN.

essa agência deve apresentar a ele um orçamento com os preços de passagens, de hospedagem e de aluguel de carro, conforme o processo ilustrado na Figura 5.5a. Por sua vez, a companhia aérea, o hotel e a locadora de carro também iniciam um processo para atender aos pedidos da agência de turismo, como apresentado de forma genérica na Figura 5.5b.

O cenário parece mais complexo agora, mas ainda é preciso considerar a competitividade como um fator relevante para a estrutura desse quadro. Certamente, há mais de uma companhia aérea oferecendo viagens de Porto Alegre a Orlando; da mesma forma, há muitos hotéis capazes de receber o cliente em questão e algumas locadoras de veículos prontas para fechar negócio com ele. Você, então, pode fazer ideia de como deve ser difícil para a agência de turismo executar manualmente todos os processos de verificação para satisfazer seu cliente.

Em situações como essa, a *service-oriented architecture* (SOA) — em português, arquitetura orientada a serviços — tem se mostrado uma ótima prática para modelar de forma padronizada os processos de um serviço e promover a integração entre sistemas distintos. Em nosso exemplo, a aplicação dessa arquitetura em conjunto com a tecnologia de serviços Web, como ilustra a Figura 5.6, permitiria à agência de turismo efetuar sua pesquisa com muito mais agilidade e apresentar ao cliente um leque mais amplo de possibilidades de orçamento.

Figura 5.5 Processo de compra modelado por meio do BPMN.

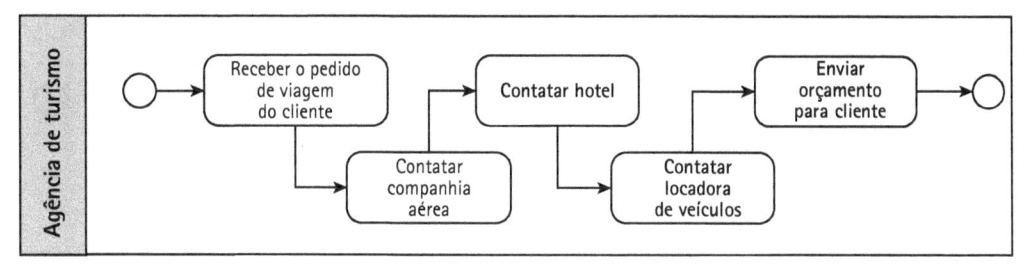

a) Processo da agência de turismo (visão restrita)

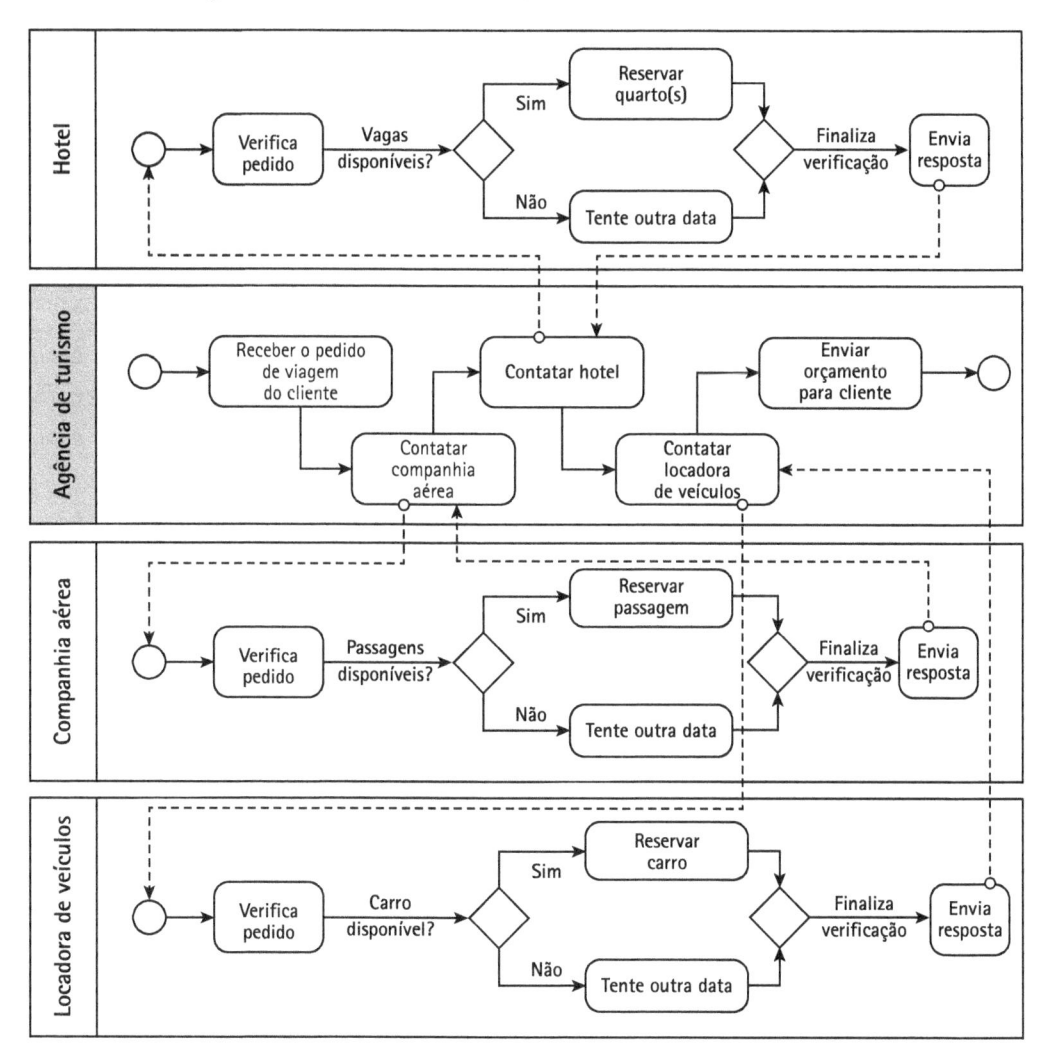

b) Interação entre processos (visão ampla)

Figura 5.6 Aplicação da SOA com serviços Web.

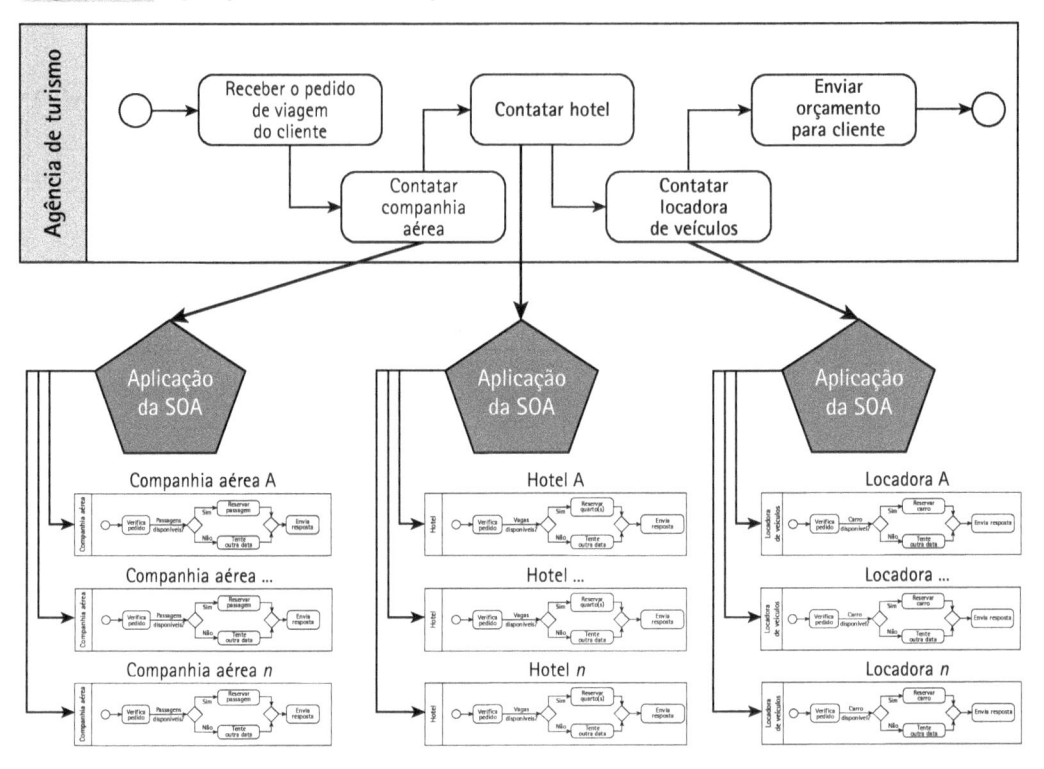

[Figura: Diagrama mostrando Agência de turismo com os processos "Receber o pedido de viagem do cliente", "Contatar hotel", "Enviar orçamento para cliente", "Contatar companhia aérea" e "Contatar locadora de veículos", conectados a três Aplicações da SOA que acessam Companhia aérea A/.../n, Hotel A/.../n e Locadora A/.../n.]

Como uma arquitetura tecnológica, a SOA não se restringe necessariamente aos serviços Web, como no exemplo apresentado, mas também engloba tecnologias, produtos, APIs, extensões da infraestrutura de suporte e diversos outros elementos que são combinados de acordo com as características e necessidades da organização — justamente por isso, a SOA é única em cada organização (ERL, 2009).

O termo *serviço* na sigla SOA tem um significado específico, como definido por Erl (2009, p. 25):

> Os serviços existem como programas de software fisicamente independentes, com características de design distintas que dão suporte a obtenção de objetivos estratégicos associados à computação orientada a serviços. Cada serviço recebe seu próprio contexto funcional distinto e possui um conjunto de capacidades relacionadas a esse contexto.

API é a sigla para application programming interface *— em português, seria algo como "interface de programação de aplicativos". Trata-se de um conjunto próprio de regras e especificações que diferentes softwares utilizam para conversar entre si. Em outras palavras, é uma interface — como o próprio nome deixa bem claro — que facilita a interação entre softwares.*

Essencialmente, a SOA estabelece uma lógica para que esses serviços distintos e independentes entre si dialoguem uns com os outros automaticamente. Isso pode se mostrar extremamente útil tanto no alinhamento de processos internos críticos, fortalecendo a cadeia de valor, quanto no alinhamento da cadeia de suprimentos, como indicado no exemplo da agência de turismo.

> *Para uma visão mais aprofundada sobre a SOA, recomendamos a leitura de SOA: princípios de design de serviços (Pearson, 2009), de Thomas Erl.*

Mensuração de processos

Retomando o que apresentamos no Capítulo 3, a mensuração de processos corresponde a uma das quatro perspectivas de avaliação organizacional feita pelo *balanced scorecard* (BSC). Seu principal objetivo é identificar os recursos e as capacidades necessárias para aumentar o nível interno de qualidade da organização (KALLÁS, 2003). No BSC, a mensuração da perspectiva de processos internos está intrinsecamente ligada à cadeia de valor que, de acordo com a adaptação de Kaplan e Norton (1997), se subdivide nas três etapas indicadas a seguir:

- **Processos de inovação** — identificam as necessidades presentes e futuras do mercado e, em seguida, criam novas soluções para elas.
- **Processos de operações** — entregam produtos e prestam serviços para os clientes atuais.
- **Processos de serviços de pós-venda** — ofertam serviços secundários que complementam o valor entregue ao cliente pelos produtos e serviços primários.

A Figura 5.7 apresenta o modelo de cadeia de valor para os processos internos de acordo com essa concepção de Kaplan e Norton.

Você pode ter ficado ligeiramente confuso com a apresentação desse segundo modelo de cadeia de valor tão diferente daquele visto na Figura 5.2. Contudo, se fizermos um cruzamento entre os dois, perceberemos que todos os processos principais indicados pelo modelo de Porter encontram-se diluídos no modelo de Kaplan e Norton. Para comprovar isso, basta observar o Quadro 5.1.

Figura 5.7 Modelo da cadeia de valor para processos internos (KAPLAN; NORTON, 1997).

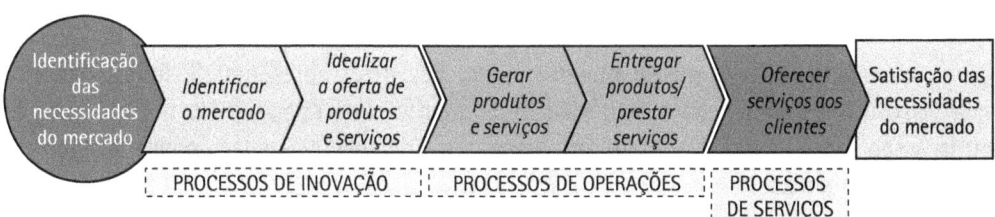

Identificação das necessidades do mercado	Identificar o mercado	Idealizar a oferta de produtos e serviços	Gerar produtos e serviços	Entregar produtos/ prestar serviços	Oferecer serviços aos clientes	Satisfação das necessidades do mercado
	PROCESSOS DE INOVAÇÃO		PROCESSOS DE OPERAÇÕES		PROCESSOS DE SERVIÇOS PÓS-VENDA	

Quadro 5.1 Relação entre dois modelos de cadeia de valor.

Cadeia de valor		Processos principais do modelo de Porter (1989)	Considerações
Modelo de Kaplan e Norton (1997)			
Processos de inovação	Identificar o mercado	Marketing e vendas/logística interna	*Marketing* está diretamente relacionado com a identificação de novos mercados e a criação de novos produtos.
	Idealizar a oferta de produtos		A *logística interna* relaciona-se com todos os processos da cadeia de valor em virtude principalmente da sua relação com a gestão da informação e da sua atuação na transmissão de dados, informações e conhecimentos.
Processos de operação	Gerar produtos e serviços	Operações/ logística interna/ logística externa	Neste ponto, a *logística externa* é focada na relação com as empresas fornecedoras da cadeia de suprimentos e na aquisição de valor.
			Operações está diretamente relacionada com a produção de produtos e serviços.
	Entregar produtos/ prestar serviços	Marketing e vendas/logística interna/logística externa	Já aqui e na última linha, a *logística externa* foca a relação com as empresas clientes e/ ou com o próprio cliente final e a entrega de valor.
			Vendas está diretamente relacionada com a entrega de produtos ou prestação de serviços.
Processos de serviços pós-venda	Oferecer serviços	Serviços/ marketing e vendas/logística interna/logística externa	*Marketing e vendas* aqui são fundamentais para a gestão do relacionamento com o cliente, que possibilita a aquisição de informações e conhecimentos que influenciam na identificação de mercados e na criação de produtos.

É importante ter em mente que o modelo de Porter apresenta de forma genérica uma visão que engloba toda a organização, enquanto o de Kaplan e Norton diz respeito a uma visão específica centrada em uma das quatro perspectivas relacionadas ao foco estratégico da organização.

Em relação ao capital de processos da organização apresentado no Capítulo 3 (figuras 3.4 e 3.5), a mensuração deve se concentrar em criar indicadores que meçam de que forma os processos estão alinhados à estratégia organizacional e de que forma eles possibilitam a criação e a entrega de valor aos clientes. Além disso, devemos frisar que a mensuração não se baseia apenas nos aspectos de qualidade e tempo de ciclo, mas deve considerar também um terceiro aspecto: o custo das atividades. Como Kallás (2003) afirma:

> KAPLAN & NORTON (1997: 130) enfatizam que, em geral, a análise de custo baseado em atividades [...] permite que as empresas meçam o custo de processos que, justamente com a medição da qualidade e do tempo do ciclo, oferecem parâmetros importantes. À medida que as empresas utilizam a melhoria contínua (como a TQM) ou a melhoria descontínua (como a reengenharia ou o redesenho dos processos de negócios) de processos internos importantes, os três conjuntos de medida — baseados em custo, qualidade e tempo — oferecerão dados que indicarão se as metas desses programas de melhorias estão sendo alcançadas.

Nesse sentido, o *activity based costing* (ABC) — em português, custeio baseado em atividades — apresenta-se atualmente como uma prática de conhecimento da contabilidade gerencial mais eficiente que a contabilidade geral, pois visa reduzir sensivelmente as distorções provocadas pelo rateio arbitrário dos custos indiretos (MARTINS, 1996). Em outras palavras, o ABC não é um sistema que simplesmente apura o custo de produtos e serviços para elaboração de balanços e demonstrações de resultado. Ele é, sobretudo, um método inovador que busca identificar as relações entre o consumo de recursos e as atividades mais relevantes de uma organização e, consequentemente, entre esse consumo de recursos e os produtos e serviços entregues pela cadeia de valor (NAKAGAWA, 1991). De acordo com Kaplan e Cooper (1998):

> [O ABC] é uma abordagem que analisa o comportamento dos custos por atividades, estabelecendo relações entre as atividades e o consumo de recursos, independentemente de fronteiras departamentais, permitindo a identificação dos fatores que levam a instituição ou empresa a incorrer em custos em seus processos de oferta de produtos e serviços e de atendimento a mercado e clientes.

O ABC é desenhado, basicamente, para suprir as informações relacionadas a duas linhas de necessidades: (1) necessidades econômicas e de custeio; (2) necessidades de aperfeiçoamento de processos (Figura 5.8). A primeira linha (vertical) serve como ferramenta para aprimorar a mensuração do custeio de produtos e serviços e, desse modo, a determinação do melhor *mix* e do melhor preço de produtos (GOULART, 2000). A segunda linha (horizontal) visa ao aperfeiçoamento dos processos a partir dos *direcionadores de custo* (conhecidos também como *cost drivers*) que influenciam cada atividade.

Em linhas gerais, um *direcionador* é um parâmetro para a identificação e medição dos recursos necessários para que determinada atividade produza um *objeto de custo* que,

Figura 5.8 Duas linhas de necessidades informativas supridas pelo ABC (adaptada de NAKAGAWA, 1991).

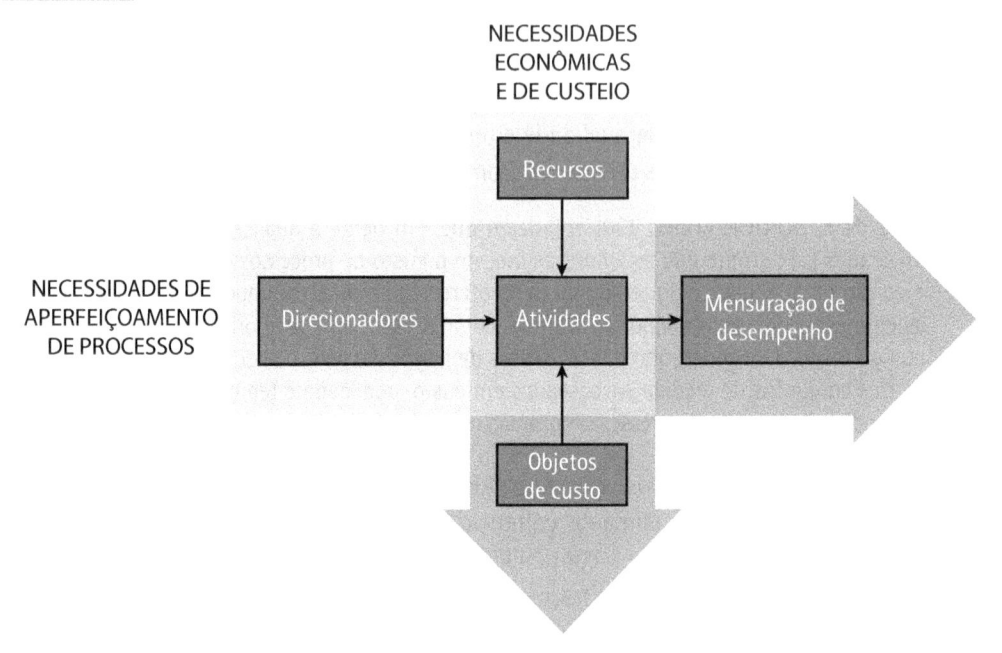

NECESSIDADES ECONÔMICAS E DE CUSTEIO

NECESSIDADES DE APERFEIÇOAMENTO DE PROCESSOS

Recursos → Atividades → Mensuração de desempenho

Direcionadores → Atividades

Objetos de custo → Atividades

por sua vez, representa o produto ou serviço gerado pela atividade em questão. Exemplos comuns de direcionadores de custo são: o tempo despendido na realização de uma atividade; a quantidade de recursos consumidos; a área ocupada; a quantidade de funcionários — enfim, qualquer variável mensurável relacionada à atividade. Dessa maneira, podemos ver que o modelo ABC permite a análise contábil de atividades por meio do estabelecimento de relações de causa (direcionadores) e efeito (objetos de custo).

No que se refere à gestão de conhecimento, há dois aspectos do ABC que se relacionam com alguns pontos já apresentados. Primeiro, ele se baseia em um nível mais detalhado do mapa de processos organizacionais, pois depende da identificação das atividades e dos recursos consumidos por elas, bem como dos clientes atendidos por tais atividades. Segundo, ele requer a criação de conhecimento para a definição e seleção dos direcionadores de custo, já que nem todos exercem a mesma influência nos objetos de custo de atividades diferentes.

Antes de finalizarmos este tópico, é importante ressaltar que a seleção de direcionadores de custo está relacionada à escolha dos indicadores operacionais para a avaliação de desempenho organizacional sobre a qual falamos no Capítulo 3. Além disso, ela permite uma visão mais criteriosa quanto à alocação de recursos em atividades e até mesmo de atividades em processos, possibilitando, assim, a melhora no desempenho, a redução de gastos e o aumento do valor entregue ao cliente.

Gerenciamento de processos

O sucesso do gerenciamento de processos depende principalmente de dois aspectos: a análise e o controle. O primeiro é feito por meio da descrição e mensuração abordadas nas seções anteriores. O segundo, além de se basear nessas duas, exige tomadas de decisão por parte de gerentes e/ou diretores para manter os processos alinhados à estratégia organizacional de acordo com os níveis de eficácia e eficiência estipulados por meios das metas e indicadores. Mais especificamente, essas tomadas de decisão dizem respeito principalmente a ações que promovam desenvolvimento na qualidade dos processos. Assim, o controle só é efetivo se estiver diretamente relacionado com a melhoria dos processos; caso contrário, ele não passa de monitoramento passivo e ineficaz — em outras palavras, um desperdício de recursos.

Em relação a controle e processos, um dos conceitos que mais se destacam é o *controle estatístico de processos* (CEP). Trata-se de um conjunto de técnicas estatísticas que determinam se um processo está de fato entregando aquilo que o cliente deseja (KRAJEWSKI; RITZMAN; MALHOTRA, 2009). Suas principais ferramentas são gráficos de controle produzidos por meio da análise de amostras relacionadas a serviços e produtos. Com tais gráficos, o CEP pode detectar se os produtos ou serviços se afastaram das especificações propostas. Caso isso ocorra, significa que há alguma falha no processo, a qual deve ser estudada e corrigida. Da mesma forma, o CEP também pode ser usado para para comprovar se as melhorias introduzidas em um processo estão de fato surtindo efeito.

De maneira bem resumida, podemos exemplificar como o CEP auxilia a tomada de decisão da seguinte forma: uma empresa de telefonia registra diariamente o número de clientes que entram em contato para reclamar dos serviços prestados por ela. Cada dia de registro corresponde a uma amostra. A empresa coleta diversas amostras ao longo de determinado período para verificar graficamente se o número de reclamações está ou não dentro da média estipulada como aceitável. Caso não esteja, a situação exige que o gestor tome alguma decisão para resolver o problema.

No que diz respeito ao conhecimento organizacional, Slack et al. (2008) destacam que "o controle baseado em estatística fornece o potencial para melhorar o conhecimento do processo". Essa é a principal razão pela qual, nos últimos anos, o papel do CEP dentro das operações tem sido realocado, saindo da esfera operacional para a estratégica. Slack et al. (2008, p. 414) listam cinco argumentos que fundamentam essa mudança. Nós os apresentamos logo a seguir, com algumas observações e alguns esclarecimentos.

Para uma visão mais completa do CEP e até mesmo da gestão de processos, sugerimos duas leituras enriquecedoras: Administração de produção e operações, *de Krajewski, Ritzman e Malhotra (Pearson, 2009) e* Gerenciamento de operações e de processos, *de Slack et al. (Bookman, 2008).*

1. "O CEP é baseado na ideia de que a variabilidade do processo indica se um processo está sob controle ou não."

Quando a análise de processos se baseia em amostras, como é o caso do CEP, é comum que haja algum nível de variação entre os resultados. Contudo, o ideal é sempre buscar o menor nível de variação possível. É claro que isso depende muito de cada organização, seu posicionamento no mercado e o valor que ela pretende entregar a seus clientes, entre outros fatores. Imagine, por exemplo, que a Gráfica A4 imprima uma média de dois livros com defeito em certo mês e, no seguinte, essa média suba para cinco. Segundo os parâmetros da A4, isso não é motivo de alerta, pois sua variação aceitável é entre dois e cinco. Contudo, na Gráfica B5 essa mesma situação seria motivo de alerta, pois sua variação aceitável é entre um e três.

2. "Os processos são colocados sob *controle* e melhorados pela redução progressiva da variabilidade do processo. Isto requer a eliminação das causas especiais de variação."

Há duas causas básicas para as variações: *causas comuns* e *causas especiais* — também conhecidas como *causas assinaláveis* (KRAJEWSKI; RITZMAN; MALHOTRA, 2009). O primeiro tipo corresponde às causas totalmente aleatórias, não identificáveis e inevitáveis no processo. O segundo, por outro lado, corresponde às causas que podem ser identificadas, previstas e eliminadas. No exemplo das gráficas, as causas assinaláveis podem ser, entre outras, um defeito no equipamento ou a falta de treinamento dos funcionários. Como veremos logo a seguir, é na identificação e na eliminação das causas assinaláveis que as práticas de conhecimento são explicitamente mais atuantes do que o controle de processos.

3. "Não se pode eliminar causas especiais de variação sem entender como um processo opera. Isso requer o *aprendizado* sobre o processo, no qual sua natureza é revelada em nível cada vez mais detalhado."

4. "Este aprendizado significa que o *processo de conhecimento* é melhorado, o que, por sua vez, significa que os gerentes de operações são capazes de prever de que forma o processo tem uma capacidade maior para executar suas tarefas em um nível mais elevado de desempenho."

Esses dois argumentos apresentam claramente um elo entre a gestão de conhecimento e o controle de processos. Tanto o aprendizado (terceiro argumento) quanto a melhoria no processo de conhecimento (quarto argumento) dizem respeito à conversão de conhecimento: quanto mais explícito for o conhecimento sobre o processo, mais fácil será identificar seus erros. Isto já deve estar claro para você, mas não custa nada frisar que a explicitação envolve necessariamente o mapeamento e a mensuração dos processos.

5. "Essa crescente capabilidade de processo é particularmente difícil para os concorrentes copiarem. Ela não pode ser comprada imediatamente. Só vem com o tempo e esforço sendo investidos no controle de processos. Portanto, a capabilidade do processo leva à vantagem estratégica."

Para Slack et al. (2008, p. 428), a *capabilidade do processo* "é uma medida da aceitabilidade de variação do processo". De acordo com Krajewski, Ritzman e Malhotra (2009, p. 185), ela "se refere à capacidade do processo de satisfazer as especificações de projeto para um serviço ou produto". Como podemos ver nesse quinto argumento, a capabilidade do processo deriva do conhecimento do processo e compõe uma parte central do capital de processo já mencionado neste e no terceiro capítulo.

Não podemos falar de controle de processos sem considerar dois pontos: a melhoria dos processos e o paradoxo do controle. Eles não apenas estão relacionados à questão do controle, mas também com questões importantes da gestão do conhecimento e da gestão de processos. Por isso, abordaremos esses pontos nos dois tópicos a seguir.

Conhecimento e processos: melhorias evolucionárias e revolucionárias

Como já dissemos algumas páginas atrás, o controle deve obrigatoriamente levar à melhoria, cujo objetivo é diminuir, ao máximo possível, a diferença entre o desempenho real e o desejado do processo. Assim, ela está profundamente ligada à visão de conhecimento, já que suas balizas são o conhecimento daquilo que é (mapa mental do presente) e daquilo que deveria ser (mapa mental do futuro). Nesse sentido, Slack et al. (2008) indicam que a comparação entre o desempenho real e o requerido envolve dois conjuntos de atividades: (1) avaliar o desempenho atual de cada processo; (2) decidir sobre uma meta de desempenho adequada.

Como você já deve esperar, mais uma vez o BSC aparece aqui como uma ferramenta relevante para ser usada no primeiro conjunto de atividades indicado por Slack et al. (2008) para avaliar o desempenho de cada processo. Ele também tem uma clara relação com o segundo — a escolha de uma meta adequada. No entanto, esse conjunto de atividades pode ser muito mais influenciado pelo *benchmarking*, uma importante prática de aquisição de conhecimento externo que permite estabelecer metas absolutas de desempenho para a organização.

De maneira mais ampla, podemos entender que a capabilidade é o processo pelo qual os recursos (tangíveis e intangíveis) são combinados e coordenados juntamente à estratégia para fortalecer a competitividade da organização (GRANT, 2010.)

O CEP é o coração de outra abordagem para melhoria de processos, conhecida mundialmente como Seis Sigma. De acordo com Slack et al. (2008), o conceito Seis Sigma é bastante abrangente e relaciona-se com diversos elementos, como projeto e reprojeto de processos, melhoria contínua, planejamento e controle de processos, indicadores de BSC e muitos outros. Mesmo assim, o núcleo dessa abordagem se baseia na "compreensão dos efeitos negativos da variação de todos os tipos de processos de negócios" (SLACK et al., 2008, p. 456) — o que, em suma, é o controle estatístico de processos.

A ideia básica do benchmarking é comparar os métodos, os processos e/ou os resultados da própria organização com os de outras que atuem ou não no mesmo ramo. O mercado de fast-food, por exemplo, deve grande parte de sua existência ao benchmarking que a rede McDonald's originalmente fez com o processo de linha de montagem de Henry Ford. Contudo, é preciso deixar claro que o benchmarking não é uma prática de cópia ou imitação. Trata-se, em vez disso, de uma prática de aprendizagem e adaptação que visa fornecer ideias e informações para a elaboração de novas soluções.

A ideia de recomeçar é que determina o caráter contínuo tanto do PDCA quanto do DMAIC. Os dois métodos se baseiam no estudo do processo e na revisão das ações já praticadas.

Para que você conheça mais alguns detalhes relacionados a Michael Hammer e à reengenharia, indicamos estes três textos disponíveis no site da revista Exame: <http://bit.ly/xd588S>, <http://bit.ly/yjysAl> e <http://bit.ly/wB8avx>.

Os mesmos autores também afirmam que a melhoria pode acontecer por meio de dois caminhos: a melhoria contínua e a inovação. Podemos entender esses dois meios como *melhorias evolucionárias* e *melhorias revolucionárias*.

As melhorias evolucionárias dizem respeito ao tipo de melhoria proposto, por exemplo, pelo ciclo PDCA (*plan-do-check-act* — em português, planejar-fazer-verificar-agir) ou pelo ciclo DMAIC (*define-measure-analyze-improve-control* — em português, definir-medir-analisar-melhorar-controlar), nos quais os processos são melhorados gradual e continuamente por meio de análises, planejamentos, ações e controles. Além de serem compatíveis com o CEP, tais melhorias são claramente baseadas no conhecimento dos processos e propiciam diretamente o desenvolvimento desse conhecimento a cada volta dada pelo ciclo.

Já as melhorias revolucionárias dizem respeito à reengenharia de processos, ou seja, a um conjunto de planejamentos e ações cujo intuito é promover mudanças radicais em um curto período. Mais precisamente, de acordo com Krajewski, Ritzman e Malhotra (2009, p. 118), a reengenharia "consiste em reinventar, e não em melhorar de modo incremental".

Dado seu histórico, a relação entre reengenharia e conhecimento organizacional apresenta algumas questões um pouco mais complexas ou, pelo menos, delicadas. Sem dúvida, a proposta original de Michael Hammer (considerado o pai da reengenharia) trouxe vários benefícios, como, por exemplo, a noção de que o foco em processos integrados, e não em tarefas setorizadas, tornaria as empresas mais ágeis e flexíveis para se manterem competitivas. Contudo, o entusiasmo pelas medidas radicais e a fé na revolução tecnológica, promovidos pela reengenharia nos anos 1990, motivaram milhares de demissões em todo o mundo.

Os gerentes foram os principais afetados por essa coqueluche de *downsizing*. Na época, acreditava-se que era preciso deixar as empresas mais leves para que elas se tornassem ágeis e flexíveis. A leveza seria adquirida pela eliminação, em grande parte, das áreas que intermediavam a comunicação entre a linha de frente e a alta diretoria. Parecia ser uma boa ideia, já que os sistemas de informações poderiam substituir tais áreas.

É preciso dizer que a proposta não estava inteiramente errada: de fato, algumas funções e tarefas foram automatizadas pelos STICs. No entanto, muitas das demissões envolveram pessoas que desempenhavam o papel que Nonaka e Takeuchi (1997) chamam de gerente médio (como já apresentado no Capítulo 1).

Dessa forma, a onda de demissões gerou um fenômeno não previsto pelos entusiastas: a perda de capital humano. Em várias organizações, isso produziu um impacto violento em todas as demais esferas do capital intelectual (Figura 3.4), pois muitos dos demitidos desempenhavam de certa maneira o papel de gerente médio (Figura 1.4) e detinham um profundo e valioso conhecimento tácito sobre a organização que nem a linha de frente nem a alta diretoria possuíam.

Assim, por mais bem estruturada e tecnologicamente avançada que a rede de informações de muitas empresas fosse, suas bases de conhecimento estavam seriamente avariadas pela perda de fontes de conhecimento. Isso afetou dramaticamente tanto a comunicação quanto a capacidade de inovar dessas empresas. No final das contas, para elas, os benefícios propostos pela reengenharia não superaram os traumas causados por sua aplicação exagerada.

Voltando ao nosso tema, o que queremos deixar claro é que, independentemente de a organização adotar uma melhoria evolucionária ou uma revolucionária — ou até mesmo ambas, já que elas não são mutuamente excludentes (SLACK et al., 2008) —, a ênfase no conhecimento dos processos envolvidos deve ser a mesma. Talvez isso seja mais fácil de ser entendido em relação às melhorias contínuas, já que elas se baseiam claramente no conhecimento dos processos em curso na organização. Entretanto, no que diz respeito à reengenharia, é preciso ressaltar essa questão, destacando que, por mais radical que ela seja, sua eficácia depende em grande parte de uma análise prévia sobre o conhecimento do processo atual. Nas palavras de Krajewski, Ritzman e Malhotra (2009, p. 119):

> Apesar da filosofia de recomeçar, a equipe de reengenharia precisa entender algumas coisas sobre o processo em curso: o que ele faz, como é seu desempenho e que fatores o afetam. Esse entendimento pode revelar áreas nas quais um novo modo de pensar trará um melhor resultado.

Esse conhecimento sobre o processo fornece um ponto de partida para que a reengenharia possa repensar e redesenhar o processo. Dessa maneira, o mapeamento e a memória dos processos, indicados no início deste capítulo — bem como a base de conhecimento, abordada no capítulo anterior —, reaparecem aqui como elementos importantes para evitar a perda de capital intelectual.

Paradoxo do controle

Começamos este tópico afirmando que o sucesso do gerenciamento de processos depende, em grande parte, de um controle ativo que seja capaz de monitorar os processos, promover sua melhoria e, ao mesmo tempo, mantê-los alinhados à estratégia organizacional. Nesse sentido e de acordo com nosso objetivo, apresentamos algumas práticas de conhecimento que suportam e potencializam o controle de processos.

Acreditamos que tenha ficado claro para você que há, sem dúvida, uma relação forte entre controle e conhecimento —, principalmente porque o controle *exige* conhecimento! Contudo, o que até esta linha nós ainda não dissemos é que essa relação é essencialmente paradoxal. Krogh, Ichijo e Nonaka (2001, p.12) comentam a questão da seguinte forma:

> [...] o termo gestão implica controle de processos que talvez sejam intrinsecamente incontroláveis ou, ao menos, que sejam sufocados por um gerenciamento mais intenso.

Como já explicamos no Capítulo 1, o conhecimento é composto por duas partes contraditórias e ao mesmo tempo complementares: o conhecimento explícito e o conhecimento tácito. Até agora, muito do que falamos em relação ao conhecimento neste capítulo diz respeito ao conhecimento explícito ou à explicitação de conhecimento. Contudo, não podemos deixar de considerar que, por mais que o conhecimento seja convertido, haverá sempre uma parcela muito maior de conhecimento tácito do que de conhecimento explícito. Esse conhecimento tácito é, por definição, imensurável e incontrolável. Além disso, ele está presente em todos os tipos de processos apresentados aqui — interorganizacionais (cadeia de suprimentos), internos (cadeia de valor) e de melhorias (evolucionárias ou revolucionárias).

Esses processos podem e devem ser controlados. Contudo, é importante ter em mente que, sob todos eles, há outro processo em andamento: a criação de conhecimento. Por um lado, esse processo também deve ser controlado — a organização deve buscar criar conhecimentos adequados para o sucesso de sua estratégia. Por outro lado, ele não pode ser totalmente controlado — nem todo o conhecimento pode ser explicitado, os *insights* não acontecem com hora marcada etc.

Dessa forma, a gestão do conhecimento atua em uma linha tênue. A falta completa de controle implicaria o desalinhamento e o caos. Por outro lado, o controle excessivo sufocaria ou engessaria os processos de conversão de conhecimento. Eis, em suma, o paradoxo do controle.

Provavelmente, a pergunta que você deve estar se fazendo agora é "o que eu faço diante disso?". Nossa resposta: abrace o paradoxo!

Não se trata de brincadeira, não! São as palavras de Nonaka e Takeuchi (2008, p. 18):

> Se pudermos esclarecer os paradoxos, o mundo parecerá diferente e menos ameaçador. Na realidade, isto é o que as empresas bem-sucedidas estão fazendo. [...] Essas empresas, que estamos chamando de empresas "dialéticas", não estão apenas enfrentando passivamente o paradoxo. Estão abraçando ativamente os opostos. Estão cultivando contradições positivamente. Estão usando os paradoxos, entusiasticamente, como convite para encontrar um melhor caminho.

O mundo atual se mostra como um cenário complexo para os mais diversos tipos de organização. Os paradoxos representam alguns dos elementos mais significativos dessa complexidade. Tentar ignorá-los ou eliminá-los é uma atitude simplista e míope, cujo resultado, invariavelmente, é o fracasso.

Para Nonaka e Takeuchi, as ditas "empresas dialéticas" são aquelas que, primeiro, se concentram na mudança — nada é estático, tudo está em movimento, em processo — e, segundo, são capazes de envolver dois opostos em sua própria atuação — trabalham com o conhecimento explícito e com o conhecimento tácito; buscam a melhoria evolucionária e a revolucionária; exercem controle e oferecem independência; pensam a curto prazo e a longo prazo; etc.

Considerando isso, o que devemos fazer é aceitar que o paradoxo — seja o do controle, seja o de qualquer outro tipo — existe e buscar aprender com ele e por meio dele. Assim, se a organização deve exercer um controle mais rígido ou mais flexível e em quais momentos ela deve ou não fazer isso são questões que variam muito de acordo com cada organização e, mais precisamente, com cada processo.

No item a seguir, você vai conhecer um exemplo real de como o paradoxo do controle afetou a companhia norte-americana 3M nos últimos anos.

3M, Seis Sigma: inovação e controle

A ênfase no programa Seis Sigma foi uma das principais marcas que Jack Welch deixou em sua celebrada atuação como CEO da General Electric. O programa tinha um papel tão fundamental para o desenvolvimento estratégico da GE que Welch definiu a participação no treinamento de especialistas em Seis Sigma como requisito para as promoções de gerentes (KROGH; ICHIJO; NONAKA, 2001, p. 183). Hoje, você pode encontrar inúmeros livros, artigos e reportagens que comprovam os benefícios que o programa trouxe à GE. Mas essa não é a história que queremos contar.

Nossa história começa de fato quando James McNerney, um dos grandes seguidores de Welch na GE, foi contratado pela 3M e assumiu o cargo de CEO em dezembro de 2000. McNerney trouxe consigo algumas mudanças, entre as quais destacamos a implementação do Seis Sigma. Em linhas gerais, a ideia básica era disciplinar a organização e torná-la mais eficiente.

Por um lado, a proposta de McNerney era justificada pela má fase que a 3M vinha atravessando no final dos anos 1990. A flexibilidade estrutural que possibilitara o sucesso da organização também havia produzido um inchaço em seu quadro de funcionários e um fluxo de atividade muito debilitado. Por outro lado, a ênfase extrema na eficiência promovida por McNerney havia tornado a 3M menos criativa (HINDO, 2007). Nas palavras de George Buckley, o atual CEO da 3M: "A invenção é, por sua própria natureza, um processo desordenado".

George Buckley, atual CEO? Isso mesmo. Nossa história acaba mais ou menos assim: em 2005, McNerney deixou a presidência da 3M para se tornar o CEO da Boeing. Buckley assumiu o cargo e voltou seu foco novamente para a criatividade da empresa. Analisando a implementação do Seis Sigma, ele diz (HINDO, 2007):

> Você não pode implementar o processo Seis Sigma em uma área e dizer "Bem, eu estou inventando pouco nesta área, por isso vou marcar na minha agenda para ter três boas ideias na quarta-feira e duas na sexta". Não é assim que a criatividade funciona.

Apesar dessa afirmação, Buckley não ignora que McNerney e o Seis Sigma renderam muitos benefícios para a 3M. O valor das ações da companhia, por exemplo, cresceu em média 22% durante a gestão de McNerney (HINDO, 2007). Além disso, a introdução do DMAIC, uma das peças-chave do Seis Sigma, possibilitou que a produção aumentasse sua velocidade em 40%, apenas pela redução das variações e pela remoção de etapas desnecessárias dos processos. Consequentemente, as margens de lucro provenientes da operação aumentaram de 17% em 2001 para 23% em 2005. Em suma, com McNerney e o Seis Sigma, a 3M desenvolveu uma habilidade para economizar tempo e dinheiro.

Por outro lado, muitas medidas de McNerney impactaram seriamente aqueles "processos desordenados" de inovação indicados por Buckley. O *design for Six Sigmas* (DFSS) — em português, desenho para Seis Sigma —, uma ferramenta que pretende sistematizar o processo de desenvolvimento de um novo produto para que ele seja adequado ao Seis Sigma, acabou tolhendo a criatividade de muitos engenheiros da 3M. De fato, a tentativa de sistematizar um processo como o da criação do *post-it* (falamos sobre isso no Capítulo 3) tende a ser um obstáculo ao próprio processo. Nesse sentido, as consequências não foram sentidas imediatamente, mas elas vieram: em 2004, a 3M era considerada a número um na lista de empresas inovadoras do Boston Consulting Group; em 2005, a número dois; em 2006, a número três; e, em 2007, a número sete.

Se você quiser conhecer um pouco mais os detalhes dessa história, indicamos a leitura do artigo (em inglês) de Brian Hindo, publicado pela revista BusinessWeek e disponível em: <http://buswk.co/14cGjl>.

Hoje em dia, o principal desafio de Buckley é fazer a 3M voltar a ser a organização inovadora que já foi sem, contudo, permitir que isso afete os benefícios adquiridos na gestão de McNerney. Essa tensão entre eficiência e criatividade não se restringe à 3M, mas pauta a vida de muitos CEOs ao redor do mundo.

ESTUDO DE CASO

REENGENHARIA FAVORECE O CONHECIMENTO

Em março de 2000, quando o paulista José Antonio Justino deixou a diretoria da subsidiária colombiana da Johnson&Johnson para assumir o comando da subsidiária brasileira, as coisas não andavam muito bem por aqui. A J&J estava perdendo espaço para concorrentes de grande porte, como a Kimberly-Clark e a Procter&Gamble, e até para empresas menores em mercados que ela dominava há muito tempo, como o de fraldas. A falta de força para reagir aos avanços da concorrência se devia muito à ineficiência interna.

Até então, a comunicação interna entre os vendedores e a logística se restringia a resolver problemas causados justamente pela falta de comunicação entre eles. Veja só: o vendedor fazia seu trabalho isoladamente, oferecendo prazos de entrega de acordo com a vontade do cliente. O assistente de logística efetuava a entrega do pedido dentro dos limites de custo e das possibilidades da fábrica. Dessa forma, não eram raras as vezes em que os pedidos atrasavam. Quando isso ocorria, o cliente reclamava com o vendedor, que, aí sim entrava em contato com o assistente de logística para resolver a situação.

A estrutura do setor de vendas era outro problema. Os vendedores eram divididos de acordo com quatro categorias de produtos: artigos para bebê, produtos para cuidados pessoais, medicamentos de venda livre e itens relacionados à saúde (preservativos, escovas de dente etc.). Em decorrência disso, era comum os vendedores de diferentes categorias "se trombarem" nas lojas de uma ou outra rede de varejo — um claro desperdício de recursos.

Assim, o cenário que Justino encontrou quando chegou era realmente desafiador. Havia uma enorme necessidade de melhoria e uma enorme ameaça dos concorrentes. Por isso a primeira coisa que ele fez foi reunir 70 executivos da J&J por três dias na sede de uma consultoria especializada em mudança organizacional. Depois disso, reuniu-se também com um grupo de 270 funcionários com diferentes níveis de chefia para discutir de que maneira a J&J do Brasil poderia voltar a crescer. O consenso dessas reuniões determinou que a orientação por processos seria a melhor solução.

A base teórica dessa mudança organizacional era a reengenharia e o conceito de gestão de processos defendidos por Michael Hammer. Ao contrário do que muitos pensam, isso não significou demissões — embora algumas tenham sido necessárias. O foco dessa mudança era reestruturar uma empresa compartimentada por funções, na qual os setores não se comunicavam entre si, e torná-la ágil e eficiente para cumprir seus objetivos estratégicos. E foi exatamente isso que aconteceu.

A primeira mudança atingiu a equipe de vendas. Os vendedores passaram a ser divididos de acordo com os tipos de clientes: grandes varejistas, farmácias, distribuidores e atacadistas. Em seguida, foi criada uma força-tarefa para redesenhar a organização do pessoal envolvido com o atendimento aos clientes.

O pequeno grupo da força-tarefa passou seis meses analisando detalhadamente o caminho que os pedidos dos clientes percorriam entre os diversos setores da empresa. O resultado dessa análise mostrou que um terço das 5.493 atividades realizadas por todas as pessoas envolvidas no processo de atendimento era dispensável.

Com a revisão das tarefas, foi possível redefinir o papel dos funcionários. Em abril de 2003, os 220 funcionários envolvidos no processo de atendimento ao cliente (venda, *trade marketing*, logística e crédito e cobrança) passaram a integrar um único grupo — dividido em células, mas com o mesmo objetivo. Além disso, os cargos mudaram de nome e de função: os antigos assistentes de logística se tornaram gestores de informação. Os vendedores passaram a ser gestores de negócio (são responsáveis desde o planejamento de uma venda até a entrega do produto ao cliente); os gerentes de departamentos viraram uma espécie de treinadores, especialistas em suas áreas de conhecimento, cuja missão é disseminar as melhores práticas entre as células.

A mudança possibilitou um novo fluxo de informação, o que acabou resolvendo alguns problemas sérios, como os descontos em produtos *premium*, contrários à estratégia da empresa, e os prazos de pagamentos mais longos que o fluxo de caixa da empresa permitia. Mas não é só isso! Os funcionários, agora mais motivados, começaram a sugerir melhorias que vão além do ambiente interno da J&J.

Por exemplo, o caminhão da Walmart saía de sua central de distribuição em São Paulo levando mercadorias para as lojas de São José dos Campos, onde fica a fábrica da J&J, e voltava sempre vazio. Os funcionários da J&J tiveram a ideia de usar esse mesmo caminhão para abastecer a central de distribuição do Walmart com os produtos J&J. Essa "carona" produziu uma redução nos custos que foi compartilhada pelas duas empresas.

O aumento da eficiência interna da J&J permitiu que essa e diversas outras integrações de processos com os clientes fossem pensadas e realizadas. Dessa forma, se antes 89% dos pedidos eram entregues nas condições combinadas, hoje essa média subiu para cerca de 97% (MANO, 2003).

1. Que relações entre a gestão de processos e a gestão de conhecimento podem ser identificadas na leitura desse caso?
2. Faça uma breve análise indicando de que maneira a reestruturação organizacional da Johnson&Johnson beneficiou tanto seu capital financeiro quanto seu capital intelectual.

NA ACADEMIA

- De que maneira as práticas de conhecimento em gestão de processos podem impactar tanto uma cadeia de valor quanto a cadeia de suprimentos da qual ela faz parte?
- Reúna-se em grupo e pesquise os casos de implementação do processo Seis Sigma na General Electric e na 3M. Analise os principais fatores, resultados e características dessas duas implementações sob a perspectiva da gestão do conhecimento.

Pontos importantes

- A cadeia de suprimentos é um tipo de rede interorganizacional que forma uma rede de valores a partir do alinhamento das cadeias de valores referentes às organizações participantes. O mapeamento da cadeia de suprimentos e a identificação dessas cadeias de valores é um passo importante para promover uma integração interorganizacional que possibilite a sustentabilidade desse conjunto.
- A cadeia de valor é um conjunto integrado de processos críticos que gera uma vantagem competitiva para a organização. O principal objetivo do mapeamento dessa cadeia é externalizar os conhecimentos dos processos críticos, a fim tanto de facilitar o controle de processo como de impedir a perda desses conhecimentos.
- A mensuração de processos busca identificar os recursos e as capacidades necessárias para aumentar o nível interno de qualidade da organização. Ela se concentra em criar indicadores que meçam de que forma os processos estão alinhados à

estratégia organizacional e de que forma possibilitam a criação e a entrega de valor aos clientes. Os conhecimentos que permitem isso são os provenientes da definição e seleção de indicadores operacionais do desempenho da organização.

- O controle de processos se faz, em grande parte, por meio das tomadas de decisão que viabilizam a melhoria dos processos. Para tanto, o controle depende dos conhecimentos sobre tais processos explicitados por meio de mapeamentos e mensurações. Dessa forma, as melhorias (evolucionárias ou revolucionárias) estabelecem um processo de reciclagem ou reestruturação que se inicia com o conhecimento atual e gera uma inovação (novo conhecimento) no processo.

Referências

ALMEIDA NETO, Mário de Araújo. Técnicas de modelagem: uma abordagem pragmática. In: VALLE, Rogerio; OLIVEIRA, Saulo B. (orgs.). *Análise e modelagem de processos de negócios*. São Paulo: Atlas, 2009.

BRACONI, Joana; OLIVEIRA, Saulo B. Business Process Modeling Notation (BPMN). In: VALLE, Rogerio; OLIVEIRA, Saulo B. (orgs.). *Análise e modelagem de processos de negócios*. São Paulo: Atlas, 2009.

CHOPRA, Sunil.; MEINDL, Peter. *Gerenciamento da cadeia de suprimentos*: estratégia, planejamento e operação. São Paulo: Prentice Hall, 2003.

ERL, Thomas. *SOA:* princípios de design de serviços. São Paulo: Pearson, 2009.

GOULART, Rosângela Leonor. *Custeio baseado em atividade (ABC) aplicado em um serviço de radiologia em unidade hospitalar*. Florianópolis, 2000. Dissertação (Mestrado em Engenharia). Programa de Pós-Graduação em Engenharia de Produção, Universidade Federal de Santa Catarina – UFSC.

GRANT, Robert M. *Contemporary strategy analysis*. Chichester, Inglaterra: John Wiley & Sons, 2010.

HINDO, Brian. At 3M, a struggle between efficiency and creativity. *BusinessWeek*, jun. 2007. Disponível em: <http://www.businessweek.com/magazine/content/07_24/b4038406.htm>. Acesso em 29 jun. 2011.

KALLÁS, David. *Balance scorecard*: aplicações e impactos – um estudo com jogos de empresas. São Paulo, 2003, 184 f. Dissertação (Mestrado em Administração). Faculdade de Economia, Administração e Contabilidade, Universidade de São Paulo.

KAPLAN, Robert; COOPER, Robin. *Custo e desempenho:* administre seus custos para ser competitivo. São Paulo: Futura, 1998.

KAPLAN, Robert; NORTON, David. *A estratégia em ação:* balanced scorecard. Rio de Janeiro: Campus, 1997.

KOH, Chang. E.; NAM, Kyungdoo. Business use of the internet: a longitudinal study from a value chain perspective. *Industrial Management & Data Systems*, v. 105, n. 1, p. 82-95, 2005.

KOTLER, Philip; KELLER, Kevin L. *Administração de marketing*. São Paulo: Pearson, 2006.

KRAJEWSKI, Lee; RITZMAN, Larry; MALHOTRA, Manoj. *Administração de produção e operações*. São Paulo: Pearson, 2009.

KROGH, Georg Von; ICHIJO, Kazuo; NONAKA, Ikujiro. *Facilitando a criação de conhecimento*: reinventando a empresa com o poder da inovação contínua. Rio de Janeiro: Campus, 2001.

MANO, Cristiane. Sem essa de cada um na sua. Exame, 04 set. 2003. Disponível em: <http://exame.abril.com.br/negocios/empresas/noticias/sem-essa-de-cada-um-na-sua-m0043174>. Acesso em: 29 jun. 2011.

MARTINS, Eliseu. *Contabilidade de custo*. São Paulo: Atlas, 1996.

NAKAGAWA, Masayuki. *Gestão estratégica de custos:* conceito, sistema implementação-JIT / TQC. São Paulo: Atlas, 1991.

NONAKA, Ikujiro; TAKEUCHI, Hirotaka. *Criação de conhecimento na empresa*: como as empresas japonesas geram a dinâmica da inovação. 20. ed. Rio de Janeiro: Elsevier, 1997.

_____; _____. Criação e dialética do conhecimento. In: _____; _____. *Gestão do conhecimento*. Porto Alegre: Bookman, 2008.

NOVAES, Antônio. G. *Logística e gerenciamento da cadeia de distribuição*: estratégia, operação e avaliação. Rio de Janeiro: Campus, 2004.

OLIVEIRA, Josenildo Brito de; LEITE, Maria Silene Alexandre. Modelo analítico de suporte à configuração e integração da cadeia de suprimentos. *Gestão de produção*, São Carlos, v. 17, n. 3, 2010. Disponível em: <http://www.scielo.br/pdf/gp/v17n3/02.pdf>. Acesso em: 25 maio 2011.

OLVE, Nils-Göran; ROY, Jan.; WETTER, Magnus. *Condutores de performance:* um guia prático para o uso do balanced scorecard. Rio de Janeiro: Qualitymark, 2001.

PORTER, Michael. E. *Vantagem competitiva*: criando e sustentando um desempenho superior. Rio de Janeiro: Campus, 1989.

SLACK, Nigel; CHAMBERS, Stuart; JOHNSTON, Robert; BETTS, Alan. *Gerenciamento de operações e de processos:* princípios e práticas de impacto estratégico. Porto Alegre: Bookman, 2008.

Capítulo 6

GESTÃO DE PROJETOS

Neste capítulo, abordaremos as seguintes questões:
- O que são projetos e qual é a relação entre eles e os processos?
- Como é estruturado o ciclo de vida genérico do projeto?
- Qual é a relação entre o ciclo de vida do projeto e o processo de criação de conhecimento?
- O que é PMBOK?
- O que é o modelo de excelência de Kerzner?

Introdução

As organizações, cada vez mais, se baseiam em projetos. A estratégia visualiza aonde a organização quer chegar e os processos possibilitam que ela se desloque até esse destino; mas a ignição desse movimento é dada pelos projetos. São eles que, na maioria dos casos, geram o novo dentro da organização — um novo produto ou serviço. A própria mudança organizacional, quando necessária, é feita por meio de um projeto ou de um conjunto de projetos. Assim, os projetos não apenas *movimentam* os processos da organização ou se desenvolvem *sobre* eles, mas são capazes até de *mudar* tais processos.

No entanto, mais relevante que isso é o fato de que os projetos produzem aquilo que nos interessa: conhecimento. Muito conhecimento! São patentes, produtos, serviços, tecnologias, anúncios e todo tipo de documento e conteúdo gerado durante a execução de um projeto, independentemente de ele ser ou não bem-sucedido. No entanto, para que isso seja possível, os projetos também exigem os mais diversos conhecimentos. E é nisso que este capítulo vai se concentrar.

Na primeira seção, conheceremos a relação entre projetos e processos, definindo as diferenças e semelhanças entre esses conceitos. Em seguida, vamos analisar a relação entre os projetos e o processo de criação de conhecimento. Já na segunda seção, abordaremos dois modelos que buscam reunir as melhores práticas em gestão de projetos: o PMBOK e o modelo de excelência de Kerzner. Como você verá, as abordagens de cada modelo são bem distintas. O PMBOK se concentra muito mais em aspectos específicos do desenvolvimento de projetos, ao passo que o modelo de Kerzner, com um foco mais amplo, se preocupa com os aspectos organizacionais que potencializem a *gestão* dos projetos. Por fim, vale indicar — e ler — o estudo de caso baseado na fabricação da primeira máquina de fazer pão.

> *Toda organização tem pelo menos um projeto fracassado do qual preferiria não se lembrar. Mas elas se lembram — e é importante que o façam, porque, mais do que vergonha, os fracassos também produzem conhecimento. Vejamos um exemplo da Apple. Provavelmente, você nunca ouviu falar do Newton, um PDA (personal digital assistant, ou assistente digital pessoal) que a Apple lançou em 1987 após ter gastado cerca de US$ 100 milhões em seu desenvolvimento. O aparelho serviria para o usuário guardar, organizar e consultar informações que precisasse ter sempre à mão. No entanto, ele tinha alguns problemas, como o tamanho desengonçadamente grande e uma bateria de pouca duração. Resultado: fracasso de vendas. Mas a Apple aprendeu com seus erros e as lições do Newton foram essenciais para que, 20 anos depois, ela pudesse ter sucesso com o iPhone e o iPad.*
>
> *A revista Exame apresenta em seu site esse e outros nove casos interessantes de fracassos tecnológicos. Se você quiser conhecê-los, acesse: <http://bit.ly/pw28Nu>.*

Projetos, processos e criação de conhecimento

O principal objetivo desta seção é fazer uma breve retomada de alguns pontos já abordados principalmente nos capítulos 1 e 5. A partir dessa miscelânea, pretendemos fazer algumas considerações sobre as relações que os projetos e sua gestão mantêm com a gestão de processos e com a teoria da criação de conhecimento. Nosso primeiro passo nesse sentido é comparar conceitualmente as definições de projeto e processo.

Projetos *versus* processos

A primeira coisa que você deve ter em mente no que diz respeito à relação projetos–processos é que todo projeto contém um conjunto de processos, subprocessos ou microprocessos — mas nem todo processo é um projeto. Em outras palavras, os projetos se desenvolvem por meio de processos. Nesse sentido, trata-se de uma relação de sobreposição na qual os projetos se colocam *sobre* os processos (Figura 6.1a). Essa relação fica mais clara se considerarmos que ela é paralela à relação entre o *nível de equipe de projeto* e o *nível de sistema de negócios* do modelo de estrutura organizacional em hipertexto apresentado no Capítulo 1 (veja as figuras 1.5 e 6.1b).

Figura 6.1 A relação entre projetos e processos.

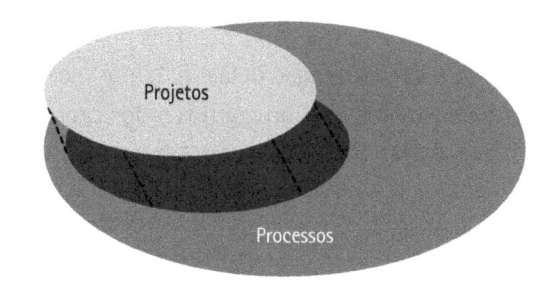

a. Os projetos se sobrepõem aos processos

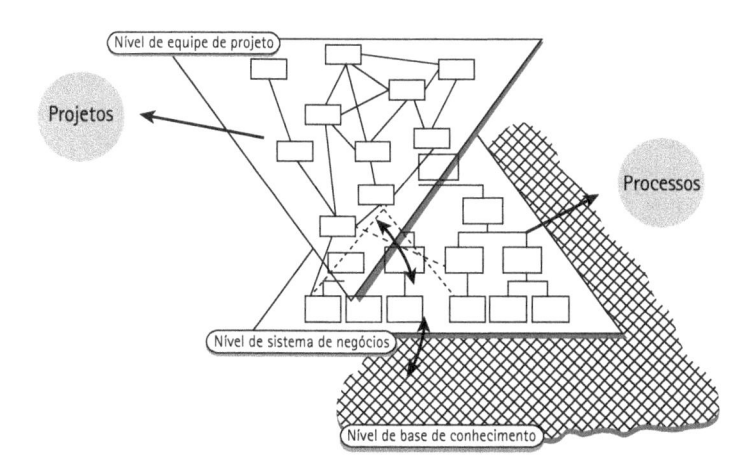

b. Projetos e processos na estrutura organizacional em hipertexto

Essa distinção, de certa maneira, está de acordo com o pensamento de Valeriano (2005, p. 9) ao indicar os dois tipos genéricos de trabalho executados nas organizações: de um lado, as atividades rotineiras e repetitivas que, em geral, compõem os processos sobre os quais falamos no capítulo anterior; de outro lado, as atividades temporárias que se configuram como projetos.

O PMBOK® (PMI, 2004), que será abordado com mais detalhes na segunda seção deste capítulo, define projeto da seguinte maneira:

> Um conjunto singular de atividades coordenadas, com início e término definidos, empreendido por um indivíduo ou organização, para atingir objetivos específicos, com cronograma, custo e desempenho determinados.

Se lembrarmo-nos do conceito de processo apresentado no capítulo anterior, veremos que ele constitui um aspecto importante de um projeto — tanto um como outro são formados por um conjunto de atividades coordenadas ou interagentes. No entanto, é preciso considerar que, diferentemente dos projetos, os processos, de modo geral, são executados contínua e repetidamente para produzir um mesmo produto ou para prestar determinado serviço sem a existência de um término preestabelecido. Nesse sentido, você pode pensar, por exemplo, que a construção de uma piscina olímpica no quintal de sua casa é o resultado de um projeto, ao passo que a manutenção dela é feita por meio de um processo contínuo.

Seja como for, até aqui temos que, ao contrário dos processos, os projetos são ações inovadoras cuja finalidade é criar algo novo em um tempo limitado. Isso explica por que os projetos são mais voltados para a busca de eficácia — o importante é criar algo que funcione, que cumpra seu objetivo. Nesse sentido, os processos atentam-se mais à eficiência — aquilo que funciona, que cumpre seu objetivo, deve fazê-lo da melhor, mais rápida e mais econômica maneira possível.

Atenção, leitor: a inovação não é exclusiva dos projetos. Como vimos no capítulo anterior, também há inovação nos processos. A diferença é que, nestes últimos, ela em geral acontece de forma mais amena e gradual por meio dos ciclos de melhoria. A reengenharia de processos, como você deve imaginar, é outro método de inovação. Ela, porém, é menos frequente e mais radical que os ciclos de melhoria.

Além disso, devemos ressaltar que o desenvolvimento de projetos normalmente exige o trabalho de equipes multidisciplinares, formada por especialistas provenientes de diversas áreas que se reúnem para cuidar dos mais diversos aspectos (econômico, social, de design, de marketing etc.) do conceito que está sendo criado. Já o desenvolvimento de um processo costuma envolver o trabalho de uma equipe funcional, cujos membros fazem parte da mesma área, como, por exemplo, no caso de uma linha de montagem. Em geral, isso acontece porque a diversidade de ideias e pensamentos é mais valorizada, e substancialmente mais importante, nos projetos, enquanto nos processos priorizam-se a similaridade — o que se relaciona tanto às ideias de reprodução e repetição já indicadas aqui, quanto ao objetivo de diminuição de variações proposto pelo CEP (abordado no capítulo anterior). Por essas mesmas razões, a sincronização é mais difícil nos projetos do que nos processos.

O Quadro 6.1 apresenta um resumo dessas diferenças entre processos e projetos.

Embora, como visto, haja muitas diferenças entre projetos e processos, não devemos ignorar a existência de semelhanças relevantes. Valeriano (2005, p.10) indica três: ambos (1) são executados por pessoas; (2) têm recursos limitados; (3) são planejados, executados e controlados. Levando em conta tudo o que você já leu no decorrer deste livro, achamos interessante fazer algumas observações sobre essas semelhanças e sua relação com o conhecimento organizacional. Veja:

> Segundo Slack et al. (2008, p. 368), "sincronização significa que o fluxo de produtos e serviços sempre entrega exatamente o que os clientes querem (qualidade perfeita), nas quantidades exatas (nem mais, nem menos), exatamente quando necessário (nem antes, nem depois) e exatamente onde necessário (local certo)". Dessa forma, como os processos se repetem ao longo do tempo, fica mais fácil aperfeiçoá-los e sincronizá-los.

- **São executados por pessoas** — lembre-se de que as pessoas são fontes de conhecimentos. De fato, a formação de equipes para projetos se baseia em grande parte no conhecimento conceitual e prático que cada indivíduo tem sobre determinado assunto.
- **Têm recursos limitados** — cabem aqui duas observações distintas. Em primeiro lugar, o conhecimento — mesmo sendo o recurso intangível mais importante para a competitividade das organizações modernas — é um recurso limitado e sua escassez pode ser fatal tanto para a criação de projetos como para a manutenção de processos. Em segundo lugar, considerando novamente a estrutura organizacional em hipertexto e a limitação e escassez de outros recursos necessários para o desenvolvimento de projetos e processos (por exemplo, papel, metal, combustível etc.), a criação e o uso de conhecimento deve se direcionar também a questões relacionadas com a sustentabilidade dos processos no nível de sistema de negócios e no nível de

Quadro 6.1 Comparação entre projeto e processo (baseado em VALERIANO, 2005, p. 10).

Características	Projeto	Processos
Ação	Inovadora	Repetitiva
Finalidade	Criar	Reproduzir
Duração	Transitória	Permanente
Procura	Eficácia	Eficiência
Equipe	Multidisciplinar	Funcional
Valoriza	Diversidade	Similaridade
Sincronização	Difícil	Fácil

equipe de projetos, principalmente para evitar desperdícios, baixar custos e aumentar a competitividade.
- **São planejados, executados e controlados** — nesse aspecto, tendo em mente a ideia de que projetos contêm processos, é importante se atentar ao fato de que muitas práticas de conhecimento apresentadas no Capítulo 5 também são relevantemente úteis para a gestão de projetos. Afinal, a descrição, a mensuração e o gerenciamento de processos são importantes para o planejamento, a execução e o controle deles e dos projetos.

Tendo apresentado os principais aspectos da relação entre projetos e processos e indicado algumas características próprias de cada um deles, nosso próximo passo será abordar a relação entre o desenvolvimento de um projeto e o processo de criação de conhecimento organizacional de acordo com a teoria de Nonaka e Takeuchi (1997).

Projetos e a criação de conhecimento organizacional

Como vimos no tópico anterior, os projetos são caracterizados por ações inovadoras — eles criam algo novo e único. Mais que um novo modelo de *tablet*, um novo processo de distribuição de produtos ou uma nova cultura organizacional, essas ações inovadoras implicam a criação de novo conhecimento. Por isso, neste tópico, buscaremos explicar de que maneira o desenvolvimento de um projeto, visto sob a perspectiva genérica de seu ciclo de vida, está relacionado ao processo de criação de conhecimento. Para tanto, é claro que precisaremos conhecer melhor tanto o *ciclo de vida de um projeto* quanto o *processo de criação de conhecimento organizacional*. E é exatamente isso que faremos nos itens a seguir.

Ciclo de vida do projeto

Todo projeto tem um início e um término definidos e, entre um e outro, uma série variável de tarefas, atividades e processos que compõem seu chamado ciclo de vida. De acordo com Valeriano (1998, p. 23):

> Há diferentes versões para um ciclo, desde as que contêm umas poucas fases até aquelas de mais de uma dezena, dependendo do que, arbitrariamente, se considera como uma fase distinta ou um componente de uma delas.

Dessa maneira, vemos que cada projeto pode ter seu ciclo de vida desenhado de diversas maneiras. Isso significa que duas montadoras de carro ou duas construtoras podem desenvolver novos carros ou novos prédios por meio de projetos diferentes, com fases diferentes. No entanto, é possível representar os mais diversos tipos de projetos por meio de um *ciclo de vida genérico* dividido por cinco fases (VALERIANO, 2005, p. 46):

1. **Iniciação** — esta fase é caracterizada por um conjunto de percepções, vontades e interesses estimulados pela identificação de uma necessidade ou de uma oportunidade — tal identificação pode ser feita por meio da captação de conhecimento externo e/ou pela criação de conhecimento interno. Além disso, é nesta fase que a

autorização do projeto é feita — o que, em outras palavras, define o comprometimento da organização em prosseguir com a fase seguinte.

2. **Planejamento** — nesta fase, as informações levantadas e os esboços feitos durante a iniciação são passados a limpo, estendidos e detalhados para que se estabeleça com clareza o escopo do projeto. É neste momento que se define *o que, quem, como, quanto, quando, em que condições* etc. Com essas informações, é possível desenhar o mapa do processo do projeto e modelá-lo, indicando quais recursos (humanos e materiais) serão usados, em que momento, de que forma e para qual finalidade — ou seja, o *ciclo de vida específico* do projeto é feito aqui. Além disso, nesta fase, estimam-se os riscos a serem evitados e os indicadores de qualidade a serem usados na fase de monitoração e controle.

3. **Execução** — como o nome deixa claro, nesta fase tudo que foi planejado passa a ser realizado na prática, de acordo com as condições, os prazos e a qualidade estabelecidos nas fases anteriores, a fim de atender às expectativas dos *stakeholders* do projeto.

4. **Monitoração e controle** — nesta fase, utilizam-se os indicadores de qualidade para manter, o máximo possível, a execução das tarefas de acordo com o que foi planejado. Além disso, nesta fase é comum identificarmos novos riscos ao projeto ou obstáculos a seu desenvolvimento, o que pode acarretar pequenos retoques no planejamento ou mesmo mudanças mais drásticas.

5. **Encerramento** — nesta fase, que marca a conclusão formal do projeto, é feita uma avaliação geral e um levantamento das lições aprendidas. Isso deve ser feito independentemente de o projeto ter ou não atingido seus objetivos.

Ainda que de maneira um tanto linear, a Figura 6.2 representa as cinco fases do ciclo de vida genérico do projeto. Contudo, é preciso ter em mente que essas fases não são necessariamente sequenciais como nosso texto pode dar a entender. Pelo contrário: o mais comum é que as fases de um projeto se sobreponham, de modo semelhante ao que aparece na Figura 6.3.

Na Figura 6.3, a intensidade diz respeito ao trabalho executado — e, consequentemente, ao consumo de recursos — durante cada uma das fases. Por outro lado, sob a perspectiva da gestão do conhecimento, podemos ver que essa intensidade se refere também à criação de conhecimento, como será detalhado mais adiante. Antes, contudo, precisamos falar um pouco sobre o processo de criação de conhecimento na prática, tal como proposto por Nonaka e Takeuchi (1997).

Processo de criação de conhecimento organizacional

No Capítulo 1, você foi apresentado aos fundamentos da teoria de criação de conhecimento organizacional que, em linhas gerais, se baseiam na conversão de conhecimento (o modelo SECI) e no desenvolvimento de um contexto capacitante (o *ba*). Além desses dois conceitos, Nonaka e Takeuchi (1997, p. 95-102) também apresentam um modelo do que seria o processo ideal para a criação de conhecimento organizacional. Esse processo nada mais

Figura 6.2 Ciclo de vida genérico do projeto.

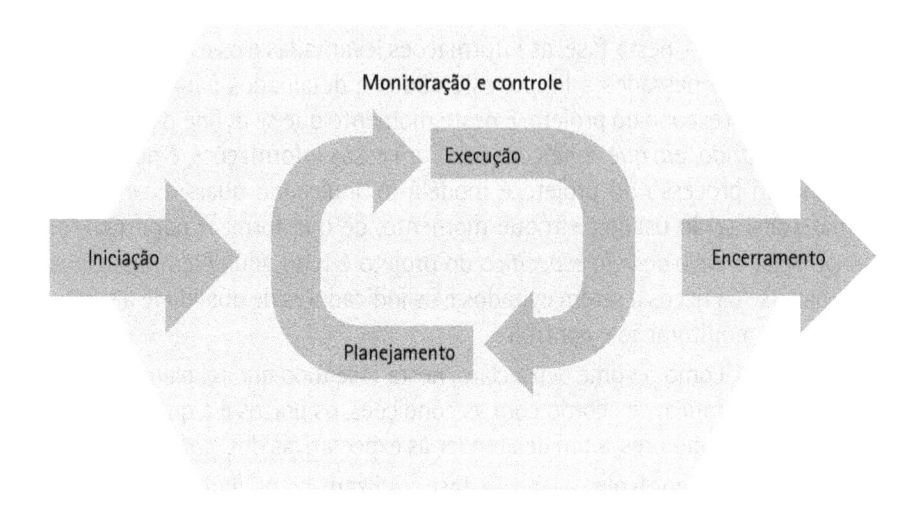

é do que a reorganização do modelo SECI em um conjunto integrado de cinco fases que se sucedem ao longo do tempo.

De maneira bem simples, podemos entender que esse processo representa o modelo SECI colocado na prática quando a organização quer criar algo novo. Como já dissemos, ele integra cinco fases: (1) compartilhamento do conhecimento tácito; (2) criação de conceitos; (3) justificação dos conceitos; (4) construção de um arquétipo; e (5) difusão interativa do conhecimento. A Figura 6.4 ilustra o modelo desse processo.

Como você já sabe, o *compartilhamento de conhecimento tácito*, promovido pela socialização, marca o início do processo de criação de conhecimento organizacional, pois, nas palavras de Nonaka e Takeuchi (1997, p. 96), "inicialmente, o conhecimento rico e inexplorado

Figura 6.3 As fases de um projeto (VALERIANO, 2005, p. 48).

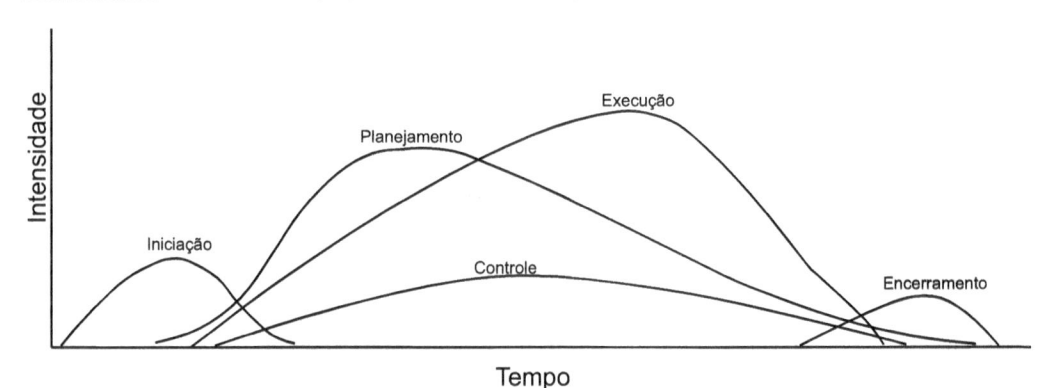

Figura 6.4 Modelo de cinco fases do processo de criação do conhecimento (adaptada de NONAKA; TAKEUCHI, 1997, p. 96).

[Figura: Modelo de cinco fases do processo de criação do conhecimento — Socialização (Compartilhamento do conhecimento tácito), Externalização (Criação de conceitos), Justificação de conceitos, Combinação (Construção de um arquétipo), Difusão interativa do conhecimento, Internalização. Conhecimento tácito na organização → Conhecimento explícito na organização. Mercado: Conhecimento tácito de organizações colaboradoras, de usuários; Internalização pelos usuários; Conhecimento explícito como anúncios, patentes, produto e/ou serviços.]

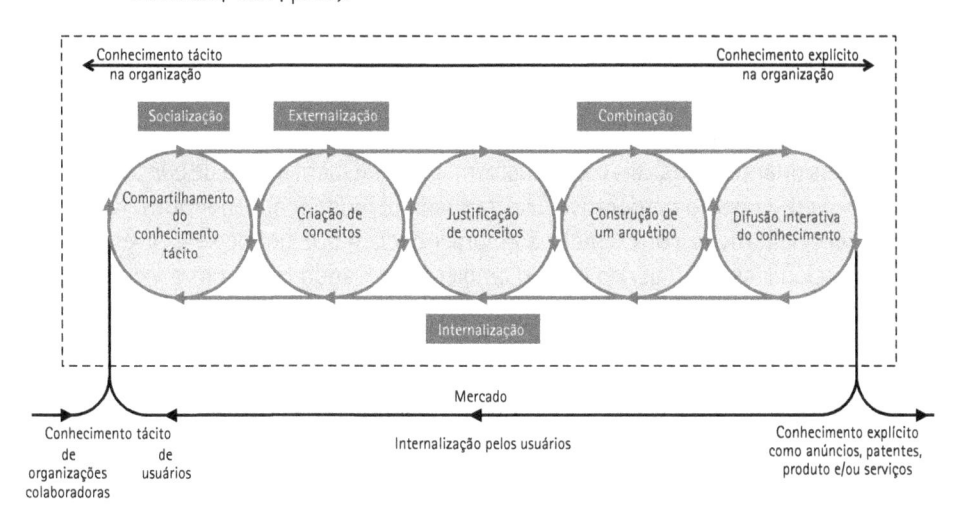

que habita os indivíduos precisa ser amplificado dentro da organização". A segunda fase corresponde à externalização, porque a *criação de conceitos* de se dá por meio da conversão do conhecimento tácito compartilhado em conhecimento explícito. A *justificação de conceitos* não corresponde diretamente a nenhum modo do modelo SECI, mas ela é de suma importância para esse processo, pois é nessa fase que a organização decide se vale ou não a pena seguir adiante com os conceitos criados. Em caso positivo, passa-se à quarta fase — a *construção de um arquétipo* —, na qual os novos conceitos são combinados com outros conhecimentos para que se tornem gradualmente algo mais tangível para todos. Esse "algo mais tangível" pode ser concreto, como um novo produto, mas também abstrato, como um novo valor para a organização, uma nova estrutura organizacional etc. Na quinta fase, que corresponde à internalização, os novos conceitos passam a ser aceitos como um novo conhecimento organizacional e, por fim, a *difusão interativa* é feita para disseminar tal conhecimento para além do grupo que o criou, em nível tanto individual quanto interorganizacional.

Muito do que acabamos de dizer não deixa de ser uma repetição do que você já leu nos capítulos anteriores. No entanto, é importante salientar algumas considerações sobre a fase de justificação de conceitos, já que essa é a primeira vez que nós trabalhamos essa ideia aqui. De acordo com Nonaka e Takeuchi (1997, p. 99):

> A justificação envolve o processo de determinação de que os conceitos recém-criados valem realmente a pena para a organização e para a sociedade. É semelhante a um processo de filtragem. Os indivíduos estão continuamente filtrando informações, conceitos, ou conhecimento contínua e inconscientemente durante todo o processo [*de criação de conhecimento*]. Entretanto, a organização deve conduzir essa justificação de uma forma mais explícita, a fim de verificar se a intenção organizacional continua intacta e ter certeza de que os conceitos que estão sendo gerados atendem às necessidades da sociedade de forma mais ampla.

Em outras palavras, a justificação de conceitos é uma maneira de mostrar que os conhecimentos que serão criados estão alinhados às características e propósitos da organização e serão desenvolvidos para fortalecê-la e aumentar sua competitividade. Nesse sentido, tocamos novamente em pontos relacionados com a visão e as práticas de conhecimentos já apresentadas no Capítulo 3.

Nonaka e Takeuchi ainda comentam que, para as empresas de forma geral, a justificação envolve critérios quantitativos, tais como custo, margem de lucro e grau de contribuição de um produto para o crescimento corporativo. Eles também defendem que, por outro lado, os critérios podem ser qualitativos. Por exemplo, a Embraer declara que um de seus objetivos é "gerar lucro para os acionistas, protegendo o meio ambiente e levando melhorias à vida de clientes e colaboradores" (EMBRAER, 2011); assim, seus critérios para a justificação de conceitos podem ser ao mesmo tempo quantitativos (o lucro para os acionistas) e qualitativos (a proteção do meio ambiente e melhorias na vida de clientes e colaboradores). Dessa forma, a justificação não precisa se basear em critérios estritamente pontuais e objetivos — ela também pode se valer de critérios parciais e que não correspondam a um valor financeiro (NONAKA; TAKEUCHI, 1997, p. 99).

No item a seguir, finalizaremos esta seção relacionando esse processo de criação de conhecimento ao desenvolvimento dos projetos.

> Para Nonaka e Takeuchi (1997, p.100), a alta gerência e a gerência de nível médio têm papéis fundamentais na criação de critérios de justificação. A primeira formula os critérios de acordo com a intenção organizacional, expressa por meio da estratégia ou da visão; a segunda também formula os critérios, mas com base em conceitos intermediários, levando em conta tanto a visão da alta gerência (o que deve ser) como a da linha de frente (o que é). Isso, contudo, não impede que outros níveis ou unidades da organização estabeleçam seus próprios subcritérios. De fato, o importante é que os critérios de justificação estejam alinhados entre si e aos objetivos estratégicos, independentemente do nível hierárquico no qual foram criados.
>
> Vale indicar que esse alinhamento — bem como a própria elaboração dos critérios — depende profundamente de uma comunicação organizacional clara, abrangente e coerente, ou seja, de uma linguagem compartilhada, como visto no Capítulo 4.

A criação de conhecimento no ciclo de vida do projeto

Já observamos aqui que a finalidade de um projeto é criar algo novo. Como você deve imaginar, a criação desse algo novo — seja uma lâmina de barbear, seja uma viagem espacial — não acontece sem a criação de conhecimento. Portanto, não é difícil pensar que o ciclo de vida de um projeto e o processo de criação de conhecimento apresentados anteriormente estejam relacionados de alguma forma. Nossa análise será feita a partir das seis relações indicadas na Figura 6.5.

1. **Compartilhamento de conhecimento tácito — Iniciação:** já dissemos que a fase de iniciação de um projeto é caracterizada por um conjunto de percepções, vontades e interesses. Esse conjunto está profundamente relacionado ao compartilhamento de conhecimento tácito, porque, como você sabe, o novo começa a ser criado por meio de palpites, inspirações e *insights*. Assim, mesmo quando estimulado por algum tipo de conhecimento explícito, muito do que define e diferencia um projeto de outro é o conhecimento tácito.

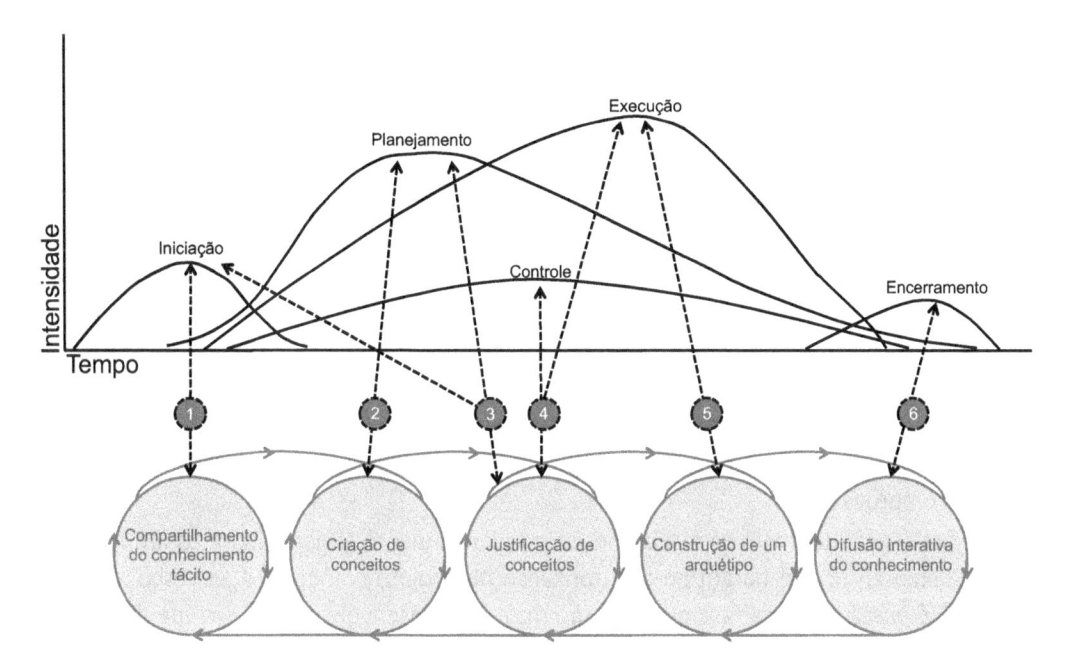

Figura 6.5 O ciclo de vida do projeto e o processo de criação do conhecimento.

Como exemplo da relação entre as fases de iniciação e de compartilhamento de conhecimento tácito, vejamos o caso dos *tablets*. Trata-se de um mercado muito recente que, por isso mesmo, serve de palco para uma acirrada disputa entre diversas empresas globais. Todas essas empresas possuem dados, informações e até conhecimentos explícitos sobre esse mercado — entre outras coisas, elas conhecem os perfis dos consumidores e dos concorrentes e sabem quais são as potenciais ameaças e oportunidades do setor. Nesse sentido, de maneira geral, todas elas têm o mesmo conhecimento. Além disso, todas elas se dispõem a fazer um produto muito similar — afinal, em linhas gerais, um *tablet* é algo quadrado, fino, com um sistema operacional, uma interface amigável ao usuário e acesso remoto à Internet. Por outro lado, a fim de se destacar no mercado, elas também se dispõem a fazer um produto consideravelmente diferente dos concorrentes. Isso pode ser conseguido de inúmeras maneiras, seja por um viés estético (o formato, o tamanho, a cor), seja por um viés operacional (custo de produção mais competitivo, logística mais ágil e flexível) ou um viés técnico (capacidade de processamento, autonomia da bateria, compatibilidade com outros aparelhos e/ou sistemas), entre tantos outros. Seja como for, muito do que diferenciará o *tablet* da empresa @Z3 do da empresa #T7 se deve ao conhecimento tácito compartilhado durante a iniciação dos respectivos projetos e, é claro, à maneira como tal conhecimento será convertido e processado a fim de gerar um objeto único.

2. **Criação de conceitos — Planejamento:** tudo o que é esboçado na iniciação é passado a limpo no planejamento. Paralelamente, o conhecimento tácito compartilhado é convertido em conhecimento explícito. O conceito criado nessa fase do processo de criação do conhecimento responde, senão a todas, a muitas das dúvidas relacionadas ao planejamento (o quê?, como?, quem? etc.). É como se a iniciação fosse norteada pela ideia de fazer algo novo e diferente, enquanto o planejamento se concentrasse em dizer de que maneira isso será feito. Assim, na primeira fase, as pessoas imaginam e compartilham suas visões particulares sobre como *seria* esse "novo e diferente", ao passo que, na segunda fase, elas estabelecem uma visão geral e única sobre como ele *será*.
3. **Justificação de conceitos — Iniciação/Planejamento:** a justificação de conceitos está relacionada à iniciação principalmente porque é nessa fase que a autorização do projeto é feita. Assim, para ser autorizado, um projeto precisa estar alinhado aos objetivos organizacionais, e é por meio da justificação que esse alinhamento é comprovado.

A justificação também está relacionada ao planejamento, pois, embora os argumentos que a sustentam e que garantem a autorização do projeto comecem a ser esboçados na iniciação, é nessa segunda fase que eles são mais bem desenvolvidos em virtude da criação de conceitos.

Outro aspecto importante da justificação de conceitos relacionado às fases de iniciação e planejamento é a elaboração dos critérios de justificação por parte da alta gerência e da gerência média. No começo da fase de iniciação, a alta gerência costuma ser mais atuante justamente por estabelecer os critérios de justificação para o projeto e comunicá-los ao gerente médio — papel interpretado pelo gestor de projeto; ele, por sua vez, deve filtrar e traduzir tais critérios, reelaborando-os em critérios intermediários à medida que a iniciação avança para o planejamento.

Assim, os critérios estabelecidos pela alta gerência, de maneira mais abrangente, justificam todo o projeto em face das demais ações da organização, de sua cultura e de sua estratégia. Por outro lado, de maneira paralela e sempre de acordo com os critérios da alta gerência, os critérios intermediários estabelecidos pelo gerente médio/gestor de projeto servem para justificar e orientar as ações e decisões realizadas dentro do escopo e da duração do projeto.
4. **Justificação de conceitos — Controle/Execução:** ainda que a justificação se relacione com as fases de iniciação e planejamento, seu vínculo mais relevante é com a fase de controle. Isso acontece porque, como você sabe, a fase de controle é a mais extensa do ciclo de vida do projeto e abrange todas as outras fases. Para entendermos esse vínculo, devemos considerar que os indicadores de qualidade que balizam todo o controle do projeto são estabelecidos com base nos critérios de justificação de conceitos — em alguns casos, aliás, os indicadores podem ser os próprios critérios.

Por meio desse vínculo com o controle, a justificação também se relaciona com outras fases do ciclo de vida, sobretudo com a execução. Afinal, durante o controle sobre a execução do projeto, é comum identificarmos necessidades de mudanças. E, como você pode acertadamente supor, tais mudanças são realizadas com base nos critérios de justificação.

> Você quer um exemplo de como a maior intensidade de trabalho na execução do projeto se reflete na maior intensidade de criação de conhecimento? Então, pense na Apple. A empresa de Steve Jobs registrou mais de 200 patentes relacionadas à tecnologia que criou seu iPhone (ISHIMARU, 2007). Cada uma dessas patentes representa um conhecimento explícito especificamente relacionado a um componente criado durante a execução do projeto do telefone celular. Isso, é claro, não leva em conta o conhecimento tácito que os participantes adquiriram durante essa fase.

5. **Construção de um arquétipo — Execução:** segundo Nonaka e Takeuchi (1997, p.100), um arquétipo pode ser um protótipo (no caso de um novo produto) ou um mecanismo operacional modelo (no caso de um novo serviço ou uma inovação organizacional). Seja como for, a relação entre a construção de um arquétipo e a execução é bastante clara, pois ambas dizem respeito aos aspectos efetivamente mais práticos tanto do ciclo de vida do projeto como do processo de criação de conhecimento. Por isso, a intensidade de trabalho e de criação de conhecimento tende a ser maior nessas fases.

6. **Difusão interativa de conhecimento — Encerramento:** o pagamento das contas e o fechamento dos contratos não são as únicas coisas que acontecem no encerramento de um projeto. O encerramento de projetos — sejam eles um sucesso retumbante ou um fracasso vergonhoso — é o momento em que os conhecimentos gerados são difundidos nos mais diversos níveis. No aspecto individual, isso pode ser traduzido na internalização de conhecimento (conversão explícito-tácito); em aspectos mais abrangentes, isso pode ser representado pelo registro de novas patentes, pela criação de anúncios, pela oferta de novos produtos etc. Seja como for, tanto o encerramento do projeto como a difusão interativa de conhecimento são cruciais para alimentar a base de conhecimento da organização.

Sugerimos que você preste muita atenção nesse último ponto, pois muitos profissionais e empresas — para prejuízo próprio — costumam desprezar a importância que a difusão de conhecimento ao final de um projeto representa para a competitividade. É essencial que o conhecimento dos erros e dos acertos de um projeto seja incorporado à base de conhecimento e aos demais projetos da organização. Isso reforça sua capacidade de inovar e de se diferenciar dos concorrentes.

Práticas de conhecimento na gestão de projetos

Agora que você conhece um pouco melhor as características de um projeto e a relação dele com os processos operacionais de uma organização e com o processo de criação de conhecimento, apresentaremos nesta seção dois dos mais relevantes conjuntos de práticas de conhecimento relacionados à gestão de projetos: o guia PMBOK e o modelo de excelência de Kerzner.

Antes de começarmos, contudo, é importante ressaltar que tais conjuntos não são de forma alguma excludentes. De fato, a combinação de práticas e conhecimentos relacionados a eles tende a ser uma experiência rica e benéfica para a gestão de projetos. Obviamente, esse argumento é válido desde que tal combinação seja feita mantendo-se a máxima sintonia com as características e objetivos estratégicos da organização.

PMBOK

É mais fácil você ir a Roma e não ver o Papa do que pesquisar sobre gestão de projetos e não topar com o PMBOK. O significado dessa sigla é *Project Management Body Of Knowledge*, que, traduzido ao pé da letra, seria algo como "corpo de conhecimento da gestão de projetos". Trata-se, como o próprio nome indica, de um conjunto de conhecimentos relacionado à gestão de projetos. Esse conjunto representa a síntese do trabalho desenvolvido pelo Project Management Institute (PMI) — uma renomada entidade internacional voltada ao desenvolvimento de padrões e melhores práticas na área — e é de tempos em tempos publicado na forma de um livro, o *Guia PMBOK*.

Basicamente, esse guia apresenta um modelo estruturado sobre nove áreas de conhecimento: (1) integração, (2) escopo, (3) tempo, (4) custos, (5) qualidade, (6) recursos humanos, (7) comunicações, (8) riscos e (9) aquisições. Vejamos alguns detalhes de cada uma dessas áreas:

1. **Integração** — já observamos aqui que os projetos costumam reunir profissionais e especialistas de diversas áreas. Nesse sentido, como bem salienta Valeriano (2005), os projetos são empreendimentos altamente descentralizados. Considere, por exemplo, a produção de um novo filme cinematográfico e imagine a variedade de conhecimentos necessária para levar a cabo tal projeto (roteiro, direção, fotografia, atuação, edição etc.). Não é difícil perceber a necessidade de integrar tais conhecimentos e, de forma mais tangível, os processos relacionados a eles para que se chegue ao fim esperado. Em outras palavras, trata-se de colocar em prática um conceito que gostamos bastante de repetir: *alinhamento*.

2. **Escopo** — essa área de conhecimento diz respeito às delimitações e características do projeto. O escopo é um registro descritivo dos objetivos, da abordagem e do conteúdo de um projeto. Ele explicita o que o projeto deve contemplar e, muitas vezes, o que não deve contemplar. Em outras palavras, ele define e quantifica todo o trabalho a ser feito a fim de gerar o resultado estabelecido por ele mesmo.

> O PMBOK reconhece dois tipos de escopo, o do produto e o do projeto, mas sua abordagem focaliza apenas o último. Valeriano (2005, p. 155-163), por outro lado, considera que, no moderno gerenciamento de projetos, a gestão do escopo se desdobra em duas partes relacionadas a cada um desses tipos. Dessa forma, ele caracteriza o escopo do produto como aquele "em que se definem e se delimitam as funções e as características do produto ou do serviço a ser gerado pelo projeto".

3. **Tempo** — como você já sabe, projetos são transitórios e têm início e fim delimitados. É necessário frisar que o tempo é uma restrição vital para o sucesso de um projeto (VALERIANO, 2005, p.116). Isso fica bem evidente em cenários de alta competitividade, nos quais empresas desenvolvem projetos semelhantes — geralmente aquela que lança o novo produto antes das concorrentes adquire uma vantagem competitiva sobre as demais. Assim, os conhecimentos dessa área relacionam-se à sincronização de atividades, à elaboração e à manutenção de um cronograma criterioso para conduzir o andamento do projeto até o prazo previsto.
4. **Custos** — essa área de conhecimento proporciona uma avaliação importante sobre tudo aquilo que entra na produção de um projeto. E isso não diz respeito apenas a bens, serviços e pessoas, mas também às atividades desenvolvidas no projeto. Nesse sentido, o ABC (apresentado no Capítulo 5) aparece como uma prática fundamental para o estabelecimento e o controle do orçamento do projeto.
5. **Qualidade** — os responsáveis por um projeto devem cuidar para que ele satisfaça todas as necessidades para as quais foi planejado e, assim, cumpra — ou até mesmo supere — as expectativas dos *stakeholders*. O conhecimento relacionado à qualidade deve focar tanto o produto ou serviço gerado pelo projeto quanto o projeto em si, tendo em vista a eficácia e a eficiência dos processos que o compõem.
6. **Recursos humanos** — gostamos de repetir que as pessoas são essenciais e isso não seria diferente para a gestão de projetos. Do ponto de vista da gestão de conhecimento, é importante que você se lembre que as pessoas são detentoras e criadoras de conhecimento. Nesse sentido, o planejamento, a escolha e a organização dos recursos humanos devem considerar, entre outros fatores, o conhecimento tácito que os membros da equipe têm e o valor que isso pode agregar ao projeto como um todo.
7. **Comunicações** — depois de ter lido o Capítulo 4, você deve saber como o fluxo de informações é importante para a gestão do conhecimento. Pode-se dizer o mesmo quanto à gestão de projetos. De acordo com Valeriano (2005, p.117):

> Há outros exemplos que mostram o papel fundamental que o tempo desempenha no sucesso dos projetos. Na indústria cinematográfica, os grandes blockbusters são produzidos para serem lançados nos períodos de férias escolares. Paralelamente, na indústria de videogames, jogos baseados em filmes são feitos para acompanharem o lançamento deles e aproveitarem o momento de avalanche publicitária. Além desses, e entre tantos outros exemplos, notam-se os casos de grandes obras públicas que são entregues, coincidentemente ou não, em anos de eleição.

As comunicações devem ser asseguradas para garantir o fluxo de informações, sua eficiente utilização e o registro necessário. Sua gestão compreende todo o ciclo de vida das informações, desde sua geração, passando pela disseminação, registro etc. [...] Esses são aspectos de fundamental importância para o gerenciamento de projeto, para a organização responsável, para os clientes e demais partes interessadas.

8. **Riscos** — todo projeto envolve certo número de riscos que se relacionam com a pressão exercida por diversos fatores, como tempo, custo, qualidade, competição, entre outros. Desse modo, é necessário estar sempre atento para identificar, avaliar e administrar os riscos com o intuito de eliminá-los, evitá-los ou pelo menos diminuir seus efeitos. Os conhecimentos empregados para a monitoração dos ambientes internos e externos para a identificação de riscos podem também ser úteis na descoberta de novas oportunidades, bem como na maneira de aproveitá-las em benefício do projeto específico ou de toda a organização.

9. **Aquisições** — essa área de conhecimento diz respeito à obtenção de recursos necessários ao desenvolvimento do projeto. Tais recursos incluem bens (equipamento, material, locação etc.) e serviços contratados no ambiente externo da organização. Trata-se, então, de uma área de conhecimento que cuida de estabelecer uma cadeia de suprimentos própria para o projeto. Nesse aspecto os conhecimentos devem se voltar à identificação dos melhores fornecedores (considerando questões como custo e qualidade) e ao estabelecimento de uma logística externa eficiente para o desenvolvimento do projeto e a geração de valor no produto final.

Como podemos ver, cada área representa um aspecto específico que deve ser administrado ao longo do desenvolvimento do projeto. Essa administração se dá por meio de processos que relacionam as áreas de conhecimento às cinco fases do ciclo de vida do projeto apresentadas na seção anterior. O Quadro 6.2 indica tais processos.

É importante notar que nem todos os processos presentes no Quadro 6.2 definem uma tarefa específica a ser realizada em um projeto — seja a construção de uma casa, seja a de um avião; mas todos eles, de certa forma, expõem os conhecimentos gerais (o quê, como, quando, quanto etc.) necessários para que qualquer projeto se desenvolva e gere um conhecimento único — a inovação.

Modelo de excelência de Kerzner

Uma das ideias centrais trabalhadas pelo especialista em gestão de projetos Harold Kerzner é a de que as empresas, mesmo as mais experientes, podem empregar a gestão de projetos em sua cultura e em seu cotidiano ao longo de vários anos, sem, contudo, atingir a excelência nesse campo (KERZNER, 2006, p. 53). Mas o que significa essa "excelência"? Kerzner (2006, p. 54) a define da seguinte maneira:

Quadro 6.2 Relação entre áreas de conhecimento e fases do projeto (baseado em VALERIANO, 2006, p. 118).

		Iniciação	Planejamento	Execução	Controle	Encerramento	
Áreas de conhecimento	Integração	Autorização do projeto / Definição do escopo	Planejamento do projeto	Gerenciamento do projeto	Monitoramento e controle do projeto	Encerramento do projeto	*Processos*
	Escopo	–	Planejamento da gestão do escopo / Definição do escopo / Elaboração da estrutura analítica do projeto	–	Verificação do escopo / Controle de alterações do escopo	–	
	Tempo	–	Definição das atividades / Sequenciamento das atividades / Estimativa das durações das atividades / Planejamento da gestão do tempo	–	Controle do tempo	–	
	Custos	–	Estimativa dos custos / Planejamento da gestão dos custos	–	Controle dos custos	–	
	Qualidade	–	Planejamento da gestão da qualidade	Garantia da qualidade	Controle da qualidade	–	
	Recursos humanos	–	Planejamento da gestão de RH / Obtenção de equipe	Desenvolvimento da equipe / Gestão da equipe	–	Desmobilização da equipe	

(*continua*)

(*continuação*)

Áreas de conhecimento		Fases do projeto					Processos
		Iniciação	Planejamento	Execução	Controle	Encerramento	
	Comunicações	–	Plano da gestão das comunicações	Disseminação das informações	Informações sobre desempenho	Encerramento administrativo	
	Riscos		Planejamento da gestão de riscos	–	Controle de riscos	–	
			Identificação dos riscos				
			Análise qualitativa dos riscos				
			Análise quantitativa dos riscos				
			Planejamento de respostas a riscos				
	Aquisições	–	Estimativa de custos	Recebimento e distribuição de recursos	Controle dos recursos	Desmobilização dos recursos	
			Planejamento da gestão de recursos				
			Planejamento da gestão de suprimento	Solicitações de propostas	Administração de contratos	Encerramento de contratos	
			Planejamento das contratações	Seleção de fornecedores			

A definição de excelência em gestão de projetos deve ir muito além de experiência e sucesso. As organizações de reconhecida excelência em gestão de projetos criam um ambiente no qual existe um fluxo contínuo de projetos gerenciados com sucesso, onde o sucesso é mensurado tanto pelo atingimento do desempenho em pontos de interesse para a empresa como um todo como pela conclusão de um projeto específico.

Você pode estar pensando que essa excelência significa, então, a capacidade de ter os melhores recursos para um projeto e de conseguir 100 por cento de sucesso em todos os projetos, mas não é nada disso. Preste atenção, pois a excelência é na *gestão* e não nos projetos. Por isso, Kerzner deixa claro que sua definição de excelência pode ser dividida em dois componentes.

O primeiro componente determina que é necessário um fluxo contínuo de projetos administrados com sucesso, mas isso não significa, de maneira alguma, que todos os projetos serão bem-sucedidos. De fato, como se trata de um fluxo de vários projetos, esse componente se baseia na ideia de que a empresa e o gestor de projeto devem saber a hora de parar um projeto para que ele não prejudique o andamento de outros. Nas palavras de Kerzner (2006, p. 54):

> A conclusão prematura de um projeto, sob as circunstâncias adequadas, pode ser vista como bem-sucedida quando os recursos inicialmente destinados àquele projeto são realocados para atividades mais lucrativas, ou quando a tecnologia necessária para o projeto não existe e não poderá ser desenvolvida a custo razoável em um prazo adequado.

O segundo componente, por sua vez, lembra bastante alguns pontos que discutimos anteriormente sobre os critérios de justificação, pois ele "impõe que as decisões tomadas em cada um dos projetos levem em conta os interesses do projeto e da empresa como um todo" (KERZNER, 2006, p. 55). Um exemplo claro é o caso de um gerente que faz de tudo para reunir os melhores recursos disponíveis dentro e fora da organização para um projeto que está no final da lista de prioridades da empresa. A excelência da gestão de projetos fica comprometida nesse caso, pois os recursos deixam de atender satisfatoriamente às necessidades globais da empresa para atender a necessidades locais muito menos importantes. É como se o Pelé não fosse para a Copa de 1970, porque o Santos precisasse dele em um jogo contra o XV de Piracicabana. Nesse sentido, Kerzner comenta:

> Companhias excelentes em gestão de projetos desenvolvem culturas nas quais os gerentes de projetos são instruídos e incentivados a tomar decisões baseadas em sólidas razões de negócios, jamais em paroquialismos internos.

Como podemos ver, mais uma vez *alinhamento* é um termo-chave.

Além de defender que a excelência em gestão de projetos é um processo em aperfeiçoamento contínuo — o que nos remete aos processos de melhoria abordados no Capítulo 5 —, Kerzner define que existem seis áreas nas quais as empresas bem-sucedidas alcançam a excelência na gestão de projetos: (1) processos integrados, (2) cultura, (3) suporte gerencial, (4) ensino e aprendizagem, (5) gestão informal de projetos e (6) excelência comportamental. A Figura 6.6 ilus-

---

Mesmo a empresa mais excelente em gestão de projetos conta com um percentual de projetos fracassados. É verdade que esse percentual será bem menor do que o de uma empresa sem excelência. Mas o fato é que, se a empresa descobrir que todos os seus projetos são bem-sucedidos, ela não está assumindo negócios de risco suficientes para ser competitiva. De acordo com Kerzner (2006, p. 54): "Empresas de excelência assumem riscos; elas sabem quais riscos vale a pena correr e conhecem os riscos que não se devem assumir."
O raciocínio é válido também para os gerentes e diretores. Um executivo que nunca erra em suas decisões provavelmente não está tomando todas as decisões que deveria (KERZNER, 2006, p. 54).

Eis a lista dos processos complementares indicados por Kerzner (2006, p. 320-321):
1985: gestão da qualidade total;
1990: engenharia simultânea;
1991: equipes autônomas;
1992: delegação de autoridade aos funcionários;
1993: reengenharia;
1994: custos dos ciclos de vida;
1995: gestão de mudanças;
1996: gestão de riscos;
1997-1998: escritórios de projetos e centros de excelência;
1999: equipes alocadas;
2000: equipes multinacionais;

2001: modelos de maturidade;
2002: planejamento estratégico para gestão de projetos;
2003: relatório de status na intranet;
2004: modelos de planejamento de capacidade.

tra o hexágono da excelência que representa o modelo de Kerzner.

Vejamos brevemente cada um desses componentes.

- **Processos integrados** — Kerzner (2006, p. 320-321) aponta uma série de 15 processos complementares de gestão que vêm sendo desenvolvidos desde 1985 (gestão da qualidade total) até 2004 (modelos de planejamento de capacidade). Para Kerzner (2006, p. 321), "a integração da gestão de projetos com esses outros processos administrativos é o fator decisivo para se alcançar a excelência". Isso, contudo, não significa que a empresa deva utilizar todos os processos em tempo integral — o que, aliás, não é recomendável —, mas que, sejam quais forem os processos que ela escolher, eles devem ser combinados e integrados à metodologia da gestão de projetos.
- **Cultura** — a criação de uma cultura organizacional sólida que apoie a gestão de projetos é fundamental para que a empresa alcance a excelência. Isso porque, basicamente, a gestão de projetos não é apenas um conjunto de normas e procedimentos, mas uma cultura comportamental (KERZNER, 2006, p. 358). Nesse sentido, é praticamente impossível copiar ou transplantar a cultura de gestão de projetos de

Figura 6.6 Os seis componentes da excelência (KERZNER, 1998, p.14).

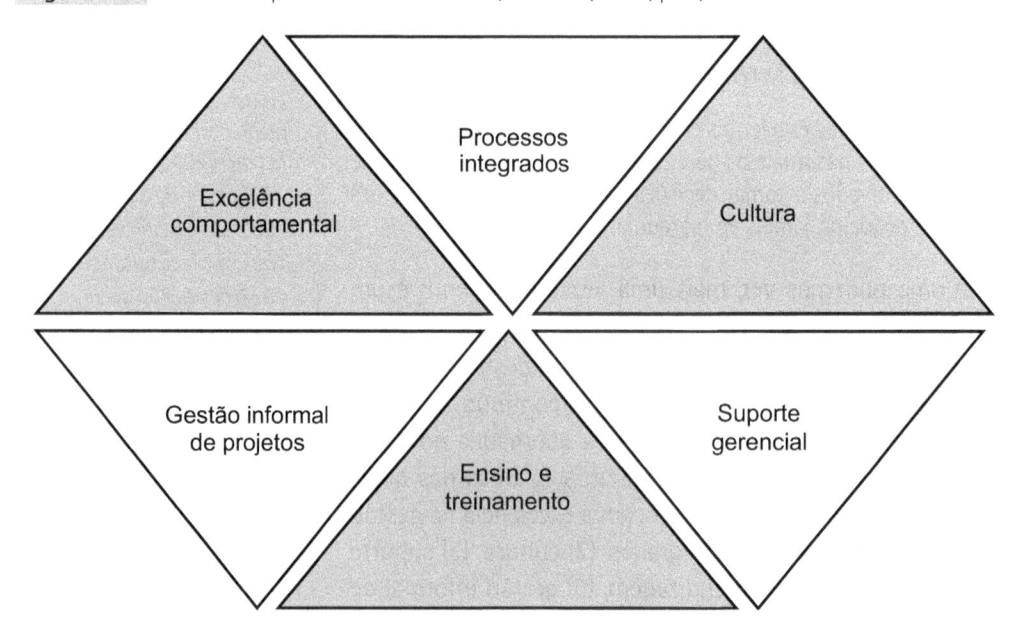

uma empresa para outra. Precisamos ter em mente que a criação de uma cultura se dá por um longo e intenso processo de criação de conhecimento, cuja maturação depende "do tamanho da empresa, do porte e da natureza do projeto e do tipo de cliente — interno e externo" (KERZNER, 2006, p. 358).

> *De acordo com Kerzner (2006, p. 469), a liderança situacional diz respeito a uma habilidade que os modernos gerentes de projetos precisam desenvolver: eles devem ser capazes de se comunicar com diferentes funções e departamentos. O autor usa o seguinte ditado para ilustrar a situação: "Quando um pesquisador conversa com outro pesquisador, o entendimento é de 100 por cento. Quando ele conversa com a produção, o entendimento é de 50 por cento. E quando ele conversa com o pessoal de vendas, o entendimento é zero. O gerente de projetos, contudo, se entende com todos eles".*

- **Suporte gerencial** — já frisamos diversas vezes que o apoio da alta direção é importante para a gestão do conhecimento e, como Kerzner (2006, p. 394) bem aponta, isso não é diferente para a gestão de projetos. A alta administração é a principal responsável pela construção da cultura organizacional. Sua atuação é um fator crítico para que a gestão de projetos e a gestão de conhecimento atinjam os pontos mais altos de seu potencial. Por isso, o suporte gerencial deve ser visível e muito bem anunciado por todos os cantos da organização.
- **Ensino e treinamento** — como você já deve acertadamente imaginar, essa área diz respeito à capacitação de pessoas. Kerzner (2006, p. 411) define que a questão mais importante para o desenvolvimento dessa área é estabelecer o equilíbrio viável entre os aspectos técnicos quantitativos (planejamento, programação, controle de custos, softwares etc.) e os comportamentais qualitativos (resolução de conflitos, motivação, liderança, formação de equipes, gerenciamento de tempo etc.).
- **Gestão informal de projetos** — esse componente da excelência se contrapõe à gestão formal, caracterizada por Kerzner (2006, p. 452-453) como excessivamente cara por causa da quantidade de documentação exigida. O aspecto informal não apenas diminui os custos, como também confere à gestão de projetos muito mais flexibilidade, pois troca uma série de documentos (formulários, manuais, diretrizes etc.) por algumas listas de verificações menos detalhadas e mais genéricas. Obviamente, para que isso dê certo, não basta trocar um monte de papel por uma simples folha. É preciso focar em quatro aspectos culturais: confiança, comunicação, cooperação e trabalho em equipe. Vale indicar que tais aspectos são muito semelhantes às noções de solicitude e de contexto capacitante que nós apresentamos no Capítulo 1.
- **Excelência comportamental** — como já destacamos anteriormente, o aspecto comportamental é fundamental para a excelência em gestão de projetos. Nesse sentido, devemos nos atentar para questões relacionadas à motivação, ao relacionamento interpessoal, ao comprometimento dos indivíduos com os objetivos do projeto e da organização, à liderança situacional e à resolução de conflitos.

Embora o escopo deste livro não permita um detalhamento maior sobre esses seis componentes ou áreas, é importante deixar claro que eles atuam de forma integrada. Isso significa que, para alcançar a excelência em gestão de projetos, uma organização pode concentrar seus esforços em uma única área, mas, invariavelmente, tais esforços vão impactar também as demais áreas.

ESTUDO DE CASO

A SAGA DA PRIMEIRA MÁQUINA DE FAZER PÃO

Em 1984, a Matsushita teve uma grande e inovadora ideia. Ela decidiu criar uma máquina automática de fazer pão. Verdade seja dita: a ideia não era original. Em 1977, uma subsidiária da Matsushita havia iniciado um projeto semelhante, mas teve de suspendê-lo em 1980, por causa das dificuldades tecnológicas e da previsão de uma pequena demanda. Ainda antes disso, em 1973, a divisão de eletrodomésticos geradores de calor já havia desenvolvido e comercializado um forno elétrico de assar pão — contudo, o aparelho não misturava a massa, apenas assava.

Mas, agora, a situação era diferente. Primeiro porque a Matsushita havia acabado de passar por uma profunda mudança organizacional e, com o intuito de melhorar sua eficiência e eliminar a duplicação de recursos, havia integrado à divisão de eletrodomésticos de cozinha três outras divisões: a de panelas de arroz (que fabricava panelas controladas por microcomputadores); a de eletrodomésticos geradores de calor (que utilizava tecnologia de indução de calor para fabricar cafeteiras, torradeiras e, como vimos, fornos); e a divisão de rotação (que fabricava produtos motorizados, como processadores de alimento, liquidificadores etc.). Segundo porque uma equipe de pesquisa dessa reformulada divisão identificou o que, então, era uma considerável mudança no perfil de seus consumidores: cada vez mais mulheres ingressavam no mercado de trabalho, o trabalho doméstico era cada vez mais simplificado e as dietas estavam ficando cada vez mais pobres.

Diante desse cenário, a divisão de eletrodomésticos de cozinha da empresa chegou à conclusão de que seus produtos deveriam simplificar o preparo dos alimentos sem, no entanto, prejudicar o sabor e os nutrientes. Assim, a divisão elaborou um conceito geral que ficou conhecido como "Fácil e rico". E foi nesse conceito que a ideia de criar uma máquina automática de fazer pão, a Home Bakery, fermentou com os conhecimentos compartilhados e criados ao longo do caminho.

O projeto da Home Bakery começou em abril de 1984 com a formação de uma equipe-piloto composta por funcionários do laboratório de eletrodomésticos (área de P&D da Matsushita nesse setor), um profissional especializado no projeto mecânico e um analista de desenvolvimento de software. Depois de muita discussão para imaginar um novo produto que materializasse o conceito "Fácil e rico", o líder da equipe, Masao Torikoshi, membro do laboratório de eletrodomésticos, desenvolveu sete especificações para o produto: (1) uma vez que os ingredientes forem adicionados, a máquina deve misturar, fermentar e assar o pão automaticamente; (2) não deve ser necessário uma mistura especial dos ingredientes; (3) um cronômetro interno deve permitir que o usuário adicione os ingredientes à noite e saboreie o pão quente pela manhã; (4) o preparo do pão não deve ser afetado pela temperatura ambiente; (5) o pão deve ter um formato agradável; (6) o pão deve ser mais saboroso do que o produzido e comercializado em massa; (7) o preço de varejo deve ficar entre 30 e 40 mil ienes. Vale ressaltar que tais especificações foram definidas como termos ideais; ainda era necessário desenvolver o conhecimento e a tecnologia para viabilizar o cumprimento delas.

Em janeiro de 1985, a empresa aprovou formalmente o projeto e uma equipe oficial foi formada, com membros de diversas áreas (planejamento de produtos, equipamentos, sistemas de controle, desenvolvimento de software), além do da equipe-piloto. Torikoshi continuou como líder do projeto, que se desenvolveu em três ciclos.

O primeiro ciclo resultou no protótipo de uma máquina que fazia uma massa disforme, tão tostada por fora quanto crua por dentro. Como você pode imaginar, havia muitos problemas a serem resolvidos, como o formato do recipiente ideal para misturar a massa, o ciclo elétrico adequado para a rotação do motor e a influência que a temperatura exercia sobre a fermentação. Como o resultado do primeiro ciclo não foi justificado de acordo com os critérios estabelecidos, foi necessário começar um segundo ciclo.

Nesse ciclo, a analista de desenvolvimento de software, Ikuko Tanaka, propôs-se a aprender a fazer pães com o padeiro-chefe do Osaka International Hotel, cujos pães eram tidos como os melhores da cidade. Embora tenha aprendido a fazer pão, Tanaka — assim como o padeiro — não conseguia expressar o conhecimento dentro de especificações mecânicas. Mesmo assim, ela conseguiu transferir seu conhecimento aos engenheiros por meio da expressão "tensão e rotação". Essa expressão traduzia mais ou menos o mecanismo de mistura da massa e foi ela quem orientou os engenheiros na criação de suportes especiais e na adequação das hélices que misturavam a massa. Dessa forma, em novembro de 1985, a equipe produziu um protótipo capaz de fazer um pão verdadeiro e saboroso. Estava, então, justificado o conceito de "rico" e o projeto poderia seguir para o terceiro ciclo.

No último ciclo de desenvolvimento, o projeto foi transferido do estágio de desenvolvimento técnico para o estágio de comercialização, com a inclusão de membros dos departamentos de marketing e produção. Além disso, a liderança passou de Torikoshi para Yuzuru Arao, chefe do departamento de planejamento. Mesmo assim, a participação de Torikoshi e de outros membros da equipe original continuou essencial, pois, embora o conhecimento tácito da fabricação do pão tivesse sido captado no segundo protótipo, ainda era preciso fazer algumas adaptações e mudanças para que o projeto atendesse às exigências de custo. Assim, o conhecimento tácito dos membros originais da equipe foi considerado indispensável para elaborar uma forma de fazer tais mudanças sem prejudicar a qualidade do pão.

Nesse estágio, o maior desafio era reduzir o custo relacionado ao processo de resfriamento da máquina que impedia a fermentação excessiva da massa em altas temperaturas. Foi aí que alguém teve a ideia de mudar o processo e adicionar o fermento em um estágio posterior do cozimento. Antigamente, quando não havia como controlar a temperatura, era desse jeito que as pessoas faziam pão — um processo conhecido no Japão como *chumem*. Sem demora, a Matsushita obteve a patente da tecnologia relacionada ao *chumem* — o que, aliás, veio a ser muito importante para que ela mantivesse uma vantagem tecnológica sobre as rivais. Com esse novo processo, seria necessário fazer algumas mudanças no protótipo: a inclusão de um recipiente próprio para o fermento que fosse controlado por um cronômetro e a eliminação do sistema de refrigeração líquida.

O problema com essas mudanças é que elas gerariam um significativo atraso de quatro meses. O lançamento da Homer Bakery, previsto para novembro de 1986, era ansiosamente aguardado pelo mercado; além disso, os concorrentes já estavam tentando criar outras máquinas de fazer pão. Keimei Sano, chefe da divisão de eletrodomésticos de cozinha, estava diante de um último dilema: ou fazer as mudanças e perder a oportunidade de lançamento, ou lançar o produto com valor acima de 40 mil ienes. O compromisso de Sano com o conceito de "Fácil e rico" justificou sua decisão e as mudanças foram feitas.

A Home Bakery da Matsushita foi lançada em fevereiro de 1987, custando 36 mil ienes e gerando um recorde de vendas, com 536 mil unidades vendidas no primeiro ano. Foi um sucesso tão estrondoso que, em outubro do mesmo ano, a revista *Fortune* publicou uma matéria sobre a máquina que, então, já era exportada para Estados Unidos, Alemanha Ocidental e Hong Kong.

1. Identifique os critérios de justificação relacionados ao projeto da Home Bakery e relacione-os ao papéis da alta e da média gerência na criação de critérios de justificação, como indicado neste capítulo.
2. Analise de que forma a linguagem compartilhada foi importante para o desenvolvimento desse projeto.
3. Cada um dos ciclos de desenvolvimento da Home Bakery foi marcado pela criação de um novo conceito. Identifique esses conceitos e faça uma breve análise da importância que cada um teve para o andamento do projeto.

NA ACADEMIA

Reúna-se com seus colegas em um grupo de quatro a seis participantes e discuta de que maneira a utilização em conjunto do PMBOK e do modelo de excelência de Kerzner pode gerar benefícios para uma empresa. O grupo deverá registrar as considerações e análises feitas sobre a relação entre esses dois modelos em um relatório e apresentá-lo para o restante da turma.

Pontos importantes

- Os projetos são ações inovadoras cuja finalidade é criar algo novo em um tempo limitado. Dessa maneira, eles diferenciam-se dos processos, que se caracterizam como ações repetitivas executadas com o objetivo de reproduzir algo permanentemente. Além disso, os projetos priorizam a eficácia e, em geral, se valem de equipes multidisciplinares, enquanto os processos focam a eficiência e dependem de equipes funcionais. Apesar dessas diferenças, os dois conceitos se assemelham nos seguintes aspectos: são tidos como conjuntos de atividades coordenadas e interagentes; são executados por pessoas; dependem de limites escassos; são planejados, executados e controlados. Por fim, vale lembrar que o andamento dos projetos não se dá de forma contrária ou mesmo excludente ao dos processos — pelo contrário: os projetos se desenvolvem *sobre* os processos organizacionais. Por essa razão, muitas práticas de conhecimento relacionadas à gestão de processos são fundamentais também para a gestão de projetos.

- Genericamente, o ciclo de vida de um projeto pode ser estruturado em cinco fases: (1) iniciação, (2) planejamento, (3) execução, (4) monitoração e controle e (5) encerramento. Essas fases não obedecem a uma sequência linear, mas são sobrepostas umas às outras. A *iniciação* é caracterizada pelos estímulos gerados pela identificação de uma necessidade ou de uma oportunidade e pela autorização formal do projeto. O *planejamento* é marcado pela determinação do escopo do projeto, pelo levantamento dos possíveis riscos e pela definição dos indicadores de qualidade do projeto. Na *execução*, o projeto é de fato posto em prática. A fase de *monitoração e controle* abrange todas as demais fases do projeto, cuidando para que sua execução seja adequada aos critérios de qualidade. Por fim, o *encerramento* marca a conclusão formal do projeto e conta com uma avaliação geral e um levantamento das lições aprendidas.

- A partir do modelo de conversão de conhecimento — modelo SECI — Nonaka e Takeuchi (1997) desenvolveram o modelo de criação do conhecimento que conta com cinco fases: (1) compartilhamento do conhecimento tácito; (2) criação de conceitos; (3) justificação dos conceitos; (4) construção de um arquétipo; e (5) difusão interativa do conhecimento. Neste capítulo, nós vimos que essas cinco fases estão embutidas no ciclo de vida do projeto. Assim, *iniciação* está ligada ao *compartilhamento de conhecimento tácito*, o *planejamento* relaciona-se com a *criação de conceitos*, a *execução* se baseia na *construção de um arquétipo*, e o *encerramento* promove a *difusão interativa do conhecimento*. É importante destacar o papel que a *justificação de conceitos* tem em relação às quatro primeiras fases do ciclo de vida, já que ela serve como uma bússola para as decisões tomadas ao longo de todo o projeto.

- O PMBOK é conhecido mundialmente como um dos principais conjuntos de melhores práticas em gestão de projetos e representa a síntese da gestão de conhecimento do Project Management Institute. Seu modelo se estrutura sobre nove áreas de conhecimento — (1) integração, (2) escopo, (3) tempo, (4) custos, (5) qualidade, (6) recursos humanos, (7) comunicações, (8) riscos e (9) aquisições — que se relacionam com as fases do ciclo de vida do projeto.

- O modelo de excelência de Kerzner é outro conjunto de melhores práticas em gestão de projetos. Mas, diferentemente do

PMBOK, o modelo de Kerzner foca os aspectos organizacionais de uma forma mais ampla, considerando seis áreas fundamentais para que a empresa desenvolva sua gestão de projetos e alcance a excelência: (1) processos integrados, (2) cultura, (3) suporte gerencial, (4) ensino e aprendizagem, (5) gestão informal de projetos e (6) excelência comportamental.

Referências

ISHIMARU, Heather. Apple options not an issue at Macworld. *ABC7 News*, 09 jan. 2007. Disponível em: <http://abclocal.go.com/kgo/story?section=news/business&id=4920783>. Acesso em: 11 ago. 2011.

KERZNER, Harold. *Gestão de projetos:* as melhores práticas. Porto Alegre: Bookman, 2006.

_____. *In search of excellence in Project management.* Nova York: Wiley, 1998.

NONAKA, Ikujiro; TAKEUCHI, Hirotaka. *Criação de conhecimento na empresa*: como as empresas japonesas geram a dinâmica da inovação. 20. ed. Rio de Janeiro: Elsevier, 1997.

PMI — Project Management Institute. *A guide to the project management body of knowledge* (PMBOK Guide). Filadélfia: Project Management Institute, 2004.

SLACK, Nigel; CHAMBERS, Stuart; JOHNSTON, Robert; BETTS, Alan. *Gerenciamento de operações e de processos:* princípios e práticas de impacto estratégico. Porto Alegre: Bookman, 2008.

VALERIANO, Dalton. *O moderno gerenciamento de processos.* São Paulo: Pearson, 2005.

_____. *Gerência em projetos:* pesquisa, desenvolvimento e engenharia. São Paulo: Pearson, 1998.

Capítulo 7

GESTÃO DO CAPITAL HUMANO

Neste capítulo, abordaremos as seguintes questões:
- Qual é a relação entre a gestão do capital humano e a gestão de recursos humanos?
- O que é educação corporativa?
- O que é análise das lacunas de conhecimento?
- O que é mapeamento de competências?

Introdução

Este capítulo se baseia em uma ideia bastante simples e fundamentalmente importante para a gestão do conhecimento: *as pessoas são essenciais*. Se você tem nos acompanhado desde o primeiro capítulo, já deve ter deparado com essa ideia algumas vezes ao longo do texto. Por outro lado, pode ser que você tenha começado sua leitura justamente neste capítulo; então, o melhor a fazer é já se acostumar com a frase: as pessoas são essenciais. Por quê?

Basicamente, porque as pessoas têm a capacidade de pensar, aprender e interagir (o que não ocorre necessariamente nessa ordem). Do nosso ponto de vista, isso significa que elas criam, adquirem, transformam e compartilham conhecimentos (o que também não ocorre necessariamente nessa ordem). E tudo isso é fundamental para compor e desenvolver o capital humano de uma organização.

Assim, dividimos este capítulo em duas seções, nas quais discutiremos, primeiro, os principais pontos para o entendimento do que é a gestão do capital humano e o que é o capital humano propriamente dito; em seguida, apresentaremos algumas práticas de conhecimento que compõem essa gestão.

O capital humano e sua gestão

A esta altura, é necessário deixar um ponto bem claro: o capital humano *não são* os recursos humanos da organização. Daí, a conclusão mais óbvia é que a gestão do capital humano também *não é* a gestão de recursos humanos, embora ambas tenham o mesmo ponto de partida: o ser humano dentro da organização. Mas, antes de distinguir as duas gestões, é importante definir a relação entre esses elementos diferenciados. Como veremos, trata-se de uma questão um tanto quanto complexa.

O capital humano, os recursos humanos e a complexidade

A princípio, a diferença mais simplista que pode ser feita entre o capital humano e os recursos humanos é esta: estes correspondem ao conjunto de pessoas que trabalham na organização; aquele, por sua vez, corresponde à soma de todos os conhecimentos explícitos e tácitos da organização (se você não se lembra ou não leu, foi isso que dissemos no Capítulo 3). No entanto, se formos além dessa visão simplista, veremos que a relação entre o capital humano e os recursos humanos se baseia, em grande parte, na noção de complexidade que apresentamos brevemente no Capítulo 2. Por isso, antes de continuarmos, vale a pena recordar as três etapas pelas quais Edgar Morin (1986) compreende a complexidade:

1. O todo é mais que a soma de suas partes.
2. O todo é menor que a soma de suas partes.
3. O todo é, ao mesmo tempo, maior e menor que a soma das partes.

Assim, com as devidas adequações, definimos que há uma relação de complexidade entre os dois conceitos, pois:

1. O capital humano é mais que a soma dos recursos humanos.
2. O capital humano é menor que a soma dos recursos humanos.
3. O capital humano é, ao mesmo tempo, maior e menor que a soma dos recursos humanos.

Na primeira afirmação, temos que o capital humano envolve, além do conjunto de recursos humanos, outros pontos, como: os conhecimentos tácitos e explícitos desse conjunto, a interação desses conhecimentos entre si, o alinhamento desse conjunto etc. No extremo oposto, com a segunda afirmação, temos que cada recurso humano é, em si, um capital humano único para a organização, já que seu alinhamento ao conjunto corporativo e suas contribuições para esse conjunto dependem de seu conhecimento tácito, antes de seu conhecimento explícito. Por fim, na terceira afirmação, temos a síntese das duas afirmações na forma de um paradoxo, bem ao gosto da gestão do conhecimento (veja, por exemplo, o tópico sobre o paradoxo do controle no Capítulo 5).

Você não precisa se assustar se tudo isso lhe parecer excessivamente abstrato — afinal, não é à toa que o capital humano faz parte dos ativos intangíveis da organização. Para entendermos com mais clareza, imaginemos, por exemplo, o funcionamento do modelo de gestão *middle-up-down*, no qual há três esferas de atuação: a diretoria, a gerência média e a linha de frente. A dinâmica proposta por esse modelo determina que os conhecimentos criados em uma das pontas do modelo passam para a outra graças à atuação do gerente médio. Esse fluxo é um fator determinante para a conversão e para a criação de conhecimento. Tais ações dependem de um contexto capacitante (*ba*) que possibilite a transmissão do conhecimento. Além disso, elas geram impacto nos três níveis da estrutura organizacional: a base de conhecimento, o sistema de negócios e as equipes de projetos.

Pois bem, tudo isso (as três esferas e a dinâmica do modelo *middle-up-down*, o *ba*, os três níveis estruturais, a capacidade de criar e de converter conhecimento) compõem o capital humano da organização. No entanto, o todo não atua nas partes sem que as partes atuem no todo. Tenha em mente que cada uma das pessoas que compõem a organização influencia todos esses elementos que acabamos de destacar. Para tanto, é preciso que o indivíduo incorpore o capital humano da organização. Dessa maneira, tanto as partes estão dentro do todo, quanto o todo está dentro das partes.

Uma vez que já definimos a relação entre esses dois elementos, vamos agora nos concentrar em suas gestões.

> *Para incorporar o capital humano, o indivíduo não é obrigado a saber nitidamente as nomenclaturas e os conceitos relacionados ao ba, à dinâmica de conversão e criação de conhecimento, ao modelo middle-up-down ou a qualquer coisa parecida. O que ele precisa fazer é assimilar a cultura da organização e participar dela. Afinal, explícita ou implicitamente, é ela que diz como as coisas funcionam em uma organização. E, quando as pessoas entendem tal funcionamento, elas já incorporaram o capital humano da organização.*

A gestão do capital humano: uma questão de alinhamento estratégico

O título deste tópico tem o propósito de deixar bem claro qual é a diferença entre a gestão do capital humano e a gestão de recursos humanos. Tradicionalmente a gestão de recursos humanos desempenha funções que, em grande parte, baseiam-se nos aspectos operacionais da organização e em questões como encontrar e colocar a pessoa certa no lugar certo. Por sua vez, a gestão do capital humano se concentra em aplicar os conhecimentos da organização para alcançar seus objetivos estratégicos. Trata-se de uma questão que vai além de "a pessoa certa no lugar certo", pois, nesse caso, devemos considerar a *visão de conhecimento* da organização e ter em mente que o lugar certo de hoje não é o mesmo do de amanhã. Dessa maneira, é preciso encarar as pessoas não apenas como recursos humanos, mas também como *fontes de conhecimento* e é preciso desenvolvê-las para que o conhecimento que elas geram esteja de acordo com a estratégia da organização no médio-longo prazo.

> A visão de conhecimento foi abordada no Capítulo 3, e a noção de fontes de conhecimento, no Capítulo 4 deste livro. Para refrescar a memória, vale a pena dar uma olhada nos tópicos relacionados a esses assuntos.

Isso não quer dizer que a gestão de recursos humanos limita-se a funções operacionais. Cada vez mais, aliás, as empresas vêm reconhecendo a importância estratégica dessa área. Porém, o que ainda não está muito claro para todos é que muitos dos aspectos estratégicos (senão todos) da área de gestão de recursos humanos estão profundamente relacionados à gestão do capital humano.

Mas não é só isso! É preciso entender que, em geral, a gestão de recursos humanos constitui um departamento próprio dentro das organizações. Dependendo de sua experiência profissional, por exemplo, você já deve ter tido a oportunidade de conhecer um diretor, um gerente ou um funcionário do RH de alguma empresa. Isso não acontece com o capital humano — ainda mais se considerarmos a discussão proposta no tópico anterior (o todo nas partes e as partes no todo) e a perspectiva da gestão do conhecimento.

De acordo com esses critérios, a gestão do capital humano está nas mãos de *todos* os indivíduos que participam de uma organização. Lembre-se, por exemplo, do tópico "Desenvolvimento de estratégias para GC a partir de pessoas", no Capítulo 3, e da ideia de um processo holístico para a gestão de conhecimento. Lembre-se também de que as pessoas — todas elas — são fontes de conhecimento. É claro que, como já dissemos naquele tópico, nem todas serão responsáveis pela criação de produtos e serviços inovadores, mas elas são, sem dúvida, responsáveis pela construção e manutenção de uma cultura que privilegia o capital humano e seu desenvolvimento — o que, consequentemente, levará à inovação.

Práticas de conhecimento na gestão do capital humano

As práticas de conhecimento que apresentaremos nesta seção estão agrupadas em três esferas distintas: (1) educação corporativa; (2) análise de *gaps* de conhecimento; (3) mapeamento de competências (Figura 7.1). Devemos ressaltar que essa divisão é feita apenas para cumprir os objetivos didáticos deste livro. No dia a dia das organizações, a gestão do capital humano em si compreende o conjunto dessas três esferas e a grande interação entre elas.

> As práticas que destacamos aqui são as que consideramos mais críticas na intersecção entre a gestão do conhecimento e a do capital humano — mas elas não são as únicas. No livro Modelos de gestão: os 60 modelos que todo gestor deve conhecer (ASSEN; BERG; PIETERSMA, 2010), publicado pela editora Pearson, existem outros modelos e práticas que focam o desenvolvimento do capital humano ou de pontos relacionados a ele de acordo com as perspectivas estratégica, tática e operacional.

Educação corporativa

Atualmente, quando falamos em educação corporativa, é muito comum que as pessoas pensem em *universidades corporativas* (UCs). Contudo, é importante atentarmos para o fato de que uma não é sinônimo da outra. O objetivo da educação corporativa é desenvolver e fortalecer o conhecimento e as competências organizacionais por meio da aprendizagem baseada nas necessidades estratégicas da organização. De acordo com Eboli (2004, p. 52-53), a educação corporativa é um conceito que exige a associação da gestão de conhecimento com a gestão por competências.

Nesse sentido, a UC pode ser entendida como uma unidade da organização que coordena ações de educação corporativa. Mas essas ações podem existir independentemente dela; práticas como, por exemplo, *mentoring*, *coaching* e mesmo ações tradicionais de treinamento e desenvolvimento — quando empreendidas de maneira adequada — podem muito bem se encaixar nessa compreensão da educação corporativa.

Por isso, antes de pensarmos nessas ações específicas, precisamos ter uma visão mais ampla, considerando as principais questões sobre os princípios e as práticas de sucesso em educação corporativa.

Figura 7.1 Representação da gestão do capital humano e as práticas destacadas.

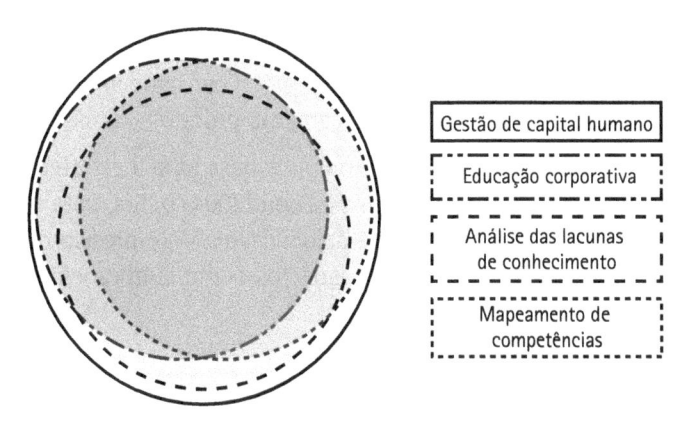

Sobre esse assunto, Eboli (2004, p. 57) dá a seguinte definição:

> *Princípios* são as bases filosóficas e os fundamentos que norteiam uma ação, ou seja, são os elementos qualitativos conceituais predominantes na constituição de um sistema de educação corporativa bem-sucedido.

Em outras palavras, os princípios são o ponto de partida para o planejamento estratégico da educação corporativa. De acordo com Eboli (2004, p. 59), há sete princípios de sucesso:

1. **Competitividade:** "Valorizar a educação como forma de desenvolver o capital intelectual dos colaboradores, transformando-os efetivamente em fator de diferenciação da empresa diante dos concorrentes, ampliando assim sua capacidade de competir."
2. **Perpetuidade:** "Entender a educação não apenas como um processo de desenvolvimento e realização do potencial existente em cada colaborador, mas também como um processo de transmissão da herança cultural, a fim de perpetuar a existência da empresa."
3. **Conectividade:** "Privilegiar a construção social do conhecimento, estabelecendo conexões e intensificando a comunicação e a interação. Objetiva ampliar a quantidade e a qualidade da rede de relacionamentos com o público interno e externo."
4. **Disponibilidade:** "Oferecer e disponibilizar atividades e recursos educacionais de fácil uso e acesso, proporcionando condições favoráveis para que os colaboradores realizem a aprendizagem a qualquer hora e em qualquer lugar."
5. **Cidadania:** "Estimular o exercício da cidadania individual e corporativa, formando atores sociais, ou seja, sujeitos capazes de refletir criticamente sobre a realidade organizacional, de construí-la e modificá-la, e de atuar pautados por postura ética e socialmente responsável."
6. **Parceria:** "Entender que desenvolver continuamente as competências dos colaboradores é uma tarefa complexa, exigindo que se estabeleçam parcerias internas (com líderes e gestores) e externas (com instituições de nível superior)."
7. **Sustentabilidade:** "Ser um centro gerador de resultados para a empresa, procurando sempre agregar valor ao negócio. Pode significar também buscar fontes alternativas de recursos que permitam um orçamento próprio e autossustentável."

Como já observamos, esses princípios servem de base para a estratégia da empresa no que se refere à educação corporativa. Segundo Eboli (2004, p. 58), para que tal estratégia seja colocada em prática — isto é, seja operacionalizada —, é preciso que a organização faça escolhas integradas levando em conta aspectos como cultura, estrutura, tecnologia,

Figura 7.2 Educação e estratégia organizacional (baseada em EBOLI, 2004, p. 58).

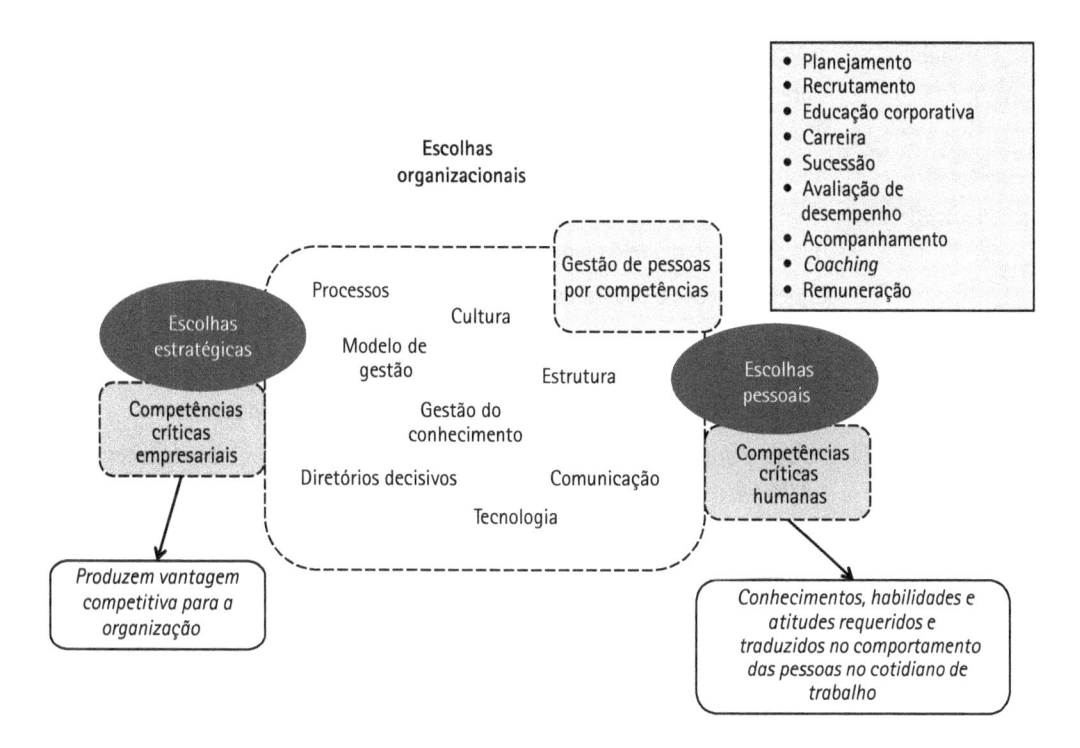

Escolhas organizacionais
- Processos
- Modelo de gestão
- Cultura
- Estrutura
- Gestão do conhecimento
- Diretórios decisivos
- Comunicação
- Tecnologia
- Gestão de pessoas por competências

Escolhas estratégicas → Competências críticas empresariais → Produzem vantagem competitiva para a organização

Escolhas pessoais → Competências críticas humanas → Conhecimentos, habilidades e atitudes requeridos e traduzidos no comportamento das pessoas no cotidiano de trabalho

- Planejamento
- Recrutamento
- Educação corporativa
- Carreira
- Sucessão
- Avaliação de desempenho
- Acompanhamento
- *Coaching*
- Remuneração

---

processos e modelo de gestão que favoreçam as escolhas pessoais. Dessa forma, os princípios são transformados em um comportamento cotidiano dos colaboradores, devidamente alinhado às estratégias de educação e de negócios da organização. A Figura 7.2 resume essa relação entre educação e estratégia organizacional por meio da qual as práticas de sucesso em educação corporativa são concebidas.

Dessa maneira, Eboli (2004, p. 58) afirma que:

> [...] as práticas são as escolhas organizacionais que permitem transformar as escolhas estratégicas (competências empresariais) em escolhas pessoais (competências humanas).

A esta altura, você deve estar se perguntando se há alguma relação mais direta entre os princípios e as práticas de sucesso que acabamos de apresentar. Para tranquilizá-lo, respondemos que sim e que não é apenas uma, mas várias, como você pode conferir no Quadro 7.1.

Quadro 7.1 Os sete princípios de sucesso da educação corporativa e suas práticas (EBOLI, 2004, p. 60).

Princípios	Práticas
Competitividade	Obter o comprometimento e o envolvimento da alta cúpula com o sistema de educação.
	Alinhar as estratégias, diretrizes e práticas da gestão de pessoas às estratégias do negócio.
	Implantar um modelo de gestão de pessoas por competências.
	Conceber ações e programas educacionais alinhados às estratégias do negócio.
Perpetuidade	Ser veículo da disseminação da cultura organizacional.
	Responsabilizar líderes e gestores pelo processo de aprendizagem.
Conectividade	Adotar e implantar a educação "inclusiva", contemplando o público interno e externo.
	Implantar modelo de gestão de conhecimento que estimule o compartilhamento de conhecimentos organizacionais e a troca de experiências.
	Integrar o sistema de educação com o modelo de gestão do conhecimento.
	Criar mecanismos de gestão que favoreçam a construção social do conhecimento.
Disponibilidade	Utilizar de forma intensiva a tecnologia aplicada à educação.
	Implantar projetos virtuais de educação (aprendizagem mediada por tecnologia).
	Implantar múltiplas formas e processos de aprendizagem que favoreçam a "aprendizagem a qualquer hora e em qualquer lugar".
Cidadania	Obter sinergia entre programas educacionais e projetos sociais.
	Comprometer-se com a cidadania empresarial, estimulando: ■ a formação de atores sociais dentro e fora da empresa; ■ a construção social do conhecimento organizacional.
Parceria	*Parcerias internas:* responsabilizar líderes e gestores pelo processo de aprendizagem de suas equipes, estimulando a participação nos programas educacionais e criando um ambiente de trabalho propício à aprendizagem.
	Parcerias externas: estabelecer parcerias estratégicas com instituições de ensino superior.

(continua)

(continuação)

Princípios	Práticas
Sustentabilidade	Tornar-se um centro de agregação de resultados para o negócio.
	Implantar sistema métrico para avaliar os resultados obtidos, considerando-se os objetivos do negócio.
	Criar mecanismos de gestão que favoreçam a autossustentabilidade financeira do sistema.

No Quadro 7.1, você deve ter notado a relevância que a participação da alta direção tem no sistema de educação corporativa. Isso não é nenhuma novidade neste livro. Nós já indicamos, em diversas ocasiões, que todas as iniciativas relacionadas à gestão de conhecimento são extremamente potencializadas — no planejamento, na prática e na disseminação — quando há o envolvimento da alta direção para orientar e incentivar os colaboradores. Sob tal perspectiva, Eboli (2004, p. 54) observa que o fator primordial para que a educação corporativa atinja seus objetivos dentro de uma organização é a implantação de uma mentalidade de aprendizagem contínua. Essa mentalidade deve ser alinhada em três níveis: organização, lideranças e pessoas. Se você se lembrar da discussão sobre o contexto capacitante (*ba*), proposta no Capítulo 1, notará o quanto ela é semelhante à afirmação de Éboli (2004, p. 54), quando essa autora diz que:

> [...] devem-se criar um ambiente e uma cultura empresarial cujos princípios e valores disseminados sejam propícios a processos de aprendizagem ativa e contínua, a qual favoreça a formação e a atuação de lideranças exemplares e educadoras que aceitem, vivenciem e pratiquem a cultura empresarial e assim despertem e estimulem nas pessoas a postura do autodesenvolvimento.

Análise de lacunas de conhecimento

Como já deixamos claro, a gestão do capital humano deve estar alinhada à estratégia da organização. Para tanto, ela deve ser orientada por a visão de conhecimento sobre a qual falamos no Capítulo 3. Para aqueles que não se lembram, a visão do conhecimento indica quais os conhecimentos que a organização deve criar ou adquirir para alcançar seus objetivos. O que pode ser subentendido disso é que o conceito dessa visão já engloba a ideia de uma lacuna de conhecimento que deve ser suprida. Ou seja, a organização precisa fazer uma análise das lacunas para poder determinar quais conhecimentos devem ser conquistados para o futuro.

Até esse ponto, vemos a relação dessa análise com a gestão estratégica, e a pergunta que você deve estar fazendo é: "Onde a gestão do capital humano entra nessa história?". É por isso que vamos repetir que as pessoas são fontes de conhecimento e, assim, elas se configuram como o capital humano da organização. Dessa maneira, a gestão desse capital exige a análise de tais fontes, considerando o conhecimento que elas têm e o que elas não têm e, é claro, a maneira como isso influencia o desenvolvimento da organização.

Nesse tipo de análise, devemos considerar os conhecimentos críticos para a organização. Pensemos, por exemplo, em uma enfermeira que conheça muito bem (1) a anatomia do corpo humano, (2) os conceitos gerais de farmácia, (3) algumas receitas da culinária marroquina e (4) a teoria da relatividade. Por outro lado, ela conhece muito pouco ou nada de (5) programação de computadores, (6) inglês, (7) fisiologia e (8) eletrodinâmica. Supondo que ela trabalhe em um hospital público, poderíamos concluir que os conhecimentos (1) e (2) são fundamentais tanto para o exercício de sua função quanto para o funcionamento da organização, ao passo que a falta do conhecimento (7) é uma lacuna que limita a atuação da enfermeira em muitos processos organizacionais. Agora, supondo que ela trabalhe na enfermaria de um aeroporto internacional, poderíamos concluir que a falta do conhecimento (6) é também uma lacuna que a impede de atender parte dos pacientes e pode prejudicar a imagem da organização.

É verdade que o exemplo é um tanto quanto extravagante, mas ele ilustra bem a questão de que nem todo conhecimento é vital (como os conhecimentos (3) e (4)), nem toda lacuna é fatal (conhecimentos (5) e (8)) para o desenvolvimento da organização. Além disso, é importante confrontar e sintetizar a análise do recurso humano (a enfermeira) com a da organização (o hospital público ou o aeroporto internacional). Dessa maneira, não corremos o risco de investir em conhecimentos que não agregam valor para a organização. Para tanto, o modelo mais indicado é o de *grade gerencial* (*managerial grid*), definido por Blake e Mouton (1972).

Esse modelo se baseia na imagem de uma grade composta por dois eixos divididos em nove pontos, indicando o grau de preocupação que o gestor tem com a produção (eixo horizontal) e com as pessoas (eixo vertical). Veja a Figura 7.3.

De acordo com Chiavenato (2009, p. 173), a grade gerencial faz parte de um modelo de desenvolvimento organizacional que "parte do princípio de que a organização é um sistema complexo que deve ser analisado globalmente para verificar — no todo ou nas partes — qual é seu excellence gap, isto é, qual é a discrepância entre o que a organização é e o que deveria ser dentro de um padrão de excelência".

Essa grade é usada para avaliar o estilo de gerência ou de liderança de acordo com a ênfase dada nos dois eixos. Assim, em linhas gerais, o estilo que deve ser almejado pela organização é o de gestores que se enquadrem na posição 9,9. Para a análise do capital humano, esse estilo equilibrado na ênfase dada à produção e às pessoas é fundamental para identificar quais lacunas de conhecimento prejudicam os resultados visados pela organização.

Devemos ressaltar que essa análise pode ser feita com o foco no indivíduo, no grupo ou na organização. Além disso, ela pode considerar tanto o momento atual quanto o futuro, ou seja, ela pode ser usada para responder às seguintes questões:

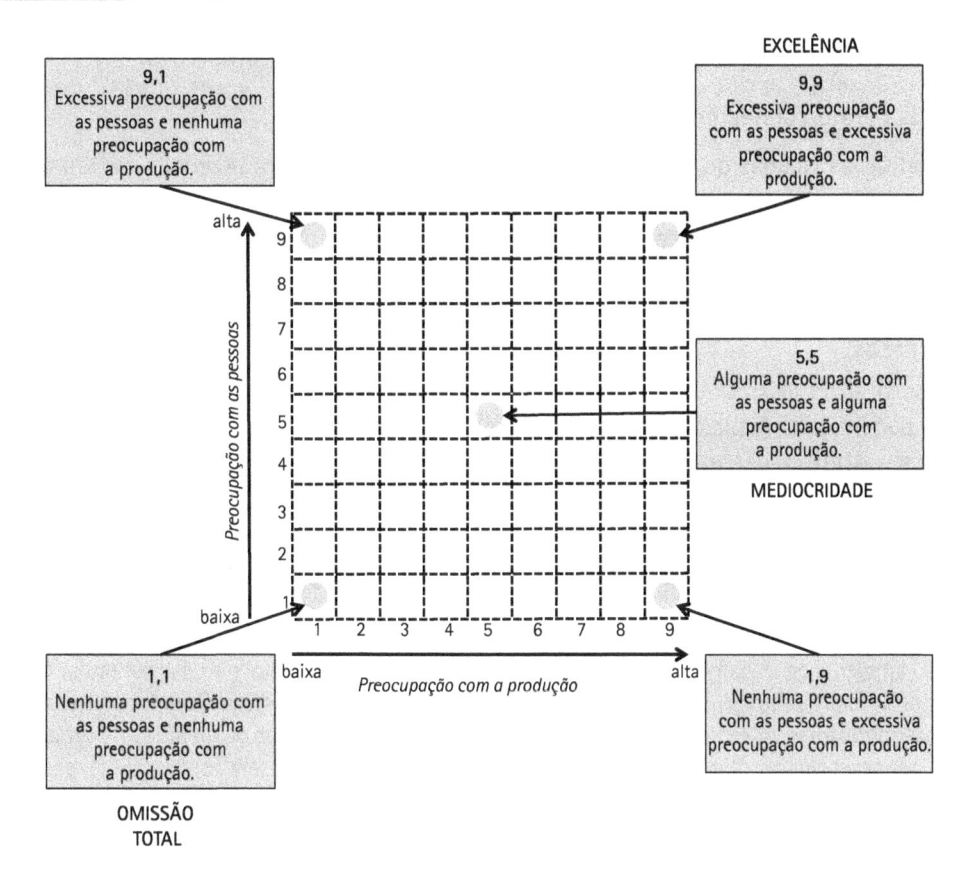

Figura 7.3 Grade gerencial (BLAKE; MOUTON, 1972).

```
                                                    EXCELÊNCIA
   ┌──────────────────┐                    ┌──────────────────┐
   │       9,1        │                    │       9,9        │
   │ Excessiva        │                    │ Excessiva        │
   │ preocupação com  │                    │ preocupação      │
   │ as pessoas e     │                    │ com as pessoas e │
   │ nenhuma          │                    │ excessiva        │
   │ preocupação com  │                    │ preocupação com  │
   │ a produção.      │                    │ a produção.      │
   └──────────────────┘                    └──────────────────┘
```

- 1,1 — Nenhuma preocupação com as pessoas e nenhuma preocupação com a produção. (OMISSÃO TOTAL)
- 9,1 — Excessiva preocupação com as pessoas e nenhuma preocupação com a produção.
- 1,9 — Nenhuma preocupação com as pessoas e excessiva preocupação com a produção.
- 9,9 — Excessiva preocupação com as pessoas e excessiva preocupação com a produção. (EXCELÊNCIA)
- 5,5 — Alguma preocupação com as pessoas e alguma preocupação com a produção. (MEDIOCRIDADE)

Eixo vertical: Preocupação com as pessoas (baixa → alta, 1 a 9)
Eixo horizontal: Preocupação com a produção (baixa → alta, 1 a 9)

- Quais lacunas de conhecimento impedem que as metas atuais da organização sejam atingidas?
- Quais lacunas de conhecimento devem ser preeenchidas para que a organização alcance seu objetivo para o médio-longo prazo?

Seja como for, você deve notar que a identificação das lacunas de conhecimento é essencial para o desenvolvimento do capital humano. Nas palavras de Probst, Raub e Romhardt (2002, p. 87-88):

> Quando a empresa reconhece as lacunas em seu conhecimento e habilidades, ela sabe por onde começar a adquirir e desenvolver o conhecimento. Precisamos de um instrutor externo para o treinamento de vendas, ou nós mesmos temos recursos suficientes para fazê-lo adequadamente? Devemos dar a um laboratório externo um contrato para desenvolver um produto intermediário, ou nosso próprio departamento de pesquisa e desenvolvimento pode fazê-lo? [...] A decisão básica em todos esses casos é: devemos criar internamente nosso próprio conhecimento, ou devemos usar outros recursos (externos)?

Perceba, por fim, que essa prática de conhecimento é determinante para que a organização defina alguns critérios de seu *balanced scorecard* (BSC) — como já discutido no Capítulo 3 — e a configuração e direcionamento de sua educação corporativa.

Barreiras para o conhecimento

Analisar as lacunas de conhecimento e promover práticas para preenchê-las é importante, mas nem sempre basta. Em muitos casos, essas lacunas são criadas simplesmente porque o conhecimento não foi devidamente compartilhado ou porque foi ignorado. Isso pode acontecer nos mais diversos níveis, do individual até o organizacional, ou mesmo no interorganizacional. Por isso, precisamos estar atentos para não deixar que certas barreiras sejam criadas.

A partir de Probst, Raub e Romhardt (2002, p. 167), indicamos três das principais barreiras que podem gerar lacunas de conhecimento:

- **Barreiras ao uso do novo conhecimento** — essa barreira está ligada à falta de preparo que as pessoas e as organizações têm no que diz respeito à utilização do novo conhecimento, porque superestimam suas próprias habilidades ou porque temem perder o *status* de especialistas. A respeito disso, Probst, Raub e Romhardt (2002, p. 167) comentam:

    > O ambiente de trabalho deve apoiar a aplicação do conhecimento novo e deve estimular tanto indivíduos quanto grupos a acessarem os ativos intelectuais da empresa. Durante muitos anos, os fabricantes de carros alemães não se dispunham sequer a olhar os métodos de produção japoneses, muito menos usá-los nas próprias fábricas. [...] Da mesma forma que as pessoas devem estar dispostas a compartilhar seu conhecimento até certo ponto, elas também devem estar preparadas para usar conhecimento novo.

- **Cegueira organizacional** — essa barreira é uma variação da anterior e decorre da excessiva valorização da rotina de processos da organização em detrimento do novo conhecimento. Em outras palavras, trata-se do modo de agir pautado pela máxima "em time que está ganhando não se mexe", que, com certa frequência, causa o atrofiamento da capacidade inovadora. Como Probst, Raub e Romhardt (2002, p. 167) apontam:

    > À medida que as rotinas se tornam mais familiares, geralmente ficamos mais relutantes em acreditar que os novos procedimentos poderiam melhorar nossa eficiência.

- **Barreiras culturais** — essas barreiras, em geral, estão relacionadas a algumas regras implícitas à cultura da organização e bloqueiam o uso do conhecimento por criarem situações de vulnerabilidade para aqueles que precisam solicitar um conhecimento. De acordo com Probst, Raub e Romhardt (2002, p. 167):

Se um funcionário solicita e usa conhecimento novo, ele se coloca em uma posição vulnerável. Ele admite uma lacuna em seu conhecimento e sente — quase sempre com fundamento — que isso o põe sob um prisma desfavorável entre seus colegas. [...] Assim, ele fica impedido de usar o conhecimento que existe disperso em outras partes da organização.

> *Em muitos casos, as "regras implícitas à cultura da organização" que bloqueiam o uso do conhecimento estão relacionadas a uma cultura de hipercompetição, que será retomada mais adiante quando falarmos em mapeamento de competências.*

Em todos esses casos, o papel de liderança da alta diretoria e seu apoio explícito, bem como sua atuação, no que diz respeito à gestão de conhecimento, podem ser excelentes soluções para evitar que o conhecimento fique represado em pontos específicos, criando lacunas.

Mapeamento de competências

Em grande parte, o mapeamento de competências se relaciona com o mapeamento de conhecimentos que apresentamos no Capítulo 4. De fato, não nos seria difícil compreender que os mapas de competências são versões mais elaboradas dos de conhecimento. Dizemos isso porque, de forma simplificada, entendemos o conceito de competência como a aplicação de um conjunto formado por três elementos (PARRY, 1996):

- **Conhecimentos** — estão ligados à compreensão de conceitos e técnicas e determinam o *saber fazer*.
- **Habilidades** — dizem respeito à capacidade de realizar algo e determinam o *poder fazer*.
- **Atitudes** — relacionam-se com a maneira como as pessoas agem e determinam o *querer fazer*.

A Figura 7.4 ilustra essa ideia.

Como dissemos na primeira seção deste capítulo, ao lado da gestão de conhecimento, a gestão por competências é fundamental para a educação corporativa. Por isso, o mapeamento de competências, tal como a análise de lacunas de conhecimento, merece atenção quando pensamos no fortalecimento do capital humano.

Segundo Gramigna (2007, p. 44), além de exigir a participação da direção da organização, essa prática, em um primeiro momento, "inclui discussões sobre negócio, missão, visão, diretrizes e políticas da organização, bem como define o perfil de competências da empresa e das pessoas". De certa maneira, tudo isso pode ser entendido como um profundo exercício de conversão e criação de conhecimento. Em um segundo momento, esse exercício tem como consequência "o realinhamento, a revisão e o mapeamento de perfis" (GRAMIGNA, 2007, p. 44).

Figura 7.4 O conceito de competência (EBOLI, 2004, p. 53).

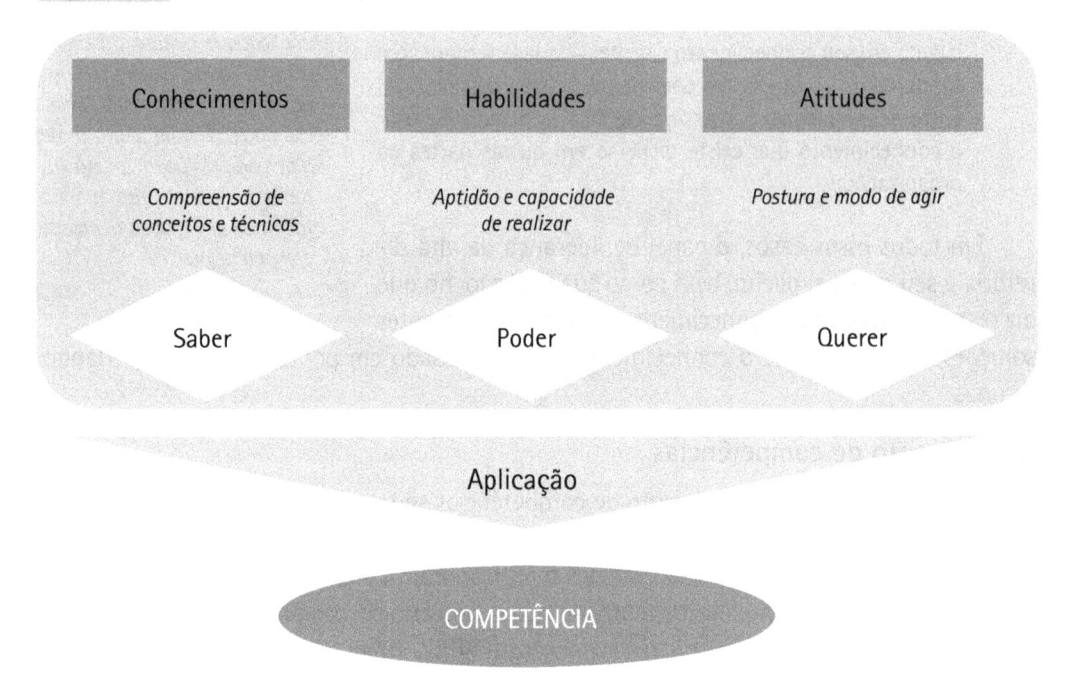

```
  Conhecimentos            Habilidades              Atitudes

  Compreensão de         Aptidão e capacidade     Postura e modo de agir
  conceitos e técnicas      de realizar

      Saber                   Poder                   Querer

                            Aplicação

                           COMPETÊNCIA
```

Ainda de acordo com Gramigna, há dois tipos de competências levantados nesse mapeamento: as *competências técnicas* e as *competências de suporte*. O primeiro tipo diz respeito às competências próprias de um perfil profissional — por exemplo, um gestor de marketing deve possuir competências relacionadas à gestão de marketing, da mesma maneira que um advogado deve possuir competências relacionadas à advocacia e um engenheiro civil, à engenharia.

Já o segundo tipo é definido pelas competências que não são específicas de uma área ou perfil profissional; ou seja, são competências mais genéricas que agregam valor às competências técnicas e fazem a diferença no perfil profissional de alguém (GRAMIGNA, 2007, p. 44). Por exemplo, um gestor de finanças não precisa necessariamente ter a capacidade de adaptação e flexibilidade; contudo, se a tiver, é possível que resolva problemas de uma maneira mais fácil e rica em comparação a outro gestor de finanças que tenha apenas as competências técnicas da área.

Das competências de suporte, Gramigna (2007, p. 44-45) destaca 15 que nós reproduzimos no Quadro 7.2.

Quadro 7.2 Algumas competências de suporte listadas para o mapeamento de competências (baseado em GRAMIGNA, 2007, p. 44-45).

Competência de suporte	O que é
Autodesenvolvimento e gestão de conhecimento	Capacidade de aceitar as próprias necessidades de desenvolvimento e investir tempo e energia no aprendizado contínuo.
Adaptação e flexibilidade	Habilidade para adaptar-se oportunamente às diferentes exigências do meio, sendo capaz de rever sua postura diante de novas realidades.
Capacidade empreendedora	Facilidade para identificar novas oportunidades de ação e capacidade para propor e implantar soluções aos problemas e necessidades que se apresentam, de forma assertiva e adequada ao contexto.
Capacidade negocial	Capacidade para se expressar e ouvir, buscando equilíbrio e soluções satisfatórias nas propostas apresentadas pelas partes.
Comunicação e interação	Capacidade para interagir com as pessoas, apresentando facilidade para ouvir, processar e compreender a mensagem. Facilidade para transmitir e argumentar com coerência e clareza, promovendo *feedback* sempre que necessário.
Criatividade e inovação	Capacidade para conceber soluções inovadoras, viáveis e adequadas para situações apresentadas.
Cultura da qualidade	Postura orientada para a busca contínua da satisfação das necessidades e superação das expectativas dos clientes internos e externos.
Liderança	Capacidade para catalisar os esforços grupais de forma a atingir ou superar os objetivos organizacionais, estabelecendo um clima motivador, a formação de parcerias e estimulando o desenvolvimento da equipe.
Motivação e energia para o trabalho	Capacidade de mostrar interesse pelas atividades que vai executar, tomando iniciativas e mantendo atitude e disponibilidade.
Orientação para resultados	Capacidade de trabalhar sob a orientação de objetivos e metas, focando nos resultados a alcançar.
Planejamento e organização	Capacidade para planejar as ações para o trabalho, atingindo resultados por meio de prioridades, metas tangíveis, mensuráveis e dentro de critérios de desempenho válidos.

(continua)

(continuação)

Competência de suporte	O que é
Relacionamento interpessoal	Habilidade para interagir com as pessoas de forma empática, inclusive diante de situações conflitantes, demonstrando atitudes assertivas, comportamento maduro e não combativo.
Tomada de decisão	Capacidade para selecionar alternativas de forma sistematizada e perspicaz, obtendo e implantando soluções adequadas diante de problemas identificados, considerando limites e riscos.
Trabalho em equipe	Capacidade para desenvolver ações compartilhadas, catalisando esforços por meio da cooperação mútua.
Visão sistêmica	Capacidade para perceber a interação e a interdependência das partes que compõem o todo, visualizando tendências e possíveis ações capazes de influenciar o futuro.

Dificilmente haverá alguém que tenha todas essas competências de suporte, porém é bastante comum que as pessoas, independentemente de seu perfil profissional, tenham algum conjunto de competências de suporte — ainda mais porque muitas delas são adquiridas e desenvolvidas por meio do convívio social ao longo da vida.

Esse tipo de competência é relevante para a gestão do conhecimento não apenas por agregar valor às competências técnicas dos colaboradores, mas também por servir de elo ou ponte para que o conhecimento entre indivíduos de áreas diferentes seja compartilhado com mais facilidade. Um exemplo simples e claro disso está relacionado a um dos pontos abordados no capítulo anterior: a equipe de projeto. Como você já deve saber, o desenvolvimento de um novo projeto costuma exigir a formação de uma equipe multidisciplinar. Se essa equipe contar única e exclusivamente com as competências técnicas de cada membro, dificilmente o projeto sairá da fase inicial. Competências como *comunicação e interação, orientação para resultados, relacionamento interpessoal, criatividade e inovação, trabalho em equipe, adaptação e flexibilidade* etc. são essenciais para que a equipe de um projeto consiga trabalhar bem e alcançar seus objetivos.

Nesse sentido, o mapeamento de competências apresenta-se como uma ferramenta preciosa para a formação de equipes multidisciplinares. Além disso, essa prática "permite à empresa desenhar um raio X de seu potencial humano, servindo de base para a tomada de diversas decisões gerenciais" (GRAMIGNA, 2007, p. 98), das quais destacamos:

- a identificação de competências úteis para a organização como um todo, para as distintas áreas que a compõem e para os inúmeros perfis profissionais que atuam nessas áreas;

- o estabelecimento de indicadores de desempenho mensuráveis que possam ser usados tanto no BSC quanto na definição de perfis para processos sucessórios ou de contração;
- a elaboração de planos para a educação corporativa aproveitar e desenvolver as competências necessárias para a estratégia da organização.

Dessa maneira, vemos que o mapeamento de competências é uma prática complementar à educação corporativa e à análise de lacunas de conhecimento e que, assim como elas, fortalece o capital humano da organização — enriquecendo sua base de conhecimento e auxiliando seu direcionamento estratégico.

Páginas amarelas

Por incrível que pareça — ou por mais difícil que seja lembrar — houve uma época em que a humanidade não tinha Google e a sociedade não estava on-line. Naqueles tempos do século XX, as pessoas costumavam usar um artefato conhecido como "lista telefônica" e, quando precisavam de algum serviço específico, logo recorriam às páginas amarelas dessa lista. Nelas, era possível encontrar todo tipo de profissional que você pode imaginar: médicos, amoladores de faca, advogados, veterinários, carpinteiros etc. Então, se você precisasse de alguém com as competências necessárias para desentupir sua pia, era só procurar por "encanador" nas páginas amarelas, ligar para o telefone indicado e agendar uma visita para que esse profissional resolvesse seu problema.

Hoje em dia, dificilmente você encontrará uma lista telefônica impressa, mas isso não impede que as páginas amarelas continuem sendo usadas. As *páginas amarelas corporativas* reutilizam aquele antigo conceito para promover o mapeamento de conhecimentos e competências dentro das organizações e ajudá-las a estruturar um banco de talentos. Trata-se de uma prática de conhecimento na qual a organização incentiva seus colaboradores a criar um perfil no portal corporativo, disponibilizando informações sobre aquilo que sabem e fazem.

De modo geral, as novas páginas amarelas podem ser de dois tipos: *formais* ou *informais*. No primeiro tipo, o indivíduo compartilha informações sobre sua formação e carreira — onde e o que estudou, em que áreas atuou, de quais projetos participou etc. Como você pode imaginar, trata-se de um tipo de páginas amarelas no qual as competências técnicas são mais destacadas e as de suporte ficam em segundo plano. Já no segundo tipo, o indivíduo disponibiliza

> *O principal problema encontrado na utilização das páginas amarelas corporativas, bem como no mapeamento de competências e conhecimentos em geral, é o medo que as pessoas têm de, ao divulgar aquilo que sabem, revelarem sem querer o que não sabem. Isso é muito comum em ambientes marcados pela hipercompetição, onde a solicitude (veja o Capítulo 1) é baixa e cada trabalhador tenta capturar o conhecimento de forma individual, em vez de compartilhá-lo de maneira voluntária (KROGH, ICHIJO, NONAKA, 2001, p. 73). A fim de evitar essa situação, a participação da alta direção, mais uma vez, é crucial para o sucesso dessas práticas de conhecimento e para o estabelecimento de um ambiente interno que valorize a solicitude.*

informações sobre seus *hobbies*, seus conhecimentos e suas competências pessoais — por exemplo, culinária, esportes, viagens, leituras etc. Nesse caso, as competências de suporte acabam tendo uma relevância maior.

Dessa maneira, as páginas amarelas formais são bastante úteis para a gestão formal do negócio e para decisões relacionadas, por exemplo, à composição de equipes de projeto. Por outro lado, as páginas amarelas informais acabam sendo uma ótima maneira de aproximar as pessoas e promover a integração organizacional, facilitando o desenvolvimento de um *ba*.

SAIU NA IMPRENSA

APRENDEU? PAGUE A CONTA

Suzana Naiditch

A gaúcha Dell Anno criou um modelo incomum de universidade corporativa, em que os alunos pagam para assistir às aulas — e só participa quem quer.

Em dezembro, o paulista José Eduardo Schneider deixou seu escritório em Americana, no interior de São Paulo, e viajou para Bento Gonçalves, no Rio Grande do Sul. Um dos 80 franqueados da fabricante de móveis gaúcha Dell Anno, Schneider foi assistir às aulas finais de um curso promovido pela universidade corporativa criada pela empresa em maio do ano passado. Participar de um compromisso como esse é relativamente comum na vida de executivos — hoje existem pelo menos 120 universidades corporativas no Brasil. A experiência de Schneider, porém, tem uma particularidade: o custo das aulas foi bancado por ele mesmo — e não pela empresa, como normalmente acontece nessas instituições. Schneider e outros 13 franqueados da Dell Anno investiram 10.000 reais cada um nos três módulos do curso, que somaram 72 horas de aula. Feitas as contas, o preço por hora é 138 reais — cerca de quatro vezes o valor de um MBA em uma escola renomada no Brasil, como a Fundação Instituto de Administração, da USP, e a Fundação Getulio Vargas. O custo também é semelhante ao de um curso na americana Harvard, pelo qual se paga o equivalente a 120.000 reais por cerca de 1.000 horas de aula na pós-graduação. "Paguei, como pagaria por uma boa pós-graduação", diz Schneider, que possui duas lojas da marca no interior de São Paulo e já planeja a abertura de outras duas até o final deste ano. "A diferença é que esse curso é totalmente centrado no meu negócio."

A universidade corporativa — que ganhou força a partir dos anos 1980 nos Estados Unidos com a promessa de padronizar o conhecimento e acelerar a formação de profissionais dentro das empresas — em geral é vista como uma espécie de benefício recebido pelo funcionário, que aprende sem pagar nada por isso. O retorno viria na forma de profissionais mais preparados e competitivos. É assim em grandes empresas mundo afora, como no célebre centro de treinamento da General Electric, em Crotonville, nos Estados Unidos, em que funcionários de mais de 40 países são treinados todos os anos. O investimento da GE feito em Crotonville é de 1 bilhão de dólares anuais. "O modelo da universidade corporativa da Dell Anno é raro e polêmico. Mas o fato é que os alunos valorizam mais quando têm de bancar as aulas", diz Marisa Pereira Eboli, professora da Universidade de São Paulo e especialista em universidades corporativas. Até criar a própria universidade, a empresa fazia apenas o que é comum aos fabricantes com sistema de franquias: treinamento gratuito de lojistas e gerentes de loja para ensinar padrões de venda e atendimento. Seus diretores, porém, alegam ter percebido que todo o investimento em treinamento ia pelo ralo com a alta rotatividade de funcionários nas lojas. De cada dez profissionais treinados, apenas três permaneciam na empresa nos 12 meses seguintes. "Decidimos oferecer um curso para o lojista aprender a escolher bem a equipe e tirar o melhor proveito dela", diz Frank Zietolie, sócio e presidente do grupo Única, dono da marca Dell Anno. "O formato pago era a melhor maneira de fazer com que cada participante valorizasse o conhecimento adquirido."

No começo, alguns franqueados estranharam a novidade. "Nunca tinha ouvido falar nesse modelo e não entendi por que teríamos de pagar", afirma um deles. Para vencer a resistência inicial, a empresa partiu para um trabalho de convencimento. O executivo Marcelo Rossi, gerente de treinamento da Única, passou quase três meses em peregrinação pelo país para explicar o modelo aos lojistas antes do início da primeira turma. "Tivemos receio de não conseguir adesão, mas depois nos surpreendemos com a receptividade dos lojistas", diz Rossi. A próxima turma, cujas aulas se iniciam em fevereiro, já está lotada com 16 participantes. A meta da empresa é que os donos de todas as 300 lojas da rede passem pela universidade — mas, como os cursos são pagos pelos franqueados, a inscrição é voluntária. "É claro que existe uma pressão informal para que os lojistas se inscrevam", diz um franqueado que preferiu não se identificar. "Ficar de fora pega mal, sobretudo para quem tem alta rotatividade de funcionários e resultados ruins."

Modelo diferente
Veja as características mais inusitadas da universidade da Dell Anno

1. O ALUNO PAGA
O custo do curso — 10.000 reais por aluno — é bancado pelos próprios participantes

2. PARTICIPA QUEM QUER
Por enquanto, 14 dos cerca de 80 franqueados participaram dos cursos. Mas já existe uma fila de 16 interessados

3. OS ALUNOS TAMBÉM ENSINAM
Os franqueados apresentam os próprios avanços para que os demais copiem as melhores ideias

Fontes: empresa e lojistas.

O programa, desenvolvido pelo consultor paranaense Eduardo Ferraz, responsável pelos demais treinamentos da Dell Anno há uma década, é quase todo voltado para a operação. Nas salas de aula, os alunos aprendem a contratar funcionários e a aumentar a lucratividade das lojas, por exemplo. Além disso, aqueles cujas lojas apresentam melhor desempenho ensinam os colegas a melhorar as vendas. É o caso do programa de fidelidade para vendedores criado pelo pernambucano Dilamar Galanhol, dono de quatro lojas em Recife, que dá prêmios em dinheiro aos funcionários que cumprem suas metas de venda — a ideia (que não pode ser considerada exatamente uma inovação mundial) já foi adotada por outros dois franqueados. Alguns deles creditam melhorias nos resultados às técnicas ensinadas na universidade corporativa. É o caso de José Luis Rodrigues. Segundo o empresário, suas sete lojas, localizadas no Paraná, dobraram o faturamento desde maio, quando ele começou a fazer o curso. "O curso exige um investimento inicial, mas é uma fórmula em que os dois lados saem ganhando", diz Rodrigues.

Exame.com, 7 fev. 2008.

Leia o trecho a seguir e relacione-o ao que foi apresentado no item sobre "Barreiras para o conhecimento" deste capítulo.

"É claro que existe uma pressão informal para que os lojistas se inscrevam", diz um franqueado que preferiu não se identificar. "Ficar de fora pega mal, sobretudo para quem tem alta rotatividade de funcionários e resultados ruins."

NA ACADEMIA

Faça uma análise relacionando o primeiro parágrafo do tópico "A gestão do capital humano: uma questão de alinhamento estratégico" com a segunda seção deste capítulo ("O capital humano e sua gestão"), com o tópico "Planejamento da 'aprendizagem organizacional'", do Capítulo 3, e com a seção "A base de conhecimento", do Capítulo 4.

Pontos importantes

- Tanto a gestão do capital humano quanto a gestão de recursos humanos se concentram no mesmo ponto: o ser humano na organização. Contudo, se, por um lado, a gestão de recursos humanos se preocupa mais com as pessoas sob a perspectiva de aspectos operacionais da organização, a gestão do capital humano é extremamente focada na utilização das pessoas como fontes de conhecimento e, assim, como ativos essenciais para o sucesso da estratégia organizacional.
- A educação corporativa é um conceito que associa a gestão do conhecimento à gestão por competências. Seu objetivo é desenvolver e fortalecer o conhecimento e as competências organizacionais por meio da aprendizagem baseada nas necessidades estratégicas da organização.
- A análise das lacunas de conhecimento é uma avaliação que determina quais conhecimentos a organização precisa conquistar

e desenvolver a fim de cumprir seus objetivos estratégicos. Nesse sentido, ela é importante para a determinação do planejamento estratégico e para o direcionamento da educação corporativa.

- Podemos entender o mapeamento de competências como uma forma elaborada do mapeamento de conhecimentos organizacionais — já abordada no Capítulo 4. Um mapa de competência serve para ilustrar o potencial humano da organização (GRAMIGNA, 2007, p. 98), mostrando aquilo que ela está apta a fazer dentro de seu campo de atuação. Por isso, ele serve de base para diversas tomadas de decisões que, direta ou indiretamente, fortalecem o capital humano da organização e influenciam seu direcionamento estratégico.

Referências

BLAKE, Robert; MOUTON, Jane. *A estruturação de uma empresa dinâmica através do desenvolvimento organizacional do tipo Grid.* São Paulo: Edgard Blücher, 1972.

CHIAVENATO, Idalberto. *Treinamento e desenvolvimento de recursos humanos:* como incrementar talentos na empresa. Barueri: Manole, 2009.

EBOLI, Marisa. *Educação corporativa no Brasil:* mitos e verdades. São Paulo: Gente, 2004.

GRAMIGNA, Maria Rita. *Modelo de competências e gestão dos talentos.* São Paulo: Prentice Hall, 2007.

KROGH, Georg Von; ICHIJO, Kazuo; NONAKA, Ikujiro. *Facilitando a criação de conhecimento*: reinventando a empresa com o poder da inovação contínua. Rio de Janeiro: Campus, 2001.

MORIN, Edgar. Complexity and the enterprise. In: AUDETE, Michele; MALOIN, Jean-Louis (eds.). *The generation of scientific, administrative knowledge.* Quebec: Univ. Laval, 1986. p. 135-154.

NAIDITCH, Suzana. Aprendeu? Pague a conte. *Exame.com,* 7 fev. 2008. Disponível em: <http://exame.abril.com.br/revista-exame/edicoes/0911/noticias/aprendeu-pague-a-conta-m0150945>. Acesso em: 22 out. 2011.

PARRY, Scott B. *The quest for competences.* Training, 1996.

PROBST, Gilbert; RAUB, Steffen; ROMHARDT, Kai. *Gestão do conhecimento*: os elementos construtivos do sucesso. Porto Alegre: Bookman, 2002.

Capítulo 8

GESTÃO DE CLIENTES

Neste capítulo, abordaremos as seguintes questões:
- O que é o cliente e quais são os tipos de cliente?
- Qual é a importância do relacionamento com o cliente para a gestão do conhecimento?
- Sob a perspectiva da gestão do conhecimento, qual é a relação entre as gestões de processos, de projetos e de clientes?
- O que é a matriz de importância e desempenho?
- O que é o modelo de 5 *gaps* e o que é SERVQUAL?
- O que é inteligência competitiva?

Introdução

Vamos nos valer de um velho chavão para começar este capítulo: o cliente sempre tem razão. E não estamos dizendo isso porque ele tem dinheiro para pagar a conta. Na verdade, para nós ele tem algo muito mais interessante — conhecimento, é claro! O cliente sabe do que ele precisa, o que quer e do que gosta. Não é preciso uma análise profunda para concluir que tudo isso constitui uma jazida de conhecimento a ser explorada pelas organizações.

> *Há dois sentidos pelos quais podemos entender o termo "conhecimento do cliente". O primeiro sentido diz respeito ao conhecimento que o cliente tem; o segundo diz respeito ao que a organização sabe sobre ele e sobre os conhecimentos que ele tem.*

A relevância do *conhecimento do cliente* se torna ainda maior se você considerar que ele é determinante para o estabelecimento e a melhoria de processos, bem como para a criação de novos projetos — afinal, nas organizações de negócios, o objetivo geral dos processos e projetos é atender às necessidades do cliente. Nesse sentido, a partir de uma perspectiva mais ampla, entendemos que os modelos de desempenho estratégico e as análises de lacunas processuais, fundamentais para a elaboração de estratégias organizacionais, são influenciados pelos conhecimentos dos clientes e que mesmo essas estratégias são orientadas em grande parte por tais conhecimentos.

Por isso, na primeira seção deste capítulo, procuraremos entender quem ou o que é o cliente e de que maneira o relacionamento com ele se encaixa na gestão do conhecimento. Em seguida, na segunda seção, abordaremos as principais questões que ligam o conhecimento do cliente aos processos organizacionais dos pontos de vista estratégico e operacional. Por fim, na última seção, apresentaremos a inteligência competitiva (IC) como uma importante ferramenta do conhecimento e analisaremos de que maneira ela se relaciona com as demais gestões abordadas neste livro.

Gestão, clientes, relacionamento, conhecimento

No Capítulo 4, deixamos bem claro que a gestão de informação *não* é responsabilidade exclusiva do setor de TI. De maneira similar, neste capítulo vamos deixar bem claro que a gestão de clientes *não* é responsabilidade exclusiva do setor de marketing — ainda que este tenha importância fundamental para ela. Portanto, convém entender o que é o cliente e por que, hoje em dia, o relacionamento com ele é tão importante para as organizações. Nos tópicos a seguir, apresentaremos algumas reflexões sobre essas questões.

O cliente

Mesmo em tempos de inovação contínua como os de hoje, algumas velhas regras ainda são bastante válidas para o funcionamento do mercado e, consequentemente, para o posicionamento organizacional. Talvez a mais básica, essencial e consagrada dessas regras seja a *lei da oferta e da demanda*. Como você já deve saber, essa lei rege os mercados antes mesmo do tempo em que Adam Smith visitava fábricas de alfinetes. Para nós, o que é realmente importante a respeito dela é que vamos entender o cliente, em um sentido muito genérico, como o sujeito que exerce a *demanda* — ele pede ou exige algo. Em uma visão simplista dessa definição, o cliente é aquele que vai receber um bem (produto ou serviço) originário do fornecedor (o sujeito que exerce a oferta), conforme o esquema básico representado na Figura 8.1.

É importante frisar que, neste ponto, estamos trabalhando com um esquema básico e simplista. Continue lendo e logo você verá que a relação é mais complexa. Contudo, por ora, continuemos com os contornos mais genéricos do cliente.

Perceba que estamos trabalhando com a noção de que o cliente é uma entidade que *necessita* ou *deseja* algo. Dessa maneira, podemos notar que o esquema da Figura 8.1 é válido para os mais diversos tipos de cliente. Cada tipo de cliente é determinado primeiro por sua localização em relação à organização — cliente interno e cliente externo — e, em seguida, pela configuração do cliente externo como indivíduo ou como organização. Assim, para cada tipo de cliente, há um tipo de necessidade. Contudo, como veremos nos itens a seguir, em alguns casos é conveniente discernir necessidade de demanda.

Tipos de clientes e de necessidades: uma visão genérica

O *cliente interno* pode ser tanto um indivíduo que faz parte do quadro de colaboradores quanto uma área ou um setor da organização. Pode ser um pouco óbvio, mas suas necessidades são intraorganizacionais. Veja alguns exemplos: um gerente de produção que precisa contratar dois profissionais para sua linha de frente é cliente do RH, pois esse setor vai fazer

Figura 8.1 Esquema básico da relação entre cliente e fornecedor.

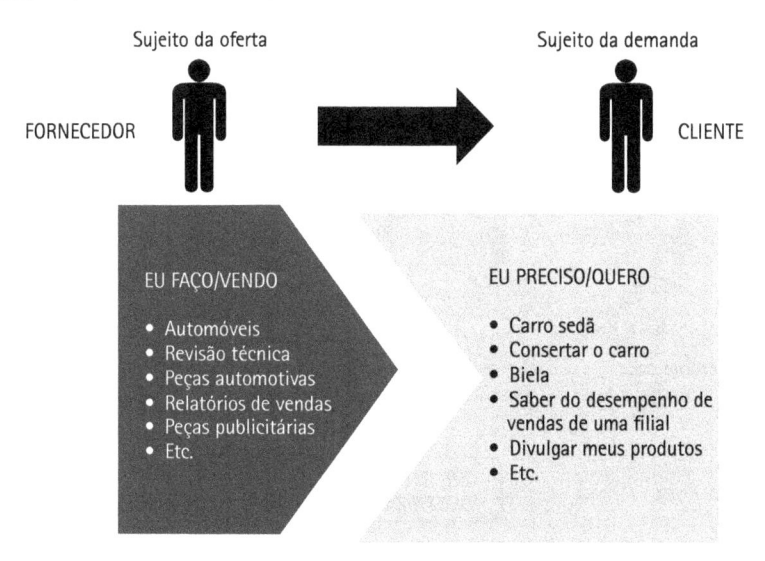

a seleção e avaliação de candidatos para as vagas; um funcionário cujo computador não está conectado à rede da organização é cliente do técnico de TI, que vai resolver o problema; um diretor de marketing ou P&D que solicita um projeto de um novo produto é cliente da equipe de projeto que vai desenvolver esse novo produto. Os clientes internos atuam também como fornecedores internos, e a interação entre esses dois papéis é determinante para a cadeia de valor da organização (reveja a Figura 5.2).

O *cliente externo*, por sua vez, não tem sua posição determinada apenas por estar do lado de fora da organização. Ele pode se configurar como outra organização ou como um indivíduo e essa condição, em geral, está relacionada a seu posicionamento ao longo da cadeia de suprimentos, também apresentada no Capítulo 5.

Basicamente, o cliente individual é o consumidor localizado no final da cadeia de suprimentos, e o cliente organizacional é representado pelas organizações ao longo dessa cadeia — na qual elas também atuam como fornecedores.

A Figura 8.2 resume a visão geral da relação entre os tipos de clientes apresentada até aqui.

Como você pode imaginar, as necessidades dos clientes organizacionais são supridas pela ação de agentes externos: os fornecedores. Podemos pensar nas necessidades dos clien-

Figura 8.2 Clientes internos e externos, cadeia de valor e cadeia de suprimentos.

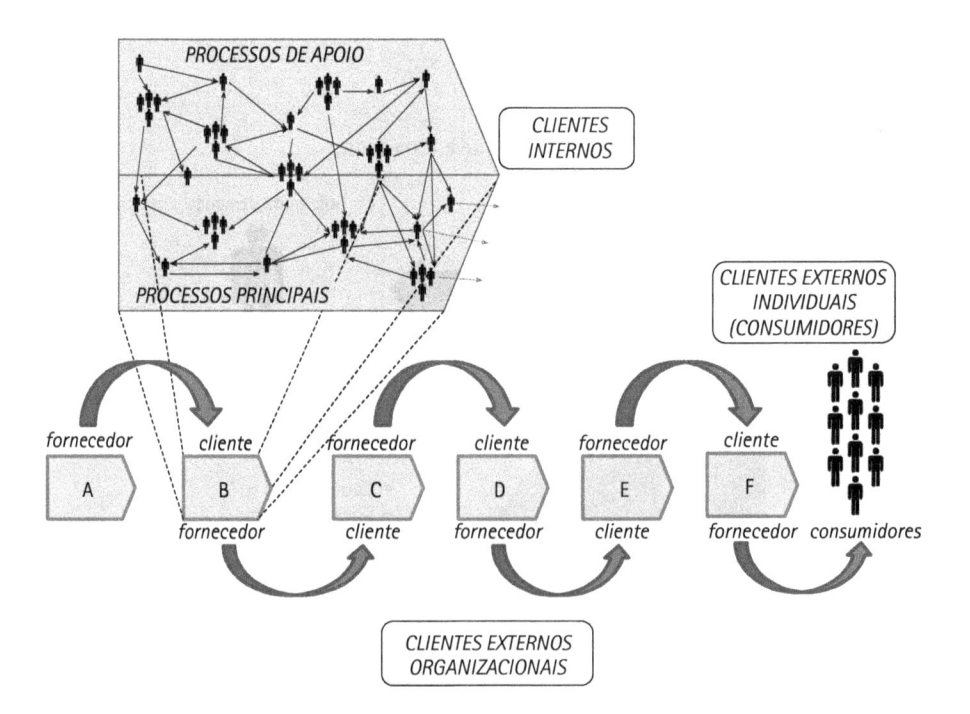

tes organizacionais como *necessidades interorganizacionais* — elas dizem respeito a um bem que não é produzido pela própria organização, mas que agrega valor ao bem produzido por esta. Um exemplo bastante claro é o caso dos computadores pessoais e notebooks da IBM que utilizam processadores da Intel.

Já no caso dos consumidores finais a necessidade é, de fato, um desejo voltado para algo específico (KOTLER, 2005, p. 8). Neste ponto, as coisas começam a ficar um pouco mais complexas e, antes de abordarmos o valor entregue a esse cliente final, precisamos distinguir necessidade, desejo e demanda.

A necessidade não faz o cliente (externo)

Até aqui, entendemos que o cliente é aquele que exerce a demanda, pois necessita ou deseja algo. Assim, temos usado os termos demanda, desejo e necessidade como sinônimos, e isso nos permitiu uma visão básica, genérica e simplista sobre os tipos de clientes, sejam eles internos, sejam externos à organização. No entanto, se quisermos entender melhor o que é o cliente externo — sobretudo o consumidor final —, convém entendermos a relação entre necessidade, desejo e demanda. Kotler (2005, p. 8) apresenta as seguintes definições sobre esses elementos:

> As necessidades são exigências humanas básicas, como comida, oxigênio, água, roupas e abrigo. As pessoas também têm uma necessidade muito grande de lazer, educação e entretenimento. Essas necessidades se tornam desejos quando são dirigidas a objetos específicos capazes de satisfazê-las. Um norte-americano necessita de comida: ele deseja um hambúrguer, batatas fritas e um refrigerante. Um habitante das Ilhas Maurício também necessita de comida, mas deseja uma manga, arroz, lentilha e feijão. Os desejos são moldados pela sociedade em que se vive. As demandas são desejos por produtos específicos apoiados pela possibilidade de pagar por eles.

Como você pode ver, uma demanda é a associação entre querer e poder. Assim, o cliente, como sujeito que exerce a demanda, é aquele que quer, por exemplo, determinado carro e pode pagar por ele. E é por isso que um enorme número de pessoas tem a necessidade de adquirir um automóvel, um grande número deseja um modelo esportivo, mas poucos são clientes da Ferrari.

Demanda: o conhecimento do cliente na estratégia da organização

Para as organizações de negócios, entender a questão da demanda apresentada no item anterior é o primeiro passo

Perceba que a aplicação desse conceito de demanda como associação entre o desejo de algo específico e a possibilidade de pagar por ele não se aplica aos clientes internos de uma organização. Primeiro, porque não é o desejo (moldado pela sociedade) dos colaboradores que está em jogo; eles pedem, solicitam ou exigem os produtos e/ou serviços dos quais necessitam para cumprir suas funções de modo que a organização alcance seus objetivos. Segundo, porque a possibilidade de pagar também não está em jogo; o técnico de TI não é pago pelo funcionário cujo computador não estava conectado à rede, assim como o RH não emite uma nota fiscal por ter selecionado dois profissionais para as vagas abertas na produção.

para conhecer seu cliente externo. Esse conhecimento, por sua vez, é fundamental para que elas orientem suas estratégias e definam seu posicionamento na rede de interação da qual fazem parte.

A Unicasa, por exemplo, é uma organização que se subdivide em cinco marcas voltadas para a fabricação de móveis planejados e modulados. Cada uma dessas marcas pode ser entendida como uma organização independente, pois, embora atuem no mesmo mercado, cada uma é focada em um segmento próprio. A Dell Anno concentra-se em consumidores de alta renda e mercados internacionais. A Favorita prioriza famílias de renda mais modesta. A New atende um público jovem, formado, em geral, por recém-casados e solteiros. A Telasul dedica-se à fabricação de móveis modulados que serão vendidos em redes varejistas. Por fim, a Unicasa Corporate oferece produtos desenvolvidos exclusivamente para os segmentos imobiliário e hoteleiro.

> Uma organização que ignora as demandas do mercado está fadada ao fracasso.
> Procure se lembrar da última vez em você teve de revelar um filme fotográfico. Se você tem cerca de 20 anos e nunca precisou fazer isso, é algo bem normal e, de certa forma, até esperado. Mas, durante algum tempo, a Kodak não quis enxergar o óbvio e continuou investindo em filmes fotográficos enquanto as câmeras digitais invadiam nossa vida. O resultado, como não poderia deixar de ser, foi um prejuízo gigantesco que literalmente queimou o filme da Kodak — talvez, o último filme queimado de nossos tempos digitais.
> Você pode conhecer mais detalhes sobre os erros e a tentativa de recuperação da Kodak lendo a matéria disponível no site da Exame.com: <http://bit.ly/yVU8OD>.

Note que todos os clientes têm a mesma necessidade — móveis. No entanto, dadas as suas características (famílias, casais, solteiros e empresas) e seu poder aquisitivo (alto, médio, baixo), as demandas são diferentes umas das outras. Isso exige que cada uma das organizações que compõem a Unicasa tenha uma estratégia própria, baseada no conhecimento de seus clientes.

O conhecimento do cliente — seja ele outra organização seja ele um indivíduo — é um elemento primordial para nortear todo o processo de criação de conhecimento da organização. Ao longo deste livro, você deve ter reparado nas diversas oportunidades que tivemos para reiterar a ideia de que o conhecimento a ser criado e valorizado dentro da organização é aquele que está alinhado aos objetivos estratégicos organizacionais. Não adianta uma equipe desenvolver um projeto inovador a respeito de uma máquina de fazer pão caseiro se a organização da qual ela faz parte é a Embraer. Da mesma maneira, se um indivíduo tem um *insight* fabuloso sobre um pequeno bloco de anotações com folhas quadradas, amarelas e autoadesivas, essa ideia não terá muito valor para ser desenvolvida em um produto dentro da Votorantim Cimentos.

Paralelamente, em um nível mais amplo, uma organização não pode elaborar sua estratégia sem considerar, em sua visão de conhecimento, questões relacionadas à demanda de seu público-alvo — seja ele composto por clientes ativos, seja por clientes em potencial. Em outras palavras, a empresa precisa estar estrategicamente alinhada às demandas (presentes e futuras) do mercado no qual ela atua e/ou no qual ela pretende atuar no futuro. Dessa maneira, esse alinhamento externo em grande parte influencia e determina aspectos críticos do alinhamento interno.

Para que uma organização possa de fato promover esse alinhamento externo e se orientar pelas demandas de seu público-alvo, ela precisa fazer mais do que olhar para seu cliente: ela precisa ouvi-lo e falar com ele. Em outras palavras, ela precisa se relacionar com seu cliente.

Relacionamento com o cliente

Houve um tempo em que a relação entre fornecedor e cliente era algo muito simples, quase exclusivamente limitada às ações de venda e compra e fortemente orientada pela oferta de produtos. Ou seja, o fornecedor desempenhava um papel preponderante, enquanto o consumidor era tido como um elemento passivo. O foco recaía sobre o que era produzido e vendido, não sobre aquilo que o cliente de fato valorizava.

O cliente, menos do que um indivíduo com gostos e desejos próprios, era tido como uma massa disforme de compradores. Nos anos de 1920, por exemplo, Henry Ford se preocupava em produzir e vender seus modelos T na cor preta. Ele não tinha interesse em saber se quem comprava os carros tinha determinada renda, pertencia a uma classe social específica ou se preferia um carro branco.

Os tempos, entretanto, mudaram. O cliente se tornou o elemento ativo preponderante da relação com o fornecedor. Além disso, a relação em si já não é mais tão simples: antes de chegar às ações de venda e compra, é necessário mapear o mercado, identificar e conhecer o cliente. Essa é a razão pela qual a customização de produtos tem se expandido das mais variadas maneiras para garantir a satisfação do cliente.

O público deixou de ser uma massa disforme. Na verdade, graças aos avanços tecnológicos, é cada vez mais fácil identificar os consumidores em suas particularidades. E isso é muito importante para o processo de atração e fidelização de clientes, cujas etapas são representadas na Figura 8.3.

Figura 8.3 O processo de atração e fidelização de clientes (baseada em GRIFFIN, 1995, p. 36).

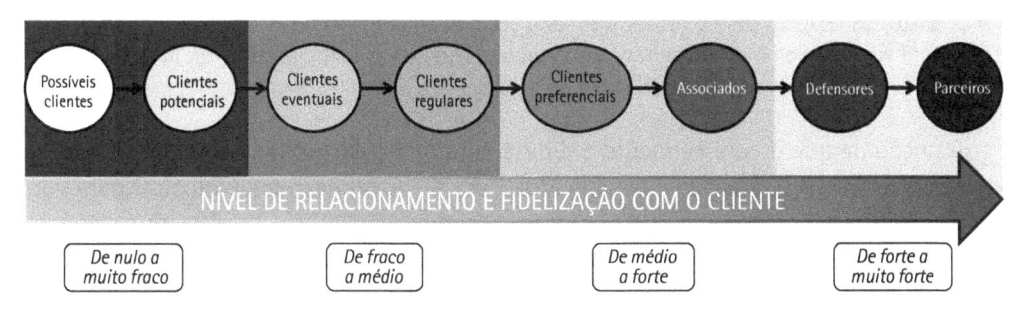

Possíveis clientes → Clientes potenciais → Clientes eventuais → Clientes regulares → Clientes preferenciais → Associados → Defensores → Parceiros

NÍVEL DE RELACIONAMENTO E FIDELIZAÇÃO COM O CLIENTE

- De nulo a muito fraco
- De fraco a médio
- De médio a forte
- De forte a muito forte

Esse processo é a espinha dorsal do que hoje é uma das principais ações promovidas no campo da gestão de clientes: a *gestão de relacionamento com clientes* (ou CRM, do inglês *customer relationship management*). Trata-se de uma ação que busca fidelizar o cliente a uma organização, isto é, criar laços que extrapolem os limites de uma relação comercial para, em muitos casos, constituir uma relação afetiva entre o indivíduo e a organização. Nesse sentido, perceba como as propagandas, *slogans* e outros tipos de comunicação voltada para os clientes mudaram significativamente suas mensagens: antigamente, a ideia transmitida era "compre", "use", "beba" etc.; hoje, em geral, a ideia é "sinta", "apaixone-se" etc.

O exemplo da Ford mostra como o CRM tem motivado as organizações a buscarem laços mais profundos com os clientes. Se o velho Henry Ford se preocupava mais com a linha de montagem do que com aqueles que compravam seus carros, hoje a situação é bem diferente. A montadora é uma das empresas que investem pesado na promoção de sua marca por meio do Facebook, não apenas para divulgar seus produtos, mas, sobretudo, para interagir com os mais diversos públicos e saber quais são suas preferências, gostos e expectativas.

> A Ford não é a única organização que tem se beneficiado com as redes sociais digitais. Para saber um pouco mais sobre o assunto, acesse a lista das cinco marcas de maior audiência nessas redes elaborada pela revista *Exame*: <http://bit.ly/rXhqax>.

Se, de um lado, a relação com o cliente ficou mais complexa, de outro ela é muito mais importante para o sucesso das organizações. Um bom relacionamento pode ajudá-las a determinar *o que*, *quanto* e *como* será produzido, evitando gastos desnecessários e direcionando mais acertadamente a estratégia para o lucro.

E o que tudo isso tem a ver com a gestão de conhecimento? Bem, se a resposta ainda não ficou clara, nós a deixaremos bem explícita no próximo item.

Relacionamento é conhecimento

A gestão de clientes, notadamente a gestão do relacionamento com o cliente, é em todos os seus aspectos baseada na gestão do conhecimento. O argumento que usamos para justificar essa afirmação é bem simples: não há relacionamento de qualquer tipo se não houver conhecimento — mais especificamente, conhecimento compartilhado. Preste atenção na seguinte afirmação de Gummesson (2005, p. 165):

> *O conhecimento geralmente é a base para uma aliança.* As suas aplicações diárias podem ser parte das relações de mercado e dos nanorrelacionamentos, enquanto novas combinações de conhecimento e novas maneiras de comercializá-lo existem amplamente em níveis superiores ao de relacionamentos de mercado. [grifo nosso]

A noção de que o conhecimento é a base para uma aliança não se restringe ao relacionamento entre organização e consumidor. Uma breve reflexão pode mostrar para você que essa ideia já foi abordada diversas vezes ao longo deste livro. Lembre-se de que um dos pilares fundamentais para a gestão de conhecimento é a criação e o desenvolvimento de um *ba*.

A solicitude e o contexto capacitante são os fatores que possibilitam a interação e o compartilhamento de experiências e conhecimentos. Como você já viu, isso é válido para os colaboradores de uma organização — os clientes internos (Capítulo 1); para as organizações conectadas em uma rede interorganizacional — clientes externos organizacionais (Capítulo 5); e para os consumidores finais — clientes externos individuais (*este* capítulo).

Em uma época como esta, na qual as empresas se esforçam para construir um relacionamento afetivo com os clientes (a fim de sustentar o relacionamento comercial), a relação entre organização e clientes funciona como uma aliança na qual o conhecimento trafega em via dupla: os clientes precisam conhecer a organização e esta precisa conhecê-los. É essa interação que leva ao desenvolvimento do processo de fidelização apresentado na Figura 8.3. Quando o cliente se torna um *parceiro* da organização, ele deixa de ser apenas mais uma pessoa que acumula pontos em um cartão de compras ou promove marketing boca a boca na rede social da qual faz parte — ele *socializa* seu conhecimento com os desenvolvedores de novos projetos, como afirmam Nonaka e Takeuchi (1997, p. 71):

> A socialização também ocorre entre os responsáveis pelo desenvolvimento de produto e os clientes. As interações com os clientes antes do desenvolvimento do produto e após seu lançamento no mercado são, na verdade, um processo infinito de compartilhamento do conhecimento tácito e criação de ideias para aperfeiçoamento.

É importante prestar muita atenção ao fato de que o cliente também possui conhecimento tácito. Talvez essa seja uma das maiores riquezas que a aliança com o cliente pode oferecer à organização. Mas, obviamente, acessar tal conhecimento não é tão fácil como colher uma maçã que acabou de cair do pé. Ainda segundo Nonaka e Takeuchi (1997, p. 274):

> A criação do conhecimento não é simplesmente uma questão de processar informações objetivas a respeito de clientes, fornecedores, concorrentes, assinantes de canais, a comunidade local ou o governo. Os membros da equipe também têm que mobilizar o conhecimento tácito dos participantes externos através de interações sociais.

De acordo com Gummeson (2005, p. 180), os nanorrelacionamentos são os relacionamentos que ocorrem abaixo do mercado, ou seja, dentro da organização. Eles se opõem aos megarrelacionamentos — relacionamentos que se dão acima do mercado, na sociedade em geral (GUMMESON, p. 152). Os megarrelacionamentos estabelecem as condições para os relacionamentos de mercados que, por fim, são aqueles que envolvem fornecedores, clientes, competidores e outros atores do próprio mercado.

De acordo com Gummeson (2005, p. 169), os relacionamentos do conhecimento têm quatro características: "(1) O aprendizado e a criação de conhecimento são cada vez mais o objetivo das alianças. (2) Os relacionamentos de conhecimento precisam ser mais íntimos que os relacionamentos de produto. (3) Os relacionamentos de conhecimento exigem redes complexas; os de produtos geralmente foram estabelecidos com concorrentes, enquanto os do conhecimento também são estabelecidos com universidades, consultores, inventores, educadores, consumidores, fornecedores e internamente com departamentos funcionais. (4) Os relacionamentos do conhecimento têm um potencial maior, pois o conhecimento é mais geral que um produto, que é uma simples aplicação do mesmo".

Tais interações sociais dizem respeito a ações que vão muito além dos questionários de satisfação ou da caixinha de sugestões, pois é preciso vencer a barreira entre o conhecimento tácito e o explícito do cliente. Mais uma vez, Nonaka e Takeuchi (1997, p. 274) afirmam:

> Muitas das necessidades dos clientes são tácitas, isto é, eles não sabem dizer de forma exata ou explícita do que precisam ou o que desejam. Quando lhes perguntamos "Do que você precisa" ou "O que você deseja", a maioria dos clientes tende a responder à pergunta a partir de seu conhecimento explícito limitado sobre os produtos ou serviços disponíveis adquiridos no passado. Essa tendência aponta para a limitação crítica do formato questionário unilateral empregado nas pesquisas de mercado tradicionais.

Como você pode ver, estar perto do cliente, ouvi-lo, conversar com ele e, em suma, ajudá-lo a converter seu conhecimento tácito pode ser uma fonte de inovação valiosa para a organização, influenciando tanto uma única cadeia de valor como uma cadeia de suprimentos inteira.

Gestão, clientes, processos, conhecimento

A perspectiva da gestão de processos apresentada no Capítulo 5 nos permite olhar a organização como uma síntese de processos cujo objetivo final é a criação e a entrega de valor ao cliente. É preciso entender que esse valor criado e entregue ao cliente não é outra coisa senão o fruto do conhecimento organizacional. Como afirma Gummeson (2005, p. 165):

> As companhias precisam de conhecimento para desenvolver, produzir e vender bens e serviços. O conhecimento é visto cada vez mais como parte central da competitividade.

Assim, podemos entender que o conhecimento perpassa toda a organização até chegar ao cliente na forma de um produto ou serviço que satisfaça sua demanda. Até aqui temos uma visão micro do sistema. Em uma visão macro, veremos que isso é aplicado a toda a cadeia de suprimentos e, além disso, que o conhecimento do cliente é fundamental para orientar a criação de conhecimento organizacional e, consequentemente, a criação de valor embutido no produto/serviço ofertado. A Figura 8.4 esquematiza o funcionamento desse sistema de valor sob a perspectiva do conhecimento.

Nos tópicos a seguir, veremos de que maneira o conhecimento do cliente impacta os processos organizacionais tanto do ponto de vista estratégico quanto do operacional.

Conhecimento estratégico de valor em processos voltados ao cliente

No Capítulo 5, observamos a importância de promover o alinhamento entre os processos e a estratégia organizacional. Neste capítulo, vimos que o conhecimento do cliente é um fator de grande influência para a elaboração dos objetivos estratégicos e para a orientação dos processos visando à entrega de valor ao cliente.

Figura 8.4 Funcionamento do sistema de valor sob a perspectiva do conhecimento.

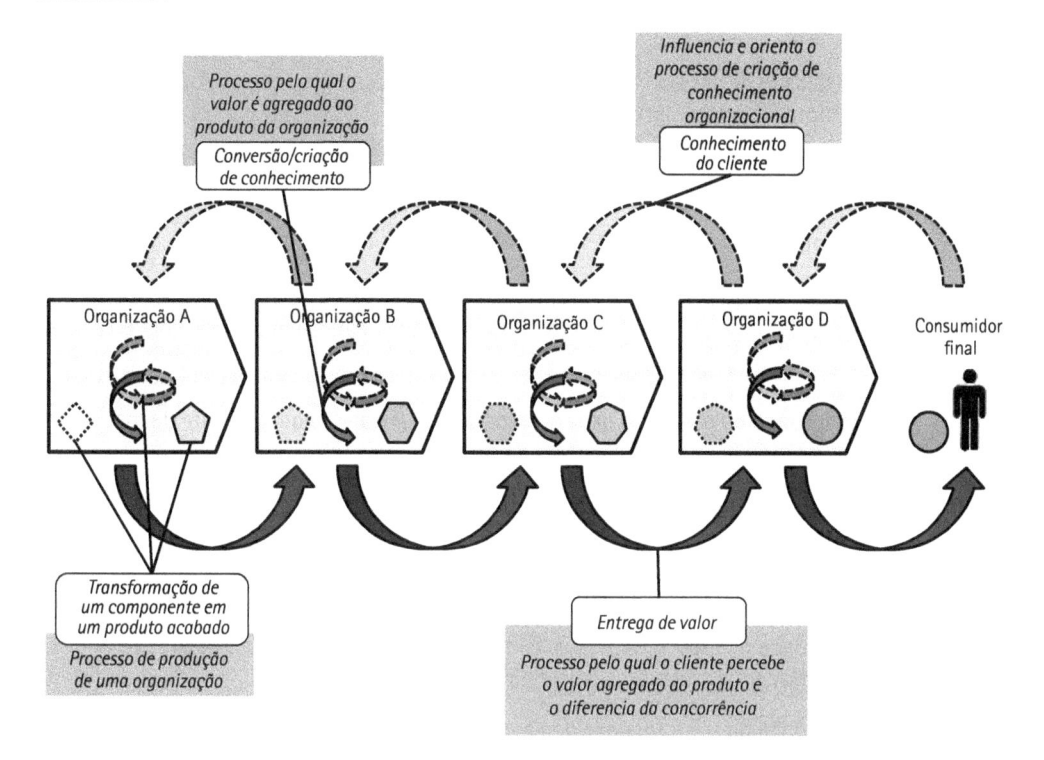

Processo pelo qual o valor é agregado ao produto da organização
- Conversão/criação de conhecimento

Influencia e orienta o processo de criação de conhecimento organizacional
- Conhecimento do cliente

Organização A — Organização B — Organização C — Organização D — Consumidor final

Transformação de um componente em um produto acabado
Processo de produção de uma organização

Entrega de valor
Processo pelo qual o cliente percebe o valor agregado ao produto e o diferencia da concorrência

---

Dessa maneira, não é difícil entender que a organização deve alinhar o desempenho de seus processos internos aos *requisitos do mercado* para garantir a entrega de valor. Em outras palavras, isso significa que é preciso analisar tais requisitos e utilizá-los como critérios para a avaliação de desempenho dos processos. É preciso ter em mente que a forma como os clientes julgam a organização é o principal componente dos requisitos do mercado. Por isso, após uma extensa e detalhada pesquisa, Corrêa e Caon (2002) definiram 14 critérios utilizados com mais frequência pelos clientes para avaliar a qualidade de serviços de uma organização. Você pode conferi-los no Quadro 8.1.

> Os requisitos de mercado são, em grande parte, fruto do conhecimento e da demanda dos clientes. Outros fatores também compõem tais requisitos de forma mais ou menos direta. Exemplos desses outros fatores podem ser o selo de aprovação do Inmetro e as normas da Anatel ou da Anac, entre outros.

Quadro 8.1 Critérios de desempenho utilizados pelos clientes para avaliar a qualidade de serviços (baseado em CORRÊA; CAON, 2002).

Acesso	Facilidade de acesso físico (proximidade, praticidade para chegar) ou acesso remoto (pela Internet ou pelo telefone).
Consistência	Nível de ausência de variabilidade entre a especificação e a entrega do serviço.
Competência	Capacitação técnica da organização para prestar o serviço.
Atendimento	Atenção dada pelos funcionários de contato.
	Disposição para entender e auxiliar o cliente.
	Grau de simpatia, educação e cortesia dos funcionários em contato com o cliente.
Segurança	Nível de segurança pessoal ou do bem do cliente que passa pela prestação do serviço.
Comunicação	Habilidade do prestador de serviço para comunicar-se com o cliente de maneira satisfatória (inteligível, com frequência e riqueza adequadas).
Limpeza	Asseio e arrumação das instalações do serviço.
Conforto	Nível de conforto oferecido pelas instalações do serviço.
Estética	Aparência e ambiente das instalações do serviço: som, cheiro, atmosfera etc.
Qualidade dos bens	Qualidade da especificação dos bens materiais que são parte do pacote de valor entregue (estética, praticidade etc.).
	Qualidade da conformidade dos bens materiais (quando se encontram conforme as especificações).
	Durabilidade dos bens materiais entregues.
	Confiabilidade ou probabilidade de o bem entregue falhar dentro de determinado período.
Preço	Custo de ser cliente. Além do preço do produto ou serviço, pode incluir custos adicionais, como o de ter acesso ao processo.
Integridade	Honestidade, sinceridade e justiça com que o cliente de serviços é tratado; confiança de que o prestador honrará a garantia do serviço, caso dê errado.
Velocidade	Rapidez para iniciar o atendimento — tempo gasto pelo cliente antes de o atendimento começar, por exemplo.
	Rapidez para executar o atendimento/serviço — tempo que decorre desde o início do atendimento até o final da entrega do serviço (conhecido também como *lead time*).
Flexibilidade	Capacidade para alterar o pacote de serviços para que melhor se ajuste à expectativa/desejo do cliente.
	Rapidez e facilidade com a qual se executam alterações no pacote de serviços.
	Quantidade de opções presentes no pacote de serviços.

É importante ter em mente que os critérios apresentados no Quadro 8.1 não são absolutos nem têm pesos equivalentes. Dependendo do mercado ou do segmento de mercado focado pela organização, seus clientes podem ter outros critérios ou podem dar mais valor a um critério do que a outro. Por exemplo, muito provavelmente os clientes de um restaurante consideram a limpeza um critério muito mais importante do que a comunicação; já os clientes que entram em contato com o *call center* de um banco não se importarão tanto com a limpeza quanto com a comunicação.

Por isso, a organização deve acessar o conhecimento de clientes e analisar quais são os critérios válidos para a análise de seus processos. A partir daí — juntamente com a análise de satisfação dos clientes nesses critérios — ela poderá avaliar a diferença entre seu desempenho real e o desempenho ideal para seus clientes. Assim, também poderá promover as devidas melhorias em seus processos para garantir a entrega de valor a seus clientes e se diferenciar dos concorrentes. Contudo, isso não é o bastante.

Uma vez que a organização definiu seus critérios, ela precisa estipular a *importância relativa* de cada um deles. Como afirmam Slack et al. (2008, p. 446):

> Um aspecto significativo do desempenho é a importância relativa de vários indicadores de desempenho. O fato de algum fator de desempenho ser relativamente ruim não significa que ele deveria ser melhorado imediatamente se o desempenho atual como um todo excede a meta de desempenho.

Por isso, Slack et al. (2008, p. 446-448) indicam a *matriz de importância e desempenho* como uma maneira de avaliar o desempenho real da qualidade do serviço prestado por uma organização, de acordo com a importância relativa de seus vários critérios e em relação à meta de desempenho ideal, para só então priorizar as melhorias.

Dito de maneira mais simples, essa matriz indica a posição de cada critério de desempenho em relação à sua importância e ao seu desempenho atual. A Figura 8.5 apresenta o modelo dessa matriz.

Cabe explicar que o Quadro 8.1 foca em serviços e não em produtos porque, em grande parte dos casos, o processo de compra de um produto também envolve a aquisição — remunerada ou não — de serviços. E isso acaba refletindo-se no valor agregado ao produto. Pense, por exemplo, que a compra de um armário de cozinha nas Casas Bahia envolve também o serviço de entrega e de montagem do móvel; ou, então, que a oferta de uma garantia estendida pode influenciar a escolha na compra entre um notebook de uma marca e o de outra.

Organizações que atuam em um mesmo mercado, mas em segmentos diversos, podem ter critérios com diferentes importâncias relativas. Um restaurante que vende pratos feitos para operários pode não apresentar a mesma importância relativa nos critérios custo, estética, conforto e limpeza que um restaurante sofisticado de alto padrão.

Usamos a escala de um a nove para apresentar o modelo da matriz, porque foi assim que Slack et al. (2005) fizeram. No entanto, como se trata de um modelo, é importante considerar que ele pode — e deve — ser adaptado à realidade de cada organização. Dessa maneira, pode ser que em uma organização a escala seja de um a cinco e, em outra, de um a vinte.

Figura 8.5 Modelo da matriz de importância e desempenho (baseada em SLACK et al., 2008, p. 447).

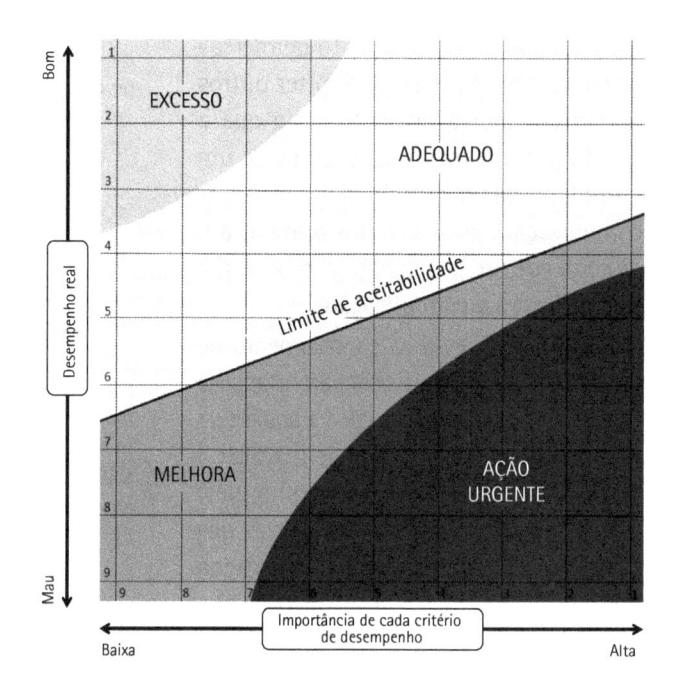

No modelo ilustrado na Figura 8.5, a linha diagonal indicada como *limite de aceitabilidade* marca o limite entre o desempenho atual aceitável e o inaceitável. Ao contrário do que se possa imaginar, nem todo critério cujo desempenho estiver abaixo desse limite exige o mesmo esforço e prioridade de melhoria. Imagine, por exemplo, dois critérios: o critério A tem importância 8 e desempenho 7, enquanto o critério B tem importância 2 e desempenho 5. Embora o critério B tenha um desempenho dois pontos maior que A, é ele que exige atenção imediata, pois sua importância é muito maior que a do outro critério. Por outro lado, um critério cujo desempenho está acima do limite também pode ser motivo de atenção. Pense agora em mais dois critérios: o critério Y tem importância 1 e desempenho 3, e o critério Z tem importância 9 e desempenho 1. Ambos os critérios têm desempenho satisfatório; contudo, diante da baixa importância do critério Z, devemos nos questionar se os recursos consumidos para alcançar um desempenho tão alto não seriam mais bem empregados em outros critérios.

A partir desses dois exemplos, podemos entender as quatro zonas que dividem a matriz:
- **Zona adequada:** o desempenho real é considerado satisfatório.
- **Zona de melhoria:** o desempenho está abaixo do aceitável e precisa melhorar.
- **Zona de urgência:** o desempenho de um critério de grande importância para o cliente é perigosamente inaceitável e exige melhorias imediatas.

- **Zona de excesso:** o desempenho é alto demais em relação à importância que esse critério tem para o cliente.

A construção e utilização da matriz de importância e desempenho é uma prática que depende de a organização promover efetivamente o compartilhamento de conhecimento de seus clientes. Dessa maneira, ela pode definir quais são, de fato, os critérios críticos para sua avaliação e qual é a importância de cada critério para determinar os elementos que fortalecem sua competitividade em determinado mercado.

Se você ainda se lembra do que foi discutido sobre o *balanced scorecard* (BSC) no Capítulo 3, deve ter percebido que os resultados indicados pela matriz podem auxiliar muito a determinação de objetivos e medidas para as perspectivas de *clientes, processos internos do negócio* e *aprendizado e conhecimento*, além de beneficiar os resultados almejados na perspectiva *financeira*.

> *É importante destacar que o desempenho a ser avaliado pela matriz pode ser relacionado ao de um concorrente direto da organização ou a quaisquer outros critérios que sejam validados pelos responsáveis pela elaboração e pela aplicação da matriz.*

No próximo tópico, vamos nos concentrar em dois modelos que complementam a utilização da matriz e oferecem um enfoque mais operacional à utilização do conhecimento dos clientes nos processos da organização.

Conhecimento de lacunas em processos de valor voltados ao cliente

Neste tópico, vamos apresentar dois modelos que trabalham com a medição da qualidade dos serviços prestados por uma organização a partir do diferencial entre a expectativa e a percepção que os clientes têm de tais serviços. O primeiro modelo é conhecido como *modelo dos 5 gaps* e o segundo, como *SERVQUAL*. Com algumas adaptações, esse diferencial pode indicar a importância dos critérios de desempenho e o desempenho real pelos quais os clientes avaliam a qualidade dos serviços de uma organização — itens que compõem a matriz apresentada no tópico anterior.

Modelo dos 5 *gaps*

Desenvolvido por Parasuraman et al. (1985), o modelo dos 5 *gaps* permite que a organização visualize as deficiências de seus serviços e busque uma solução para elas, analisando cinco lacunas que, ao longo dos processos internos, prejudicam a entrega de valor ao cliente. Tais lacunas são:

Gap 1 **As expectativas dos clientes e as percepções dos gerentes sobre tais expectativas.**

Esta lacuna ocorre quando o gestor não tem uma visão correta da expectativa do cliente. De acordo com Parasuraman et al. (1985), muitas das percepções dos gestores sobre as expectativas dos clientes relacionadas à qualidade do serviço são congruentes; porém, não é raro encontrar casos em que existe discrepância entre a percepção de um e a expectativa de outro. Em um restaurante, por exemplo, o gerente pode acreditar que oferecer apresentações de música ao vivo seja um diferencial positivo para seus clientes, mas talvez eles não se sintam muito atraídos pelo tipo de música que o lugar oferece.

Algumas maneiras de solucionar esse problema são: aprimorar o foco ou a seleção de clientes; realizar mais e melhores pesquisas com os consumidores; fortalecer os canais de comunicação formais e informais; e reduzir a distância entre a gerência e as pessoas na linha de frente.

Gap 2 As percepções dos gerentes sobre as expectativas dos clientes e as especificações da qualidade do serviço.

Esta lacuna é interna à organização e, na maioria dos casos, está localizada entre o *front office* (as pessoas que estão em contato direto com o cliente) e o *back office* (as pessoas responsáveis pela estrutura e pelos processos internos). Ela pode ter basicamente três causas atuando isoladamente ou em conjunto. A primeira é a limitação de recursos operacionais para alcançar ou superar as expectativas dos clientes. A segunda são as mudanças rápidas nas condições do mercado. A última é a ausência de comprometimento da gerência com a qualidade do serviço. Para superar essa lacuna a organização deve criar e manter uma cultura de qualidade de serviços ativa; analisar o pacote e o ciclo de serviços para verificar se eles estão de acordo com a realidade do mercado; e, por fim, utilizar recursos e ferramentas que sejam capazes de levar a voz do cliente para as especificações de qualidade dos processos.

Gap 3 As especificações da qualidade do serviço e a qualidade do serviço prestado.

Esta lacuna revela que, mesmo quando a organização elabora especificações de qualidade de prestação de serviço e atendimento adequadas às expectativas dos clientes, o serviço pode não alcançar os requisitos exigidos. Por quê? *Porque as pessoas são importantes!*

De acordo com Parasuraman et al. (1985, tradução nossa), "executivos reconhecem que os empregados de uma empresa de serviços exercem grande influência na qualidade de serviço percebida pelos clientes e que o desempenho dos empregados nem sempre pode ser padronizado". Dessa maneira, podemos indicar como principais causas dessa lacuna os desconhecimentos das especificações de qualidade, a falta de habilidade para o cumprimento dos requisitos e/ou a falta de comprometimento dos empregados. Perceba que cada uma dessas causas remete a um dos elementos da competência indicados no Capítulo 7.

Algumas medidas que podem corrigir ou prevenir essa lacuna são: comunicar clara e amplamente as especificações de qualidade; selecionar funcionários com o perfil adequado às especificações ou adequar esse perfil por meio de treinamentos; avaliar o desempenho dos funcionários por meio de uma supervisão mais atenta e promover a comunicação de *feedbacks* mais instrutivos do que punitivos.

Gap 4 O serviço realmente prestado e a comunicação externa sobre tal serviço.

Você não pode negar que a comunicação externa (anúncios e propagandas) produz um impacto grande sobre as expectativas dos clientes. É necessário, portanto, prestar atenção para evitar que a organização não fale mais do que faz, pois isso aumentará as expectativas iniciais da mesma forma que diminuirá a percepção de qualidade quando as promessas divulgadas não forem cumpridas. Uma situação inversa também pode ser a causa dessa lacuna. Isso acontece quando a organização não se esforça para informar os clientes sobre os esforços especiais que eles não veem, mas que são feitos para assegurar a qualidade do serviço.

Para reparar essa situação, a solução é simples: basta melhorar a comunicação entre as diferentes áreas da organização e entre ela e os clientes. Isso deve ser feito para, por um lado, evitar promessas impossíveis de serem cumpridas e, por outro, ajudar a despertar nos clientes a consciência do esforço que a organização faz para satisfazê-los, influenciando, assim, sua percepção sobre a prestação dos serviços.

Gap 5 **As expectativas dos clientes em relação ao serviço e a percepção deles em relação ao desempenho do serviço prestado.**

Esta lacuna é decorrente da soma de todas as outras lacunas e para solucioná-la a organização deve corrigir os problemas já indicados.

A Figura 8.6 resume e ilustra o modelo de 5 *gaps* apresentado aqui.

Figura 8.6 Modelo de 5 *gaps* (baseada em PARASURAMAN et al., 1985).

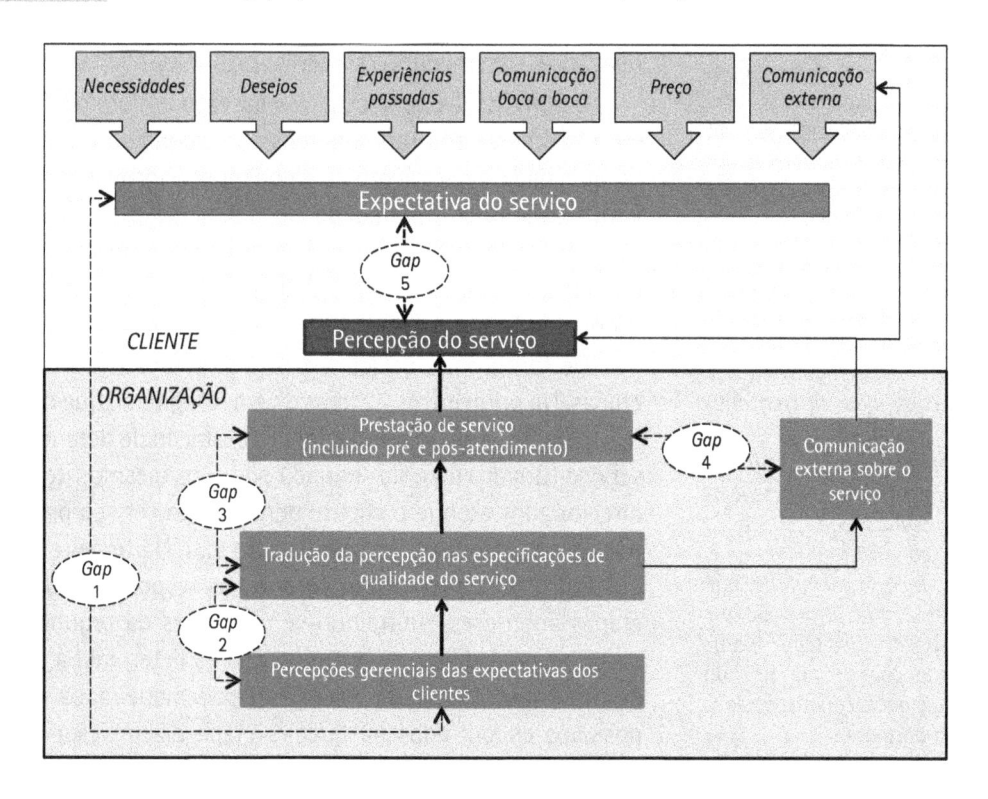

> Uma prática cada vez mais comum para fortalecer o ba externo com os clientes é a elaboração de concept stores ou lojas conceito. Nesses ambientes, a ideia não é apenas vender um produto como acontece nas lojas tradicionais, mas oferecer aos consumidores experiências mais sensoriais que os aproximem da marca. Além disso, não são raras as vezes em que os clientes podem experimentar produtos que ainda não foram lançados e expressar sua opinião sobre eles.

> De acordo com Parasuraman et al. (1988), as cinco dimensões da qualidade são: (1) a tangibilidade, que está relacionada a aspectos físicos como móveis, roupas, aparência, equipamentos etc.; (2) a confiabilidade, que diz respeito ao cumprimento das promessas feitas em termos de eficácia, eficiência e prazo; (3) a receptividade, que é a capacidade de entender a situação e a dificuldade do cliente e de responder de maneira positiva; (4) a segurança, que é a capacidade de transmitir ao cliente a sensação de que a organização e seus funcionários têm as competências necessárias para prestar o serviço com qualidade; e, por fim, (5) a empatia, que diz respeito à disposição que os funcionários têm e manifestam para prestar atenção àquilo que o cliente considera importante.

O entendimento do modelo de 5 *gaps* pode ser de extrema utilidade para a solução ou prevenção de problemas que atrapalhem o desempenho da organização em relação à satisfação do cliente. Para tanto, do ponto de vista da gestão do conhecimento, o funcionamento desse modelo exige o desenvolvimento de dois tipos de *ba*: um interno, que permita a comunicação das especificações de qualidade do serviços dentro das áreas da organização, e outro externo, pelo qual seja possível captar as expectativas e percepções dos clientes e comunicar-lhes de forma mais precisa e adequada os valores embutidos no serviço.

SERVQUAL

Como Freitas, Bolsanello e Carneiro (2007) observam, é possível analisar separadamente cada uma das lacunas indicadas no modelo de 5 *gaps*. De fato, a essência da proposta do modelo SERVQUAL (PARASURAMAN *et al.*, 1988) é justamente a mensuração da quinta lacuna do modelo abordado no item anterior, ou seja, da diferença entre as expectativas dos clientes em relação ao serviço e a percepção deles em relação ao desempenho do serviço prestado.

O SERVQUAL é uma pesquisa baseada em um formulário com 22 itens. Cada um dos itens corresponde a um critério de qualidade de serviço e eles podem ser agrupados naquilo que os autores chamam de *cinco dimensões da qualidade*. Para responder aos itens, os clientes devem usar uma escala numérica na qual um significa "Discordo totalmente" e sete, "Concordo totalmente".

De forma mais básica, a pesquisa se desenrola em três etapas. Na primeira, os 22 itens dizem respeito ao que o cliente espera de uma empresa ideal na prestação de determinado serviço (Quadro 8.2). Na segunda etapa, os mesmos itens são direcionados ao que o cliente percebeu do serviço prestado por uma empresa específica (Quadro 8.3). Na terceira etapa, por fim, é feita a comparação entre as respostas dadas nas etapas anteriores, subtraindo-se os valores da segunda dos da primeira. A diferença entre os valores determina a lacuna entre a expectativa e a percepção. Dessa maneira, os valores positivos encontrados na terceira etapa dizem respeito aos itens nos quais a organização está superando a expectativa

Quadro 8.2 Formulário para medir a expectativa da qualidade de serviço de uma empresa ideal (baseado em PARASURAMAN et al., 1988).

	(1) Discordo totalmente – (4) Neutro – (7) Concordo totalmente	NOTA
E1	Excelentes empresas de [TIPO DE SERVIÇO] têm equipamentos modernos.	
E2	O ambiente físico das excelentes empresas de [TIPO DE SERVIÇO] é agradável.	
E3	Os empregados de excelentes empresas de [TIPO DE SERVIÇO] têm boa aparência.	
E4	O material associado com o serviço prestado nas excelentes empresas de [TIPO DE SERVIÇO], tais como faturas, impressos ou panfletos, tem boa aparência.	
E5	Quando excelentes empresas de [TIPO DE SERVIÇO] prometem fazer algo em certo tempo, elas cumprem.	
E6	Quando um cliente tem um problema, as excelentes empresas de [TIPO DE SERVIÇO] demonstram um sincero interesse em resolvê-lo.	
E7	Excelentes empresas de [TIPO DE SERVIÇO] fazem o serviço certo da primeira vez.	
E8	Excelentes empresas de [TIPO DE SERVIÇO] executam seus serviços no tempo em que se comprometeram.	
E9	Excelentes empresas de [TIPO DE SERVIÇO] se preocupam em executar suas tarefas sem cometer erros.	
E10	Os empregados de excelentes empresas de [TIPO DE SERVIÇO] informam aos clientes qual é exatamente o prazo em que os serviços serão executados.	
E11	Os empregados de excelentes empresas de [TIPO DE SERVIÇO] atendem os clientes com presteza.	
E12	Os empregados de excelentes empresas de [TIPO DE SERVIÇO] sempre têm boa vontade em ajudar os clientes.	
E13	Os empregados de excelentes empresas de [TIPO DE SERVIÇO] sempre têm tempo para esclarecer dúvidas dos clientes.	
E14	O comportamento dos empregados de excelentes empresas de [TIPO DE SERVIÇO] inspira confiança nos clientes.	
E15	Os clientes de excelentes empresas de [TIPO DE SERVIÇO] sentem-se seguros nas transações com essa empresa.	
E16	Os empregados de excelentes empresas de [TIPO DE SERVIÇO] são corteses com os clientes.	
E17	Os empregados de excelentes empresas de [TIPO DE SERVIÇO] têm os conhecimentos necessários para responder às questões dos clientes.	
E18	Excelentes empresas de [TIPO DE SERVIÇO] dão atenção individual a cada cliente.	
E19	Excelentes empresas de [TIPO DE SERVIÇO] têm horários de funcionamento convenientes para todos os clientes.	
E20	Excelentes empresas de [TIPO DE SERVIÇO] têm empregados que dão atendimento individual a cada cliente.	
E21	Excelentes empresas de [TIPO DE SERVIÇO] estão centradas em oferecer o melhor serviço aos clientes.	
E22	Excelentes empresas de [TIPO DE SERVIÇO] entendem as necessidades específicas dos clientes.	

do cliente; por outro lado, os valores negativos indicam os itens nos quais o desempenho da organização está abaixo do esperado.

O problema dessa forma mais básica é que ela considera que todos os itens têm a mesma importância. Isso pode atrasar a melhoria dos critérios que, sendo mais importante para os clientes, exigem urgência da organização. Por isso, Parasuraman et al. (1994) propuseram acrescentar uma etapa na qual o cliente deve dividir cem pontos entre as cinco dimensões da qualidade, definindo, dessa forma, a importância relativa de cada dimensão e, consequentemente, indicando uma importância para cada item do formulário. O Quadro 8.4 apresenta o formulário dessa etapa.

Quadro 8.3 Formulário para medir a percepção da qualidade de serviço de uma empresa específica (baseado em PARASURAMAN et al., 1988).

	(1) Discordo totalmente – (4) Neutro – (7) Concordo totalmente	NOTA
P1	A *XPTO* tem equipamentos modernos.	
P2	O ambiente físico da *XPTO* é agradável.	
P3	Os empregados da *XPTO* têm boa aparência.	
P4	O material associado com o serviço prestado na *XPTO*, tais como faturas, impressos ou panfletos, tem boa aparência.	
P5	Quando a *XPTO* promete fazer algo em certo tempo, ela cumpre.	
P6	Quando um cliente tem um problema, a *XPTO* demonstra um sincero interesse em resolvê-lo.	
P7	A *XPTO* faz o serviço certo da primeira vez.	
P8	A *XPTO* executa seus serviços no tempo em que se comprometeu.	
P9	A *XPTO* se preocupa em executar suas tarefas sem cometer erros.	
P10	Os empregados da *XPTO* informam aos clientes qual é exatamente o prazo em que os serviços serão executados.	
P11	Os empregados da *XPTO* atendem os clientes com presteza.	
P12	Os empregados da *XPTO* sempre têm boa vontade em ajudar os clientes.	
P13	Os empregados da *XPTO* sempre têm tempo para esclarecer as dúvidas dos clientes.	
P14	O comportamento dos empregados da *XPTO* inspira confiança.	
P15	Você sente-se seguro nas transações com a *XPTO*.	
P16	Os empregados da *XPTO* são corteses com você.	
P17	Os empregados da *XPTO* possuem os conhecimentos necessários para responder às suas questões.	
P18	A *XPTO* lhe dá atenção individual.	
P19	A *XPTO* tem horários de funcionamento convenientes para todos os clientes.	
P20	A *XPTO* tem empregados que dão a você um atendimento individualizado.	
P21	A *XPTO* está centrada em oferecer o melhor serviço aos clientes.	
P22	A *XPTO* entende suas necessidades específicas.	

Quadro 8.4 Formulário para a definição de importância relativa das cinco dimensões da qualidade (baseado em PARASURAMAN et al., 1994).

	Características de empresas prestadoras de serviços	Total = 100 pontos
1	Aparência das instalações, equipamentos, pessoal e material de comunicação.	pontos.
2	Capacidade em prestar o serviço prometido de forma precisa e confiável.	pontos.
3	Disposição para ajudar os clientes e prestar os serviços com presteza.	pontos.
4	Conhecimento e cortesia dos empregados e sua capacidade de transmitir confiança e confiabilidade.	pontos.
5	Cuidado e atenção individualizados proporcionados aos clientes.	pontos.
	Qual das cinco características acima é a mais importante para você? (Por favor, informe o número da característica.)	.
	Qual é a segunda mais importante para você?	.
	Qual é a menos importante para você?	.

A inteligência competitiva focada no cliente

Há muitas definições e formas de entender a *inteligência competitiva* (IC). Contudo, nesta seção, vamos compreendê-la como *um sistema de práticas de conhecimento altamente focado na competitividade com o intuito de auxiliar as tomadas de decisão e gerar vantagem competitiva para a organização*. No próximo tópico, vamos analisar de que maneira a IC se relaciona com a gestão de conhecimento e outros três tipos de gestão: estratégica, de clientes e da informação. Em seguida, no último tópico, vamos conhecer os processos que compõem o sistema da IC.

> Devemos destacar que a vantagem competitiva está relacionada com a competitividade organizacional — isto é, a capacidade de a organização formular e implementar estratégias que lhe permitam ampliar ou conservar, de forma duradoura, uma posição sustentável de mercado.

Gestão de conhecimento e inteligência competitiva: articulação entre gestão da informação, gestão de clientes e gestão estratégica

Da nossa perspectiva, a inteligência competitiva se baseia na gestão de conhecimento e articula, de forma mais direta e crítica, a gestão da informação, a gestão estratégica, a gestão de clientes e a gestão da inovação para maximizar o potencial da organização diante de suas concorrentes. Contudo, antes de analisarmos essa articulação, convém prestar atenção ao seguinte trecho de Nonaka e Takeuchi (1997, p. 4):

Épocas de incerteza frequentemente forçam as empresas a buscar o conhecimento dos indivíduos fora da organização. As empresas japonesas voltaram-se continuamente para seus fornecedores, clientes, distribuidores, órgãos governamentais e até concorrentes, em busca de qualquer nova ideia ou pistas que pudessem oferecer. Como na expressão "agarrar--se a qualquer coisa", em épocas de incerteza essas empresas acumulam conhecimento externo quase que desesperadamente. O que é singular na forma de as empresas japonesas proporcionarem inovações contínuas é a ligação entre o externo e o interno. O conhecimento acumulado externamente é compartilhado de forma ampla dentro da organização, armazenado como parte da base de conhecimentos da empresa e utilizado pelos envolvidos no desenvolvimento de novas tecnologias e produtos. Ocorre algum tipo de conversão e este processo de conversão — de fora para dentro, e para fora novamente, sob a forma de novos produtos, serviços ou sistemas — é a chave para entender os motivos do sucesso das empresas japonesas. É exatamente essa dupla atividade, interna e externa, que abastece a inovação contínua dentro das empresas japonesas. A inovação contínua, por sua vez, leva a vantagens competitivas como mostramos.

É verdade que a citação é deveras longa, mas que isso não nos impeça de fazer algumas reflexões. Cada vez mais, a incerteza é uma constante em nosso mundo — uma década atrás, as pessoas trocavam SMS, hoje elas organizam revoluções políticas por meio de redes sociais. Aliás, como já observamos neste capítulo, muitas organizações vêm encontrando nas redes sociais, mais do que fontes de informação, um ambiente propício para troca de informações e conhecimentos com seus clientes. Isso é muito útil para o funcionamento da "dupla atividade" destacada por Nonaka e Takeuchi. A respeito desse ponto, você deve ter reparado que o processo de conversão "de fora para dentro, e para fora novamente" tem muito a ver com a Figura 8.4 e com os tópicos da segunda seção deste capítulo ("Gestão, clientes, processos, conhecimento").

E, agora, você deve estar se perguntando: qual é a relação disso com a inteligência competitiva? Nós respondemos: toda!

Em linhas gerais, a inteligência competitiva promove a análise, o mapeamento e a captação de informações e conhecimentos do ambiente externo, bem como o processamento e a conversão desses elementos em conhecimento estratégico aplicado à competitividade das organizações (Figura 8.7). De acordo com Teixeira (2007):

> O objetivo da Inteligência é transformar informação subjetiva e desagregada em vantagem competitiva para agregar valor aos negócios.

É por isso que nós a relacionamos com a gestão da informação, a gestão estratégica e a gestão de clientes. Para executar suas funções e cumprir seus objetivos, a IC exige que a organização promova uma gestão da informação altamente eficaz e eficiente, de acordo com suas características e com seus objetivos estratégicos. Depois de encontrar as informações e os conhecimentos necessários, a IC vai fazer com que tais elementos entrem na organização e circulem, propiciando a conversão e a criação de novos conhecimentos e informações

Figura 8.7 Esquema de articulação da inteligência competitiva.

[Diagrama: pirâmide com "VANTAGEM COMPETITIVA" no topo, seguida por "Inovação contínua", "Criação de conhecimento", "Gestão da informação", "Inteligência competitiva", "Gestão estratégica", "Gestão de clientes" e "Gestão do conhecimento" na base.]

que serão, por fim, externalizados na forma de comunicações de marketing e atendimento aos clientes (informações e conhecimentos que vão para fora da organização). Portanto, os processos de IC estão intimamente relacionados a um fluxo contínuo de informações e conhecimentos.

Para entender a relação entre a IC e a gestão de clientes, é preciso ter em mente que o relacionamento com os clientes (organizacionais e individuais) requer e fomenta a criação de um *ba* externo. Esse ambiente de conhecimento é um dos principais campos de pesquisa para a IC. Verdade seja dita, ela também se vale do *benchmarking* — pesquisa comparativa com os concorrentes — e da análise do macroambiente (tecnológico, econômico, político, social etc.) para se abastecer. Contudo, essas duas não são ações isoladas dos clientes. Muitas vezes, é importante executá-las pela perspectiva dos clientes. Ou seja, assim como é importante conhecer as expectativas e as percepções dos clientes em relação à própria organização, seus produtos e serviços, conhecer as expectativas e percepções deles em relação às organizações concorrentes e às mudanças no macroambiente pode privilegiar as tomadas de decisão envolvendo questões relacionadas à satisfação dos clientes.

As tomadas de decisão também se configuram como um ponto de intersecção entre a IC e a gestão estratégica. Como você deve ter percebido por tudo que leu até aqui, a IC não trabalha com informações ou conhecimentos triviais, mas sim com aqueles que realmente fazem diferença para o que a organização faz hoje e fará amanhã.

Focada no presente, a IC se preocupa em responder a questões como "Nós estamos onde queremos estar?", "Nós fazemos aquilo que queremos da maneira como queremos fazer?" e, sobretudo, "Os frutos de nossas ações estão de acordo com aquilo que esperamos, aquilo que havíamos planejado?". Tudo isso, é claro, a partir de uma perspectiva externa que ajuda os gerentes e diretores a definirem suas ações, seja para reter determinados valores e singularidades dos conhecimentos organizacionais, seja para promover mudanças de processos e melhorias no desempenho. Por outro lado, dadas as características de sua matéria-prima, a IC é fundamental para a construção de cenários e para a elaboração da visão de conhecimento organizacional e dos mapas mentais relacionados a ela, de acordo com tudo o que já apresentamos sobre tais aspectos no Capítulo 3. Nesse sentido, ela auxilia a organização a elaborar respostas para questões do tipo "Onde estaremos amanhã?" e "O que faremos e de que maneira faremos para chegar à posição que buscamos no futuro?".

Sistema de práticas da inteligência competitiva

Muita atenção, prezado leitor! O fato de dizermos que a IC é extrato concentrado da gestão de conhecimento não significa que esta possa ser substituída por aquela. De fato, muitos aspectos dados como pressupostos para a IC ou mesmo implícitos nela dizem respeito a práticas, ações e processos que só podem ser desenvolvidos pela gestão de conhecimento.

O Sebrae de Santa Catarina desenvolve um programa de inteligência competitiva muito interessante, o Sistema de Inteligência Setorial (SIS). Você pode conhecer mais sobre ele, bem como ter acesso a diversos casos e exemplos de aplicação de IC, acessando o site: <http://bit.ly/IHiAR9>.

A IC não envolve apenas as três gestões indicadas no item anterior. Na verdade, para usar uma analogia, podemos entendê-la como um "extrato concentrado de gestão do conhecimento". Nesse sentido, ela também se relaciona com cada uma das gestões que nós abordamos neste livro, pois, como dissemos no início desta seção, a IC é um *sistema* de práticas de conhecimento. Assim, por meio dessas práticas, é que podemos relacionar a IC a tais gestões.

Para entender com mais facilidade essas relações, visualizemos o sistema configurado pela inteligência competitiva na Figura 8.8. Perceba que ele é uma adaptação sequencial dos processos essenciais da gestão do conhecimento sobre os quais já falamos no Capítulo 4 (Figura 4.3).

Nos itens as seguir, faremos uma breve reflexão sobre cada uma das oito etapas destacadas na Figura 8.8, indicando as principais práticas de conhecimento nelas executadas e estabelecendo as principais relações entre essas etapas e as gestões abordadas ao longo deste livro.

Etapa 1: metas de informações e conhecimentos

O ponto de partida da IC é a definição dos parâmetros da pesquisa de informações e conhecimentos a ser realizada. Em outras palavras, são criadas as balizas que coordenarão as principais etapas da IC (de 2 a 7) e pelas quais se fará a avaliação prevista na última etapa. Essas balizas correspondem

Figura 8.8 Sistema de práticas de conhecimento da inteligência competitiva (baseada em PROBST; RAUB; ROMHARDT, 2002, p. 33).

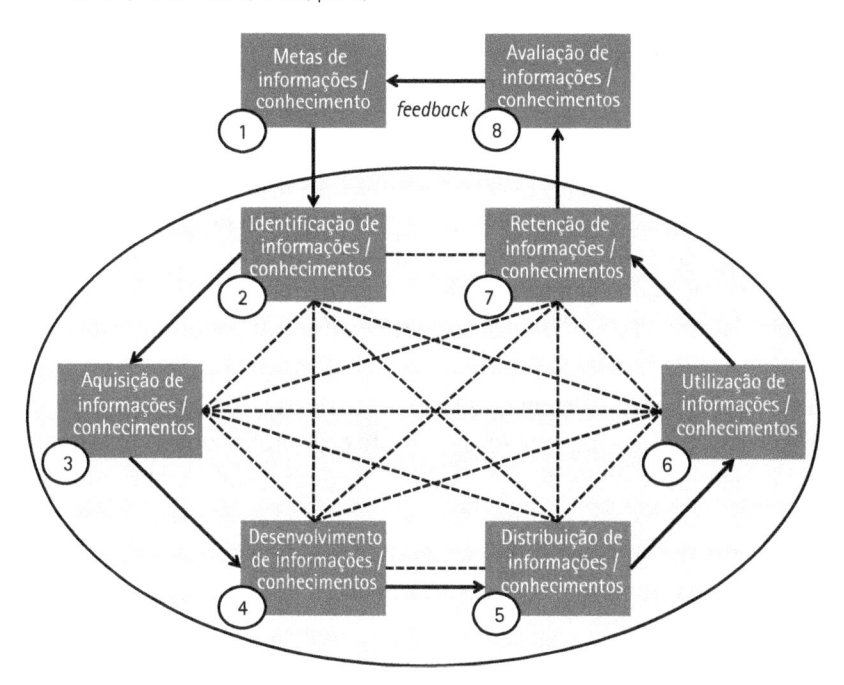

às respostas a perguntas como "*Quais* informações e conhecimentos devemos identificar?", "*De que maneira* devemos adquirir as informações e conhecimentos?", "*Para que* vamos usá-los?" etc.

Para basear a criação de tais balizas, esta etapa requer que a organização:

- defina claramente os objetivos da IC;
- reconheça os fatores críticos de sucesso;
- identifique as competências necessárias para as demais etapas do sistema.

Dessa maneira, vemos que o alinhamento aos objetivos estratégicos e à visão de conhecimento, elaborados pela *gestão estratégica*, são necessários para o primeiro ponto; que a *gestão de clientes* é importante para analisar o sucesso organizacional, bem como seus fatores críticos indicados no segundo ponto; e que as práticas relacionadas à *gestão do capital humano* são essenciais para o que se pede no terceiro ponto.

Etapa 2: identificação de informações e conhecimentos

De forma mais crítica, esta etapa depende do acesso às redes de relacionamento (sociais e interorganizacionais), bem como às redes de sistemas e tecnologias de informação e comunicação (STICs), com a finalidade de mapear as informações e os conhecimentos necessários aos objetivos da IC. Por essa razão, as práticas relacionadas à *gestão da informação*, à *gestão de processos* e à *gestão de clientes* são mais relevantes para esta etapa.

Etapa 3: aquisição de informações e conhecimentos

Esta etapa se desenrola por meio de duas ações: a cooperação com outras organizações e a aquisição de pessoas.

Ao executar a primeira ação, devemos nos lembrar de que, em uma cadeia de suprimentos, o conhecimento é distribuído, combinado e reconfigurado nos processos de agregação de valor. Além disso, há situações em que a interação entre duas ou mais organizações se baseia no comércio de conhecimento, como é o caso de muitas universidades corporativas desenvolvidas pela associação entre instituições de ensino superior e organizações de negócios.

Quanto à segunda ação, existem dois lados a considerar. Por um lado, estamos falando claramente da contratação de pessoas-chave — isto é, de profissionais que detenham informações e conhecimentos almejados pela IC. Como você sabe, entre tantas outras definições, as pessoas são fontes de conhecimento para as organizações (capítulos 4 e 7). Assim, tal aquisição envolve o fortalecimento do capital humano da organização. Por outro lado, a noção de pessoas como fontes de conhecimento não se restringe a profissionais, mas pode se aplicar também aos clientes. Como vimos neste capítulo, os conhecimentos dos clientes têm alto valor para as organizações (lembre-se também do *capital de clientes* na Figura 3.5).

Por essas razões, concluímos que esta etapa se relaciona às práticas da *gestão de processos*, à *gestão de capital humano* e à *gestão de clientes*.

Etapa 4: desenvolvimento de informações e conhecimentos

Esta etapa concentra ações relacionadas à pesquisa e ao desenvolvimento de novas ideias. Tais ações, em grande parte, são derivadas da capacidade de inovação da organização. Nesse sentido, uma cultura voltada para a inovação — bem como processos em que a inovação ocorra dentro e fora da organização — são de suma importância para o desenvolvimento das informações e conhecimentos identificados e adquiridos pela IC.

Daí entendemos que a *gestão da inovação* (tema do próximo capítulo) é fundamental para esta etapa. Contudo, quando isolada, tal gestão não desenvolve muita coisa. Por isso a *gestão da informação* e a *gestão estratégica* também assumem considerável relevância aqui; a primeira facilita o acesso, a combinação e a distribuição de informações e conhecimentos — ações sem as quais a inovação não pode ocorrer —, e a segunda é fundamental para nortear o processo de inovação de forma a garantir que ele gere vantagem competitiva para a organização. Além disso, essas duas gestões estão profundamente ligadas ao desenvolvimento de um contexto capacitante, um ambiente propício e requerido para a gestão da inovação.

Etapa 5: distribuição de informações e conhecimentos

Esta etapa é toda baseada na comunicação e na utilização de STICs. Por isso, considerando que você leu o Capítulo 4, não esperamos causar nenhuma grande surpresa ao dizer que a *gestão da informação* é a principal gestão relacionada à distribuição de informações e conhecimentos para a IC.

Etapas 6 e 7: utilização e retenção de informações e conhecimentos

Colocamos essas duas etapas no mesmo item, porque tanto a utilização quanto a retenção de informações e conhecimentos no sistema de IC valem-se de práticas da *gestão de processos*, da *gestão de projetos* e da *gestão da informação*. Para você ter uma ideia mais clara, as práticas de conhecimento mais executadas nessas etapas são: a conversão de conhecimentos na forma de novos produtos, a documentação e a elaboração ou o abastecimento de um histórico de lições aprendidas.

Etapa 8: avaliação de informações e conhecimentos

Esta última etapa requer a existência de um mecanismo de mensuração, da mesma forma como envolve a elaboração de indicadores bem definidos e um conhecimento detalhado dos processos. Dessa maneira, práticas como o BSC e o controle estatístico de processos (CEP) tornam-se visivelmente relevantes. Por isso, mais do que todas as demais, a *gestão estratégica* e a *gestão de processos* relacionam-se mais fortemente com a avaliação de informações e conhecimentos no sistema da IC.

SAIU NA IMPRENSA

MAGNUM CRIA ESPAÇO GOURMET EM SHOPPING DE SÃO PAULO

Cláudio Martins

Consumidores podem participar de workshops e aprender receitas feitas com os sorvetes da marca

Rio de Janeiro — A Unilever planeja aproximar a marca Magnum dos consumidores. A empresa criou o Magnum Penthouse, um espaço gourmet na cobertura do shopping Cidade Jardim, em São Paulo.

O objetivo é oferecer uma experiência de marca em um local onde os consumidores podem relaxar, ouvir música ao vivo e experimentar oito sobremesas feitas com Magnum, criadas por quatro chefs pâtissiers.

A iniciativa pretende ainda divulgar a nova linha Chocolatier Collection, nos sabores Brownie e Trufa, e os consumidores terão a chance de participar de workshops para aprenderem as receitas que levam os produtos da marca.

O espaço, inaugurado hoje, dia 4, estará disponível até 1º de dezembro e as sobremesas custam entre R$ 12,00 e R$ 14,00. Quem assina o projeto é a agência Hub Brasil.

Exame.com, 4 nov. 2011

POR QUE O TWITTER MERECE ATENÇÃO?

Camila Fusco e Luiza Dalmazo

O serviço de troca de mensagens curtas toma o mundo de assalto — e começa a incomodar os gigantes Google e Facebook

Até bem pouco tempo atrás, boa parte dos que ouviam falar do Twitter fazia cara de ponto de interrogação. Apesar de existir há três anos e contar com algumas centenas de milhares de usuários apaixonados mundo afora, o serviço de troca de mensagens durante muito tempo se manteve restrito aos aficionados de tecnologia e aos que trabalham na área digital. [...] Pois desde o começo deste ano muita gente decidiu experimentar o Twitter. Muita gente mesmo. A comScore, empresa de medição de audiência na internet, calcula que 9,8 milhões de pessoas olharam páginas do Twitter na web em fevereiro. Em março, o número quase dobrou, chegando a 19,1 milhões — e a conta não inclui as pessoas que acessam o serviço pelo celular ou por programas específicos para "tuitar", como aponta um novo verbo que deve entrar para o vocabulário deste século. Como convém a uma inovação vinda do Vale do Silício, o Twitter começou pequeno, ganhou tração entre alguns usuários ferrenhos e ainda não dá lucro — ou, para ser mais preciso, nem sequer tem uma fonte de receitas. Mas o dinheiro, por enquanto, é apenas um detalhe. Com sua simplicidade frustrante, o Twitter já é considerado uma ameaça potencial para o Google e o Facebook — e uma oportunidade enorme de marketing para todas as outras empresas do planeta.

[...] Abastecido pelos curtos — mas frequentes — comentários de seus usuários, o Twitter reúne a cada segundo um gigantesco banco de dados sobre o que as pessoas estão falando. Com isso, está se tornando o principal termômetro da web. Uma busca no Twitter traz resultados muito diferentes de uma pesquisa no Google. Por mais eficiente que seja, o algoritmo desenvolvido por engenheiros na Califórnia não é capaz de medir o pulso da conversa global com tanta velocidade. "O Twitter é uma janela para tendências imediatas, assim como para problemas que as empresas precisam acompanhar", diz Josh Bernoff, vice-presidente de inovação da Forrester Research e coautor de Groundswell, livro sobre tecnologias sociais ainda sem tradução para o português. Uma busca por "gripe suína" no Google trará algumas notícias e textos de referência. No Twitter, os resultados provavelmente incluirão relatos em primeira mão de moradores da Cidade do México sobre as restrições impostas à circulação de pessoas.

Um tipo de busca não exclui a outra, é claro, mas o Twitter já se tornou uma consulta obrigatória para empresas que querem avaliar a quantas anda sua reputação. As operadoras de telecomunicações NET e Claro, o banco Bradesco e a fabricante de cosméticos O Boticário contrataram uma empresa terceirizada, a e-Life, para monitorar a internet, inclusive nos microblogs. "Hoje, 30% das manifestações sobre a companhia na internet vêm do Twitter", diz Bruno Raposo, diretor de gestão de clientes da NET. Em termos de impopularidade, porém, deve ser difícil superar a Telefônica. Na primeira semana de abril, o serviço de banda larga da empresa, o Speedy, sofreu uma pane no estado de São Paulo. As reclamações de 140 toques (e muitos xingamentos) se espalharam pelo Twitter instantaneamente — e duas semanas depois os relatos de problema continuavam a aparecer nas buscas. O serviço serve para ouvir e, é claro, também para falar. A fabricante de computadores Dell já vendeu mais de 1 milhão de dólares nas promoções exclusivas que são lidas por seus seguidores. O varejista Submarino é um dos exemplos brasileiros na linha das promoções. Quase 8 000 pessoas já optaram por receber as ofertas de livros, CDs e DVDs. A lista de empresas é longa e inclui até mesmo curiosidades como a padaria londrina Albions Oven, que avisa seus seguidores sempre que sai uma fornada nova.

Mas o Twitter vai muito além do uso empresarial. Ele representa um fenômeno cultural que tem despertado interesse e perplexidade em iguais medidas. Muitos tweets, como são chamadas as mensagens trocadas entre os usuários, são triviais: Fulano comeu macarrão no almoço, Sicrano chegou 5 minutos atrasado e ficou sem ingresso para a sessão de cinema, Beltrano está assistindo a um jogo de futebol. Há um pouco de exibicionismo envolvido, assim como uma necessidade incontrolável de manter-se em contato com outras pessoas. Mas será que só isso explica o sucesso desenfreado dos últimos meses? Numa entrevista recente, Paul Saffo, diretor da consultoria Instituto do Futuro e professor da Universidade Stanford, disse que o Twitter reverte a noção tradicional de grupos on-line. Milhares de pessoas se reúnem em torno de um tema sem que precisem aderir a um grupo de discussão ou às tradicionais comunidades. Foi graças ao Twitter, a propósito, que o fenômeno da escocesa Susan Boyle num programa de calouros tomou o mundo digital de assalto. [...]

Fonte: Exame.com, 30 abr. 2009.

1. Em um relatório com no máximo duas páginas, relacione o conteúdo desses dois artigos aos pontos referentes ao relacionamento com o cliente externo apresentados neste capítulo e ao esquema da Figura 8.4.
2. Em um grupo com dois colegas, reflita e discuta de que maneira a criação de um espaço *gourmet* e a utilização do Twitter podem beneficiar a inteligência competitiva de uma organização. Em seguida, elaborem uma breve análise por escrito resumindo e relacionando os pontos abordados e as conclusões encontradas pelo grupo.

NA ACADEMIA

Nesta atividade, você deverá empregar o SERVQUAL para avaliar a qualidade de alguns serviços prestados por uma organização bem conhecida por você e seus colegas de turma: sua faculdade.

Sua turma deve se dividir em grupos de até cinco integrantes. Cada grupo deverá adaptar os formulários do SERVQUAL para uma das propostas indicadas a seguir e aplicá-los a uma amostra composta por, no mínimo, 15 alunos de outros cursos e/ou anos da faculdade. Em seguida, cada grupo apresentará para os demais colegas de turma um relatório, analisando os resultados obtidos, contando com a indicação da importância relativa de cada item e a elaboração de uma matriz de importância e desempenho.

As propostas de serviços a serem avaliados são:
- a biblioteca;
- a lanchonete, a cafeteria ou o restaurante;
- a secretaria;
- as aulas;
- o site da faculdade.

Pontos importantes

- Basicamente, o cliente é o sujeito que exerce a *demanda* (associação entre o desejo por produtos específicos e a possibilidade de pagar por eles) a ser suprida por um fornecedor. Há dois tipos genéricos de clientes: o interno e o externo. O primeiro tipo é composto por colaboradores da mesma organização que atuam também como fornecedores entre si e, nessa relação, estabelecem a cadeia de valor organizacional. O segundo tipo é encontrado ao longo da cadeia de suprimentos e se subdivide em dois grupos: os clientes organizacionais (fornecedores e distribuidores) e os clientes individuais (consumidores finais).
- De maneira mais complexa, podemos entender os clientes — destacadamente os externos — de outra forma: como fontes de conhecimento. Além disso, o próprio relacionamento com o cliente se baseia na gestão de conhecimento. Isso pode ser comprovado por meio de uma breve análise dos objetivos e práticas estipulados pela gestão de relacionamento com o cliente, cuja finalidade é desenvolver laços de fidelidade entre a organização e seus clientes (mais precisamente, os consumidores finais). Dessa maneira, a organização pretende transformá-los em parceiros para, assim, ter acesso aos conhecimentos deles e desenvolver vantagens competitivas.
- O conhecimento dos clientes é de extremo valor para as organizações. Afinal, ninguém melhor do que o próprio cliente para conhecer aquilo que ele mesmo quer, do que precisa e do que gosta. Trata-se, portanto, de um elemento determinante para o estabelecimento e a melhoria de processos, bem como para a criação de novos projetos. Assim, os conhecimentos adquiridos por meio da gestão de clientes são usados para direcionar a criação de conhecimento nas gestões de processos e projetos com o intuito de beneficiar a entrega de valor ao cliente.
- A matriz de importância e desempenho é um modelo de avaliação do desempenho real da qualidade de serviço prestado por uma organização, levando em conta a importância relativa que cada critério de desempenho tem para o conjunto de clientes da organização. Dessa forma, ela possibilita a visualização dos critérios que requerem melhoria urgente, bem como daqueles nos quais possivelmente há consumo em excesso de recursos.
- O modelo de 5 *gaps* permite que a organização visualize as deficiências de seus serviços e busque uma solução para elas, analisando cinco lacunas que, ao longo de seus processos internos, prejudicam a entrega de valor ao cliente. Já o *SERVQUAL* é uma pesquisa formada por 22 perguntas utilizadas para mensurar indicada pela quinta lacuna do modelo de 5 *gaps*.
- A inteligência competitiva é um sistema de práticas de conhecimento altamente focado na competitividade com o intuito

de auxiliar as tomadas de decisão e gerar vantagem competitiva para a organização, por meio da articulação de pontos centrais da gestão estratégica, da gestão da informação e da gestão de clientes. Esse sistema de práticas é composto por oito etapas — metas, identificação, aquisição, desenvolvimento, distribuição, utilização, retenção e avaliação de informações e conhecimentos — que se relacionam com as gestões abordadas neste livro por meio de diversas ações e processos.

Referências

CORRÊA, Henrique L.; CAON, Mauro. *Gestão de serviços*. São Paulo: Atlas, 2002.

FUSCO, Camila; DALMAZO, Luiza. Por que o Twitter merece atenção? *Exame.com*, 30 abr. 2009. Disponível em: <http://exame.abril.com.br/revista-exame/edicoes/0942/noticias/twitter-merece-atencao-466900>. Acesso em: 8 nov. 2011.

GRIFFIN, Jill. *Customer loyalty:* how to earn it, how to keep it. Nova York: Lexington Books, 1995.

GUMMESON, Evert. *Marketing de relacionamento total:* gerenciamento de marketing, estratégia de relacionamento e abordagens de CRM para a economia de rede. Porto Alegre: Bookman, 2005.

KOTLER, Philip. *Marketing essencial:* conceitos, estratégias e casos. São Paulo: Pearson, 2005.

MARTINS, Cláudio. Magnum cria espaço gourmet em shopping de São Paulo. *Exame.com*, 4 nov. 2011. Disponível em: <http://exame.abril.com.br/marketing/noticias/magnum-cria-espaco-gourmet-em-shopping-de-sao-paulo>. Acesso em: 8 nov. 2011.

NONAKA, Ikujiro; TAKEUCHI, Hirotaka. *Criação de conhecimento na empresa*: como as empresas japonesas geram a dinâmica da inovação. 20ª ed. Rio de Janeiro: Elsevier, 1997.

PARASURAMAN, A.; ZEITHAML, V.A.; BERRY, L.L. Reassessment of expectations as a comparison standard in measuring service quality: implications for further research. *Journal of Marketing*, v. 58, jan., p. 111-24, 1994.

_____;_____;_____. SERVQUAL: A multiple-item scale for measuring consumer perceptions of service quality. *Journal of Retailing*, v. 64, n. 1, p. 12-40, New York University, primavera, 1988.

_____;_____;_____. A conceptual model of service quality and its implications for future research. *Journal of Marketing*. Chicago, v.49, n. 3, p. 41-50, 1985.

PROBST, Gilbert; RAUB, Steffen; ROMHARDT, Kai. *Gestão do conhecimento*: os elementos construtivos do sucesso. Porto Alegre: Bookman, 2002.

SLACK, Nigel; CHAMBERS, Stuart; JOHNSTON, Robert; BETTS, Alan. *Gerenciamento de operações e de processos:* princípios e práticas de impacto estratégico. Porto Alegre: Bookman, 2008.

TEIXEIRA, Daniela. *As faces da inteligência:* como direcionar a sua organização e definir o perfil profissional. 2007. Disponível em: <http://www.kmbusiness.net/publicacoes.htm>. Acesso em: 7 nov. 2011.

Capítulo 9

GESTÃO DA INOVAÇÃO

Neste capítulo, abordaremos as seguintes questões:
- O que é inovação?
- Como podemos classificar as inovações?
- O que é e como funciona o modelo de seis alavancas da inovação?
- Quais são as causas que levam à inovação e quais são os efeitos provenientes dela?
- Quais são os principais modelos de processos de inovação?
- Qual é a relevância da cultura organizacional para a gestão da inovação?

Introdução

Ao longo de todo este livro, dissemos várias vezes que a gestão e a criação do conhecimento oferecem às organizações a possibilidade de inovar e que isso é importante para o desenvolvimento da competitividade. Assim, se você nos acompanhou até aqui sem perder o fôlego, já deve saber duas coisas sobre a inovação: (1) ela é um dos principais produtos da gestão do conhecimento; (2) ela é fundamental para a criação de vantagens competitivas. Mas, além disso, o que você sabe sobre inovação?

Cada vez mais a inovação se configura como uma característica determinante e uma necessidade vital para os mais diversos tipos de organizações e pessoas. De fato, não seria exagero pensar que poucas palavras sintetizam tão bem esta época em que vivemos.

A inovação está estampada na capa de livros e revistas ao lado do rosto de Steve Jobs ou de Mark Zuckerberg; está digitada em posts de blogs e em inúmeros resultados de pesquisa do Google; está impressa nas declarações de visão e/ou missão de pequenas, médias, grandes e colossais empresas em todo o mundo; está na embalagem ou no conteúdo – ou em ambos; nos avanços da medicina; no bolso; na sala de estar; na forma e no lugar de trabalhar; na busca por um mundo sustentável; na maneira de nos comunicarmos; etc.

Há muitos "etecéteras" para colocarmos aqui sem esgotar os exemplos de como a inovação é importante nos dias de hoje. Você mesmo pode pensar em muitos outros casos sem nossa ajuda. Mas este capítulo não é apenas para mostrar a importância dela – o que, aliás, vamos discutir melhor na segunda seção, ao abordar as razões que levam as organizações a inovar. Antes disso, na primeira seção, vamos refletir sobre o que é propriamente a inovação e apresentar as principais classificações dadas aos seus tipos. Por fim, na terceira seção, vamos nos concentrar em pontos que influenciam fortemente a maneira como a inovação pode se dar em uma organização.

O que é inovação?

Ainda que haja um enorme modismo e uma gigantesca efervescência cultural em torno dessa palavra hoje em dia, a *inovação não é nenhuma novidade*. De fato, desde aqueles longínquos tempos pré-históricos em que deixamos o nomadismo de lado e começamos a desenvolver a agricultura, a inovação tem sido a maneira pela qual superamos as dificuldades que o meio nos impõe, promovemos nossa adaptação e nos fortalecemos.

Daí você pode imaginar quão forte é a relação entre inovação e sobrevivência. Aliás, ainda hoje essa perspectiva de inovar para sobreviver é fundamental para as organizações. Contudo, ainda que sua essência, em grande parte, tenha continuado a mesma ao longo do tempo, nossa convivência e a maneira como lidamos com a inovação mudaram. Como Davila, Epstein e Shelton (2007, p. 13) afirmam:

A verdade é que não existem muitas novidades em matéria de inovação. Os fundamentos não mudaram durante séculos. No entanto, fomos progressivamente nos tornando mais sagazes com respeito à gestão da inovação.

Muito dessa nossa sagacidade em relação à gestão da inovação diz respeito à maneira como entendemos o que é a inovação. Foi por isso que, de maneira muito sagaz, colocamos justamente essa questão no título da seção. Nos tópicos a seguir, propomo-nos a refletir brevemente sobre tal questão, procurando entender o que é (ou não) a inovação, como podemos classificá-la e como ela se configura dentro das organizações.

O que não é inovação? (ou: o que você pensa que é e o que nós dizemos que não é inovação)

Você, provavelmente, deve concordar que muita coisa não é inovação. Mas será que você concorda que grande parte dessa muita coisa que não é pode vir a ser inovação? A roda, por exemplo, foi inovação um dia – não é mais. Ela pode, novamente, ser inovação? Para tanto, será preciso reinventar a roda?

Nosso objetivo aqui é refletir – e, por que não, divagar – sobre o(s) significado(s) dessa palavra sem sermos taxativos. Por isso, antes de continuarmos, propomos um rápido exercício para você: tente definir com suas próprias palavras o que você entende por "inovação".

Temos uma grande convicção de que, enquanto pensava na resposta do exercício, você passou por palavras como *novo, criativo, criação, diferente, novidade, ideia* e *conceito*. Sem dúvida, a noção de algo novo é fundamental para a definição de inovação – e também para a definição de *invenção*. E, considerando ainda a resposta do exercício, não é difícil colocarmos as duas palavras (ou suas variantes) em uma mesma frase, não é mesmo? Contudo, nós não faremos isso da maneira como você pode estar pensando. Veja só.

Inventar não é inovar. É verdade, a frase é demasiadamente taxativa. Talvez fique melhor se dissermos: inventar necessariamente não é inovar. E agora, o que você acha? Seja como for, o que tentamos insinuar aqui é que a invenção está muito mais próxima da criação de uma nova ideia, ao passo que a inovação diz mais respeito a uma nova maneira de aplicar uma ideia (FENTON-O'CREEVY, 2007, p. 135).

De acordo com Fenton-O'Creevy (2007, p. 135), nessa discussão há dois pontos importantes: (1) a aplicação de uma ideia; (2) a aplicação é feita de uma maneira nova. Vamos aclarar esses pontos com o exemplo dado pela criação do Post-It da 3M (falamos sobre isso no Capítulo 3).

Em 1968, Spencer Silver criou um novo tipo de adesivo que aderia levemente às superfícies. Ele *inventou* algo, mas não inovou nada. Em 1974, Art Fry aplicou o adesivo de Silver à ideia de um novo tipo de marcador que pudesse ser colado e descolado do papel sem deixar marcas. Fry inventou menos e *inovou* mais. A partir desse exemplo, talvez você consiga pensar em outros casos nos quais grandes inovações necessariamente não dependeram de ideias originais, mas sim de originalidade para juntá-las e usá-las.

> Você realmente não pensou que deixaríamos de citar a Apple em um capítulo sobre inovação, pensou? Pois bem, a empresa da maçã mordida é um desses exemplos de pouca invenção e muita — muita mesmo! — inovação. Se você quiser saber um pouco mais sobre isso, recomendamos a leitura da matéria "A Apple não inventa nada", publicada pela revista Superinteressante e disponível em: <http://bit.ly/xDpj41>.

Como Fenton-O'Creevey (2007, p. 135, tradução nossa) afirma:

> Uma invenção somente se torna uma inovação quando é aplicada a algum propósito. O mundo está cheio de invenções que não foram aplicadas a nenhuma finalidade útil.

Assim, voltando ao começo desta conversa, reinventar a roda pode até ser impossível, mas inová-la ou inovar a partir dela é uma possibilidade bastante factível. Basta encontrar uma nova finalidade útil para ela.

Paradigmas e tipos de inovação

Neste tópico, não divagaremos tanto quanto no anterior. Nosso foco agora não é tentar definir a inovação, mas indicar algumas das principais maneiras de classificá-la. De modo geral, podemos categorizar a inovação segundo quatro critérios: área de negócios *impactada*, *grau de impacto*, *necessidade do mercado* e *controle organizacional*. Vamos examinar cada um deles nos itens a seguir.

Tipos de inovação de acordo com a área de negócios impactada

O *Manual de Oslo* é uma publicação conjunta da Organização para Cooperação e Desenvolvimento Econômico (OCDE) e do Gabinete de Estatística da União Europeia (Eurostat), cujo objetivo é o estabelecimento de diretrizes internacionais para a coleta e a interpretação de dados sobre a inovação. Trata-se, em linhas gerais, da síntese do conhecimento explícito de um fórum cujas práticas de conhecimento são todas voltadas para o estudo da inovação. O que de fato nos interessa não é o *Manual* em si, mas a classificação que ele faz da inovação (OCDE; EUROSAT, [2005?], p. 23, com grifo nosso):

> O Manual define quatro tipos de inovações *que encerram um amplo conjunto de mudanças nas atividades das empresas*: inovações de produto, inovações de processo, inovações organizacionais e inovações de marketing.

A *inovação de produto* é definida pela introdução de um bem ou serviço novo ou significativamente melhorado em relação a suas características ou a seu uso. A *inovação de processos* é compreendida como a introdução de um método de produção ou distribuição novo ou significativamente melhorado. A *inovação organizacional* diz respeito à implementação de novos métodos organizacionais — englobando as práticas de negócios, a configuração do local de trabalho e as relações externas da organização. A *inovação de marketing* corresponde à implementação de novos métodos de marketing, incluindo mudanças no *design* do produto e na embalagem, na promoção do produto e sua colocação, e no estabelecimento de preços de bens e de serviços.

Esses quatro tipos de inovação podem ainda ser divididos em dois grupos conceituais. De um lado, as inovações de produtos e processos formam o grupo da *inovação tecnológica* ou *inovação tecnológica de produtos e processos* (*TPP*). De outro, as inovações organizacionais e de marketing formam o grupo de *inovação de negócios*. O Quadro 9.1 resume o que foi apresentado neste item.

Antes de finalizarmos, é importante fazer uma ressalva ao que foi mencionado no último parágrafo. Desde sua terceira edição, o *Manual* removeu a palavra *tecnológica* das definições relacionadas ao que anteriormente ele mesmo compreendia como TPP. Isso não muda a essência de suas definições, mas evita o mal-entendido causado quando os leitores interpretam *tecnológica* como "usuária de plantas e equipamentos de alta tecnologia" e, assim, fazem com que tais definições não sejam aplicáveis a muitas inovações de produtos e processos.

> O anexo B do Manual de Oslo (OCDE; EUROSAT, [2005?], p. 169-174), apresenta com bastante clareza uma lista de exemplos para cada um dos tipos de inovação. Não se trata de uma lista exaustiva, mas ela é muito interessante por apresentar, além dos exemplos, a definição dos tipos e indicações de pontos que não se enquadram neles. Há uma versão do Manual disponível on-line em: <http://bit.ly/8Xnqbl>.

Mesmo assim, a expressão compreendida pela sigla TPP é bastante comum na literatura sobre o tema e seu uso não é errado. Tendo esclarecido essa pequena questão, bem como o significado de *inovação tecnológica* (veja no boxe), esperamos que você não se confunda quando ler outras fontes que tratem de inovação de produtos e processos.

Quadro 9.1 Tipos de inovação de acordo com a área de negócio impactada (baseado em OECD; EUROSAT, [2005?]).

	Inovação de produtos	Inovação organizacional	
Inovações tecnológicas	É a introdução de um bem ou serviço novo ou significativamente melhorado no que se refere a suas características ou a seus usos previstos.	Consiste na implementação de um novo método organizacional nas práticas de negócios da empresa, na organização do local de trabalho ou nas relações externas.	Inovações de negócios
	Inovação de processos	Inovação de marketing	
	Consiste na implementação de métodos de produção ou distribuição novos ou significativamente melhorados.	É a implementação de um novo método de marketing envolvendo mudanças significativas na concepção ou na embalagem do produto, em seu posicionamento, sua promoção ou na formação de preços.	

Tipos de inovação de acordo com o grau de impacto

A classificação dos tipos de inovação de acordo com o grau de impacto causado por elas é uma das mais fáceis de serem encontradas implícita ou explicitamente nas mais diversas abordagens ao tema.

Segundo esse critério existem, basicamente, dois tipos de inovação: *incremental* e *radical*. O primeiro tipo define as inovações que introduzem aperfeiçoamentos moderados e graduais em produtos, serviços, processos ou práticas de gestão. Segundo Davila, Epstein e Shelton (2007, p. 57), podemos pensar nessa inovação como um *exercício de resolução de problemas* em que somos capazes de identificar claramente a meta (é preciso solucionar o problema), mas não a maneira de chegarmos até ela (a melhor solução para o problema). Nesse sentido, encontrar o caminho que nos leve à meta é gerar a inovação incremental.

Já o segundo tipo, inovação radical, define as inovações que introduzem produtos, serviços, processos ou práticas de gestão completamente novas – podendo resultar até mesmo no surgimento de novos setores ou mercados. Davila, Epstein e Shelton (2007, p. 57) comparam esse tipo de inovação a um *exercício de exploração* no qual seguimos determinada direção em busca de alguma coisa realmente relevante, sem sabermos, porém, o que será essa coisa até a encontrarmos.

Como bem aponta Fenton-O'Creevy (2007, p. 137), a maior parte das inovações é incremental. Assim, as inovações contribuem mais para melhorias no desempenho por meio de diversas mudanças pequenas do que por meio de uma única e avassaladora mudança. Entretanto, é de importância vital compreender que a desatenção relacionada à necessidade de uma inovação radical pode ser extremamente perigosa para a organização. Por exemplo, durante décadas, o mercado de máquinas datilográficas foi marcado por inovações incrementais até que a inovação radical representada pela chegada dos computadores pessoais acabou com esse mercado.

Esse critério para classificar as inovações será retomado no próximo tópico, no qual veremos que Davila, Epstein e Shelton (2007) propõem outra articulação com a inclusão de um tipo intermediário de inovação – a semirradical.

É comum que, ao falar sobre inovação, pensemos em tecnologia e, assim, logo comecemos a pensar em nanochips, robôs inteligentes, carros voadores, megacomputadores e tantos outros objetos que encontramos nos filmes futuristas. Contudo, a tecnologia não se limita a isso. De fato, a palavra tecnologia engloba a totalidade de técnicas e métodos pesquisados, testados, estudados e, enfim, desenvolvidos em uma determinada área. Nesse sentido, um smartphone é um produto da tecnologia de telecomunicações da mesma maneira que a utilização de fertilizantes e colheitadeiras faz parte da tecnologia da agricultura.

Francisco Mochón (2007, p. 288) entende a tecnologia como "todos os conhecimentos que um sistema produtivo de um país dispõe para produzir" e a mudança tecnológica como "a invenção ou descoberta de novos procedimentos, novos produtos ou novos fatores para levar a cabo a produção". Ainda segundo esse autor, a mudança tecnológica deve ser incorporada ao sistema produtivo de um país para que este possa gerar inovações tecnológicas, fundamentais para o crescimento econômico.

Tipos de inovação de acordo com a necessidade do mercado

Sob a perspectiva desse critério, a tipologia de inovação incremental/radical é desenvolvida de outra maneira, mais relacionada às necessidades do mercado e às expectativas dos clientes. De acordo com Gundling (2000), existem três tipos de inovação aqui: *tipo A*, *tipo B* e *tipo C*.

> *Se pensarmos exclusivamente sobre o viés de processos organizacionais, as inovações incrementais estão para a melhoria contínua assim como as inovações radicais estão para a reengenharia (veja o Capítulo 5).*

As inovações do tipo A são consideradas as mais radicais por extrapolarem as necessidades e expectativas dos consumidores e, por isso, implicam a criação de novos mercados. O lançamento da iTunes Store, da Apple, é um bom exemplo desse tipo de inovação. As inovações do tipo B, por sua vez, são também radicais — ainda que em escala reduzida —, porque mudam a base de competição de um mercado já estruturado. O método de produção enxuta que a Toyota desenvolveu pode ser considerado uma inovação do tipo B. Por fim, as inovações do tipo C são incrementais, pois estão dentro das margens de necessidades e expectativas dos clientes, sendo, dessa forma, extensões de produtos e serviços já existentes. O lançamento de novos modelos de câmeras fotográficas da linha EOS da Canon ou de novas versões do modelo Gol da Volkswagen são exemplos claros de inovação do tipo C.

Tipos de inovação de acordo com o controle organizacional

Relativamente novo, este critério para a classificação das inovações foi utilizado por Henry William Chesbrough (2003) ao definir os conceitos de *inovação fechada* e *inovação aberta*.

A inovação fechada (Figura 9.1) compreende o conjunto de processos de inovação tradicional, no qual o desenvolvimento de novos negócios e o marketing de novos produtos ocorre dentro dos limites rígidos das organizações (AGÊNCIA USP, 2011). Contudo, com o passar do tempo e os avanços tecnológicos em diversas áreas, Chesbrough (2003) identificou diversos fatores que têm causado a erosão dessa inovação tradicional. Desses fatores, dois merecem maior destaque. O primeiro é a *disponibilidade* e a *mobilidade de recursos humanos altamente qualificados* — isto é, de capital humano, de fontes de conhecimento — fora das grandes organizações. Isso diz respeito às consultorias, aos colaboradores autônomos (*freelancers*) e também à saída de funcionários que, indo para outro emprego, estabelecem um fluxo de conhecimento interorganizacional.

Complementar ao primeiro, o segundo fator é a *disponibilidade de novos recursos que possibilitam a criação e o desenvolvimento de novos ideias e conhecimentos fora da organização*. Em linhas gerais, esse fator está ligado aos avanços da tecnologia de comunicação que possibilitam a troca de informação e a interação entre pessoas de maneira cada vez mais ampla e ágil.

> *A relação entre inovação e necessidade do mercado aparece também nos modelos de inovação conhecidos como market pull e technology push, que serão abordados na última seção deste capítulo.*

Figura 9.1 Sistema da inovação fechada (baseada em CHESBROUGH, 2003, p. 31).

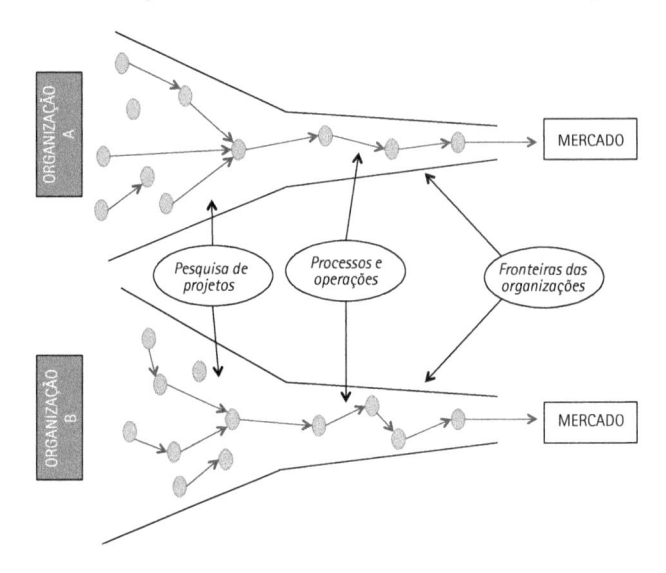

Como você pode facilmente concluir, a inovação aberta (Figura 9.2) funciona em um sistema oposto ao da outra inovação. Ou seja, os fatores de erosão daquela inovação tradicional são os motores que fazem essa funcionar. No sistema da inovação aberta, a organização entende e aceita que ideias e conhecimentos importantes para o cumprimento de seus objetivos podem ser criados e desenvolvidos dentro e fora dos limites organizacionais. Nesse

Figura 9.2 Sistema da inovação aberta (baseada em CHESBROUGH, 2003, p. 44).

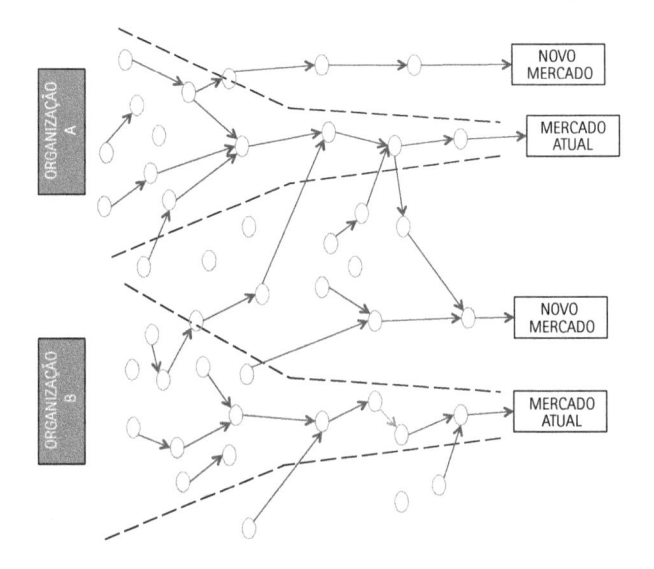

sentido, a cadeia de suprimentos, o relacionamento com os clientes finais e a parceria com instituições de ensino e pesquisa adquirem relevância estratégica para a competitividade organizacional, equivalente à do fortalecimento da cadeia de valor, do contexto capacitante e do capital humano da organização.

No Quadro 9.2, apresentamos os princípios que diferenciam a inovação aberta da fechada.

Quadro 9.2 Princípios da inovação aberta e da inovação fechada (baseado em AGÊNCIA USP, 2011).

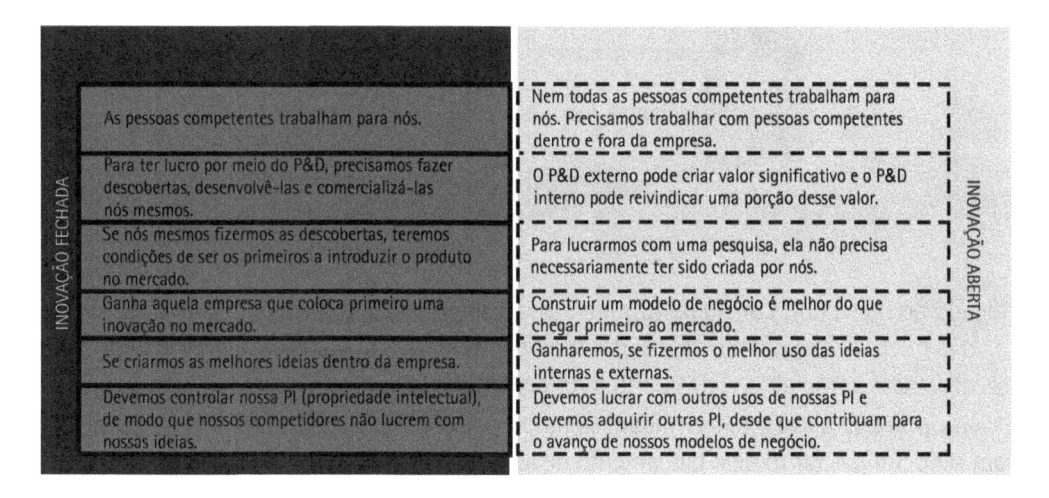

INOVAÇÃO FECHADA	INOVAÇÃO ABERTA
As pessoas competentes trabalham para nós.	Nem todas as pessoas competentes trabalham para nós. Precisamos trabalhar com pessoas competentes dentro e fora da empresa.
Para ter lucro por meio do P&D, precisamos fazer descobertas, desenvolvê-las e comercializá-las nós mesmos.	O P&D externo pode criar valor significativo e o P&D interno pode reivindicar uma porção desse valor.
Se nós mesmos fizermos as descobertas, teremos condições de ser os primeiros a introduzir o produto no mercado.	Para lucrarmos com uma pesquisa, ela não precisa necessariamente ter sido criada por nós.
Ganha aquela empresa que coloca primeiro uma inovação no mercado.	Construir um modelo de negócio é melhor do que chegar primeiro ao mercado.
Se criarmos as melhores ideias dentro da empresa.	Ganharemos, se fizermos o melhor uso das ideias internas e externas.
Devemos controlar nossa PI (propriedade intelectual), de modo que nossos competidores não lucrem com nossas ideias.	Devemos lucrar com outros usos de nossas PI e devemos adquirir outras PI, desde que contribuam para o avanço de nossos modelos de negócio.

As seis alavancas da inovação

No tópico anterior, apresentamos diversas formas de ver e entender a inovação. Em uma breve análise, você pode perceber que muitas vezes uma mesma mudança pode ser classificada em mais de um tipo de inovação de acordo com cada paradigma proposto. Assim, é possível que inovações de produto, radical, do tipo A e aberta sejam todas classificações corretas para uma mesma mudança.

Neste tópico, apresentaremos um modelo conhecido como seis alavancas da inovação (Figura 9.3). Trata-se de um modelo proposto por Davila, Epstein e Shelton (2007) que, em linhas gerais, integra muitos dos tipos de inovação apresentados anteriormente. Essas seis alavancas estão divididas em dois eixos: inovação do modelo de negócios e inovação tecnológica.

Nos próximos itens, abordaremos com mais detalhes cada eixo e suas respectivas alavancas.

Inovação do modelo de negócios e suas alavancas

De acordo com Davila, Epstein e Shelton (2007, p. 51), "os modelos de negócios definem a maneira como a empresa cria, vende e proporciona valor a seus clientes". Por isso, as três alavancas que orientam a inovação nesse eixo são: *proposição de valor* (o que é vendido e

Figura 9.3 As seis alavancas da inovação.

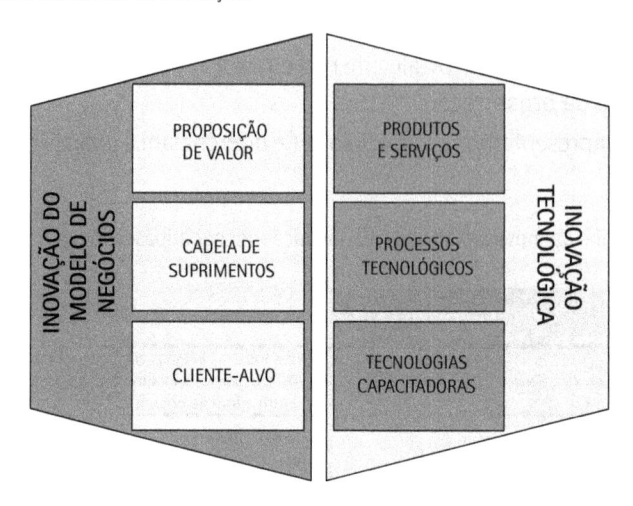

[Diagrama: INOVAÇÃO DO MODELO DE NEGÓCIOS (PROPOSIÇÃO DE VALOR, CADEIA DE SUPRIMENTOS, CLIENTE-ALVO) | INOVAÇÃO TECNOLÓGICA (PRODUTOS E SERVIÇOS, PROCESSOS TECNOLÓGICOS, TECNOLOGIAS CAPACITADORAS)]

lançado no mercado); *cadeia de suprimentos* (como é criada e levada ao mercado); *cliente-alvo* (a quem é repassado o valor). Por tudo que você já leu neste livro, fica fácil identificar tais alavancas como alguns dos pontos fundamentais para a estratégia organizacional.

Na primeira alavanca, as mudanças na proposição de valor do produto ou serviço podem ser definidas tanto pelo lançamento de algo inteiramente novo quanto pela ampliação/melhoria de algo que já existe. Você pode tomar como exemplos do primeiro caso o lançamento do Walkman pela Sony e o surgimento da Wikipédia. Já iPad 2 ou o fato de que quase todas as marcas de creme dental acrescentaram o branqueamento como um elemento novo à tradicional lista de valores oferecidos (hálito fresco, proteção contra cáries e controle de tártaro) encaixam-se como exemplos de ampliação/melhoria de produtos.

A segunda alavanca, cadeia de suprimentos, costuma envolver mudanças que, na grande maioria dos casos, são invisíveis aos clientes finais, mas que podem proporcionar grandes vantagens aos participantes da rede interorganizacional. Como Davila, Epstein e Shelton (2007, p. 52) afirmam:

> Esse tipo de mudança, de modelo de negócios, afeta etapas ao longo da cadeia de valores, entre elas a maneira pela qual uma entidade organiza, compartilha e opera a fim de produzir e entregar seus produtos e serviços. [...] Da mesma forma, mudanças na cadeia de suprimentos podem derivar da combinação entre partes dessa cadeia procedentes de diferentes companhias.

O caso do Walmart e seu sistema de *vendor-management inventories* (VMI – em português, gerenciamento de estoque pelo fornecedor), apresentado no Capítulo 5, é um bom exemplo de inovação a partir dessa alavanca.

Por fim, as mudanças relacionadas à terceira alavanca, cliente-alvo, dizem respeito à identificação de um novo segmento de clientes para produtos ou serviços oferecidos pela organização. A São Paulo Alpargatas, por exemplo, destacou-se nas últimas duas décadas por inovar nessa alavanca. Suas legítimas Havaianas já foram sinônimo de pobreza e costumavam ser vendidas apenas em feiras e mercadinhos de bairro, mas hoje calçam o pé de muita gente rica e famosa no mundo todo e são vendidas em lojas de grife e próprias. Para que isso acontecesse, a Alpargatas não precisou abrir mão de seu público original: ela identificou outro segmento para as Havaianas e investiu em uma nova estratégia de marketing, comunicação e *design*, promovendo mudanças na proposição de valor de seu produto com o lançamento de modelos mais adequados às características (cor, formato, acessórios etc.) esperadas pelos novos clientes.

Inovação tecnológica e suas alavancas

Davila, Epstein e Shelton (2007, p. 54) defendem que há formas diferentes (alavancas) pelas quais a mudança de tecnologia pode motivar a inovação. São elas: *lançamento de produtos e serviços, processos tecnológicos* e *tecnologias capacitadoras*.

A primeira alavanca de mudança nesse eixo é a inovação mais fácil de ser identificada, pois é a mais tangível para o cliente final — ou seja, é aquela que ele imediatamente consegue ver, tocar, sentir etc. Além disso, ela diz respeito àquilo que é vendido e lançado no mercado.

Se sua memória não falha, você deve ter percebido que nós dissemos a mesma coisa sobre a alavanca de *proposição de valor* no item anterior. De fato, assim como acontece com aquela alavanca, as mudanças relacionadas ao lançamento de produtos e serviços podem também envolver a ampliação/melhoria de algo que já existe ou a oferta de algo inteiramente novo. A diferença entre as duas alavancas é que as mudanças na proposição de valor pertencem a uma esfera intangível, enquanto as inovações referentes ao lançamento de produtos e serviços pertencem a uma esfera muito mais tangível. Para aclarar a questão, vejamos o seguinte comentário de Davila, Epstein e Shelton (2007, p. 54) sobre o lançamento de produtos e serviços:

> Em um mercado de permanente mutação, os clientes se acostumaram a esperar mudanças tecnológicas significativas e recorrentes. Eles foram tão condicionados a esperar a inovação em certos produtos que hoje é comum que as pessoas programem suas compras — ficando, por exemplo, à espera do lançamento de um modelo mais moderno de MP3 *player* com novos acessórios e crescente capacidade de memória.

Nesse trecho, os autores usam um MP3 *player* como exemplo para o lançamento de produtos e serviços, da mesma forma como nós usamos o iPad 2 como exemplo para proposição de valor. A questão é entender que a inovação tecnológica, quando atrelada ao lançamento de um produto ou serviço, implica a proposição de um novo valor. Da citação anterior, podemos depreender que o simples fato de um produto ou serviço ser novidade já constitui algum valor para a grande maioria dos consumidores.

Tendo explicado essa questão, passemos às alavancas que ainda restam no eixo de inovações tecnológicas.

A segunda alavanca, relacionada aos processos tecnológicos, envolve aplicações da tecnologia às quais os clientes finais dificilmente terão acesso, mas que podem representar um elemento "vital para a posição competitiva de um produto" (DAVILA; EPSTEIN; SHELTON, 2007, p. 55). Isso acontece porque os principais resultados das inovações promovidas por essa alavanca acarretam a diminuição dos custos e o aumento da qualidade dos produtos e serviços. São exemplos disso as mudanças provenientes de ciclos de melhorias e de práticas direcionadas à qualidade ou à excelência em processos.

Por fim, na última alavanca desse eixo, temos as inovações relacionadas às tecnologias capacitadoras. Assim como os processos tecnológicos, as tecnologias capacitadoras, embora invisíveis à maioria dos clientes finais, são fundamentais para o desenvolvimento da competitividade organizacional. As inovações proporcionadas por essa alavanca permitem que a organização desenvolva e execute sua estratégia com maior agilidade.

Um dos mais notáveis exemplos de inovação a partir dessa alavanca diz respeito à utilização de sistemas e tecnologias de informação e comunicação (STICs), facilitando a interação e a troca de informações entre os participantes da cadeia de valor e mesmo os da cadeia de suprimentos. A robótica também pode oferecer significativas mudanças de tecnologias capacitadoras, haja vista, por exemplo, a implantação de robôs nas linhas de montagem de automóveis.

Integração dos eixos e tipos de inovação

Em geral, as mudanças promovidas pela alavanca relacionada às tecnologias capacitadoras geram a automatização de processos organizacionais, podendo, assim, influenciar as inovações nos processos tecnológicos. A Service-Oriented Architecture (SOA, veja mais detalhes no Capítulo 5) é um exemplo de tecnologia capacitadora que pode impactar processos tecnológicos.

A Apple lançou seu primeiro iPod em 2001. Embora MP3 players já existissem aos montes no mercado, seu design e sua capacidade de armazenamento eram inigualáveis na época e faziam

Nos itens anteriores, você provavelmente percebeu que as alavancas de inovação não atuam de maneira isolada como a Figura 9.3 pode nos levar a crer em um primeiro momento. Nós até mostramos algumas situações em que a atuação de uma alavanca pode influenciar, impactar ou exigir a atuação de outra. De fato, como Davila, Epstein e Shelton (2007, p. 56) defendem, o modelo de inovação proposto por eles *requer* a integração dos dois eixos, ou, nas palavras deles, "do gerenciamento dos modelos de negócios e tecnologias presentes na empresa".

Para você ter uma visão mais clara dessa questão, tomemos o exemplo do Walmart já citado neste tópico e devidamente detalhado no Capítulo 5. Seu sistema VMI é uma inovação na alavanca *cadeia de suprimentos* (eixo da inovação no modelo de negócios). Para que essa inovação pudesse se concretizar, tanto o Walmart quanto seus fornecedores dependeram de inovações na alavanca *tecnologias capacitadoras* (eixo da inovação tecnológica) que, por sua vez, possibilitaram a estruturação de novos *processos tecnológicos* (eixo da inovação tecnológica). Se quisermos ir um pouco além nessa análise, podemos considerar que o VMI, se não produziu diretamente, ao menos influenciou uma mudança na *proposição de valor* do serviço prestado pelo Walmart (eixo da inovação no modelo de negócios): a eficiência na reposição de mercadorias proporciona aos clientes a satisfação de encontrar nas gôndolas produtos sempre novos e frescos (valor: qualidade), ao mesmo tempo que a economia nos gastos com manutenção e gerenciamento de estoque permite à rede de supermercados oferecer preços mais competitivos (valor: custo).

A partir desse exemplo, podemos entender que a integração dos eixos de inovação pode se dar pelas mais diversas interações entre as alavancas, tal como ilustramos na Figura 9.4.

Convém ressaltar que uma inovação pode até começar ou despontar por meio de uma única alavanca. Contudo, como já indicamos, a integração entre os eixos é um requisito fundamental para estruturar e consolidar essa inovação, de forma que a organização possa tirar dela o melhor proveito. Assim, a inovação tecnológica depende de um novo modelo de negócios para complementá-la; paralelamente, uma inovação no modelo de negócios exige novas tecnologias para

dele um produto inovador. Até aí, a Apple havia desenvolvido uma inovação tecnológica. Mas, em 2003, ela foi além e lançou a iTunes Store — uma loja virtual de música (posteriormente, de outros tipos de conteúdo também) na qual os clientes poderiam comprar álbuns inteiros ou, e isso era novo, apenas as faixas que lhes interessavam por apenas US$ 0,99. Assim, se de um lado o iPod concentrava o resultado do eixo de inovação tecnológica, a iTunes Store fazia o mesmo com o eixo de modelo de negócios. A Apple estrategicamente integrou os dois eixos de inovação e, desde então, nem ela nem a venda de conteúdo (músicas, textos, imagens, jogos etc.) via Internet foram as mesmas.

Figura 9.4 Integração entre os eixos de inovação e interação entre alavancas.

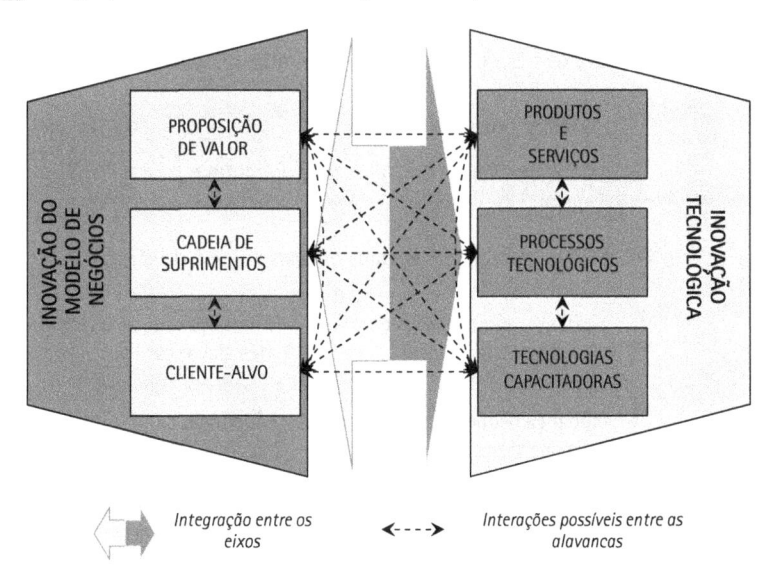

acontecer. Uma inovação que desponta por meio de uma única alavanca e não é desenvolvida além disso dificilmente deixa de ser apenas uma invenção.

A integração entre os eixos também nos ajuda a entender a classificação da inovação feita por Davila, Epstein e Shelton (2007, p. 57-72) em três tipos: incremental, semirradical e radical. Nesse caso, não se trata apenas de classificar a inovação de acordo com o impacto causado — como já fizemos no tópico anterior —, mas, além disso, de compreender as causas desse impacto a partir da análise da integração entre os eixos de inovação. Para tanto, os autores propõem uma matriz de inovação que apresentamos, de forma genérica, na Figura 9.5. O Quadro 9.3 é um desenvolvimento dessa matriz, no qual os eixos e alavancas são relacionados aos tipos de inovação.

Figura 9.5 Matriz da inovação (baseada em DAVILA; EPSTEIN; SHELTON, 2007, p. 58).

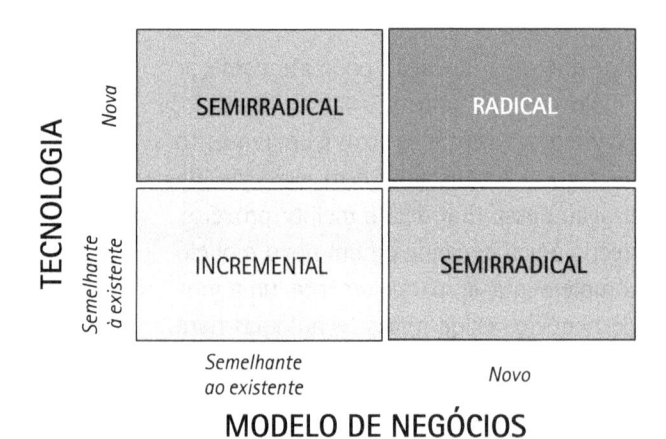

	Modelo de Negócios: Semelhante ao existente	Modelo de Negócios: Novo
TECNOLOGIA: Nova	SEMIRRADICAL	RADICAL
TECNOLOGIA: Semelhante à existente	INCREMENTAL	SEMIRRADICAL

Quadro 9.3 As alavancas para os três tipos de inovação (DAVILA; EPSTEIN; SHELTON, 2007, p. 59).

Tipos de inovação \ Alavancas	Alavancas dos modelos de negócio			Alavancas tecnológicas		
	Proposição de valor	Cadeia de valor	Clientela-alvo	Produtos e serviços	Tecnologia de processos	Tecnologias capacitadoras
Incrementais	Mudanças pequenas em uma ou mais das seis alavancas					
Semirradicais orientadas por modelo de negócios	Mudança significativa em uma ou mais das três alavancas			Mudanças pequenas em uma ou mais das três alavancas		
Semirradicais orientadas por tecnologia	Mudança pequena em uma ou mais das três alavancas			Mudanças significativas em uma ou mais das três alavancas		
Radicais	Mudança significativa em uma ou mais das três alavancas			Mudanças significativas em uma ou mais das três alavancas		

Por que e para que inovar?

Nesta seção, nosso intuito é justificar a importância da inovação para as atuais e futuras organizações. Por isso convidamos você a refletir sobre as duas questões indicadas no título. Ao longo das próximas linhas, procuraremos entender, de um lado, quais são os motivos e razões da inovação e, de outro, quais são suas metas e finalidades. Trata-se, portanto, de um olhar que leva em consideração algumas questões que circundam a inovação (Figura 9.6).

Começaremos nossa abordagem acompanhando alguns trechos da argumentação de Nonaka e Takeuchi (1997, p. 2-4) sobre o porquê de as empresas japonesas terem se destacado como organizações inovadoras e criadoras de conhecimento. Portanto, nosso primeiro passo é entender o cenário em que tais organizações se desenvolveram:

> Durante pelo menos os últimos cinquenta anos, as empresas japonesas existiram em um ambiente em que a única certeza era a incerteza. Após os efeitos devastadores da Segunda Guerra Mundial, passaram por duas guerras em sua própria região (a guerra da Coreia e a guerra do Vietnã) e inúmeras crises econômicas, inclusive as duas crises do petróleo, a crise do governo Nixon, a crise do iene e, mais recentemente, a eclosão da "economia da bolha". Além dessa instabilidade no ambiente externo, as empresas viram os mercados se alterando, a tecnologia proliferando, os concorrentes se multiplicando e os produtos se tornando obsoletos quase da noite para o dia.

O que vemos aí é que as empresas japonesas estavam posicionadas em um *palco de crise* — um *cenário instável* no qual mudanças drásticas eram frequentes. Como os próprios autores afirmam, "enfrentar a instabilidade era um caso de vida ou morte até para as empresas

Figura 9.6 Por que e para que inovar: questões que circundam a inovação.

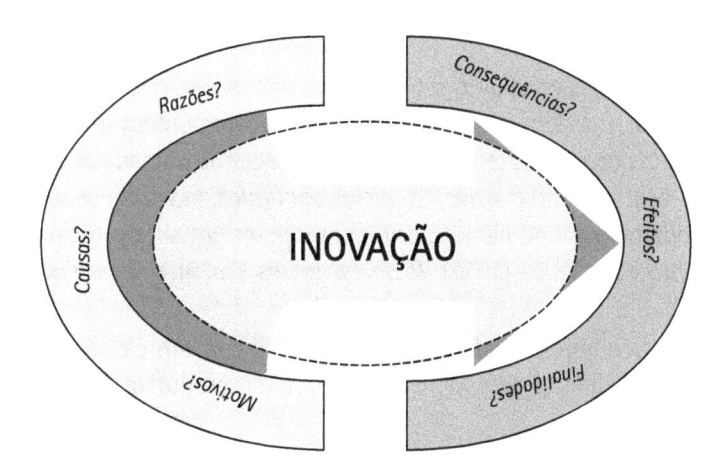

[...] de maior sucesso". Esse, contudo, não era único obstáculo no caminho das organizações nipônicas. Além da instabilidade, elas tinham de lidar com concorrentes fortes e solidamente posicionados no mercado mundial:

> Como retardatárias na competição internacional, nenhuma das empresas japonesas jamais alcançou a autoridade e o sucesso desfrutado por empresas como a IBM, General Motors ou Sears Roebuck. A competição era uma batalha constante e penosa para as empresas japonesas.

No entanto, empresas como a Honda, a Canon, a Toyota e a Sony não encontraram em tais infortúnios motivos para fracassarem. Ao contrário, foi nesse terreno pedregoso que elas semearam a causa de seus futuros sucessos — a inovação:

> Em contrapartida, as empresas japonesas entraram na competição internacional com espetacular determinação, frequentemente enfrentando difíceis obstáculos e adversidades [...]. O medo de perder e a esperança de tomar a frente as impulsionavam a prever as mudanças e a inventar algo novo — uma nova tecnologia, um novo projeto de produto, um novo processo de produção, uma nova estratégia de marketing, uma nova forma de distribuição ou uma nova forma de servir aos clientes. Por exemplo, os fabricantes de motocicletas previram as necessidades crescentes de um segmento emergente, a geração pós-guerra nos Estados Unidos, e ofereceram modelos menores, de menor potência, que outros concorrentes desprezaram como menos lucrativos e menos importantes.

Assim, a instabilidade proveniente do macro e do microambiente tornou-se a força motriz para que tais organizações inovassem. Mas, como os próprios autores destacam, essa condição não é exclusividade de empresas japonesas:

> Argumentamos até aqui que o fato de viver em um mundo de incertezas favoreceu as empresas japonesas, uma vez que elas foram constantemente forçadas a tornar obsoletas suas vantagens existentes. Na verdade, essa peculiaridade — essa disposição de abandonar o que há muito vinha sendo um sucesso — é encontrada em todas as empresas de sucesso, não apenas nas do Japão. Para essas empresas, a mudança é um acontecimento diário e uma força positiva.

Dessa forma, podemos concluir o seguinte: não são as empresas japonesas que obtiveram sucesso ao inovar, mas sim que as empresas que inovam obtêm sucesso. Para entender melhor essa questão, precisamos ter em mente dois conceitos fundamentais para os estudos sobre inovação — a *destruição criativa* e o *ciclo econômico*. Esses conceitos foram propostos e desenvolvidos pelo economista Joseph Schumpeter em suas principais obras: *Teoria do desenvolvimento econômico* (1912), *Business cycles* (1939) e *Capitalismo, socialismo e democracia* (1942).

De modo geral, Schumpeter defende que a evolução constante é própria do capitalismo e, por isso, a instabilidade está na essência desse sistema produtivo. Dessa forma, a oscilação entre períodos de expansão e recessão compõe a estrutura do sistema, cuja evolução é causada por fatores externos (guerras e revoluções, por exemplo), pelo crescimento gradual (aumento do capital e da população) e, sobretudo, pela *inovação*.

Assim, uma das principais conclusões de Schumpeter é de que a expansão do capitalismo se dá pela criação de novos bens de consumo, novos métodos de produção e transporte, novos mercados e novas formas de organização industrial. Contudo, se de um lado temos a criação constante do novo, de outro temos a destruição constante do velho. A esse processo dinâmico o economista deu o nome de *destruição criativa*.

Quando as inovações são mais intensas em um setor específico — como acontece hoje em dia com as telecomunicações, por exemplo —, ele se torna o setor líder da economia. Nessa condição, tal setor desfruta de um período de larga prosperidade até que um conjunto de inovações em outro setor mude essa situação. Esse movimento de mudança entre setores líderes gera o que Schumpeter chamou de *ciclos econômicos*.

Tais ciclos são definidos por longas ondas de prosperidade nas quais o capitalismo atinge seu auge principalmente por meio dos setores líderes. A história da humanidade nos mostra que todo apogeu é seguido por uma queda. Da mesma maneira, toda onda de prosperidade no sistema capitalista é seguida por declínios que formam vales de estagnação e recessão típicos de grandes crises econômicas — e férteis para o surgimento de uma nova onda de inovação.

Até a década de 1950, Schumpeter havia identificado três grandes ondas do ciclo econômico. O físico, executivo e escritor Clemente Nóbrega (1999) estendeu esse ciclo até nossa época acrescentando duas novas ondas, conforme ilustramos na Figura 9.7.

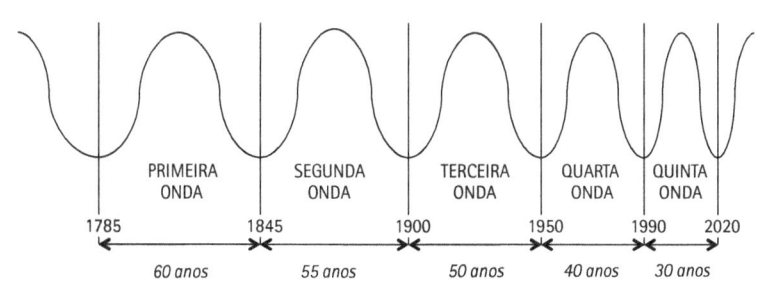

Figura 9.7 Ciclos ou ondas de negócios (baseada em NÓBREGA, 1999).

SETORES LÍDERES				
PRIMEIRA ONDA	SEGUNDA ONDA	TERCEIRA ONDA	QUARTA ONDA	QUINTA ONDA
Energia hidráulica Têxteis Aço	Vapor Aço Estradas de ferro	Eletricidade Químicos Motor de combustão interna	Petroquímicos Eletrônicos Aviação	Redes digitais Softwares Novas mídias

Primeira Onda: 1785–1845 (60 anos)
Segunda Onda: 1845–1900 (55 anos)
Terceira Onda: 1900–1950 (50 anos)
Quarta Onda: 1950–1990 (40 anos)
Quinta Onda: 1990–2020 (30 anos)

É possível que você esteja se perguntando o que a argumentação de Nonaka e Takeuchi tem em comum com esses conceitos de Schumpeter. A resposta é simples: em ambos os casos, vemos que a principal causa que leva à inovação é a instabilidade, ou a crise, inerente a um sistema que se baseia em contínuas ondas de mudança. Os primeiros autores apresentam uma visão mais pontual, focada no caso das empresas japonesas após a Segunda Guerra, enquanto o segundo autor revela uma visão macroestrutural, na qual contemplamos o funcionamento do sistema capitalista como um todo.

Assim, temos que a crise sistemática, proveniente do macroambiente, é a maior e principal causa da inovação. Entretanto, ela não é a única. Retomando a segunda e a terceira citações de Nonaka e Takeuchi, podemos entender que a concorrência (um fator microambiental) também é uma das causas que levam à inovação. De fato, não precisamos ir muito longe para concluir que o aumento da concorrência enfatizado nos últimos 60 anos é uma justificativa não apenas para a cada vez mais crescente ocorrência de inovações, mas também para o notável encurtamento dos ciclos econômicos.

Em suma, para responder à nossa primeira questão sobre as causas da inovação, podemos indicar três pontos:

1. a instabilidade do cenário;
2. a atuação e o crescimento da concorrência;
3. as mudanças drásticas decorrentes dos dois pontos anteriores.

> *Sempre perspicaz e atento, você já deve ter pensado que a análise de cenários sob a perspectiva macroambiental (economia, tecnologia, política, cultura, sociedade etc.) é de vital importância para as empresas inovadoras. E é verdade! Além disso, práticas como a análise SWOT e o modelo de cinco forças de Porter, apresentadas no Capítulo 3, são cruciais para que a organização consiga visualizar com clareza o cenário no qual ela se encontra e, a partir daí, traçar suas metas de inovação.*

A partir disso, não é difícil visualizar os efeitos esperados da inovação, uma vez que eles correspondem a essas três causas. Assim, podemos concluir que uma organização inova para:

- **Adaptar-se à instabilidade do cenário** – dessa forma, a organização se torna flexível e se mantém competitiva diante de novas ameaças como, por exemplo, o surgimento de novos concorrentes.
- **Gerar vantagem competitiva e lucro** – nesse ponto, a organização se desenvolve no cenário instável e cria ou adquire fatores diferenciais que a destacam de seus concorrentes. Cabe ainda indicar que, segundo a teoria schumpeteriana, o lucro não é entendido apenas como o retorno sobre o capital investido, mas sim como um fator que proporciona novos investimentos e financia outras inovações; isso se relaciona com a seguinte observação de Nonaka e Takeuchi (1997, p. 3):

> Mas inovação não era uma peça de um só ato para as empresas japonesas. Uma inovação levava à outra, proporcionando aperfeiçoamentos e melhorias contínuas [...].

- **Superar as mudanças drásticas** — a superação é um passo além da diferenciação e dois da adaptação. Ao superar as mudanças impostas pela instabilidade do cenário e pela atuação dos concorrentes, a organização deixa de desempenhar um papel passivo, ou reativo, em relação às mudanças e à própria competição e passa a dar as cartas do jogo. De fato, podemos entender que a organização, nesse ponto, passa a influenciar ativamente a instabilidade do cenário para seus concorrentes.

Para exemplificar esses três pontos relacionados à finalidade da inovação, considere o seguinte caso: nos anos de 1990, a Microsoft ditava as regras no mercado de softwares para microcomputadores. Suas concorrentes viviam à sombra da família Windows, buscando adaptar-se (ponto 1) às inovações que Bill Gates e sua trupe lançavam no mercado. Entre tais concorrentes, encontravam-se a Apple (sempre ela). Nos últimos anos do século XX, ela começou a gerar vantagem competitiva e lucro (ponto 2), ao mesmo tempo que a Microsoft perdia um pouco a mão em suas inovações. Na primeira década do século XXI, a Apple superou as mudanças drásticas (ponto 3) e passou a ditar as regras em um novo tipo de mercado, fazendo com que suas concorrentes fossem obrigadas a se adaptar a suas sucessivas inovações (iPod, iPhone e iPad). Dentre essas concorrentes encontram-se, principalmente, a Samsung e a Nokia (no que diz respeito ao hardware) e o Google e a Microsoft (no que diz respeito ao software). É interessante notar que, atualmente, o Google tem criado bastante vantagem competitiva em relação à Apple com seu sistema aberto. Nós já falamos sobre isso no Capítulo 3, você se lembra?

> *Refletindo sobre as causas e efeitos relacionados à inovação, fica fácil perceber que ela não é apenas um modismo passageiro dos últimos anos. Ao contrário, a inovação é um componente de vital importância que deve ser compreendido na formulação da estratégia da organização — sobretudo, nos aspectos ligados à visão de conhecimento —, bem como em seu dia a dia.*

Na Figura 9.8, resumimos os pontos principais que respondem às questões propostas nesta seção.

Como inovar?

Por mais surpreendente que possa parecer aos olhos do grande público, a inovação não é um fenômeno que simplesmente acontece como um raio. Antes de ficar pronta, ela é pensada, planejada, combinada, revista etc. É verdade que elementos como *insights*, intuições e inspirações — que se encontram no coração da inovação — não podem ser previstos, mas isso não quer dizer que eles não possam ser estimulados ou facilitados. Uma boa ideia não tem hora marcada para acontecer, mas isso não deve ser um obstáculo para que ela seja bem recebida e devidamente analisada por aqueles que se propõem a inovar.

Nos tópicos desta seção, vamos analisar alguns aspectos importantes relacionados aos modelos, à cultura e às regras de inovação. Afinal, se por um lado o grande público é surpreendido pela inovação, as organizações devem estar preparadas para ela.

Figura 9.8 Por que e para que inovar: principais causas e efeitos da inovação.

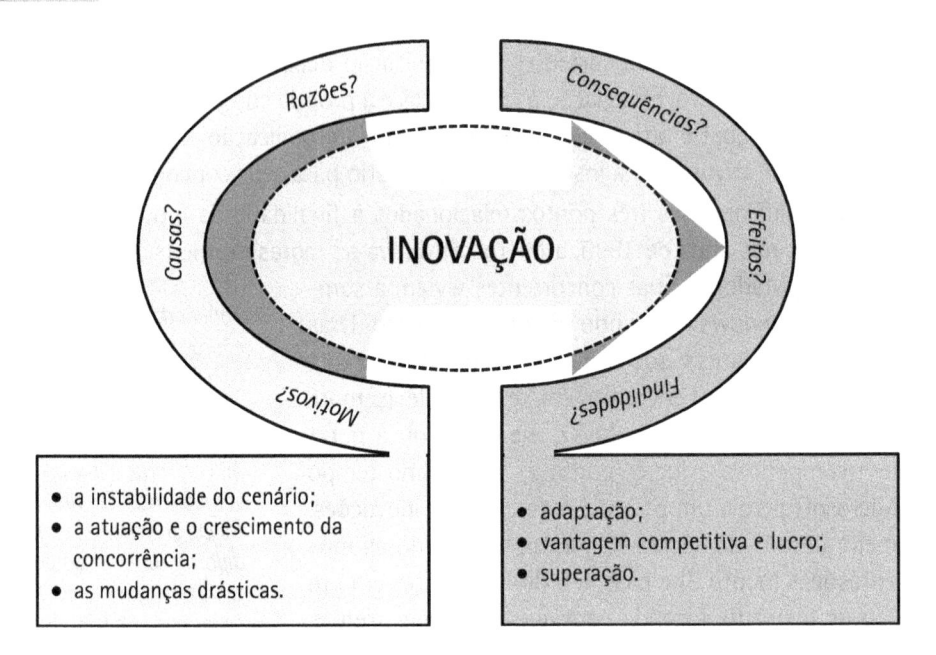

- a instabilidade do cenário;
- a atuação e o crescimento da concorrência;
- as mudanças drásticas.

- adaptação;
- vantagem competitiva e lucro;
- superação.

Modelos de inovação

Como vimos até aqui, a inovação é uma necessidade vital para as organizações. Dada essa condição, não é de se estranhar que existam inúmeros modelos de gestão de inovação — afinal, são tantos livros com "inovação" na capa, não é mesmo? Pois é, mas nós não nos esquecemos de que este livro aqui tem "conhecimento" na capa. Por isso, nos itens a seguir, vamos nos limitar a apresentar alguns dos mais importantes modelos do processo de inovação indicados por Barbieri e Álvares (2004, p. 55-60) e, a partir daí, a fazer algumas considerações, relacionando-os ao nosso tema. No primeiro item, vamos conhecer os modelos lineares *science push* (empurrado pela ciência) e *demand pull* (puxado pela demanda). No segundo item, vamos abordar modelos mais complexos, como o de terceira geração e o modelo de principais conexões.

Os modelos lineares

O modelo *science push* foi proposto pelo *Manual Frascati* (OCDE, 1994), uma publicação da OCDE que visa uniformizar a nomenclatura entre as pesquisas sobre inovação. Conforme ilustra a Figura 9.9, nesse modelo entende-se a inovação como o produto de um processo de criação de conhecimento que se inicia com a pesquisa básica e se desenrola até a aplicação

Figura 9.9 Modelo de inovação *science push* (baseada em OCDE, 1994).

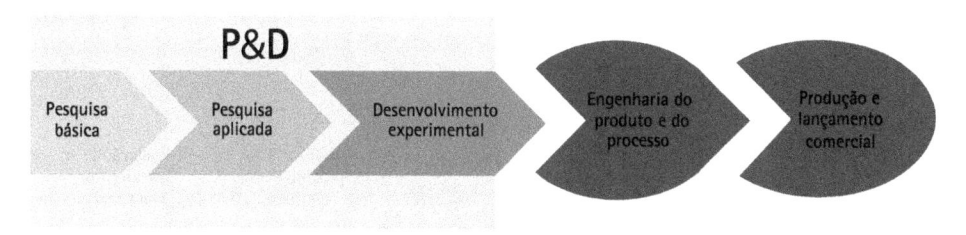

P&D: Pesquisa básica → Pesquisa aplicada → Desenvolvimento experimental → Engenharia do produto e do processo → Produção e lançamento comercial

prática dos conhecimentos produzidos. Possivelmente, você deve ter notado que no modelo *science push* a inovação é orientada e induzida pela oferta; por essa razão, ele costuma ser chamado também de *modelo ofertista*.

Além disso, é interessante notar que, de acordo com a definição do *Manual Frascati* (OCDE, 1994), as três primeiras atividades do modelo correspondem às tarefas normalmente realizadas pela área de *pesquisa e desenvolvimento* (a famosa *P&D*) – e, por isso, atuam como principal motor do modelo.

Nesse ponto, devemos ressaltar que o *Manual Frascati* não restringe a compreensão de P&D exclusivamente ao trabalho desenvolvido pelo departamento homônimo, mas a todo e qualquer trabalho de pesquisa (aquisição de conhecimento) e desenvolvimento (elaboração, processamento, combinação de conhecimento) feito em outros departamentos ou unidades da organização de forma sistemática. Nas palavras de Barbieri e Álvares (2004, p. 55):

> P&D é todo trabalho criativo empreendido em bases sistemáticas com o objetivo de aumentar o estoque de conhecimentos, incluindo os conhecimentos sobre o ser humano, a cultura e a sociedade, bem como o uso desses conhecimentos para projetar novas aplicações.

De acordo com o *Manual Frascati* (OCDE, 1994), a *pesquisa básica* pode ser teórica ou experimental e tem como principal objetivo a aquisição de novos conhecimentos sobre os fundamentos relacionados a qualquer acontecimento, sem focar em nenhum tipo de aplicação; já a *pesquisa aplicada* acrescenta ao trabalho de aquisição de novos conhecimentos uma finalidade prática específica. Por fim, o *desenvolvimento experimental* é um trabalho sistemático que, a partir dos conhecimentos obtidos pelas pesquisas e experiências práticas das modalidades anteriores, produz novos materiais, produtos e dispositivos; elabora novos processos, sistemas e serviços; ou aperfeiçoa de maneira relevante qualquer um desses elementos.

A respeito dessas definições, Barbieri e Álvares (2004, p. 56) comentam:

> As duas primeiras são modalidades voltadas para a produção de conhecimentos científicos, enquanto a última se concentra em conhecimentos tecnológicos.

Figura 9.10 Modelo de inovação *demand pull* (baseada em OCDE, 1994).

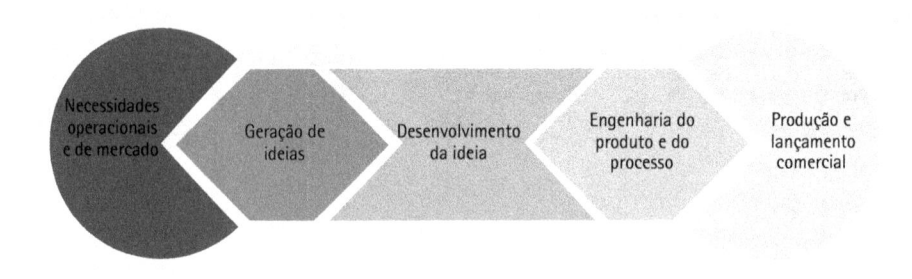

[Diagrama: Necessidades operacionais e de mercado → Geração de ideias → Desenvolvimento da ideia → Engenharia do produto e do processo → Produção e lançamento comercial]

Na Figura 9.10, apresentamos o modelo *demand pull* (puxado pela demanda) que, como você pode facilmente notar, é o reverso do modelo *science push*. Trata-se de um modelo no qual a inovação é norteada pelas necessidades do mercado — o que pode incluir tanto a criação de novos produtos e processos quanto a solução de problemas operacionais detectados nas unidades produtivas.

Barbieri e Álvares (2004, p. 56) observam que o primeiro modelo costuma ser o preferido dos membros da comunidade científica, enquanto empresários e administradores tendem a escolher o segundo. Nessa situação, a pergunta "qual dos dois é o modelo correto?" surge com bastante naturalidade. Os mesmos autores respondem a essa indagação, dizendo que ambos os modelos são corretos e que a diferença está nas condições dadas à inovação:

> O primeiro [*science push*] está correto desde que os fatores tempo e lugar não sejam considerados, pois as inovações sempre irão se beneficiar da acumulação de conhecimentos gerados pelas pesquisas científicas onde quer que elas tenham sido feitas, desde que seus resultados tenham sido publicados. [...] A ideia que esse modelo expressa é a de que os conhecimentos tecnológicos são precedidos por conhecimentos científicos, o que é verdadeiro para as tecnologias modernas. [...] O segundo [*demand pull*] também está correto, se se considerar que a necessidade é a mãe de todas as invenções, como diz um ditado popular. Além disso, para o inovador não importa de onde vêm os conhecimentos necessários para atender as suas necessidades, seja da pesquisa científica ou do conhecimento empírico do dia a dia, seja através do conhecimento próprio ou adquirido de terceiros [...].

Por fim, devemos observar que, embora sejam úteis como introdução didática, tais modelos são bastante limitados e ignoram perigosamente a complexidade das organizações atuais. Eles são, portanto, insuficientes para explicar o que acontece nas organizações no que diz respeito ao processo de inovação como um todo. Em outras palavras, não consideram as interações entre diversos agentes do processo nem os eventuais pulos ou repetições de etapas. Além disso, esses modelos dão a ideia de que as inovações resultam de processos lineares, o que não é verdade (BARBIERI; ÁLVARES, 2004, p. 56). Por isso, no item a seguir, vamos conhecer dois outros modelos que buscam superar tais limitações.

Os modelos não lineares

O primeiro modelo que abordaremos neste item foi denominado por Rothwell (1992) *modelo de inovação de terceira geração* (Figura 9.11). De acordo com Barbieri e Álvares (2004, p. 57), o mérito desse modelo é "mostrar que inovação é um processo que articula as necessidades da sociedade e do mercado com avanços dos conhecimentos científicos e tecnológicos". Em outras palavras, trata-se de um modelo que combina as duas possibilidades de inovação propostas pelos modelos *science push* e *demand pull*.

Esse modelo concebe a inovação sob uma perspectiva sistêmica e consideravelmente mais complexa que os modelos anteriores. Isso porque ele considera as interações entre múltiplos agentes ao longo do processo e permite mudanças na direção do fluxo. Além disso, ele mostra que as inovações geradas pela organização contribuem para a atualização do estado da arte da tecnologia e da produção, isto é, do conhecimento estabelecido nessas áreas.

O modelo de terceira geração, contudo, não é isento de limitações. Barbieri e Álvares (2004, p. 57) apontam as duas restrições mais críticas desse modelo:

> O modelo combinado também contém uma impropriedade, a de conceber a inovação como resultado de um processo
>
> linear interno à empresa, processo que vai da concepção da ideia até o mercado, algo que só faz sentido quando a dimensão tempo não for considerada, assim como as interações que ocorrem dentro da empresa. Além disso, o uso da expressão P&D não se aplica em muitos casos, principalmente quando se trata de inovações relativas ou do tipo *firm-only*, como definido pelo *Manual de Oslo*.

O *modelo de principais conexões*, desenvolvido por Kline (1978) e exibido na Figura 9.12, é semelhante ao de Rothwell na medida em que combina pesquisa científica, necessidades de demanda e a troca de conhecimento entre essas duas. Mas

Inovações relativas dizem respeito à introdução de soluções que representam novidades apenas para uma organização específica — por isso são conhecidas também como inovações firm-only. Em outras palavras, trata-se de um tipo de inovação que já é conhecida e/ou utilizada por outras organizações. Nesse sentido, as inovações relativas se opõem às inovações radicais, pois estas são "inovações pioneiras que introduzem novidades em termos globais" (BARBIERI; ÁLVARES, 2004, p. 48).

Ainda de acordo com Barbieri e Álvares (2004, p. 48) as inovações firm-only resultam de um processo de difusão tecnológica que eles entendem como a disseminação de uma inovação. Por essa razão, eles observam que muitos outros autores não consideram a inovação propriamente dita, mas apenas como uma imitação.

Figura 9.11 Modelo de inovação de terceira geração (ROTHWELL, 1992).

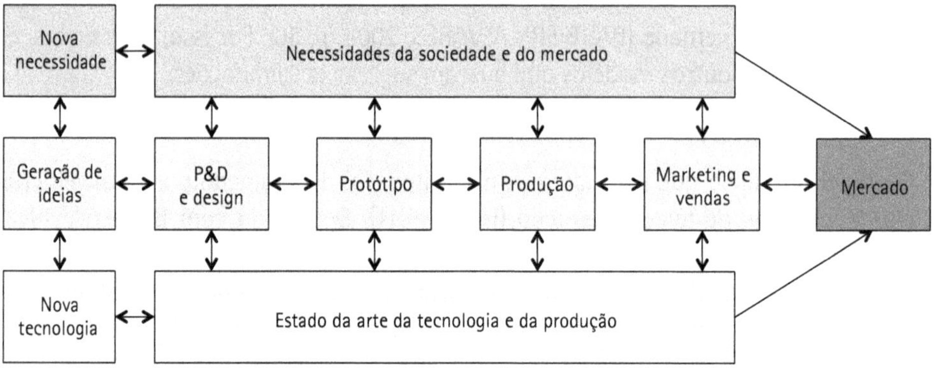

as semelhanças não vão muito além disso. O modelo de Kline enfatiza as interações entre as diferentes fases do processo – e não entre os agentes.

Na base do modelo, você pode ver a "cadeia de inovação", tal como foi denominada pelo autor. Perceba que as linhas pontilhadas entre cada fase indicam que os limites reais entre elas não são rígidos. As setas cheias entre as etapas mostram o típico processo linear; entretanto, ele é complementado por *feedbacks* essenciais ao processo de inovação. De acordo com Kline (1978), existem três tipos de *feedback* – ilustrados na parte inferior da Figura 9.12. O primeiro tipo é o *feedback* dado entre as etapas da cadeia; o segundo diz respeito ao aperfeiçoamento do produto – o que exige trabalhos em mais de um estágio da cadeia; o último está relacionado ao planejamento do projeto e ocorre por meio da avaliação do produto em termos de sua capacidade de alcançar os objetivos mercadológicos (BARBIERI; ÁLVARES, 2004, p. 58).

Além disso, precisamos nos atentar às setas numeradas que representam as interações comuns entre cadeia de inovação, conhecimento e pesquisa. A seta 1 indica a relação entre a cadeia e o conhecimento do setor. Se houver um conhecimento específico aplicável ao que a organização se propõe em termos de inovação, ele é inserido no processo conforme mostra a seta 2. Caso contrário – ou seja, se não for possível encontrar o conhecimento em nenhuma fonte existente –, é necessário que a organização realize pesquisas, representadas pela seta 3. O resultado de tais pesquisas e sua aplicação ao processo de inovação pode levar alguns anos, o que é representado pela seta pontilhada 4. Esse esquema se repete nas duas fases subsequentes da cadeia (projeto detalhado e reprojeto), possibilitando, assim, a formação de diversos caminhos de interação entre todos esses elementos.

Por fim, é interessante notar que o modelo de Kline apresenta relações mais complexas e mais próximas à realidade do processo de inovação sob uma perspectiva macroestrutural. Porém, nele as atividades são apresentadas independentemente de seus agentes e pouco conseguimos visualizar da estrutura interna das organizações inovadoras. Por isso, nosso conselho é utilizar esse modelo como complemento do modelo de Rothwell ou vice-versa.

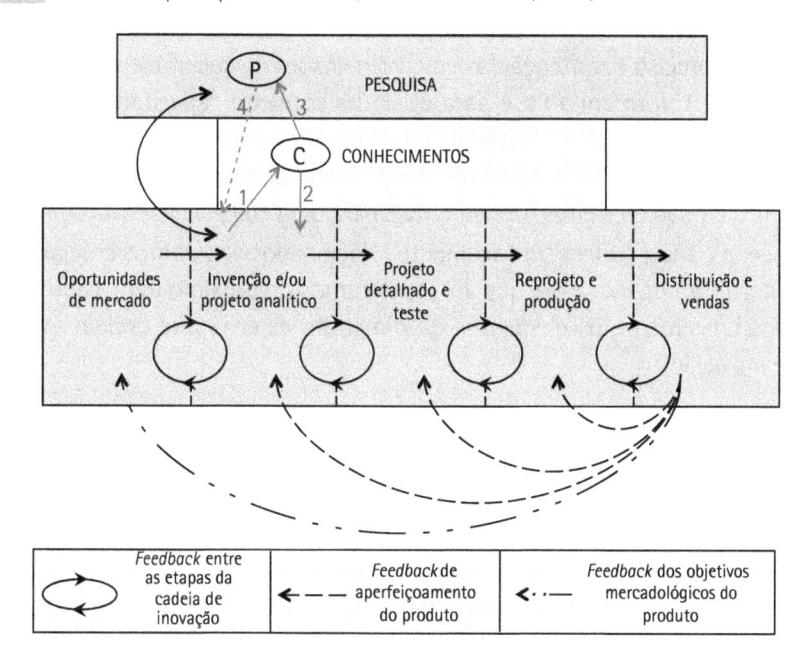

Figura 9.12 Modelo de principais conexões (baseada em KLINE, 1978).

Cultura de inovação

Mesmo uma organização que conte com os profissionais mais criativos que o mercado de trabalho pode oferecer não será capaz de superar os obstáculos impostos por uma cultura interna de acomodação, arrogância, rigidez e complacência. Por isso, é preciso estabelecer e desenvolver uma cultura organizacional fértil para a inovação. Uma cultura desse tipo pode ser entendida como um conjunto de práticas, posturas e valores – em suma, conhecimentos tácitos e explícitos – que são compartilhados entre pessoas e mesmo organizações de maneira a favorecer ideias e atitudes inovadoras.

Nesse sentido, precisamos ter em mente dois pontos relevantes: (1) a cultura de inovação está profundamente arraigada ao conceito de *ba* e às dimensões da solicitude (conforme apresentamos no Capítulo 1); (2) ela é composta por duas dimensões, uma interna, relacionada à própria organização, e outra externa, ligando a organização ao setor no qual ela atua e a toda a sociedade.

No que diz respeito ao primeiro ponto, devemos ressaltar que a cultura de inovação é uma perspectiva fracionária da cultura organizacional como um todo. Isso significa que ela não é apenas uma parte, mas sim uma maneira pela qual a própria cultura organizacional pode ser enxergada. Dito isso, fica mais fácil compreender isso que chamamos de "cultura de inovação" como um *contexto compartilhado* no qual as pessoas e as organizações interagem, compartilhando e convertendo seus conhecimentos a fim de criar um novo conhecimento — a inovação. Talvez a Figura 1.6 (Capítulo 1) possa ajudá-lo a visualizar mais claramente o que queremos dizer aqui.

Além disso, é preciso dar atenção às cinco dimensões da solicitude que, como já explicamos no Capítulo 1, formam a base para qualquer contexto capacitante. Uma vez que a cultura organizacional deve ser configurada como um *ba* — isto é, ela deve facilitar a criação de conhecimento —, não vamos surpreender ninguém ao dizer que tanto o *ba* quanto a solicitude inerente a ele são conceitos fundamentais para uma cultura de inovação (Figura 9.13).

Tais conceitos, aliás, podem ser facilmente relacionados aos pontos cruciais da dimensão interna da cultura de inovação, que apresentaremos no próximo item. Logo em seguida, comentaremos brevemente os elementos da dimensão externa que podem influenciar os processos de inovação.

Figura 9.13 Cultura de inovação, *ba* e solicitude.

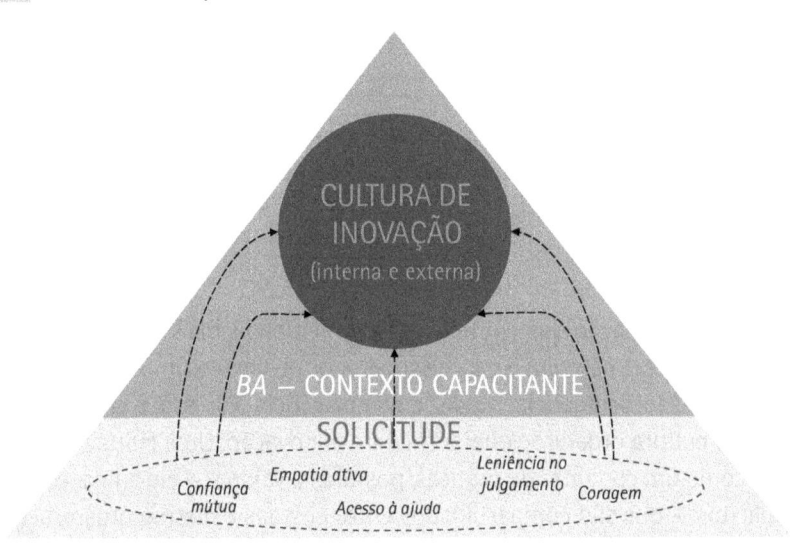

Dimensão interna da cultura de inovação

Para este item, pegamos emprestado do livro *Criatividade e inovação* (PEARSON, 2010) alguns dos principais pontos que tornam a dimensão interna da cultura organizacional favorável à inovação e os relacionamos a muitas das questões discutidas neste livro. Ao todo, destacamos sete pontos:

- **Tolerância à divergência** — como você já sabe muito bem, os processos de conversão e criação de conhecimento exigem a interação entre um grupo de pessoas. Afinal, em algumas etapas, é necessário que conhecimentos diferentes sejam compartilhados e recombinados. Um dos principais problemas referentes a esse tipo de trabalho em grupo é o risco de tomar decisões erradas em decorrência da busca obsessiva por consenso. Não são raras as vezes em que o medo de discordar do grupo leva um colaborador a não propor uma ideia diferente. Nesses casos, devemos nos lembrar de que *a inovação é uma ideia diferente.* Uma organização que não valoriza ideias divergentes e não permite que elas sejam expressas está fadada à estagnação e ao consequente fracasso.

- **Tolerância a erros** – não existe gestão da perfeição; se existisse, nem a gestão da inovação nem a do conhecimento teriam alguma coisa a ver com essa falácia. No Capítulo 6, comentamos que o fracasso em um projeto pode ser fundamental para o sucesso de outros graças aos conhecimentos gerados por meio dele. Da mesma maneira, uma organização inovadora aceita a possibilidade do erro com naturalidade, pois entende que grandes mudanças são geradas por um longo processo de tentativa e erro. Nesse sentido, cometer erros significa assumir riscos para fazer algo novo – o que é potencialmente melhor do que não fazer nada e esperar algo novo acontecer.
- **Equipes heterogêneas** – grupos heterogêneos apresentam uma diversidade de conhecimentos e perspectivas que se tornam essencialmente férteis para a germinação da inovação. Esse ponto também já foi comentado no Capítulo 6, quando ressaltamos a importância de formar equipes multidisciplinares para a condução de novos projetos. Além disso, ele está inteiramente de acordo com o nível de equipe de projeto proposto pela estrutura organizacional em hipertexto, apresentada no Capítulo 1. Por fim, vale assinalar que a formação de equipes heterogêneas se relaciona de maneira muito nítida com a questão das ideias divergentes indicadas no primeiro ponto.
- **Investimentos em educação continuada** – no mundo em que vivemos, é difícil inovarmos – ou mesmo trabalharmos – sem atualizar constantemente nossos conhecimentos. Assim, para ser e se manter inovadora, uma organização deve incentivar seus colaboradores a buscar o aprendizado contínuo. Nesse sentido, podemos notar que o investimento em educação continuada não deixa de ser uma prática de educação corporativa e, assim, uma forma de desenvolver o capital humano da organização, conforme já discutido no Capítulo 7.
- **Liderança inovadora** – a inovação, como toda a gestão do conhecimento, requer o comprometimento da alta direção. Isso não significa que o CEO e os diretores devam obrigatoriamente ser criativos e inovadores o tempo todo, mas sim que devem disponibilizar os meios que levem ao fortalecimento da cultura de inovação, além de incentivá-la e defendê-la ativamente. Ademais, um dos papéis centrais da alta direção é lidar com o paradoxo do controle (veja mais no Capítulo 6). De um lado, ela deve empregar o controle a fim de garantir que os investimentos em inovação

sejam aproveitados da melhor maneira possível. De outro, deve proporcionar autonomia suficiente para que os colaboradores criem, inovem, assumam riscos e, enfim, inovem — o que, na prática, é o melhor aproveitamento possível dos investimentos feitos em inovação.

- **Ambiente físico inspirador** — Monet pintava ao ar livre em seu imenso jardim japonês; Picasso trabalhava em um ateliê; Osgemeos grafitam os muros de grandes cidades. Todos são artistas reconhecidamente criativos e inovadores. Para você não pensar que estamos fugindo do assunto, vale indicar que uma das premissas de Krogh, Ichijo e Nonaka (2001, p. 45) é a de que "a criação do conhecimento é arte, não ciência". Kao (1997), que também segue tal premissa, concentra parte de suas análises na influência exercida pelo ambiente físico sobre a criatividade e a inovação. De acordo com seus estudos, a criação de espaços amplos, sem divisórias, facilita a comunicação entre equipes, mas também atrapalha aqueles que preferem ou precisam pensar sozinhos. Assim, o ideal é que a organização disponibilize os dois tipos de espaço de forma equilibrada com as necessidades de seus colaboradores e de seus processos e projetos. Dessa maneira, as interações entre os indivíduos e entre os grupos são facilitadas por um espaço físico que os ajude a criar novos conhecimentos. Kao observa que a cerimônia de passagem entre ambientes contribui para ligar o botão da criatividade - é o que acontece, por exemplo, quando um escritor adentra seu escritório ou um corpo de balé adentra o estúdio de ensaio.
- **Comunicação fluente** — eis um ponto que enfatizamos ao longo de todo este livro. O compartilhamento e a combinação que permitem a criação de novos conhecimentos se dão por meio da comunicação entre as pessoas. A comunicação fluente também é o principal caminho pelo qual a estratégia é operacionalizada nos processos e projetos organizacionais, sendo, inclusive, um fator essencial para promover o alinhamento entre objetivos individuais, objetivos estratégicos e metas de conhecimentos da organização. Em outras palavras, ela é fundamental para orientar os processos de inovação, de modo que eles cumpram as propostas da organização.

Dimensão externa da cultura de inovação

Como já observamos no Capítulo 2, o conhecimento do ambiente externo causa impacto dentro da organização, assim como o conhecimento criado dentro dela causa impacto no ambiente externo. Em organizações que adotam processos de inovação aberta, isso é extremamente nítido. Mesmo naquelas cujos processos de inovação são fechados, a troca de conhecimento de dentro para fora e vice-versa não pode ser negada, simplesmente porque as organizações não são entidades descoladas do mundo no qual atuam. Isso é reforçado pela ideia de que o *ba* tem uma configuração orgânica, tal como indicamos no Capítulo 1 e ilustramos na Figura 1.7.

Assim, devemos compreender que, mesmo sendo externos, alguns elementos não são alheios ao processo de inovação. Ao longo deste livro, por exemplo, observamos como *os clientes* (Capítulo 8) podem contribuir para a criação de novos produtos, ou como o compartilhamento intraorganizacional de conhecimento em uma cadeia de suprimentos (capítulos 5 e 8) pode promover a criação de um novo valor que seria impossível para as organizações participantes adquirir isoladamente.

Junto desses elementos, a interação com instituições de ensino superior e de pesquisa constitui um ponto-chave para as organizações que buscam a inovação por dois motivos principais: a interação pode se relacionar com os investimentos em educação continuada e no fortalecimento do capital humano, como vimos no item anterior e no Capítulo 7; ela também influencia os avanços tecnológicos, bem como produz conhecimentos sobre os padrões de comportamento da sociedade como um todo e de determinados nichos.

Por fim, não podemos deixar de dizer que a interação com todo o meio social que circunda a organização – e isso engloba também seus concorrentes – é de suma importância para que ela defina as balizas que vão orientá-la na definição de metas de criação de conhecimento tanto para o presente quanto para o futuro. Não custa repetir que, para tirar melhor proveito possível da inovação, a organização deve atrelá-la a sua visão de conhecimento. Assim, o compartilhamento de conhecimento com diversas esferas sociais não apenas ajuda a compreender o mundo atual e a definir quais conhecimentos devemos criar aqui e agora, mas também a visualizar as possibilidades de um mundo futuro – retomando um pouco do que falamos sobre a construção de cenários no Capítulo 3 – e a planejar os conhecimentos que deverão ser criados até lá. Afinal, mais do que o passar do tempo, são nossas inovações que nos levam ao futuro.

SAIU NA IMPRENSA

AS HISTÓRIAS DO VISIONÁRIO JEFF BEZOS NA AMAZON

André Faust

Livros, leitores eletrônicos, computação na nuvem. Um novo livro mostra como a Amazon e Jeff Bezos, seu fundador, ditaram os rumos do varejo on-line

[...]

A história da Amazon começa em 1994, quando Bezos, então com 30 anos de idade, deixou o emprego de vice-presidente numa empresa de serviços financeiros de Wall Street para se mudar com a mulher para Seattle. Ele havia feito um curso sobre como montar uma livraria e estava obcecado pela ideia de vender livros pela web.

Na época, o movimento não parecia fazer muito sentido. Seattle era sede da Microsoft, mas a cidade não era nem de longe um Vale do Silício. A internet era uma rede obscura, utilizada por cerca de 16 milhões de pessoas em todo o mundo. Mas, como em outras ocasiões que viriam, Bezos viu ali uma oportunidade enorme.

Uma casa com três quartos e garagem serviu de primeira sede da empresa. O site, que se dizia a primeira loja virtual de livros do mundo, foi ao ar em julho de 1995, tempos antes de grandes livrarias ganharem presença na rede. Graças a descontos agressivos, a Amazon logo começou a fazer nome — e a incomodar.

Com poucas publicações em depósito, mas de posse de uma base de dados com o nome de milhões de títulos, Bezos começou a alardear sua empresa como a maior livraria do mundo. Era mentira, claro, mas pouco importa. Três meses depois do lançamento, a Amazon atingiria a marca de 100 livros vendidos em um único dia. Um ano depois, eram 100 livros por hora.

O freguês tem razão

Na cabeça de Bezos, a Amazon tinha de ser não apenas uma loja virtual confiável e fácil de usar, mas também mais útil do que uma loja física. Websites, afinal, podiam explorar a internet para fazer coisas antes inimagináveis. O sucesso da Amazon seria uma transformação sem volta para o negócio dos livros, e um prenúncio do que o comércio eletrônico era capaz de fazer com o varejo tradicional.

A internet, Bezos descobriu desde cedo, poderia ser um ótimo lugar para descobrir o que os clientes realmente querem e, assim, construir um ambiente que oferecerá os produtos certos a cada um.

Certa vez, Bezos recebeu um e-mail de uma cliente idosa que dizia adorar comprar livros no site, mas tinha de esperar a visita de seu sobrinho para abrir os pacotes. De imediato, ele ordenou que a embalagem fosse refeita.

Por vezes, a obsessão da empresa por tocar um negócio centrado no consumidor deu origem a episódios controversos. A certa altura, a Amazon passou a permitir que os clientes postassem no site suas próprias avaliações sobre os livros e as publicações, fossem elas positivas ou negativas. Os concorrentes não conseguiam entender a atitude.

De que maneira isso poderia ajudar? Outra heresia foi oferecer links para sites que vendiam produtos não disponíveis na Amazon. Bezos achava que poderia vender mais se ajudasse a criar decisões de compra, mesmo que para os outros. Mais uma vez, ele estava certo.

Um clique

Mais do que um novo capítulo na história da venda de livros, Bezos e a Amazon foram responsáveis por estabelecer padrões de mercado para toda a web. Hoje, é fácil concluir que comprar livros com "um clique" é uma solução óbvia.

A ideia foi de Bezos, quando ainda não tinha nada de óbvia. "Não somos uma empresa lucrativa", disse ele ao *The New York Times* em janeiro de 1997. "Poderíamos ser. Seria a coisa mais fácil do mundo. Mas também seria a mais estúpida."

Em nome de crescimento rápido e de vantagens competitivas no futuro, fazia mais sentido para ele perder dinheiro por algum tempo. Com mais ou menos sucesso, essa é uma estratégia replicada por *startups* de internet até hoje. A Amazon registrou lucro líquido pela primeira vez apenas no fim de 2001, seis anos depois de ser criada.

Nem sempre, claro, Bezos pôde prever o futuro com perfeição. A Amazon demorou a acordar para o mercado de produtos digitais. A **Apple** começou a vender música na rede muito antes de Bezos conceber um negócio de downloads pagos.

Parte do atraso seria corrigido anos mais tarde com o Kindle, lançado em 2007, hoje o leitor eletrônico de livros mais vendido no mundo. Apesar de elogioso, Brandt não deixa de relatar controvérsias da trajetória da companhia.

As maiores críticas vêm justamente de editoras e livrarias, que têm visto sua participação na indústria minguar ao longo dos anos. Na pressão para conseguir descontos de fornecedores, são comuns os casos em que a Amazon simplesmente teria tirado livros do catálogo do site.

Outros continuam disponíveis para visualização, mas o botão de "Comprar" desaparece até que as partes cheguem a um acordo — e Bezos consiga o que quer no preço desejado. Os "parceiros", claro, ficam fulos da vida. [...]

Exame.com, 21 nov. 2011

1. Mais do que uma organização inovadora, a Amazon é uma inovação em si. De acordo com o que discutimos na primeira seção deste capítulo, indique todos os tipos de inovação que podem ser usados para classificá-la. Em seguida, faça uma breve análise relacionando o caso da Amazon às causas e aos efeitos da inovação apresentados na segunda seção.
2. A partir da leitura desse artigo, podemos identificar dois elementos que participam da dimensão externa da cultura organizacional da Amazon. De que maneira tais elementos se relacionam com as alavancas da inovação apresentadas na primeira seção deste capítulo?

NA ACADEMIA

Reúna-se com seus colegas em um grupo de até oito pessoas. Juntos, analisem os dois modelos não lineares de processos de inovação apresentados na última seção deste capítulo e façam o que se pede a seguir em no máximo duas semanas.

a) Vocês devem relacionar os dois modelos entre si apontando suas semelhanças e diferenças.
b) Vocês devem elaborar um terceiro modelo conceitual que sintetize, da maneira mais completa e clara possível, os modelos de Rothwell e de Kline.
c) Na data final do prazo estipulado, seu grupo e os demais apresentarão em sala de aula: (1) seus novos modelos de processos de inovação; (2) um relatório com as principais dificuldades surgidas durante o processo de elaboração e as soluções encontradas para superá-las.

Pontos importantes

- De maneira geral, a inovação é a maneira pela qual pessoas e organizações superam as dificuldades e ameaças do ambiente em que se encontram. Mais especificamente, a inovação é o resultado da aplicação de uma nova ideia (uma invenção) ou de uma nova aplicação a uma ideia já existente de forma que garanta vantagem competitiva.
- Neste capítulo, apresentamos quatro critérios que podem ser usados para classificar as inovações. São eles: área de negócios impactada (inovação de produtos, de processos, organizacional e de marketing); grau de impacto (inovação incremental

e radical); necessidade do mercado (inovação do tipo A, do tipo B e do tipo C); e controle organizacional (inovação fechada ou aberta).

- Elaborado por Davila, Epstein e Shelton (2007), o modelo de seis alavancas da inovação classifica as inovações por meio de alavancas agrupadas em dois eixos: inovação dos modelos de negócios e inovação tecnológica. No primeiro eixo, encontramos as seguintes alavancas: *proposição de valor*, *cadeia de suprimentos* e *cliente-alvo*. No segundo eixo, encontramos estas outras alavancas: *lançamento de produtos e serviços*, *processos tecnológicos* e *tecnologias capacitadoras*. Analisando o modelo, vemos que as alavancas podem interagir entre si, levando, assim, à integração entre os dois eixos — que é um requisito fundamental para estruturar e consolidar a inovação de forma que a organização possa tirar dela o melhor proveito. Além disso, a integração entre os eixos nos ajuda a entender a classificação da inovação em três tipos: incremental, semirradical e radical.
- A análise feita na segunda seção revelou-nos as principais causas da inovação: (1) a instabilidade do cenário; (2) a atuação e o crescimento da concorrência; (3) as mudanças drásticas decorrentes dos dois pontos anteriores. A partir daí, indicamos que os efeitos provenientes da inovação são a adaptação à instabilidade do cenário; a geração de vantagem competitiva e lucro; e a superação das mudanças drásticas.
- Baseados em Barbieri e Álvares (2004), destacamos quatro modelos de processos de inovação, dois lineares (*science push* e *demand pull*) e dois não lineares (modelo de terceira geração e modelo de principais conexões).
- Compreendida como um conjunto de práticas, posturas e valores compartilhados entre pessoas e grupos dentro e fora da organização, a cultura organizacional voltada para inovação é um dos fatores primordiais para que os conhecimentos internos e externos à organização possam ser devidamente compartilhados e combinados de maneira a favorecer a inovação.

Referências

AGÊNCIA USP DE INOVAÇÃO. *Inovação aberta*. [s.l.]: Portal I3, 2011. Disponível em: <http://www.inovacao.usp.br/portali3/inovacao.php>. Acesso em: 17 nov. 2011.

BARBIERI, José Carlos; ÁLVARES, Antônio Carlos Teixeira. Inovações nas organizações empresariais. In: BARBIERI, José Carlos (Org.). *Organizações inovadoras:* estudos e casos brasileiros. Rio de Janeiro: FGV, 2004.

CHESBROUGH, Henry. *Open innovation:* the new imperative for creating and profiting from technology. Boston: Harvard Business School Press, 2003.

DAVILA, Tony; EPSTEIN, Marc J.; SHELTON, Robert. *As regras da inovação:* como gerenciar, como medir e como lucrar. Porto Alegre: Bookman, 2007.

FAUST, André. As histórias do visionário Jeff Bezos na Amazon. *Exame.com*, 21 nov. 2011. Disponível em: <http://exame.abril.com.br/revista-exame/edicoes/1004/noticias/historias-de-um-visionario?page=3&slug_name=historias-de-um-visionario>. Acesso em: 02 dez. 2011.

FENTON-O'CREEVY, Mark. Managing for innovation. In: THE OPEN UNIVERSITY. *Fundamentals of senior management* – block 3: improving performance. Walton Hall: The Open University, 2007.

GUNDLING, Ernest. *The 3M way to innovation:* balancing people and profit. Nova York: Kodansha America, 2000.

KAO, John. *Jamming:* a arte e a disciplina da criatividade na empresa: Rio de Janeiro: Campus, 1997.

KLINE, S. J. Innovation is not a linear process. *Research Management*, v. 28, n. 4, p. 36-45, jul.-ago. 1978.

KROGH, Georg Von; ICHIJO, Kazuo; NONAKA, Ikujiro. *Facilitando a criação de conhecimento*: reinventando a empresa com o poder da inovação contínua. Rio de Janeiro: Campus, 2001.

MOCHÓN, Francisco. *Princípios de economia.* São Paulo: Pearson, 2007.

NÓBREGA, Clemente. A quinta onda é o seu futuro. *Você S.A.*, São Paulo, n. 14, ago. 1999.

OCDE. *Manual Frascatti 1993.* Paris: OCDE, 1994.

OCDE; EUROSAT. *Manual de Oslo:* diretrizes para a coleta e interpretação de dados sobre inovação. Brasília: Finep, [2005?]. Disponível em: <http://www.oei.es/salactsi/oslo2.pdf>. Acesso em: 16 nov. 2011.

PEARSON. *Criatividade e inovação.* São Paulo, 2010. (Coleção Academia Pearson).

ROTHWELL, R. Successful industrial innovation: critical factors for the 1990s. *R&D Management*, v. 22, n. 3, p. 221-239, jul. 1992.

SCHUMPETER, Joseph. *Capitalism, socialism and democracy.* [S.l.]: Perennial Books, 2008.

_____. *The theory of economic development.* 10ª ed. Nova Jersey: Transaction Publishers, 2004.

_____. *Business cycles*: a theoretical, historical, and statistical analysis of the capitalist process. Nova York: McGraw-Hill, 1939.

PARTE III
SÍNTESE E DESFECHO

Como convém a muitas trilogias, nesta última parte do livro, além de apresentar uma visão geral sobre o que foi tratado nas partes anteriores, propomos uma síntese e um desfecho para nossa abordagem. No que diz respeito à síntese entre o viés teórico da primeira parte e o pragmático da segunda, você encontra uma análise detalhada sobre a noção de capacitação para o conhecimento cujos principais componentes – os capacitadores – se mostram como uma eficiente maneira de unir e aplicar os conceitos teóricos e as práticas de conhecimento. Já no que se refere ao desfecho, refletiremos um pouco sobre a jornada da capacitação para o conhecimento e suas principais etapas.

Capítulo 10

RUMO À CAPACITAÇÃO

Neste capítulo, abordaremos as seguintes questões:
- De que maneira a capacitação para o conhecimento supera os limites relacionados à gestão do conhecimento?
- O que são os capacitadores de conhecimento e como eles atuam?
- O que é e como funciona a abordagem visionária de 360°?
- Como podemos classificar as conversas sob a perspectiva do conhecimento e quais são os princípios norteadores das boas conversas no processo de criação de conhecimento?
- Quem são e o que fazem os ativistas do conhecimento?
- Quais condições devem ser criadas para que o *ba* desenvolva seu potencial?
- Quais as principais dificuldades a serem superadas na globalização do conhecimento local e como elas podem ser superadas?
- Como podemos classificar as organizações de acordo com suas iniciativas relacionadas ao conhecimento organizacional?

Introdução

Ao longo deste livro, norteados pelos fundamentos de Nonaka e Takeuchi (1997) e de diversos outros autores — dentre os quais devemos destacar também Krogh, Ichijo e Nonaka (2001), além de Probst, Raub e Romhardt (2002) —, desenvolvemos nossa abordagem sobre gestão do conhecimento em seu viés tanto teórico quanto prático. Você deve se lembrar de que, na primeira parte, apresentamos os principais termos, conceitos e elementos que sustentam e compõem essa abordagem, ilustrada na Figura 2.1 e reapresentada aqui na Figura 10.1. Na segunda parte, centramos nosso foco nos aspectos mais pragmáticos do tema e, assim, esmiuçamos a gestão do conhecimento por meio da apresentação e análise daquilo que denominamos *práticas de conhecimento*.

Os modelos, processos e mapas mentais que tais práticas englobam encontram-se agrupados nos sete tipos de gestão analisados nos capítulos 3 a 9. Como você já sabe, as práticas de conhecimento necessariamente não se isolam dentro desses tipos de gestão, justamente porque esses mesmos tipos não se isolam entre si — de fato, o ideal é que a gestão organizacional como um todo promova uma larga zona de intersecção entre eles.

Figura 10.1 Esquema para gestão do conhecimento na organização (baseada em CARVALHO, 2010).

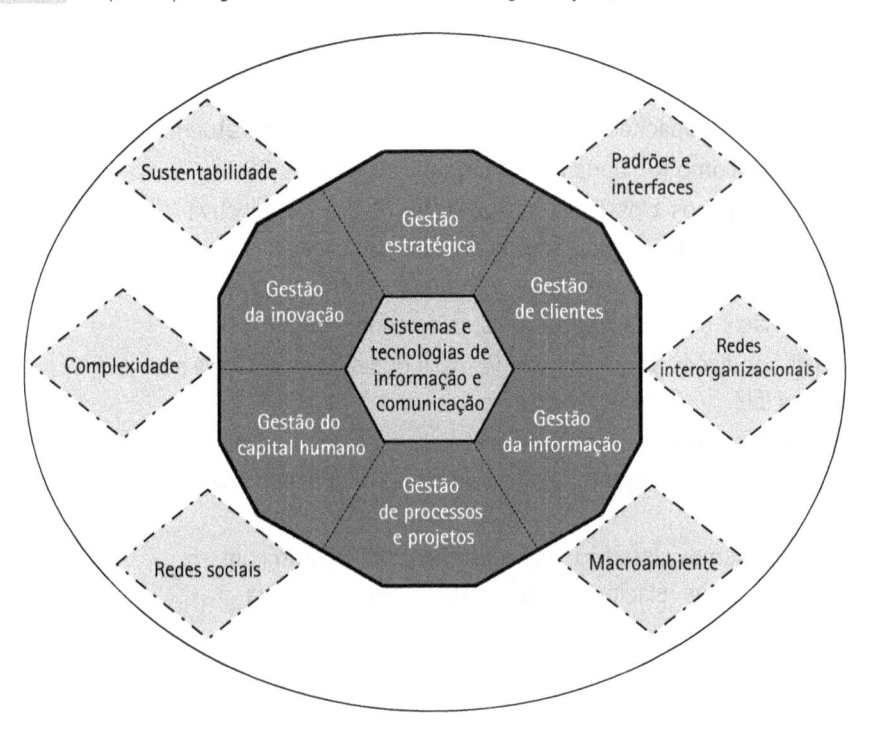

Além disso, não podemos deixar de considerar dois aspectos relevantes às práticas de conhecimento e aos tipos de gestão. O primeiro diz respeito à utilização de sistemas e tecnologias de informação e comunicação (STICs) da organização como uma forma de apoiar a gestão do conhecimento. Como não nos cansamos de repetir, *isso não significa que tais sistemas e tecnologias gerem ou substituam o conhecimento das pessoas.* Na verdade, os STICs automatizam processos e tarefas referentes à aquisição, ao armazenamento, à organização e ao compartilhamento de dados, informações e conhecimentos. Dessa maneira, as pessoas têm mais tempo e menos dificuldade para compartilhar, combinar e converter seus conhecimentos tácitos e explícitos e, assim, elas são capazes de criar novos conhecimentos e disseminá-los com mais facilidade. Em nosso modelo, apresentamos alguns dos principais STICs na Figura 2.4 – reapresentada na Figura 10.2 – e indicamos as relações críticas estabelecidas entre eles e os tipos de gestão no Quadro 2.1.

O segundo aspecto considerado diz respeito aos seis elementos do ambiente externo que destacamos em nosso modelo: macroambiente, padrões e interface, sustentabilidade, complexidade, redes sociais e redes interorganizacionais. Como observamos no Capítulo 2, esses elementos desempenham, direta e indiretamente, uma poderosa influência sobre os impactos que o conhecimento externo causa dentro da organização e os que o conhecimento

Figura 10.2 STICs que apoiam as práticas de conhecimento em cada tipo de gestão (plano geral).

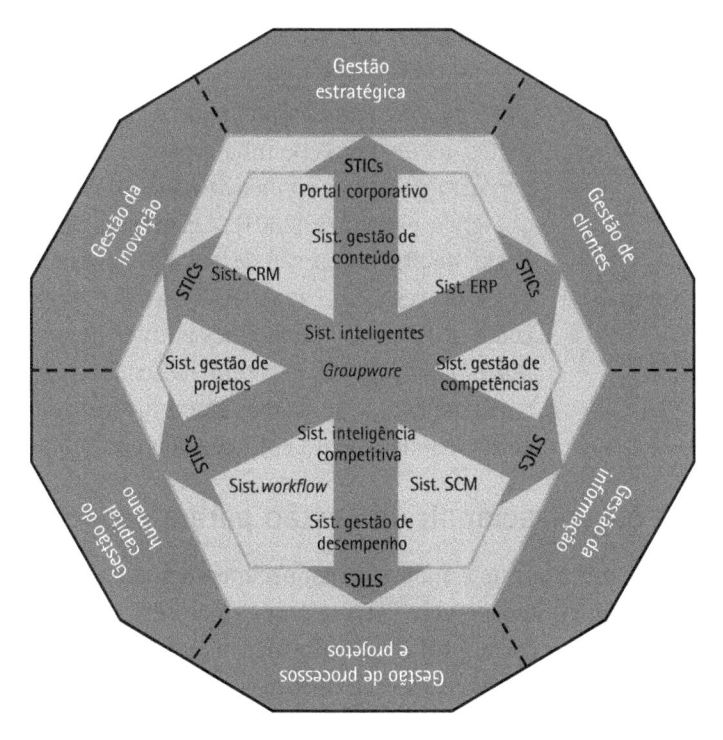

Convém destacar que todo esforço empreendido nas práticas de conhecimento em conjunto com a utilização dos STICs para o desenvolvimento da gestão do conhecimento deve buscar a sustentabilidade econômica da organização. A utilização sustentável de recursos nos processos organizacionais não é apenas uma maneira de garantir lucro e vantagem competitiva – um objetivo que não pode ser ignorado nas organizações de negócios –, mas também uma forma de aumentar a eficiência da organização e de melhorar o desempenho de seus processos. Em suma, trata-se de buscar uma maneira de fazer mais e melhor com menos.

Nesse sentido, o uso do balanced scorecard (BSC) é uma prática de conhecimento central para nossa abordagem. Afinal, o BSC coordena diversas outras práticas de conhecimento com o intuito de elaborar, clara e formalmente, uma estratégia para organização e os critérios de avaliação de desempenho dos processos no cumprimento dessa estratégia.

criado pela organização causa no ambiente externo. Assim, as práticas de conhecimento e os tipos de gestão apresentados aqui – bem como todo o processo de criação e gestão do conhecimento – estão profundamente relacionados a esses seis elementos. Por essa razão, você deve ter notado que eles estiveram presentes, de maneira implícita ou explícita, na elaboração de nossas análises ao longo de todos os capítulos da segunda parte do livro.

Precisamos ainda reforçar que, mais do que apenas lhe apresentar um novo tema ou uma nova área de saber nos estudos da gestão organizacional, nossas indicações, análises e reflexões foram desenvolvidas com o intuito de mostrar que o conhecimento é um valor primordial para as organizações modernas e que sua gestão, mesmo de maneira indireta ou pouco desenvolvida, já acontece dentro de qualquer ambiente organizacional. Dessa maneira, esperamos que a leitura deste livro lhe tenha sido útil em dois pontos críticos: (1) na identificação das práticas de conhecimento que já existem na organização da qual você faz parte e (2) no desenvolvimento dessas práticas em conjunto com outras, de forma a potencializar a gestão do conhecimento de maneira mais ampla, profunda e proveitosa para toda a organização.

Em suma, como já dissemos no Capítulo 2, nossa principal meta foi demonstrar como, a partir das práticas já existentes, os membros de uma organização podem promover a *capacitação para o conhecimento* tal como definida por Krogh, Ichijo e Nonaka (2001). Assim, para concluir nossa proposta, na primeira seção deste capítulo, faremos uma análise desse processo de capacitação e conheceremos o que são e como atuam aquilo que esses autores denominam *cinco capacitadores do conhecimento*; na segunda seção, por fim, vamos conhecer as principais etapas da jornada da capacitação para o conhecimento empreendida por muitas organizações.

Conhecimento organizacional: da gestão para a capacitação

Já dissemos diversas vezes que a análise do conhecimento guarda em si limitações que, muito possivelmente, são intransponíveis. Por sua própria natureza, o conhecimento é algo em mutação contínua e, em parte, profundamente dependente da subjetividade de cada indivíduo. Como podemos, então, mensurá-lo e controlá-lo? Como você já deve saber, essas ações são intrínsecas à ideia de gestão — contudo, elas se tornam bastante restritas quando pensamos em gestão do conhecimento. É sobre esse ponto que Krogh, Ichijo e Nonaka (2001, p. 12) comentam:

> [...] embora seja fácil dizer "crie uma cultura que valorize o aprendizado" ou discutir em termos gerais a economia baseada no conhecimento, os processos humanos envolvidos — criatividade, diálogo, julgamento, ensino e aprendizado — são de difícil quantificação. Com base no que sabemos sobre empresas que enfrentam essas questões, acreditamos que o conceito de gestão do conhecimento em si seja limitado. [...] De fato, o termo *gestão* implica controle de processos que talvez sejam intrinsecamente incontroláveis ou, ao menos, que talvez sejam sufocados por um gerenciamento mais intenso.

Seria impossível para nós não lembrá-lo, leitor, de que estamos mais uma vez diante do paradoxo do controle, exposto e analisado no Capítulo 6. Para superar tal paradoxo, Krogh, Ichijo e Nonaka (2001, p. 12) apresentam sua proposta de capacitação para o conhecimento:

> Sob nossa perspectiva, os gerentes devem promover a criação de conhecimento, em vez de controlá-la [...]. Chamamos esse processo de *capacitação para o conhecimento* — o conjunto geral de atividades organizacionais que afetam de maneira positiva a criação de conhecimento [...].

Assim, os autores observam que a capacitação para o conhecimento inclui a facilitação de relacionamentos e conversas, bem como o compartilhamento do conhecimento local em toda a organização — chegando até a extrapolar fronteiras geográficas e culturais. Para tanto, Krogh, Ichijo e Nonaka (2001, p. 13) identificaram cinco elementos que suportam o processo de capacitação e os denominaram *capacitadores de conhecimento*. Tais capacitadores são:

1. Instilar a visão do conhecimento.
2. Gerenciar as conversas.
3. Mobilizar os ativistas do conhecimento.
4. Criar o contexto adequado.
5. Globalizar o conhecimento local.

Sob nossa perspectiva, esses capacitadores são elementos que catalisam o conhecimento organizacional, promovendo o desenvolvimento de todas as práticas de conhecimento que apresentamos nos capítulos da Parte II deste livro. Isso é reforçado pelo fato de que, para Krogh, Ichijo e Nonaka (2001), os capacitadores estão ligados às cinco etapas do processo de criação do conhecimento (veja Figura 6.4). Seguindo essa ideia, o Quadro 10.1 apresenta em quais etapas do processo e com qual intensidade cada capacitador afeta a criação de conhecimento.

Quadro 10.1 Capacitação para o conhecimento: a grade 5 x 5 (KROGH; ICHIJO; NONAKA, 2001, p. 18).

Capacitores de conhecimento	Fases da criação de conhecimento				
	Compartilhamento do conhecimento tácito	Criação de conceitos	Justificação de conceitos	Construção de protótipos	Nivelação do conhecimento
Instilar a visão do conhecimento		X	XX	X	XX
Gerenciar conversas	XX	XX	XX	XX	XX
Mobilizar os ativistas do conhecimento		X	XX	X	XX
Criar o contexto adequado	XX	X	XX	X	XX
Globalizar o conhecimento local					XX

De acordo com Krogh, Ichijo e Nonaka (2001, p. 18), a grade do Quadro 10.1 evidencia dois elos entre a capacitação para o conhecimento e a criação do conhecimento. Primeiro, vemos que todos os capacitadores influenciam fortemente a nivelação do conhecimento, ajudando a disseminação de informações e a demolição de barreiras comunicativas em toda a organização. Segundo, vemos que o segundo capacitador, gerenciar conversas, exerce forte influência em todas as fases da criação de conhecimento. Você já deve ter acertadamente suposto que esse capacitador é o mais relevante aos relacionamentos e à solicitude na organização. É por isso que os autores caracterizam esse segundo elo como uma ideia-chave para a perspectiva deles:

> Em qualquer projeto, a criação de conhecimento deve ocorrer numa atmosfera de solicitude, na qual os membros da organização desenvolvem forte interesse em aplicar as ideias fornecidas por outros. Qualquer que seja a fase da criação, os bons relacionamentos eliminam do processo os componentes de desconfiança e medo e demolem as barreiras pessoais e organizacionais.

De fato, não será difícil para você concordar com Krogh, Ichijo e Nonaka (2001, p. 18) quando eles comentam que as conversas eficazes:
- proporcionam maior grau de criatividade;
- estimulam o compartilhamento de conhecimentos tácitos, bem como a criação e a justificação de conceitos;

- são essenciais para o desenvolvimento de protótipos poderosos;
- lubrificam o fluxo de conhecimento por meio dos vários níveis organizacionais.

Contudo, por mais importante que seja, gerenciar conversas não é um capacitador suficiente para promover a criação de conhecimento sozinho. Nos cinco tópicos a seguir, conheceremos um pouco mais sobre todos os capacitadores e tentaremos entender como eles podem ser ativados.

Instilar a visão de conhecimento

No Capítulo 3, trabalhamos amplamente com o conceito de visão de conhecimento e mostramos como ele é importante para a definição da estratégia que a organização deve adotar para cumprir seus objetivos – e até mesmo para a definição desses objetivos. Além disso, tanto naquele capítulo quanto em outros, observamos que a visão de conhecimento deve ser um ponto ao qual os colaboradores e diversas práticas de conhecimento da organização devem estar alinhados.

A esta altura, esperamos que você não tenha nenhuma dúvida quanto à importância de elaborar a visão de conhecimento e de disseminá-la por toda a organização. A disseminação, aliás, é um dos pontos centrais que compõem esse capacitador. Perceba que a ideia é *instilar* – isto é, *introduzir gota a gota* – e não apenas comunicar ou anunciar.

Em outras palavras, pouco adianta promover uma grande e momentânea tempestade para espalhar a visão de conhecimento – como pode acontecer, por exemplo, em conferências anuais, treinamentos isolados ou textos do *mailing* interno da organização. Nesses casos, é provável que a visão de conhecimento se restrinja a seu anúncio e não desempenhe a plenitude de seu papel. Empreender *tsunamis* com alta frequência – por exemplo, entupir semanalmente a caixa de e-mail de todos os colaboradores com mensagens prolixas sobre a importância da visão – tampouco é uma boa alternativa. A ênfase excessiva pode incomodar os colaboradores, levando-os a encarar a visão de conhecimento como um empecilho.

Perceba que, nesses dois casos, os esforços para disseminar a visão tendem a escoar pelo ralo, juntamente com todo o trabalho relacionado a sua elaboração. O mais acertado, então, é ministrar a visão de conhecimento em pequenas e repetidas doses; fazê-la gotejar na rotina, nos processos e nas conversas até que ela se infiltre no conhecimento tácito de toda a organização.

Para que isso aconteça, contudo, não existe uma receita exata. Como Krogh, Ichijo e Nonaka (2001, p. 144) apontam, o processo de instilar a visão de conhecimento pode apresentar grandes variações entre diferentes organizações. Mesmo assim, de maneira geral, eles identificam quatro abordagens gerenciais diferentes envolvendo a instilação: (1) *visionária de cima para baixo*, (2) *visionária especialista*, (3) *visionária distribuída*, (4) *visionária de 360°*. No Quadro 10.2, apresentamos resumidamente as principais características dessas abordagens e, no item a seguir, vamos analisar o desenvolvimento da abordagem visionária de 360°.

Quadro 10.2 As quatro abordagens gerenciais à instilação da visão de conhecimento (baseado em KROGH; ICHIJO; NONAKA, 2001, p. 145-146).

	Funcionamento	Vantagens	Desvantagens	Riscos
Visionária de cima para baixo	A visão de conhecimento é instilada pela alta direção ou por algum executivo que represente o alto escalão.	Velocidade e eficiência: em pouco tempo a visão de conhecimento fica pronta para implementação.	A perspectiva sobre o futuro tende a ser mais limitada, já que sua elaboração, restrita à alta direção, pode ignorar áreas de conhecimento críticas.	A imposição de cima para baixo pode fragilizar ou gerar confusão na compreensão e no comprometimento dos gerentes médios e dos escalões inferiores.
Visionária especialista	Uma unidade ou uma comissão especial (geralmente, elas são relacionadas à área de P&D) é destacada para formular a própria visão de conhecimento e depois difundi-la por toda a organização.	A visão fica fundamentada em disciplinas de pesquisa adequadas e pode contar com elementos interfuncionais ligados às atividades de fabricação, marketing e distribuição.	A perspectiva da visão pode ser mais estreita quanto ao conhecimento de outras áreas que não sejam técnicas ou relacionadas à pesquisa.	A visão pode não atingir plenamente áreas da organização que não se envolveram na elaboração. Assim, seu potencial de utilização pode ficar empoçado em alguns setores apenas.
Visionária distribuída	Diversos grupos, departamentos e até mesmo indivíduos são encorajados a desenvolver suas próprias visões de conhecimento.	Estando intimamente relacionadas ao conhecimento e às atividades dos funcionários, as visões inspiram alto grau de comprometimento e compreensão.	Não há coordenação entre as múltiplas visões de conhecimento dentro da organização. O alinhamento estratégico é quase impossível.	A criação de conhecimento se torna dispersa e pode resultar em mais prejuízos do que benefícios para a organização.
Visionária de 360°	Todos os níveis organizacionais são envolvidos na criação da visão, tornando a instilação automática. O processo afeta os elementos cognitivos no nível individual, gerando reações emocionais que promovem a interiorização da visão de conhecimento.	A canalização de sentimentos positivos relacionados ao processo de criação de conhecimento fortalece o comprometimento entre os membros da organização, facilitando, assim, a compreensão da própria visão.	É um processo complexo que exige esforço, tempo e uma coordenação minuciosa de todos os elementos envolvidos.	Quando as pessoas não estão envolvidas no processo as emoções negativas representam uma séria ameaça aos resultados. Além disso, é preciso ter em mente que a visão não é um fim em si mesmo.

Cinco ações gerenciais para a abordagem visionária de 360°

Sem desconsiderar seu alto grau de dificuldade, a abordagem de 360° merece nossa atenção, pois ela supera todas as desvantagens das outras abordagens ao mesmo tempo que envolve toda a organização na elaboração da visão de conhecimento, possibilitando que a disseminação dessa visão seja feita de maneira ampla, gradual e profunda. Por essa razão, Krogh, Ichijo e Nonaka (2001, p. 146-151) indicam cinco ações gerenciais úteis para fomentar esse tipo de abordagem. Vamos conhecê-las e comentá-las brevemente nas linhas a seguir.

- **Ação gerencial 1: identificar e reunir os participantes e organizar o processo.**

Esta ação é composta por três passos. No primeiro, é preciso selecionar os representantes de cada uma das diversas microcomunidades (grupos) da organização e promover condições para que os grupos tenham conversas estratégicas, explorando as visões que eles têm sobre si e sobre a organização no presente e no futuro. No segundo passo, extraem-se dessas conversas propostas preliminares que serão analisadas em um "comitê da visão" — um grupo mais seleto formado pelos principais representantes da organização. Esse comitê será responsável por coordenar o processo de criação da visão de conhecimento, garantindo a convergência de várias propostas divergentes. No último passo, o comitê deve fornecer *feedback* para os demais grupos, permitindo que os membros das microcomunidades possam refletir sobre o que foi discutido a respeito das propostas de visão de conhecimento.

- **Ação gerencial 2: construir entre os participantes a compreensão comum do que seja a visão do conhecimento e dos sete critérios que a norteia.**

Os sete critérios da boa visão do conhecimento sobre os quais falamos no Capítulo 3 devem ser usados aqui, principalmente para incentivar uma linguagem comum entre os participantes do processo de criação da visão. É importante ter em mente que a linguagem a ser compartilhada também deve ser profundamente criativa — afinal, em muitos casos, é preciso inventar novas palavras para nomear novos conceitos. É importante notar também que a criatividade precisa ser gerenciada, pois "a explosão descontrolada de conceitos, palavras, teorias e métodos pode sufocar o processo, em vez de reforçá-lo" (KROGH; ICHIJO; NONAKA, 2001, p. 148). A elaboração de um mapa da visão de conhecimento pode ser uma boa solução para evitar esse tipo de problema. No Quadro 10.3, reproduzimos uma amostra do mapa da visão de conhecimento que Krogh, Ichijo e Nonaka (2001, p. 148) usam para exemplificar o caso hipotético de um grupo de gerenciamento de uma empresa de computadores. Esse mapa deve ser adaptado para a realidade da organização, podendo, assim, contar com a inclusão de outras perspectivas mais adequadas a ela. Dessa maneira, ele se torna um instrumento extremamente útil na identificação de temas, na coordenação de debates ou mesmo na reflexão sobre a visão de conhecimento da organização — tudo isso de forma a promover a compreensão comum entre os participantes sobre o que está sendo desenvolvido nesse processo.

Quadro 10.3 Amostra de mapa de visão (KROGH; ICHIJO; NONAKA, 2001, p. 148).

Questões	Tecnologia	Sociedade	Cultura	Normas políticas e legais	Economia
Qual o mundo em que vivemos?					
Qual o mundo em que devemos viver?					
Que conhecimentos devemos buscar e criar?					

Krogh, Ichijo e Nonaka (2001, p. 149-150), observam que preocupações com o presente, interesses pessoais e jogos micropolíticos podem atrapalhar as discussões sobre o futuro. Nesses casos, algumas organizações recorrem a especialistas ou consultores externos (pesquisadores, filósofos, economistas etc.) para desencadear novas narrativas do futuro.

Um exemplo muito interessante disso é dado pela fabricante de processadores Intel. Sempre em busca da inovação, a empresa lançou o Projeto Amanhã, no qual contrata autores de ficção científica para escrever histórias que ajudem seus colaboradores a imaginar como a tecnologia será usada no futuro. Para conhecer um pouco mais sobre essa iniciativa, leia o artigo "Escritores preveem o futuro na Intel", da Exame, acessando: <http://bit.ly/wEfKRT>.

■ **Ação gerencial 3: elaborar e usar narrativas do futuro como plataformas para criação da visão**.

A construção de cenários, conforme analisada no Capítulo 3, é o cerne desta ação. A ideia, contudo, não se limita a *descrever* coerentemente um futuro provável – um relatório analítico pode fazer isso –, mas visa *narrar* esse futuro – ou seja, a contar histórias sobre ele ou que se passem nele. Assim, é aconselhável que a organização estimule seus colaboradores a elaborar e a apresentar tais narrativas, pois elas podem se tornar mapas mentais do futuro (KROGH; ICHIJO; NONAKA, 2001, p. 149). Além disso, o componente lúdico relacionado à escrita e à leitura das narrativas pode ativar o conhecimento tácito dos envolvidos nesse processo, despertando diversos *insights*.

De acordo com Krogh, Ichijo e Nonaka (2001, p. 149), as narrativas do futuro devem ter uma estrutura muito simples, contemplando cinco pontos: (1) começam descrevendo uma situação atual no que diz respeito aos conhecimentos sobre a sociedade, a economia ou uma área específica; (2) fazem um esboço das forças que impulsionam o desenvolvimento de novos conhecimentos em diversas direções (sociais, políticas, econômicas etc.); (3) apontam eventos e tendências futuras, bem como seus principais agentes; (4) indicam as causas dessas forças e estimam a probabilidade de esses eventos e tendências acontecerem de fato; (5) concluem apresentando as prováveis experiências da audiência em um período de cinco ou dez anos.

As narrativas podem ser apresentadas aos demais membros da organização em diversas formas: textos, encenações teatrais, filmes etc. De acordo com Krogh, Ichijo e Nonaka (2001, p. 149), "a narrativa é um meio de libertar a visão do conhecimento do foco estreito da sabedoria passada".

- **Ação gerencial 4: prever bastante tempo para a instilação da visão.**

Para Krogh, Ichijo e Nonaka (2001, p. 150), talvez este seja o ponto mais importante. Convém lembrar que estamos falando de um processo "gota a gota", por isso a espera, a contenção e mesmo a inação muitas vezes apresentam-se como atitudes necessárias para que o processo encontre seu próprio curso. Os autores também indicam dois aspectos importantes desta ação: (1) a alocação de tempo e recursos necessários para promover debates abertos e de ampla participação; (2) a falta de pressão pelo encerramento do processo, de modo que as conversas sobre o futuro possam se desenvolver em vários níveis organizacionais ao longo do tempo. Sobre tais aspectos, Krogh, Ichijo e Nonaka (2001, p. 150) comentam:

> Acreditamos que seria um erro estabelecer prazos para o desenvolvimento da visão de conhecimento. Se os participantes se considerarem pressionados para cumprir o prazo, a empresa talvez acabe com uma visão estática que em breve estará obsoleta. Além disso, as narrativas subjacentes por trás da visão devem ser atualizadas continuamente quanto à validade – Será que a narrativa ainda é sustentável? – e à confiabilidade – Em que extensão essas imagens do futuro ainda são plausíveis?

- **Ação gerencial 5: encarar como aprendizado o desenvolvimento da visão do conhecimento.**

Esta ação é um tanto óbvia. Afinal, estamos falando de um processo colaborativo de criação e disseminação de conhecimento organizacional – e muito dificilmente você será capaz de ignorar que esse processo é, em sua essência, um processo de aprendizagem. Contudo, a obviedade do fato não diminui sua relevância. O processo de criação e instilação da visão leva à compreensão sobre as expectativas relacionadas ao futuro por parte da organização como um todo, de suas microcomunidades e de seus colaboradores. Krogh, Ichijo e Nonaka (2001, p. 150) atentam para o fato de que a divulgação da visão de conhecimento provoca reações diversas dentro da organização – algumas explicitamente positivas, outras céticas e ainda outras neutras ou centradas no *status quo*. Nesse sentido, eles ainda comentam:

> Essas reações indicarão à gerência e ao comitê da visão algo sobre o que a organização como um todo de fato espera do futuro. Por sua vez, as mesmas reações podem ser incorporadas na revisão gradual da visão do conhecimento – daí tratarmos a "instilação da visão do conhecimento" como elemento essencial do processo de capacitação para o conhecimento, em vez de simplesmente nos referirmos à visão do conhecimento como objetivo final almejado.

> A palavra "convencimento" na relação com as conversas estratégicas e com a instilação da visão de conhecimento é de notável importância. Devemos ter em mente que o processo de criar e disseminar a visão de conhecimento, por sua própria natureza, dificilmente pode ser algo imposto. Em vez disso, ele é compartilhado, assimilado e incorporado pelas pessoas, porque deve se relacionar com o conhecimento tácito delas.

Um último ponto sobre esta ação que vale destacar é a importância do aprendizado do processo de criação e disseminação da visão sob a perspectiva das *conversas estratégicas*. Provavelmente, você já deve ter imaginado que a instilação da visão de conhecimento se dá majoritariamente por meio de conversas. A ideia, então, é refletir sobre questões como "Que comportamentos possibilitam as conversas sobre o futuro e que fatores são prejudiciais?" e "Que orientações observar ao longo das conversas?". As conversas são importantes tanto para o desenvolvimento da visão, quanto para o *convencimento* da maior quantidade possível de pessoas (KROGH; ICHIJO; NONAKA, 2001, p. 151). Não é à toa que elas compõem a essência do próximo capacitador.

Gerenciar conversas

Terminamos o tópico anterior comentando que as conversas são um elemento primordial para a instilação da visão do conhecimento. Na verdade, como mostrado no Quadro 10.1 e argumentado ao longo de todo este livro, as conversas são fundamentais para toda a gestão de conhecimento organizacional em suas diversas etapas e em seus vários níveis. Vale lembrar que são as conversas que permitem o compartilhamento do conhecimento tácito dentro do grupo — o primeiro e mais importante passo da criação de conhecimento (KROGH; ICHIJO; NONAKA, 2001, p. 156). Elas também são a principal ferramenta para a construção de um contexto capacitante. Krogh, Ichijo e Nonaka (2001, p. 158) observam que:

> No atual ambiente de negócios, as conversas ainda são o meio propício [...] para criação de conhecimento social. De um lado, ajudam a coordenar as ações e *insights* individuais. O esboço de nova estratégia, a elaboração da visão do conhecimento e a justificação das crenças sobre o sucesso de um novo produto requerem conversas com outras pessoas. De outro, as conversas funcionam como um espelho para os participantes. Quando o grupo considera inaceitável certo comportamento individual, os membros refletirão sua reação por meio da linguagem corporal, de comentários corretivos, e assim por diante. À medida que evoluem as ideias em discussão, o mesmo ocorre com as regras para a condução das conversas.

Ao analisarem o gerenciamento de conversas benéficas para a produção do conhecimento imprescindível à inovação, Krogh, Ichijo e Nonaka (2001, p. 156-180) delimitam dois pontos cruciais: os objetivos das conversas e os princípios norteadores das boas conversas. Apresentaremos esses pontos nos itens a seguir.

Os objetivos das conversas e a criação de conhecimento

De acordo com Krogh, Ichijo e Nonaka (2001, p. 159), as conversas nas organizações de negócios tendem a apresentar dois objetivos básicos no que diz respeito ao conhecimento: (1) confirmar a existência e o conteúdo do conhecimento ou (2) criar novos conhecimentos.

As conversas que seguem o primeiro objetivo são as mais comuns no dia a dia empresarial. São também mais nítidas, pois se baseiam na realidade concreta do tempo presente e em conceitos que já existem e estão justificados. Para ilustrar as conversas desse tipo, imaginemos duas situações.

Na primeira, um estudante de medicina fazendo residência não consegue diagnosticar determinado caso que aflige uma paciente. Ele procura um médico mais experiente para ajudá-lo. Já tendo atendido alguns casos semelhantes ao longo de sua carreira, esse médico informa o residente sobre a provável causa dos sintomas e indica o tratamento para adequado para curar a paciente.

Na segunda situação, um gerente editorial sistematiza um processo que todos os editores devem seguir para desenvolverem os futuros projetos de publicação de livros. Um dos editores mais antigos e renomados do lugar, além de conhecer profundamente a língua portuguesa e as técnicas de comunicação e linguagem, tem uma vasta bagagem cultural e sabe utilizar de maneira excepcional os softwares de edição e diagramação textual. Contudo, ele tem encontrado algumas dificuldades para elaborar as planilhas de orçamento e cronograma requisitadas pelo novo processo de trabalho. Conversando com a secretária do departamento, que trabalha há mais tempo com o programa de planilhas eletrônicas, ele encontra respostas para muitas de suas dúvidas e consegue superar suas dificuldades.

Nas duas situações, as conversas apenas confirmaram os conhecimentos que já existem a respeito dos trabalhos que devem ser executados. Perceba que não há a necessidade de refletir sobre a condução e o gerenciamento das conversas; o que há são perguntas e respostas que expõem os conhecimentos limitados às situações específicas das conversas e da execução dos trabalhos.

Por outro lado, as conversas cujo objetivo é a criação de conhecimento são propostas também para a criação de uma nova realidade (KROGH; ICHIJO; NONAKA, 2001, p. 160). Dessa maneira, não há fatos concretos, modelos explícitos ou mesmo uma base de conhecimento que possa assegurar se os participantes estão certos ou errados. Essas conversas se projetam para o futuro – de certa forma, elas também projetam o futuro. São, portanto, conversas estratégicas e criativas fundamentais para o processo de criação de conhecimento (veja Quadro 10.1). De acordo com Krogh, Ichijo e Nonaka (2001, p. 160):

> Essas são as conversas relacionadas mais diretamente à visão de conhecimento da empresa e, no começo do processo, o escopo e o impacto dos temas a serem discutidos são essencialmente ilimitados.

O escopo e o impacto dos temas discutidos são ilimitados no começo do processo, pois essa fase é compreendida pelo *compartilhamento do conhecimento tácito*. Para tanto, o grupo deve criar um ambiente de alta confiança para que seus membros consigam compartilhar e sincronizar as ideias e até mesmo a linguagem corporal. É aqui que o bate-papo despretensioso do cafezinho ou do *happy hour* torna-se surpreendentemente relevante para os objetivos organizacionais. Afinal, a confiança que os indivíduos constroem entre si em um grupo ou em uma microcomunidade organizacional não começa com palestras, treinamentos, orientações do RH nem com reuniões sobre confiança, mas sim com conversas inconsequentes sobre assuntos triviais, discussões pessoais e mesmo brincadeiras.

É esse tipo de interação que aproxima as pessoas e funda os alicerces para que elas compartilhem seus conhecimentos tácitos. Por isso, na citação anterior, o escopo e o impacto dessas conversas são caracterizados como ilimitados. Invariavelmente, essas conversas acabam envolvendo assuntos relacionados ao trabalho e à organização. Aí elas servem de berço para *insights*, inspirações, metáforas e analogias que compõem a segunda fase de criação de conhecimento – a *criação de conceitos*. Nessa etapa, a solicitude do grupo permite que seus membros se arrisquem a expor ideias inacabadas para novos projetos e a criar novos termos e palavras-chave para essas ideias; os assuntos são menos triviais, mas as conversas continuam ligeiramente inconsequentes.

Já na terceira etapa do processo, a *justificação de conceitos*, as coisas começam a ficar realmente sérias. As ideias são mais bem trabalhadas e lapidadas, as inspirações começam a tomar uma forma e buscar um caminho para se concretizarem; em suma, os conceitos recém-criados são justificados de acordo com os critérios e valores da organização (a visão, a estratégia, os custos, o retorno sobre o investimento etc.). A justificação, como já observado no Capítulo 6, é uma fase crítica para toda a criação de conhecimento, pois se assemelha a um processo de filtragem no qual os envolvidos determinam se os novos conceitos valem a pena para a organização (NONAKA; TAKEUCHI, 1997, p. 99). Contudo, ela está sujeita a alguns percalços, como apontam Krogh, Ichijo e Nonaka (2001, p. 161):

As conversas sobre o valor de uma nova ideia percorrem uma linha tênue entre críticas construtivas e julgamentos severos. Com efeito, as conversas muitas vezes estão repletas de

A citação sobre a justificação mais uma vez nos mostra como interesses exclusivamente pessoais ou jogos micropolíticos podem desvirtuar o processo de criação do conhecimento em maior ou menor escala. Nesse caso, convém ressaltar que, para Nonaka e Takeuchi (1997, p. 99), a justificação determina se os conceitos "valem realmente a pena para a organização e a sociedade", e a

pressupostos e valores ocultos. Os participantes podem alegar, por exemplo, que um certo conceito não atende aos padrões éticos da empresa, sem realmente explicitar esses padrões. Assim, produtos potencialmente interessantes por vezes são rejeitados mesmo antes de chegar à fase de construção de protótipos.

Na quarta fase, a *construção de protótipos*, as conversas que confirmam o conhecimento se tornam cada vez mais importantes e o escopo e o impacto dos temas discutidos, cada vez mais limitados. Isso acontece porque, nessa fase, as análises de soluções técnicas — relacionadas à produção, marketing, finanças etc. — são muito mais necessárias do que as conversas criativas, como o *brainstorming*, por exemplo.

Devemos notar que, após a justificação de conceitos, a nova realidade proposta no início do processo de criação do conhecimento já está em grande parte formada. Isso pode ser observado, sobretudo, pelo fato de que os novos conceitos, aos poucos, se fundem às conversas cotidianas da organização. Esse fato ganha proporções cada vez mais amplas à medida que a construção de protótipos se desenvolve até que, finalmente, o processo atinja a fase final, a *nivelação do conhecimento*. Como o objetivo dessa fase é o compartilhamento e a reafirmação dos conhecimentos explícitos recém-criados (produtos, processos, visões etc.), as conversas relacionadas a ela serão prioritariamente aquelas que seguem o primeiro objetivo, ou seja, conversas de confirmação de conhecimento, como indicam Krogh, Ichijo e Nonaka (2001, p. 162):

> [...] as conversas em curso devem ser ampliadas além do grupo imediato que construiu o protótipo para concentrar-se mais na confirmação do que na criação do conhecimento. Tais conversas se tornam mais abrangentes a fim de beneficiar a maior quantidade possível de departamentos, comunidades, equipes e indivíduos.

> *organização deve conduzir esse processo "de uma forma mais explícita, a fim de verificar se a intenção organizacional continua intacta e ter certeza de que os conceitos que estão sendo gerados atendem às necessidades da sociedade de forma mais ampla".*
> *Krogh, Ichijo e Nonaka (2001, p. 161) afirmam que, empreendida de boa-fé, a justificação "conduz os participantes para além dos pressupostos recônditos e dos interesses tacanhos". De fato, a "boa-fé" não representa um altruísmo gratuito; se interesses pessoais menores obstruírem o processo de criação do conhecimento, os valores organizacionais e as necessidades sociais, os impactos negativos nos lucros da organização não tardarão a aparecer.*

Assim, percebemos que ao longo do processo de criação de conhecimento há uma guinada no objetivo das conversas empreendidas, notadamente marcada pela transição da etapa de justificação de conceitos para a de construção de protótipos. Tanto a guinada como a transição são decorrentes do afunilamento do escopo e dos impactos dos temas discutidos — o que, algumas vezes, é acompanhado também por mudanças deliberadas nos estilos e comportamentos adotados nas conversas (KROGH; ICHIJO; NONAKA, 2001, p. 162). Na Figura 10.3, resumimos a discussão deste item, apresentando a relação do processo de criação de conhecimento com o grau de abertura do escopo e dos impactos das conversas e com a intensidade das conversas motivadas pelos dois objetivos.

> *A mudança de estilo e comportamento relacionados às conversas ocorre principalmente porque, nas fases finais do processo de criação de conhecimento, as conversas não se limitam mais aos participantes do grupo criativo, mas envolvem outras pessoas, setores e unidades que não participaram das fases iniciais.*

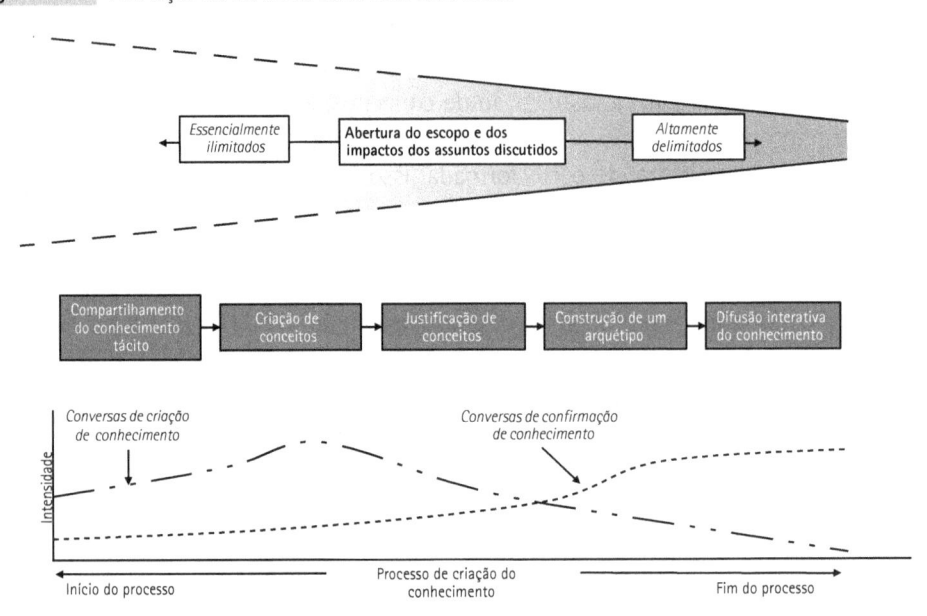

Figura 10.3 A criação de conhecimento e as conversas.

Os princípios norteadores das boas conversas

O gerenciamento de conversas é uma atividade extremamente sutil e, em grande parte, tácita. Cada organização apresenta um conjunto único formado por pessoas, cultura, contexto capacitante e inúmeros outros elementos que influenciam o estilo e o tipo de conversas desenvolvidas em seu ambiente. Além disso, como vimos no Capítulo 1, cada etapa do processo de conversão de conhecimento – o modelo SECI – exige um tipo de interação próprio.

Há outros pontos que tornam a questão profundamente complexa e fazem de cada processo de criação de conhecimento um processo de gerenciamento de conversas único. O papel de um *gerente de conversas* é um desses pontos que não podemos ignorar. Trata-se de uma função que pode ser exercida por todos os envolvidos no processo ou por uma única pessoa que atue como moderador e incentivador de conversas. Seja como for ou por quem for desempenhada a função de gerente, o gerenciamento de conversas é imprescindível para a criação de conhecimento.

Considerando a complexidade do tema, é difícil ou mesmo impossível estabelecer um modelo de gerenciamento de conversas. Contudo, as discussões produtivas e as boas conversas devem ser buscadas incessantemente. Para orientar essa busca, Krogh, Ichijo e Nonaka (2001, p. 162-177) indicam os quatro princípios que analisaremos brevemente a seguir:

- **Princípio 1: estimular ativamente a participação** – como você já sabe, a criação de conhecimento organizacional acontece por meio da interação de um grupo heterogêneo. A participação de indivíduos com diferentes conhecimentos, experiências e habilidades é extremamente benéfica para o processo. Infelizmente, os primeiros passos dessa interação costumam ser extremamente difíceis em um grupo recém-formado por indivíduos provenientes de diferentes setores, áreas ou unidades organizacionais. Por isso, o gerente de conversas tem um papel fundamental nas preliminares do processo ao estimular a participação de todos os envolvidos. Em outras palavras, "a primeira atribuição do gerente de conversas é estabelecer pontos de entrada para todos aqueles cuja participação é desejável" (KROGH; ICHIJO; NONAKA, 2001, p. 164). Para tanto, há dois pontos centrais que devem ser trabalhados pelos gerentes: (1) a participação de todos deve ser encorajada, deixando-se claro desde o primeiro momento que o objetivo das conversas e discussões é a criação de conhecimento; (2) os ritos de entrada no grupo devem ser justos e de fácil compreensão. Dessa maneira, os gerentes ajudam a fortalecer a interação entre o grupo e, ao mesmo tempo, mantêm o grupo aberto para a entrada de novos participantes cuja participação ocasionalmente será necessária.

- **Princípio 2: definir regras de etiqueta para as conversas** — cada grupo interage de uma maneira própria, e suas particularidades são definidas pelas regras de etiqueta do grupo. Por exemplo, um grupo pode permitir que palavras de baixo calão sejam utilizadas como uma forma de deixar seus participantes mais soltos e relaxados para se expressarem, desenvolvendo a criação de conhecimento, enquanto outro grupo entende que esse tipo de linguagem gera inibições e outras restrições que dificultam o processo. Krogh, Ichijo e Nonaka (2001, p. 167) adaptaram o trabalho do filósofo e linguista Paul Grice (1975) e estipularam oito regras úteis em quase todas as conversas para criação de conhecimento que você pode conferir no Quadro 10.4.

> Mesmo em organizações simples, os ritos de entrada em um grupo podem ser compostos por um conjunto complexo de regras e procedimentos. A vestimenta, o discurso inicial, a postura e os gestos são elementos que podem definir a aceitação do novo entrante. Cabe destacar que, mais do que ter "corpo presente", a entrada em um grupo — sobretudo, um voltado para a criação de conhecimento — significa ter "voz ativa". Assim, estar na sala de reuniões com um grupo não basta, é preciso poder falar e, ainda, poder ser escutado. São os ritos de entrada que garantem a autorização (muitas vezes, tácita) para esses atos. Por isso, os gerentes de conversas devem garantir que tais ritos sejam justos para todos e devem explicá-los aos novos entrantes.

É importante prestar atenção àquilo que Krogh, Ichijo e Nonaka (2001, p. 168) identificam como ponto mais importante deste princípio:

> O aspecto mais essencial é que as regras, quaisquer que sejam, sintetizem o respeito e a solicitude mútua imprescindíveis nas conversas criadoras de conhecimento.

Quadro 10.4 Regras de etiqueta úteis em conversas para criação de conhecimento (baseado em GRICE, 1975; KROGH; ICHIJO; NONAKA, 2001, p. 167-168).

Evite ambiguidades	Não promova confusões deliberadamente, para preencher alguma falta de conhecimento; em vez disso, admita significados ambíguos provisórios enquanto se procura a melhor expressão possível.
Evite intimidações	Não ameace outros participantes.
Evite exercício de autoridade	Não recorra à posição hierárquica ou a outras fontes de poder para forçar a conversa em certa direção.
Evite encerramentos prematuros	Não pressione por conclusões, quando o conhecimento ainda está em processo de criação.
Seja breve	Conceda tempo suficiente para que os outros também façam seus comentários e afirmações.
Seja ordeiro	Tente vincular as afirmações a outros pontos discutidos em várias ocasiões.
Ajude os outros participantes a serem corajosos	Deixe que apresentem um discurso espontâneo e corajoso.
Não faça afirmações falsas de maneira consciente	Não minta.

- **Princípio 3: editar as conversas de maneira apropriada** — é comum que a grande amplitude do escopo das conversas criadoras de conhecimento no início do processo acarrete a produção de muitos conceitos com diferentes graus de qualidade. E não é surpreendente que muitos desses conceitos digam respeito a um mesmo objeto. Nesse sentido, editar as conversas, reduzindo o repertório de novos conceitos e mantendo aqueles com maior potencial e, é de suma importância para garantir a fluidez de todo o processo. Como Krogh, Ichijo e Nonaka (2001, p. 169) afirmam:

> A conversa talvez se inicie com os interlocutores discutindo diversas experiências pessoais, mas, com a continuidade, as expressões devem convergir para uns poucos conceitos, ou até mesmo para um único conceito, que se transformam no foco da atenção do grupo.

O cerne da questão aqui é saber o que e quando editar. No início do processo, a edição em excesso pode bloquear a conversa e atravancar toda a criação de conhecimento. Contudo, em outros momentos, a eliminação de conceitos excedentes pode ser crucial para preservar a evolução do processo.

- **Princípio 4: fomentar a linguagem inovadora** — uma organização é tão inovadora quanto sua linguagem permite que ela seja. No item anterior, observamos que o processo de criação de conhecimento cria também uma nova realidade. É justamente pela linguagem que a construção e a apreensão dessa nova realidade se concretiza. Isso é notado principalmente pelo fato de que não existe um novo protótipo, produto ou serviço sem um novo conceito, traduzido em linguagem que transmita seu significado (KROGH; ICHIJO; NONAKA, 2001, p. 171). A geração de conceitos inovadores exige uma linguagem flexível e dinâmica durante todo o processo de criação de conhecimento. Além de falar com franqueza e honestidade, os participantes devem permitir e encorajar a utilização de termos lúdicos, de neologismos, de jogos de palavras e outras ações que, para muitos puristas da língua, podem parecer bobas ou mesmo erradas. Como Krogh, Ichijo e Nonaka (2001, p. 171) observam:

> Sob o aspecto gerencial, o fomento da linguagem inovadora durante as conversas criadoras de conhecimento ajudará a atribuir novos significados a conceitos e termos bem conhecidos; também inspirará a criação de novos termos que incorporem significados existentes ou com significados inteiramente novos.

No Quadro 10.5, você pode conferir a relação desses quatro princípios com as cinco fases do processo de criação de conhecimento.

Mobilizar os ativistas do conhecimento

Antes de qualquer coisa, precisamos deixar claro que os ativistas do conhecimento não são pessoas que pintam o rosto e saem fazendo passeatas pelos corredores da organização com placas, cartazes e gritos de guerra, incitando os demais camaradas a se filiarem à causa. É verdade que, para nós, a gestão do conhecimento é uma causa nobre a ser defendida no âmbito organizacional. Mas o trabalho dos ativistas é bem menos pitoresco do que pode parecer em um primeiro momento. Para Krogh, Ichijo e Nonaka (2001, p. 182), "os ativistas do conhecimento são atores importantes em pelo menos quatro fases da criação de conhecimento":

> No começo do processo, eles geralmente formam microcomunidades de conhecimento e suavizam a trajetória para criação e justificação de conceitos, assim como para o desenvolvimento de protótipos. Acima de tudo, os ativistas são fundamentais para a nivelação do conhecimento, pois são as pessoas responsáveis pela energização e integração dos esforços de criação de conhecimento em toda a empresa. Embora poucas vezes se envolvam diretamente no compartilhamento do conhecimento tácito dentro das microcomunidades e grupos menores, os ativistas do conhecimento ajudam a promover o contexto capacitante adequado — o espaço e os relacionamentos essenciais que permitem a liberação do conhecimento tácito.

Vejamos alguns exemplos de novos conceitos traduzidos em novos termos. Quem trabalha em uma empresa é um funcionário, mas quem trabalha na Google é um googler. Um scrap é um recado enviado para alguém via Orkut. Um post é um texto publicado em um blog ou no Facebook. E um tweet é um micropost publicado no Twitter.

Quadro 10.5 Princípios norteadores das conversas nas fases de criação de conhecimento (KROGH; ICHIJO; NONAKA, 2001, p. 178-9).

	Compartilhamento do conhecimento tácito	Criação de conceitos
Participação ativa	Selecionar participantes.	Desenvolver ainda mais os rituais.
	Conscientizar quanto às conversas criadoras de conhecimento.	
	Estabelecer rituais e regras.	Manter constante participação.
	Assegurar-se de que todos contribuam.	
Etiqueta das conversas	Admitir metáforas e analogias.	Encorajar os participantes.
	Evitar pressões pela conclusão.	Evitar pressões pela conclusão.
	Permitir declarações longas.	Admitir metáforas e buscas de significados.
	Conviver com o caos.	
	"Não admitir a entrada de autoridades".	Evitar intimidações.
Edição de conversas	Evitar incisões.	Basear as incisões em quantidade e qualidade.
	Aumentar quantidade de conceitos.	Reduzir o número de conceitos a dois ou três.
	Iniciar novos ciclos da vida de conceitos.	Eliminar conceitos ultrapassados.
Linguagem inovadora	Experimentar novos conceitos e significados.	Experimentar conceitos e significados.
	Ser lúdico.	Praticar o ajuste de escala temporal e espacial.
	Praticar o ajuste de escala temporal e espacial.	

Justificação de conceitos	Construção de protótipos	Nivelação do conhecimento
Permitir a entrada de novos participantes na conversa.	Analisar ritos de entrada e efetuar mudanças quando necessárias.	Admitir novos participantes na conversa.
Identificar grupos com interesses constituídos nos conceitos.		Democratizar os ritos de entrada.
Explicar ritos de entrada.	Recusa de novos participantes.	Promover forte conscientização organizacional quanto à inovação.
Discutir utilidade dos conceitos.		Analisar o progresso dos ritos e da conscientização em todo processo.
Considerar um conjunto de diferentes pontos de vista.	Admitir afirmações peremptórias de especialistas.	Converter a criação de conhecimento em critério de reconhecimento da expertise.
Ser breve e ordeiro.	Não aceitar expressões ambíguas.	Divulgar com tanta clareza quanto possível.
	Ser ordeiro.	Explicar o processo de criação de conhecimento vivenciado pela microcomunidade.
Assumir atitude analítica.	Pressionar por conclusões.	
	Recorrer a especificações técnicas para decidir sobre a qualidade do protótipo.	Acondicionar o conhecimento e descrever o processo em termos facilmente compreensíveis por toda a organização.
Usar justificação para decidir sobre a qualidade do conceito.	Concentrar as conversas pelo uso deliberado da linguagem.	Efetuar incisões onde o conhecimento desenvolvido não se aplica ao ambiente local.
	Efetuar cortes quando necessários para acelerar o desenvolvimento de protótipos.	
Manter conceito constante; mudar significado, dependendo do feedback dos participantes.	Manter conceito constante.	Manter protótipo constante.
Praticar ajuste de escala temporal e espacial, dependendo dos critérios de justificação.	Chegar a acordos e compartilhar entendimento sobre conceitos.	Preservar os acordos e os entendimentos compartilhados.
	Adotar apenas uma escala.	Adotar apenas uma escala.

De maneira geral, podemos entender que um ativista do conhecimento é um elemento que congrega todos os capacitadores desta seção que estamos analisando. Eles instilam a visão de conhecimento nas microcomunidades da organização; atuam como gerentes de conversas nas fases iniciais dos processos de criação de conhecimento; ajudam a criar o contexto adequado; promovem a globalização do conhecimento local; e, sim, eles também mobilizam outros ativistas do conhecimento. Assim, cada ativista faz do ativismo do conhecimento uma onda crescente, capaz de cobrir toda a organização. Não é à toa que, para Krogh, Ichijo e Nonaka (2001, p. 182), os ativistas são "os catequistas da empresa, difundindo a boa nova para todos".

Ainda segundo esses autores, o ativismo tem seis objetivos pontuais:

1. Deflagrar e concentrar a criação de conhecimento.
2. Reduzir os custos e os prazos necessários à criação de conhecimento.
3. Alavancar as iniciativas de criação de conhecimento em toda a empresa.
4. Melhorar as condições dos participantes da criação de conhecimento, relacionando suas atividades com a situação mais ampla da empresa.
5. Preparar os participantes da criação do conhecimento para novas tarefas em que se necessite de seu conhecimento.
6. Incluir a perspectiva das microcomunidades no debate mais amplo sobre a transformação organizacional.

Assim, resumidamente, os ativistas do conhecimento são responsáveis por definir a trajetória geral para o processo de criação de conhecimento da empresa como um todo e de seus projetos específicos. De certa maneira, eles são coordenadores de inovações, possibilitando que elas ocorram com maiores frequência e eficácia.

Krogh, Ichijo e Nonaka (2001, p. 183-194) identificam três funções centrais exercidas pelos ativistas do conhecimento. E é sobre elas que vamos falar no item a seguir.

As três funções dos ativistas: catalisador, coordenador e mercador

Há uma variedade muito grande de elementos que podem encarnar o papel de ativista do conhecimento, como Krogh, Ichijo e Nonaka (2001, p. 182) afirmam:

> O ativismo do conhecimento pode concentrar-se num departamento específico ou em determinada pessoa; ou situar-se em departamentos e funções já existentes, ou talvez ser exercido como atribuição especial por indivíduos ou unidades organizacionais.

Assim, cabe a cada organização pesar os prós e os contras antes de definir se o ativismo será exercido pela alta direção, pelos gerentes médios, pelo setor de P&D, por representantes das microcomunidades organizacionais ou, até mesmo, por uma equipe própria de ativistas de conhecimento. Seja como for feita essa escolha, precisamos ter em mente que esses ativistas atuam em três frentes distintas. Conforme apontam Krogh, Ichijo e Nonaka

(2001, p. 184-194), os ativistas são: *catalisadores da criação de conhecimento, coordenadores das iniciativas de criação de conhecimento* e *mercadores de antevisão.*

No papel de *catalisadores da criação de conhecimento*, os ativistas funcionam como elementos que facilitam a criação de conhecimento sem necessariamente participar do processo — de maneira semelhante aos catalisadores em reações químicas. Para tanto, eles promovem duas ações.

A primeira é a montagem e o disparo do que Krogh, Ichijo e Nonaka (2001, p. 185) chamam de "gatilhos de processo". Em linhas gerais, os ativistas transitam pela empresa, conversando com colaboradores de todos os níveis, analisando os bancos de dados, de informações e a base de conhecimento e coletando ideias, *insights*, dados e informações sobre oportunidades, problemas, ameaças etc. Com base nesses sinais eles montam os gatilhos. Em seguida, buscam as pessoas que mais se relacionam com a questão e disparam o gatilho, deflagrando o processo de criação de conhecimento.

A segunda ação como catalisadores é o auxílio no desenvolvimento de um contexto capacitante, um *ba*, para a criação do conhecimento. Se você já leu o Capítulo 1 — como esperamos que tenha feito —, sabe que o conhecimento está profundamente atrelado ao contexto (físico, mental, virtual) em que é criado, e que determinados contextos podem tanto facilitar o compartilhamento de conhecimentos quanto enclausurá-los. É importante ressaltar também que boa parte do *ba* é definida pelas pessoas que o compõem. Assim, os ativistas do conhecimento devem cuidar tanto de reunir as pessoas certas quanto de promover a solicitude entre elas, visando ao que for melhor para a criação de conhecimento. Nas palavras de Krogh, Ichijo e Nonaka (2001, p. 186-7):

> Constata-se uma correlação positiva entre heterogeneidade e criatividade em equipes multifuncionais, sobretudo durante a fase de criação de conceitos, em que a especialização não é fator tão relevante. E durante a justificação de conceitos, os ativistas agem bem ao constituir grupos heterogêneos que incluam pessoas de vários níveis organizacionais e de diversas origens culturais e profissionais — até mesmo gente de fora — a fim de oferecer ampla gama de perspectivas.

É importante notar que os catalisadores nem sempre são necessários para o processo, pois "os especialistas de algum modo sempre descobrem meios para introduzir suas inovações" (KROGH; ICHIJO; NONAKA, 2001, p. 187). Ou seja, *insights*, intuições e inspirações podem levar à criação de um novo conhecimento sem a necessidade de um catalisador. Por outro lado, os *coordenadores das iniciativas de criação de conhecimento* se mostram muito mais essenciais em quase todas as organizações — principalmente as de médio e grande portes nas quais há diversas e simultâneas atividades de criação de conhecimento. Nessas organizações, os coordenadores promovem a conexão das diversas iniciativas, tendo como base três pontos de apoio interdependentes:

1. **As perspectivas das microcomunidades** – os ativistas, além de ajudarem na formação de grupos criativos, integram os esforços de diversos grupos entre si. Em suma, eles promovem o intercâmbio de perspectivas entre as microcomunidades, facilitando o desenvolvimento de projetos específicos em cada uma.
2. **As comunidades imaginadas** – quando os pequenos grupos se tornam conscientes das atividades desenvolvidas por outros grupos, fica mais fácil para todos os indivíduos desenvolver uma noção de comunhão dentro da organização. Isso é importante porque, em muitos casos, as pessoas se fecham nas microcomunidades como se fizessem parte apenas de aldeias autônomas e não de uma nação (veja a ideia de "federação de ativos" no estudo de caso do Capítulo 4). As comunidades imaginadas concentram essa ideia de interconexão entre as microcomunidades, incutindo a percepção de que todos os membros da organização – mesmo separados por aspectos geográficos, culturais, departamentais, hierárquicos etc. – seguem juntos em uma mesma direção. Sobre esse ponto, Krogh, Ichijo e Nonaka (2001, p. 190) observam:

> Compete ao ativista monitorar o progresso das várias comunidades, transmitindo um senso mais amplo de comunidade e visão que deve nortear o trabalho de todos. Também incumbe-lhe criar a percepção de pertencer a um movimento, mediante a divulgação das últimas notícias, por meio da tecnologia da informação, de contatos face a face e de boletins informativos.

3. **Os mapas de cooperação compartilhados** – as comunidades imaginadas facilitam a coordenação das iniciativas de criação de conhecimento ao disseminarem a noção de um propósito mais amplo para os indivíduos e as microcomunidades. Podemos pensar que elas também funcionam como mapas mentais que cada colaborador faz da organização como um todo. É claro que tais mapas não são suficientes para a coordenação das iniciativas, por isso os ativistas devem transformá-los em mapas gráficos e disponibilizá-los para toda a organização. Os mapas de cooperação compartilhados podem assumir diversas formas – mapas de conhecimentos explícitos e/ou tácitos (Capítulo 4), mapas de competências (Capítulo 8), organogramas, modelos gráficos do processo de criação do conhecimento. Além disso, eles devem ser de fácil acesso e utilização para todas as microcomunidades da organização, bem como flexíveis e dinâmicos o suficiente para acompanhar o surgimento de novos conhecimentos organizacionais. Para Krogh, Ichijo e Nonaka (2001, p. 191):

> Em geral, os mapas de cooperação compartilhados prepararão as microcomunidades para o processo de intercâmbio de conhecimentos, do tipo que conduz à nivelação do conhecimento e à verdadeira vantagem competitiva. Mas eles também devem ser vistos como ferramentas para a estruturação das discussões em andamento sobre a forma de intersecção de diferentes iniciativas, não como entidades estáticas que se mantêm constantes.

Finalmente, como *mercadores de antevisões*, os ativistas são os responsáveis por indicar a trajetória geral para a criação de conhecimento em diferentes microcomunidades.

Isso significa que, ao mesmo tempo que preserva a perspectiva de uma microcomunidade, o ativista a relaciona com a visão de conhecimento geral da organização. Como você pode ver, trata-se de uma ótica complexa na qual o ativista deve ter um foco no micro (preservando e interconectando as diversas perspectivas das microcomunidades) e um foco no macro (instilando a visão de conhecimento nos debates criativos das microcomunidades e mostrando que as iniciativas delas são valiosas para a estratégia da organização), sintetizando de maneira equilibrada as partes e o todo. Krogh, Ichijo e Nonaka (2001, p. 193) resumem a situação da seguinte maneira:

> Como mercador de antevisões, o bom ativista preserva a perspectiva da microcomunidade, ao mesmo tempo em que ajusta a escala para abranger visões mais amplas. Em outras palavras, os ativistas do conhecimento também devem manter a perspectiva de olhos de águia, alçando voo além das muitas interações específicas da organização para observar a empresa das alturas.
> A principal pergunta aqui é como as várias microcomunidades contribuem para a visão do conhecimento da empresa.

Antes de terminarmos este tópico e partirmos para o próximo catalisador, devemos destacar que o trabalho de um ativista do conhecimento não se dá da noite para o dia. Mantendo nossa afeição por analogias, acreditamos que seja interessante pensar nos ativistas como jardineiros que trabalham minuciosamente durante meses e anos para cumprir seus objetivos. Trata-se, portanto, de um trabalho que requer um altíssimo nível de comprometimento, tanto por parte dos ativistas quanto da organização — sobretudo, da alta direção — com o desenvolvimento da gestão do conhecimento.

Criar o contexto adequado

Estamos convictos de que, neste ponto da leitura, você já sabe de maneira ligeiramente aprofundada o que é e quão importante é um contexto capacitante, ou um *ba*, para a gestão do conhecimento nas organizações. Afinal, explícita ou implicitamente, falamos sobre ele em quase todo o livro. Vale lembrar sua relevância para alguns pontos abordados nos capítulos 1, 3, 5, 8 e neste aqui.

Assim, esperamos que já tenha ficado claro para você que o *ba* é o contexto propício para o desenrolar das interações de conversão de conhecimento compreendidas pelo modelo SECI (Capítulo 1). Consequentemente, o *ba* se torna o palco para o desenvolvimento do processo de criação de conhecimento (Capítulo 6).

É importante ter em mente também que há diversas dimensões para a construção de um contexto capacitante adequado às necessidades organizacionais. Assim, o fornecimento de espaços físicos adequados (salas de reunião) e conexões virtuais (redes de computadores), bem como a promoção de interações entre os membros da organização (equipes multidisciplinares e forças-tarefas) por parte da alta direção, de gerentes, de ativistas do conhecimento e de produtores de conhecimento em geral são ações que facilitam a criação e o fortalecimento de diversos contextos capacitantes. Contudo, não podemos ignorar que um *ba* também pode surgir de maneira espontânea, como Krogh, Ichijo e Nonaka (2001, p. 219) observam:

> [...] os contextos capacitantes também surgem por geração espontânea, e os relacionamentos solícitos proporcionam as bases de confiança, apoio e comprometimento imprescindíveis à promoção dessas ocorrências não planejadas. Nesse caso, os gerentes devem reconhecer e amoldar as situações de *ba* naturais, que por vezes mudam ou desaparecem com grande velocidade.

Dessa maneira, é necessário que os líderes, os gerentes e os ativistas do conhecimento entendam de que maneira se dá a interação dos membros da organização uns com os outros e com o ambiente externo para identificarem com rapidez apropriada o surgimento espontâneo de tais contextos (KROGH; ICHIJO; NONAKA, 2001, p. 219).

Além disso, existem cinco condições que os responsáveis pela elaboração do *ba* devem criar para que ele desenvolva seu potencial: (1) *intenção*; (2) *autonomia*; (3) *flutuação e caos criativo*; (4) *redundância*; (5) *variedade de requisitos*. Tais condições são analisadas por Nonaka e Takeuchi (1997, p. 83-94), e é com base nessa análise que vamos comentá-las brevemente nos itens a seguir.

Intenção

O contexto capacitante fomenta as interações entre os membros da organização. Como você sabe, não estamos falando de qualquer interação, mas sim das relacionadas ao compartilhamento e à criação de conhecimento. Como você também sabe, não se trata de qualquer conhecimento, mas daquele alinhado à visão e aos objetivos estratégicos da organização. Pois bem, a intenção é a força que direciona o *ba* e os esforços de seus participantes segundo as aspirações da organização. É por meio da intenção que se promove o alinhamento estratégico entre as pessoas, os processos e os objetivos organizacionais. Como você pode perceber, a intenção está profundamente atrelada à visão de conhecimento da organização. Para Nonaka e Takeuchi (1997, p. 84):

> A intenção organizacional fornece o critério mais importante para julgar a veracidade de um determinado conhecimento. Se não fosse a intenção não seria possível julgar o valor da informação ou do conhecimento percebido ou criado. [...] A intenção é necessariamente carregada de valor.

Autonomia

Você sabe muito bem que o compartilhamento do conhecimento tácito é um dos pontos mais críticos do processo de criação de conhecimento. A autonomia de cada participante do processo é uma condição vital para que esse compartilhamento aconteça. Afinal, seria um tanto risível e inútil que alguém impusesse aos participantes quais conhecimentos tácitos eles deveriam compartilhar, quando e como, não é mesmo? Para Nonaka e Takeuchi (1997, p. 85), quando a organização permite que seus membros sejam autônomos, ela amplia a chance de introduzir oportunidades inesperadas, assim como aumenta a possibilidade de seus membros se automotivarem para criar novo conhecimento. Isso acaba sendo extremamente benéfico para a interação de equipes multidisciplinares — cujos integrantes, comprometidos com a intenção organizacional, auto-organizam-se de forma a tirar o melhor proveito de suas diversas experiências. De acordo com Nonaka e Takeuchi (1997, p. 86-87):

> Na organização de negócios, uma ferramenta poderosa para criação de circunstâncias nas quais os indivíduos possam agir de forma autônoma é a equipe auto-organizada. Essa equipe deve ser interfuncional, envolvendo membros de uma ampla gama de diferentes atividades organizacionais. [...] A equipe autônoma pode executar muitas funções, amplificando e sublimando consequentemente as perspectivas individuais em níveis mais elevados.

Para funcionar, a autonomia exige um alto grau de comprometimento dos envolvidos no processo. Isso acaba sendo um fator essencial para a ampliação do envolvimento de todos e para a maior intersecção de seus conhecimentos ao longo das fases do projeto. Na Figura 10.4, o Tipo C ilustra esse tipo de comprometimento e envolvimento do qual estamos falando. O Tipo A, ao contrário, ilustra o desenvolvimento do processo em uma organização definida pela alta departamentalização de funções, enquanto o Tipo B representa um ponto intermediário entre os tipos A e C.

Figura 10.4 Fases sequencial (A) *versus* sobrepostas (B e C) do desenvolvimento (TAKEUCHI; NONAKA, 1986, p. 89).

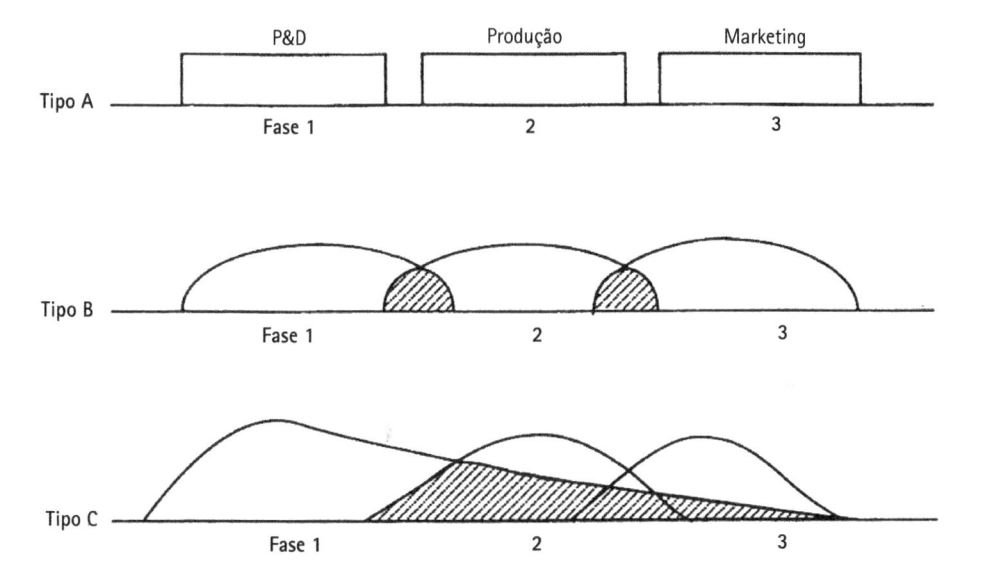

Flutuação e caos criativo

Apesar do que pode parecer em um primeiro momento, flutuação e caos criativo estão longe de ser bagunça e desordem total. Na verdade, são elementos que "estimulam a interação entre a organização e o ambiente externo" (NONAKA; TAKEUCHI, 1997, p. 88).

No Capítulo 9, observamos que as situações de crise costumam servir de berço para inovações dos mais variados tipos e que organizações habituadas a esse cenário criam mais conhecimento do que as que se acomodam em um cenário de estabilidade. A flutuação e o caos criativo facilitam a adaptação à crise e evitam a acomodação, pois mantêm a organização mais flexível às mudanças drásticas e/ou inesperadas relacionadas ao conhecimento que ela tem de si mesma e do ambiente em que se encontra.

Para Nonaka e Takeuchi (1997, p. 89), promovendo a flutuação, as organizações adotam uma atitude aberta em relação aos sinais ambientais e podem explorar a ambiguidade, a redundância ou os ruídos desses sinais para aprimorar seu sistema de conhecimento. A respeito da flutuação, os autores ainda observam o seguinte:

> Esse processo "contínuo" de questionamento e reconsideração de premissas existentes por cada membro da organização estimula a criação de conhecimento organizacional. É comum uma flutuação ambiental precipitar um colapso dentro da organização, a partir do qual é possível criar o novo conhecimento.

A flutuação pode precipitar o caos criativo (NONAKA; TAKEUCHI, 1997, p. 91). O caos, em um sentido mais amplo, acontece quando a organização passa por uma crise real (uma queda no desempenho ou uma mudança de demanda do mercado, por exemplo). Já o caos criativo pode ser entendido como uma crise intencional promovida por gerentes ou diretores com o intuito de aumentar a tensão dentro da organização e focalizar a atenção dos colaboradores na definição do problema e na resolução da situação de crise (NONAKA; TAKEUCHI, 1997, p. 90). Trata-se, então, de promover uma situação de urgência na qual os questionamentos gerados relacionados à flutuação são levados a outro nível: o de criação de conhecimento.

É importante atentar para a seguinte observação de Nonaka e Takeuchi (1997, p. 90):

> Deve-se observar que os benefícios do "caos criativo" só podem ser percebidos quando os membros da organização têm a habilidade de refletir sobre suas ações. Sem reflexão, a flutuação tende a levar ao caos "destrutivo". Schön (1983) capta esse ponto crucial com a seguinte afirmação: "Uma pessoa que reflete quando age transforma-se em um pesquisador no contexto prático. Não depende das categorias de teoria e técnica estabelecidas, mas constrói uma nova teoria específica ao caso" (p. 68). A organização criadora de conhecimento precisa institucionalizar essa "reflexão na ação" durante esse processo para tornar o caos realmente "criativo".

A flutuação e o caos criativo favorecem o contexto capacitante, porque levam cada membro da organização a rever e a mudar constantemente sua maneira de pensar — o que de certa forma ajuda na externalização do conhecimento tácito.

Redundância

É comum pensarmos na redundância como uma simples repetição ou duplicação de sentido — ou seja, literalmente, a troca de "seis" por "meia dúzia". Para Nonaka e Takeuchi (1997, p. 91-93), contudo, a redundância significa:

> [...] a existência de informações que transcendem as exigências operacionais imediatas dos membros da organização. Nas organizações de negócios, a redundância refere-se à superposição intencional de informações sobre atividades da empresa, responsabilidades de gerência e sobre a empresa como um todo.

Você talvez pense que estamos falando de um ponto complicado; mas, na verdade, trata-se de uma questão complexa. Assim, se você se lembra da discussão desenvolvida no Capítulo 8 sobre a atuação das partes no todo e do todo nas partes, isso pode ajudá-lo a entender a redundância como uma condição para o desenvolvimento do *ba* e da criação de conhecimento.

Veja que, com base na citação anterior, concluímos que a redundância é a superposição de uma informação em diferentes níveis — "atividades da empresa, responsabilidades da gerência e a empresa como um todo", de acordo com os autores. Agora, lembre-se de que a criação de conhecimento se dá por meio de uma *espiral* de conversão de conhecimentos tácitos e explícitos que parte do indivíduo, passa pelo grupo, se espalha por toda a organização e a extrapola nas relações com outras organizações e com a sociedade. Assim, sendo um movimento em espiral, é natural que o conhecimento passe por pontos superpostos uns aos outros desde o nível mais restrito até o mais amplo do processo.

Já observamos neste capítulo e no Capítulo 1 que o *ba* apresenta diversas dimensões. Note, então, que muitas dessas dimensões estão relacionadas justamente aos níveis perpassados pela espiral da criação do conhecimento. Além disso, não podemos deixar de destacar que a redundância é fundamentalmente importante nas interações de socialização e externalização de conhecimento tácito —as primeiras voltas da espiral. Como observam Nonaka e Takeuchi (1997, p. 92):

> *Para ter um exemplo mais claro, talvez seja útil que você releia o tópico "BSC: por que usar?" no Capítulo 3. Nesse tópico, entre outras coisas, dissemos que o balanced scorecard (BSC) deve ser utilizado porque ele transforma a estratégia em parte das tarefas de todos os colaboradores da organização, fazendo com que haja uma adequação entre os objetivos pessoais e os organizacionais. Podemos entender, então, que o BSC promove a redundância da estratégia e da visão de conhecimento organizacional em diversos níveis.*

> O compartilhamento de informações redundantes promove o compartilhamento de conhecimento tácito, pois os indivíduos conseguem sentir o que os outros estão tentando expressar. Nesse sentido, a redundância de informações acelera o processo de criação do conhecimento. A redundância é importante sobretudo no estágio de desenvolvimento do conceito, quando é essencial expressar imagens baseadas no conhecimento tácito. Nesse estágio, as informações redundantes permitem

que os indivíduos invadam mutuamente suas fronteiras funcionais e ofereçam recomendações ou forneçam novas informações de diferentes perspectivas.

Variedade de requisitos

Na elaboração de um contexto adequado para a criação de conhecimento, a variedade de requisitos não se limita à formação de equipes multidisciplinares, mas se relaciona com o desenvolvimento da própria base de conhecimento da organização. Para Nonaka e Takeuchi (1997, p. 94):

> Os membros da organização podem enfrentar muitas situações se possuírem uma variedade de requisitos, que pode ser aprimorada através da combinação de informações de uma forma diferente, flexível e rápida e do acesso às informações em todos os níveis da organização. Para maximizar a variedade, todos na organização devem ter garantia do acesso mais rápido à mais ampla gama de informações necessárias, percorrendo o menor número possível de etapas (Numagami, Ohta e Nonaka, 1989).

Como você deve ter percebido, o argumento de Nonaka e Takeuchi está profundamente relacionado a toda a discussão do Capítulo 4 deste livro. A variedade de requisitos como uma condição para o desenvolvimento do *ba* oferece uma imensa e vasta caixa de ferramentas para auxiliar os participantes do processo de criação de conhecimento.

Globalizar o conhecimento local

Como já mostramos no Quadro 10.1, este capacitador é profundamente relacionado com a nivelação do conhecimento — a fase do processo de criação na qual o novo conhecimento é disseminado por toda a organização. Se pensarmos apenas nas pequenas e médias organizações cujas operações não extrapolam as fronteiras de nosso país, talvez não faça muito sentido falar em globalizar o conhecimento local; ainda que, verdade seja dita, as disparidades socioculturais entre algumas localidades do Brasil até justifiquem a utilização do conceito. Seja como for, para Krogh, Ichijo e Nonaka (2001, p. 252-254), esse capacitador é importante para as médias e grandes organizações que, cada vez mais, não se restringem aos limites de fronteiras nacionais.

Para tais organizações, a nivelação do conhecimento não é algo que simplesmente dissemina o novo conhecimento entre suas microcomunidades. De fato, nesse caso, mais do que obstáculos departamentais, a nivelação deve vencer barreiras culturais, políticas, econômicas, linguísticas, geográficas etc. Dessa maneira, questões como o paradoxo do controle são levadas a um nível de complexidade muito maior.

O que se vê em muitos casos de transferência de conhecimento é o embate entre os especialistas e os gerentes locais. Os especialistas são responsáveis por documentar detalhadamente e transferir um novo conhecimento que pode ser vantajoso para as demais unidades regionais da organização. A tendência é que eles mantenham o controle da implementação local "em parte pela possibilidade de serem responsabilizados por qualquer problema resultante, em parte para preservar o *status* de especialistas" (KROGH; ICHIJO; NONAKA, 2001, p. 256). No entanto, embora os especialistas possam acreditar no contrário, o controle exercido por eles é apenas parcial nesse processo de transferência.

Os gerentes locais, ao receberem as instruções dos especialistas, geralmente interpretam o novo conhecimento de acordo com seus próprios conhecimentos tácitos e explícitos. Como você pode ver, de certa maneira, estamos falando da combinação de conhecimentos, o terceiro tipo de conversão do modelo SECI. A partir daí, é possível que o gerente local experimente novas soluções não especificadas pelos especialistas, superando ou mesmo violando as instruções emitidas por eles e aumentando a cisão entre os dois grupos.

Falando assim, pode parecer que os gerentes locais estão mais certos do que os especialistas no que diz respeito à transferência de conhecimento. Contudo, é preciso considerar que não são raros os casos em que o não cumprimento das instruções e especificações dadas pelos especialistas acontece simplesmente por causa da resistência dos gerentes locais contra algo que não foi criado em seu território. É preciso notar, nesse caso, que "território" pode não significar os limites geográficos e políticos da nacionalidade dos gerentes locais, mas apenas os limites de sua atuação e controle dentro da organização.

O problema dos dois casos é que se dá muito mais importância à questão de seguir ou não as instruções e especificações do que aos benefícios e vantagens do conhecimento a ser transferido. Nas palavras de Krogh, Ichijo e Nonaka (2001, p. 258):

> A diferença de conhecimento entre a equipe de especialistas corporativos e as organizações locais é o motor que impulsiona as transferências de conhecimento convencionais. Mas esse motor nada mais fará do que ratear se os especialistas insistirem na completitude de suas especificações e os gerentes locais não compreenderem o que se espera deles.

Para superar essas e outras barreiras, Krogh, Ichijo e Nonaka (2001) apresentam a globalização do conhecimento local como um processo de reinterpretação ou recriação do conhecimento dentro de outra unidade regional. Nesse sentido, o novo conhecimento proveniente da sede organizacional ou de outra unidade deve amalgamar-se com o conhecimento local e com as práticas e experiências já existentes na unidade destinatária. Dessa maneira, e com a ajuda dos ativistas do conhecimento, os embates relacionados ao controle apresentados anteriormente dão lugar a um processo de capacitação, conforme Krogh, Ichijo e Nonaka (2001, p. 259) indicam:

> A ênfase no controle e na completitude está muito longe do trabalho voltado para processos de um eficaz ativista do conhecimento. Este catalisa e coordena as iniciativas locais; em vez de planejá-las ou controlá-las. [...] Sob uma perspectiva capacitante, o conhecimento transferido de outras partes da empresa deve ser visto como fonte de inspiração e de *insights* para as operações locais, e não como ordem direta a ser acatada.

Ainda sob essa perspectiva capacitante, é preciso entender que no processo de globalização não há o embate entre especialistas e gerentes locais, principalmente porque não há esse tipo de distinção entre os membros da organização. De fato, o processo se baseia fortemente no diálogo contínuo entre especialistas de igual *status*, que representam as unidades de negócios locais. A partir dessa interação, cada especialista leva para sua unidade os novos conhecimentos a partir dos quais novos processos de criação de conhecimento local serão deflagrados (KROGH; ICHIJO; NONAKA, 2001, p. 259).

Capacitação do conhecimento: uma jornada destinada à inovação

A capacitação para o conhecimento não é um processo instantâneo, como você provavelmente já imagina. A elaboração de uma cultura organizacional que valorize e ative os cinco capacitadores analisados neste capítulo, que aplique as práticas de conhecimentos abordadas na segunda parte deste livro e que considere a relevância dos conceitos apresentados nos dois primeiros capítulos, sem dúvida não é um trabalho a ser desenvolvido em poucos dias nem mesmo em alguns meses. De fato, em muitas organizações leva-se não menos do que dois ou mais anos para enxergar os primeiros brotos dessa iniciativa. Isso sem deixar de considerar a identificação e a superação de barreiras individuais e organizacionais — a motivação, a resistência à mudança, as habilidades, a desconfiança, o medo de falhar, a falta de visão, o desalinhamento de objetivos etc. Dessa maneira, devemos considerar a capacitação como um longo processo de aprendizagem no qual o comprometimento, a paciência, a solicitude, a reflexão e a tolerância aos erros (inerentes ao aprendizado e ao próprio processo de criação de conhecimento) são peças fundamentais.

Krogh, Ichijo e Nonaka (2001, p. 314-321) apresentam a capacitação do conhecimento como uma jornada cuja trajetória leva à configuração de uma organização inovadora. Nessa trajetória, eles identificam três grandes categorias de organizações de acordo com suas iniciativas na área de gestão do conhecimento: (1) minimizadoras de riscos; (2) prospectoras de eficiências; (3) inovadoras. A Figura 10.5 ilustra o posicionamento de cada uma dessas categorias na jornada da capacitação.

De acordo com esses autores, como ilustra a Figura 10.5, as organizações inovadoras são as que mais longe estão na jornada de capacitação para o conhecimento. Contudo, são raras as organizações que se encontram nessa categoria tão logo iniciam sua atuação. Na maioria dos casos, o que encontramos são organizações cujas iniciativas se relacionam mais com as duas primeiras categorias.

Assim, uma organização *minimizadora de riscos* é aquela que se concentra em localizar e captar os valiosos conhecimentos que se encontram em seu ambiente interno. Em linhas gerais, elas se importam mais com os conhecimentos que já existem e que são úteis "para a execução de várias tarefas operacionais em marketing, finanças, fabricação e assim por diante" (KROGH; ICHIJO; NONAKA, 2001, p. 316). Na primeira coluna do Quadro 10.6, apresentamos as ferramentas mais indicadas para essa categoria.

Figura 10.5 Modelo de desenvolvimento da empresa na criação de conhecimento (KROGH; ICHIJO; NONAKA, 2001, p. 317).

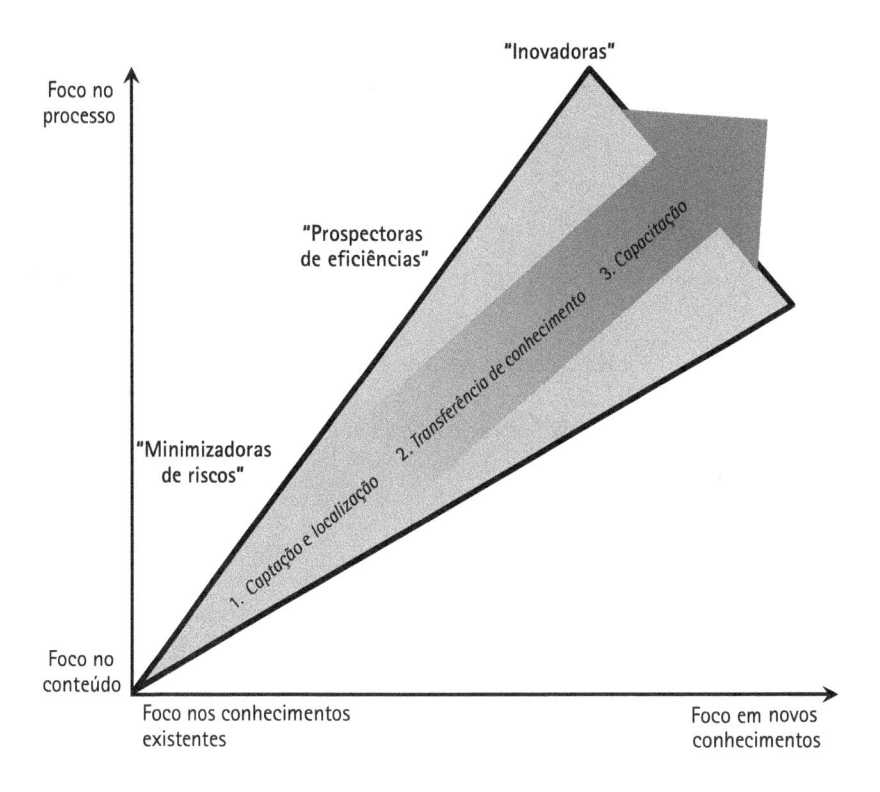

O próximo passo nessa trajetória nos leva à organização *prospectora de eficiências*. Seu objetivo principal é alcançar vantagens de custos e evitar redundâncias desnecessárias na criação de conhecimento por meio da transferência de experiências e melhores práticas dentro de seu próprio ambiente. Em geral, nessa etapa se torna cada vez mais evidente que "a tecnologia é apenas a ponta mais saliente do iceberg", nas palavras de Krogh, Ichijo e Nonaka (2001, p. 317). Ainda segundo eles:

> Embora essas empresas não incluam a criação de conhecimento em seus programas gerenciais, elas tendem a prospectar novos conhecimentos em desenvolvimento em toda a organização, assim como o conhecimento existente entre indivíduos e grupos. [...] As pessoas precisam estar motivadas nos locais de trabalho para transferir conhecimentos, assim como para usar os conhecimentos provenientes de outros grupos ou unidades. Os gerentes dessas empresas se tornam cada vez mais atentos em relação aos aspectos tácitos do conhecimento e começam a enfatizar a anatomia dos processos de transferência de conhecimento, em vez de se preocupar apenas com soluções tecnológicas específicas para a captação do conhecimento existente.

Quadro 10.6 Modelo de desenvolvimento da empresa na criação de conhecimento (KROGH; ICHIJO; NONAKA, 2001, p. 317).

Minimizadoras de risco *Captação e localização*	Prospectoras de eficiências *Transferência e compartilhamento*	Inovadoras *Capacitação*
Armazenamento de dados (*data warehousing*)	Internet	Instilação da visão do conhecimento
Exploração de dados (*data mining*)	Intranet	Gerenciamento de conversas
Páginas amarelas	*Groupware*	Mobilização dos ativistas do conhecimento
Navegador de capital intelectual	Organização em rede	Criação do contexto adequado
Balanced scorecard	*Workshops* de conhecimento	Globalização do conhecimento local
Auditorias de conhecimento	*Workbench* de conhecimento	Redes de inovação profissional
Índice de capital intelectual	Transferências de melhores práticas	Novos formatos organizacionais
Sistemas de informações gerenciais	*Benchmarking*	Novos sistemas de gestão de pessoas
Sistemas baseados em regras (*rule-based systems*)	Análise dos hiatos de conhecimento (*knowledge gap-analysis*)	Novos valores organizacionais
	Cultura de compartilhamento do conhecimento	Sistemas de gerenciamento de projetos
	Unidades de transferência de tecnologia	Educação corporativa
	Unidades de transferência de conhecimentos	Comunidades
	Pensamento sistêmico	*Storyboards*

Você pode notar que muitas ideias que nós fervorosamente repetimos ao longo deste livro se encontram nessa citação — o papel do gerente, a importância da tecnologia em face da relevância das pessoas, a necessidade do *ba* e a ênfase nos processos de conhecimento. Na segunda coluna do Quadro 10.6, você também encontra as ferramentas que Krogh, Ichijo e Nonaka indicam para essa categoria.

Finalmente, na última etapa da jornada encontramos as organizações *inovadoras* — aquelas que se concentram nos novos conhecimentos e nos processos de criação de conhecimento (KROGH; ICHIJO; NONAKA, 2001, p. 318). Esse tipo de organização compreende o valor e a importância dos ativistas do conhecimento para a elaboração de um contexto propício à criação de novos conhecimentos e para o alinhamento das pessoas, dos processos e da tecnologia que compõem essa organização. O papel dos gerentes é extremamente relevante nas principais iniciativas que facilitam a aplicação das práticas de conhecimento, como observam Krogh, Ichijo e Nonaka (2001, p. 318):

> Esses gerentes desenvolvem uma perspectiva estratégica do conhecimento, formulam visões do conhecimento, demolem as barreiras ao conhecimento, catalisam e coordenam a criação de conhecimento, gerenciam os vários contextos ou *ba* envolvidos, desenvolvem uma forte cultura de conversas, e globalizam o conhecimento local.

Sem grandes surpresas, na terceira coluna do Quadro 10.6, você encontra as ferramentas mais úteis para as organizações dessa categoria.

Uma vez que estamos falando de jornadas e trajetórias ao mesmo tempo que vamos chegando ao final deste livro, você provavelmente não se surpreenderia se terminássemos este parágrafo com uma analogia entre a leitura deste livro e uma viagem. Mas, verdade seja dita, a viagem nem sequer começou! Embora tenhamos nos esforçado para apresentar com riqueza de detalhes teóricos e práticos os principais pontos e os elementos mais críticos relacionados ao nosso tema, a gestão do conhecimento se desenvolve de maneira única em cada organização. Por isso, não esperamos que você tenha encontrado aqui um minucioso guia de viagem, mas sim uma bússola, um mapa, algumas coordenadas fundamentais e as indicações de como você deve usá-los para chegar aonde quer. Assim, o que nos resta é terminar este livro como quem abre uma porta para a estrada que se estende diante de seus pés, leitor, e lhe dizer duas últimas palavras:

Boa viagem!

> *Vale reforçar que o conhecimento organizacional é proveniente de todos os colaboradores e não de alguns poucos "gurus" ou especialistas. Como afirmam Krogh, Ichijo e Nonaka (2001, p. 320), o conhecimento é parte integrante da maioria dos ambientes de trabalho em qualquer organização e é usado por todos. As organizações que atentam para esse fato e, a partir dele, reconhecem a importância de mobilizar seus elementos internos (pessoas, ambientes, tecnologias, processos etc.) com o intuito de captar, desenvolver, compartilhar e criar conhecimentos são aquelas que conseguem fortalecer sua competitividade com mais facilidade.*

ESTUDO DE CASO

A DOCUMENTAR SE CAPACITA PARA O CONHECIMENTO

A Documentar é uma empresa pioneira na prestação de serviços e consultoria em gestão de processos, documentos, informações e conhecimento organizacional. Ciente de que as pessoas e seus conhecimentos compõem a força-motriz de toda organização, a empresa se destaca por desenvolver uma cultura de estímulo ao compartilhamento e à integração do conhecimento coletivo e das experiências adquiridas. Além disso, a diversidade da formação de seus colaboradores é notável. Bibliotecários, engenheiros, economistas, administradores e profissionais ligados à tecnologia da informação são um pequeno exemplo da ampla interdisciplinaridade fomentada pela empresa.

Como você pode ver, estamos falando de uma organização que entende o valor e o potencial que o conhecimento representa para seu sucesso. Mesmo assim, ela passava por sérias dificuldades para alavancar seu desempenho. Grande parte dos colaboradores atuava dentro das empresas clientes em localizações diversas e perdia muito tempo buscando ou elaborando soluções para situações que já haviam sido resolvidas em outros momentos, mas não estavam disponíveis ou eram de difícil acesso. A ausência de uma base de conhecimento era agravada pela dispersão geográfica dos colaboradores, que se tornavam fontes de conhecimento isoladas entre si; pelo enorme volume de projetos em desenvolvimento, que acabava levando à criação redundante de conhecimentos já empregados em projetos anteriores; e, sobretudo, pela falta de uma política e de processos padronizados para registro, compartilhamento e reaproveitamento dos conhecimentos adquiridos.

A Documentar precisa garantir que as experiências vivenciadas por cada colaborador em projetos específicos fossem registradas e disponibilizadas a todos de forma simples e confiável. Assim, em outubro de 2006, ela criou a unidade de gestão de conteúdo e conhecimento (UGC), contando com uma equipe de profissionais de tecnologia da informação e gestão informacional dirigida por uma das sócias da empresa. O principal objetivo da unidade era fomentar a criação e a disseminação de conhecimento útil para aumentar a qualidade e a eficiência dos processos organizacionais. Vale notar que a Documentar sabia que a solução para seu problema não iria apenas melhorar o desempenho, mas proporcionaria a oferta de novos produtos aos clientes. Assim, de maneira mais ampla, por meio da UGC, a empresa visava à geração de inovação, vantagem competitiva e diferenciação no mercado.

Três anos depois da criação da UGC, Ângela Rodrigues Guimarães (2009) registrou os principais avanços e benefícios adquiridos pela Documentar com as iniciativas empreendidas pela UGC ou por outras áreas com apoio dessa unidade. A criação da UGC em si já representou um grande passo para a implementação da gestão do conhecimento como estratégia organizacional, pois implicou a reelaboração da estrutura organizacional, de forma que as ações da empresa passaram a ser planejadas relacionando objetivos organizacionais à gestão do conhecimento. Isso gerou uma visão mais nítida dos ganhos e resultados a serem obtidos com cada ação. Nessa estrutura, as funções do *chief knowledge officer* (CKO) — cargo executivo da diretora responsável pela UGC — voltaram-se para o aumento do capital intelectual e para a criação e o desenvolvimento de vantagens competitivas por meio da gestão explícita e sistemática do conhecimento organizacional.

Dessa maneira, a UGC começou a desenvolver projetos e práticas de incentivo à participação de todos os funcionários nas atividades ligadas à gestão do conhecimento. As iniciativas se relacionavam, por exemplo, à criação de um slogan para a UGC; à entrega de uma medalha de honra como recompensa simbólica para aqueles contribuíram com ideias, sugestões e *insights* nas campanhas da UGC; à criação do nome, do logo e do slogan da intranet por meio de um concurso que visava despertar o interesse de todos pelo novo sistema; e ao envio de um cartão de agradecimento a todos que participaram dos diversos projetos e práticas da UGC, como uma maneira de mantê-los motivados e ampliar a participação.

Com apoio da UGC, o RH da Documentar desenvolveu o projeto "Atende RH", estruturando um canal de comunicação via intranet, e-mail e telefone que, além de oferecer a todos os funcionários um contato direto com a empresa, servia para centralizar informações e responder a consultas de maneira objetiva em até 48 horas. A parceria entre a UGC e o RH ainda gerou mais dois benefícios: potencializou a gestão por competências e fortaleceu o desenvolvimento de equipes por meio de aprendizado contínuo.

No primeiro caso, foi desenhado um plano de carreira organizacional que permitia a todos os membros da Documentar conhecer os cargos existentes na empresa, bem como as competências e qualificações necessárias para preenchê-los, suas atribuições e posições hierárquicas. Como o plano de carreira foi elaborado focando os perfis necessários para a implantação dos objetivos estratégicos da empresa, ele serve também como um mapa de competências alinhado à visão de conhecimento da organização.

Já o segundo caso envolveu a criação do Programa Capacitar, voltado para a formação de competências e para a reciclagem profissional nos níveis gerencial, técnico e operacional; para a formação de sucessores em funções-chave, garantindo a continuidade de atividades essenciais; e para a formação de equipes responsáveis pela ampliação dos negócios, com investimento em inovações de processos e produtos. Além disso, não podemos deixar de citar uma das principais iniciativas desse programa — o Circuito do Conhecimento. Trata-se de um projeto de ampliação e atualização do conhecimento organizacional estabelecido por meio de palestras e *workshops* nos quais os colaboradores da Documentar discutem as novidades do mercado, as lições aprendidas em projetos e novas oportunidades de negócio. A UGC apoia o Circuito, divulgando seus eventos, sugerindo temas para palestras e *workshops* e mantendo um espaço de trabalho exclusivo para a iniciativa em uma página da intranet na qual os colaboradores poderiam assistir a vídeos e fazer *downloads* de artigos e apresentações.

A esta altura, não é difícil perceber que a intranet representou uma peça fundamental para muitas ações da UGC. De fato, esse sistema foi desenvolvido pela UGC como um ambiente e um conjunto de práticas de compartilhamento de conhecimento. A principal meta na elaboração desse sistema era organizar, integrar e disponibilizar de forma rápida e simples as informações cruciais para os colaboradores da Documentar. Entre essas informações, destacavam-se aquelas relacionadas à estrutura organizacional (padrões internos, calendário de ações e eventos, notícias gerais sobre a empresa) e um banco de contatos com informações importantes sobre os colaboradores (projetos nos quais estavam alocados, e-mails, telefones etc.).

Além disso, o sucesso do desenvolvimento e da aplicação da intranet dependeu de um trabalho de gestão terminológica baseado em dois projetos. O primeiro foi um glossário técnico no qual se encontravam termos relacionados a produtos e serviços desenvolvidos pela empresa, assuntos associados, expressões técnicas de uso interno e muitas outras, todas acompanhadas por definições claras, sinônimos e referências. Um ponto interessante é que esse projeto foi desenvolvido com tecnologia Wiki (sim, a mesma da Wikipédia). Assim, os próprios colaboradores, independentemente de sua localização, poderiam sugerir correções, atualizações e inclusões de termos de forma dinâmica. O segundo projeto foi a construção de uma estrutura taxonômica baseada nas áreas de conhecimento críticas para os negócios da Documentar. Essa estrutura auxiliou a indexação, o acesso, a recuperação e a disseminação de informações, relacionando diferentes linguagens funcionais utilizadas na empresa. Como a taxonomia também foi implantada na intranet, ela agregou as funcionalidades da tecnologia Wiki, possibilitando que suas atualizações fossem feitas em conjunto com as do glossário técnico.

A UGC também foi responsável pela criação do Espaço do Conhecimento, um lugar propício para o compartilhamento de informações que compreende uma dimensão física e outra virtual. A dimensão física desse espaço engloba uma área própria para o estudo onde se encontra também todo o acervo físico (livros e periódicos) da empresa. Já a dimensão virtual se configura como um ambiente de referência e pesquisa no qual se encontra o acervo eletrônico da empresa, constituído por artigos, e-books e os mais diversos materiais adquiridos pela Internet.

Todas essas iniciativas e muitas outras auxiliaram a elaboração de uma metodologia prática e rica baseada na gestão do conhecimento. Paralelamente, a Documentar desenvolveu o i4BS (*information for business services*), uma ferramenta que permite a organização dos conhecimentos internos e externos da empresa vinculados aos projetos realizados, à área de atuação organizacional ou mesmo a temas gerais de seu interesse. Tanto o desenvolvimento da metodologia quanto a utilização do i4BS levaram à configuração de uma base de conhecimento sólida e acessível para todos os colaboradores da Documentar, que melhorou radicalmente seu desempenho e expandiu seu catálogo de produtos com mais esse novo sistema.

Além disso, o i4BS e a metodologia da empresa se converteram em produtos que hoje ela oferece a seus clientes. Seus colaboradores, tendo se envolvido em diversos processos de criação de conhecimento relacionados a esses produtos, não apenas se tornaram peritos na utilização deles, mas também especialistas na maneira de transferir seus conhecimentos para os clientes de maneira flexível e eficiente.

1. Selecione dois capacitadores de conhecimento apresentados ao longo deste capítulo e relacione-os ao caso da Documentar.
2. Diversos pontos observados no caso têm ligações com as práticas de conhecimento apresentadas na segunda parte deste livro. Escolha uma dessas práticas e faça uma análise da relação entre ela e o caso da Documentar.

NA ACADEMIA

Em um grupo de até cinco pessoas, você e seus colegas formarão uma equipe de consultores contratada para implantar a gestão do conhecimento em uma organização. Dessa maneira, vocês devem:

a) Escolher uma organização na qual um de vocês trabalhe.
b) Fazer um relatório detalhado sobre a situação da organização, analisando pontos como seu posicionamento no mercado; os riscos e as oportunidades a que ela está sujeita; suas forças e fraquezas; sua visão estratégica; os cenários futuros mais prováveis para ela; etc.
c) Desenvolver um plano de implantação da gestão do conhecimento, analisando as áreas críticas da organização; propondo iniciativas específicas dentro dessas áreas justificadas pelos objetivos que elas devem alcançar; verificando quais ferramentas tecnológicas — adequadas às características da organização — são necessárias para o cumprimento desse plano; e definindo um cronograma para o desenvolvimento do projeto de implantação das etapas do plano.
d) Apresentar, por fim, o relatório e o plano para sua turma.

Pontos importantes

- O termo "gestão" implica medição, mensuração e controle. Tais ações são consideravelmente limitadas quando aplicadas ao conhecimento, pois a maior parte dele é tácita. Dessa maneira, Krogh, Ichijo e Nonaka (2001) defendem que, em vez de controlar o processo de criação do conhecimento, os gerentes devem promover a capacitação – um conjunto de atividades que afetem positivamente o processo.
- Os capacitadores de conhecimento são cinco amplas atividades – (1) instilar a visão do conhecimento, (2) gerenciar as conversas, (3) mobilizar os ativistas do conhecimento, (4) criar o contexto adequado, (5) globalizar o conhecimento local – que sustentam a capacitação e, assim, se relacionam com as cinco etapas do processo de criação do conhecimento. Vale destacar que a relação entre os capacitadores e o processo de criação é marcada por dois elos: no primeiro, vemos que todos os capacitadores influenciam fortemente a nivelação do conhecimento, ajudando a disseminação de informações e a demolição de barreiras comunicativas em toda a organização; no segundo, vemos que o gerenciamento de conversas exerce forte influência em todas as fases da criação de conhecimento.
- A abordagem visionária de 360° resume um conjunto de ações gerenciais que, de acordo com Krogh, Ichijo e Nonaka (2001), promovem a instilação da visão do conhecimento com maior impacto e eficiência. Tais ações são: (1) identificar e reunir os participantes e organizar o processo; (2) construir entre os participantes a compreensão comum do que seja a visão do conhecimento e dos sete critérios que a norteiam; (3) elaborar e usar narrativas do futuro como plataformas para criação da visão; (4) prever bastante tempo para a instilação da visão; (5) encarar como aprendizado o desenvolvimento da visão do conhecimento.
- Sob a perspectiva do conhecimento, as conversas podem ser classificadas de acordo com dois objetivos: (1) confirmar a existência e o conteúdo do conhecimento ou (2) criar novos conhecimentos. No processo de criação do conhecimento, destacam-se quatro princípios norteadores para boas conversas: (1) estimular ativamente a participação; (2) definir regras de etiqueta para as conversas; (3) editar as conversas de maneira apropriada; (4) fomentar a linguagem inovadora.
- Os ativistas do conhecimento são elementos que congregam todos os capacitadores de conhecimento que desempenham três funções: *catalisadores da criação do conhecimento* (além de desenvolver o contexto apropriado, eles reúnem informações, *insights*, ideias e as pessoas necessárias para criar novos conhecimentos); *coordenadores das iniciativas de criação de conhecimento* (com base nas perspectivas das microcomunidades, nas comunidades imaginadas e nos mapas de cooperação compartilhados, eles promovem a conexão das diversas atividades de criação de conhecimento) e *mercadores de antevisão* (ao mesmo tempo que preservam a pers-

pectiva das microcomunidades, eles a equilibram com visão de conhecimento da organização como um todo).
- Além da solicitude e de suas dimensões analisadas no Capítulo 1, Nonaka e Takeuchi (1997) destacam cinco condições que devem estar embutidas no *ba* para potencializar a criação de conhecimento: (1) intenção; (2) autonomia; (3) flutuação e caos criativo; (4) redundância; (5) variedade de requisitos.
- Mais do que as barreiras intraorganizacionais (setores, departamentos, microcomunidades), a globalização do conhecimento local deve superar barreiras econômicas, sociais, políticas, culturais etc. Além disso, é notável em muitas organizações que a disputa por controle entre especialistas e gerentes locais constitua o principal obstáculo para implantação de novos conhecimentos nas unidades regionais da organização. Para superar essas e outras barreiras, Krogh, Ichijo e Nonaka (2001) apresentam a globalização do conhecimento local como um processo de reinterpretação ou recriação do conhecimento. Dessa maneira, o novo conhecimento é amalgamado ao conhecimento já existente na unidade regional graças ao diálogo contínuo entre especialistas de igual *status*, representando tais unidades.
- Sob a perspectiva da capacitação para o conhecimento, Krogh, Ichijo e Nonaka (2001) indicam três grandes categorias de organizações de acordo com suas iniciativas na área de gestão do conhecimento: *minimizadoras de riscos* (concentram-se em captar e localizar o conhecimento que já existe em seu ambiente); *prospectoras de eficiências* (concentram-se em transferir e compartilhar o conhecimento a fim de reduzir custos); *inovadoras* (concentram-se na capacitação para o conhecimento).

Referências

CARVALHO, Fábio Câmara A. *Esquema para gestão do conhecimento na organização*. Atualizado em nov. 2010. Disponível em: <http://www.kmbusiness.net/gc.htm>. Acesso em: 15 dez. 2010.

GRICE, H. Paul. Logic and conversation. In: COLE, Peter; MORGAN, Jerry, L. (Eds.). *Syntax and semantics*. v. 3, p. 41-58. Nova York: Academic Press, 1975.

GUIMARÃES, Ângela R. *Gestão de conhecimento*: o case Documentar. Relato técnico apresentado no 8º Congresso Brasileiro de Gestão do Conhecimento, Salvador, 2009.

KROGH, Georg Von; ICHIJO, Kazuo; NONAKA, Ikujiro. *Facilitando a criação de conhecimento*: reinventando a empresa com o poder da inovação contínua. Rio de Janeiro: Campus, 2001.

NONAKA, Ikujiro; TAKEUCHI, Hirotaka. *Criação de conhecimento na empresa*: como as empresas japonesas geram a dinâmica da inovação. 20 ed. Rio de Janeiro: Elsevier, 1997.

PROBST, Gilbert; RAUB, Steffen, ROMHARDT, Kai. *Gestão do conhecimento*: os elementos construtivos do sucesso. Porto Alegre: Bookman, 2002.

TAKEUCHI, Hirotaka; NONAKA; Ikujiro. The new new product development game. *Harvard Business Review*, p.137-146, jan./fev. 1986.

ÍNDICE REMISSIVO

A

ABC (activity based costing), 125, 126, 153
acesso à ajuda, 28, 29, 36, 244
alavancas da inovação, 219, 227, 228, 249, 250
alinhamento, 53, 73, 74, 78, 80, 82, 83, 84, 86, 92, 113, 114, 115, 116, 123, 132, 136, 148, 150, 152, 157, 167, 193, 196, 211, 246, 288
   estratégico, 78, 115, 168, 184, 262, 280
ambiente externo, 17, 39-56, 96, 103, 154, 208, 233, 246, 257, 258, 280, 282
API (application programming interface), 122
aprendizagem organizacional, 60, 70, 71, 72, 74, 75, 86, 184
atividade, 10, 16, 23, 29, 43, 48, 52, 60, 64, 66, 70, 72, 94, 99, 112, 114, 116-119, 125-126, 129, 133, 135
ativos
   intangíveis, 73, 75, 78, 86, 129, 167
   tangíveis, 73, 86, 129
autonomia, 18, 22, 84, 149, 246, 280, 281, 294

B

Ba, 28, 29, 30-31, 36, 55, 70, 71, 74, 75, 104, 115, 167, 173, 182, 194, 204, 209, 243, 244, 246, 277, 279, 280, 283, 284, 288, 294
balanced scorecard, 75-84, 123, 176, 201, 258, 283, 289
banco de dados, 12, 21, 25, 93, 99, 214
(BPMN), 117, 118-119, 120, 121
business intelligence (*BI*)
business process modeling notation (BPMN), 117, 118-119, 120, 121

C

cadeia
   de suprimentos, 43, 51, 112-116, 123, 124, 132, 136, 154, 190, 196, 212, 216, 227, 228, 230, 247, 247, 250
   de valor, 43-44, 112, 114, 115-16, 117, 123-124, 125, 136, 190, 206, 227, 228, 230
capital
   humano, 7, 40, 47, 48, 52, 53, 56, 71, 74, 75, 86, 131, 165-185, 211, 212, 225, 247, 256
   intelectual, 73, 74, 75, 86, 102, 115-116, 118, 131, 136, 170, 289, 290
caos criativo, 280, 282, 294
CEP (controle estatístico do processo), 127-130, 143, 213
cliente
   externo, 189, 190, 191-192, 215
   interno, 114, 179, 189, 190, 191, 195
combinação, 18, 19, 20, 21, 22, 25, 26, 36, 43, 95, 98, 100, 105, 147, 152, 212, 228, 239, 246, 285
compartilhamento, 7, 12, 16, 22, 28, 30, 43, 107, 108, 146, 148-149, 163, 172, 195, 201, 246-247, 257, 259, 260, 266, 267, 269, 273, 274, 277, 280, 290-291
competências, mapeamento de, 103, 169, 177, 179, 181, 185
competitividade, 64, 67, 68, 86, 120, 129, 143, 144, 148, 151, 153, 170, 172, 196, 201, 207, 208, 216, 220, 227, 230, 288
complexidade, 40, 41, 42, 55, 78, 102, 113, 119, 132, 166, 167, 240, 257, 270, 284
comunicação de valores externos, 64, 66, 68
confiança mútua, 28, 29, 36, 244

conhecimento
  áreas de, 135, 152, 154, 155, 163, 262, 292
  ativistas do, 273, 276, 277, 279, 280, 285, 288, 289, 293, 294
  barreiras para o, 176
  base de, 25-27, 33, 52, 97-100, 101, 102, 103-104, 106, 108, 110, 116, 131, 141, 151, 167, 181, 184, 208, 267, 277, 284, 290, 292
  capacitação para o, 48, 258, 2959-260, 265, 281, 286, 294, 295
  conversão do, 16, 17-21, 147
  criação de, 4, 9, 27-28, 31-33, 35, 36, 41, 61, 64-67, 78, 86, 94, 98, 107, 126, 132, 140-141, 144, 145-147, 148, 151, 159, 167, 177, 192, 216, 238, 244, 247, 259, 260, 270-272, 276, 282, 293
  do cliente, 48, 188, 191-192, 196, 197
  estratégico, 95, 196-197, 208
  explícito, 12, 14, 15, 17, 18-19, 22, 29, 67, 74, 92, 94, 101, 132, 147, 150, 151, 167, 196, 222
  gestão do, 21, 26, 33-36, 47, 56, 61, 71, 77, 83, 86, 94, 104, 112, 114, 118, 129, 132, 145, 153, 159, 168, 188, 194, 204, 210, 220, 245, 256-257, 259, 273, 279, 290, 294
  lacunas de, 48, 169, 173, 174, 175, 176, 181, 184
  local, 255, 259, 276, 284, 285, 293, 294
  organizacional, 21, 25, 27, 42, 48, 53, 92, 93, 98, 99-100, 102, 103-104, 109, 115, 127, 130, 143-144, 258-259, 265, 270, 283, 288, 290
  tácito, 11, 12-14, 15, 17-20, 22, 29, 67, 74, 92, 93, 102, 131, 133, 146, 149, 153, 163, 195, 264, 266, 280, 282
  visão do, 61, 65-68, 70, 263, 265, 289, 293
construção de cenários, 61, 64, 67, 68, 69
contexto
  adequado, 259, 260, 276, 279, 284, 289
  capacitante, 28, 30, 36, 48, 53, 70, 110, 145, 159, 167, 195, 212, 227, 244, 266, 270, 273, 277, 279, 282
Controle
  de processos, 112, 124, 128, 129, 131, 137
  paradoxo do, 48, 129, 131-133, 167, 245, 259, 284
  semântico, 93
  terminológico, 92, 93, 103, 105
conversas, gerenciar, 260, 261, 266
convivência, 30, 220
coragem, 28, 30, 36, 244
critérios de desempenho, 179, 198, 201
CRM, 49, 51, 52, 53, 54, 194, 257

cultura de inovação, 243, 244, 245, 246

D

dados, 5-6, 19, 49, 54, 90, 91, 93, 95, 102, 124, 214, 222, 248, 257, 277, 289
data mining, 104, 106, 289
demanda, 33, 85, 113, 160, 188, 189, 191, 197, 238, 239, 242, 282
DMAIC (*define-measure-analyze-improve-control*), 130, 134

E

educação corporativa, 169-173, 177, 181, 184, 185, 245, 249
empatia ativa, 28, 29, 30, 244
ERP, 49-54, 106, 257
escopo, 145, 150, 152, 155, 160, 163, 267-268, 269, 270, 272
especificação do estilo, 65, 66, 68
esquema, 22, 40, 47, 189, 209, 215, 243, 256
estratégia, 32, 33, 53, 60, 62, 67, 70, 71, 75-80, 82, 83, 84, 86, 110, 116, 125, 127, 129, 131, 132, 135, 136-137, 140, 148, 150, 168, 170-171, 173, 181, 191-192, 194, 196, 228, 229, 230, 234, 237, 246, 248, 258, 261, 266, 268, 279, 283, 290-291
estratégias, 44, 52, 60, 67, 71-73, 74-75, 77, 82, 115, 168, 171, 172, 188, 192, 207
estrutura organizacional em hipertexto, 26, 141, 143, 245
estruturação das decisões, 96, 97
expectativa da qualidade, 201-202, 202-203, 205
externalização, 18-22, 25, 26, 29, 94-95, 116, 147, 282, 283

F

fecundidade, 64, 65, 68
flutuação, 280, 282, 294
funções dos ativistas, 276-279

G

gestão
  da informação, 8, 48, 52, 89-110, 207-210, 212, 213, 217, 256
  da inovação, 40, 51, 53, 56, 217, 212, 219-251, 256, 257
  de clientes, 40, 48, 51, 53, 187-217, 256, 257
  de competências, 50, 51, 52, 53
  de conteúdo, 50, 51, 52, 99, 101, 257, 290

de desempenho, 49, 51, 52, 53, 257
de processos e projetos, 40, 48, 52, 56, 256
de projetos, 50, 51, 52, 53, 112, 139-164, 257
do capital humano, 40, 48, 52, 53, 56, 71, 165-185, 211, 256
do conhecimento, 4, 9, 10, 11, 15-36, 40, 41, 47-48, 49, 56, 60, 61, 67, 71, 72, 73, 77, 79, 83, 86, 91, 92-93, 103, 104, 112, 114, 118, 129, 132, 145, 153, 159, 167, 168, 169, 171, 172, 180, 188, 194, 204, 209, 210, 245-246, 256, 257, 258, 259, 273, 279, 286, 288, 290, 292, 293, 294-295
estratégica, 40, 48, 51, 52, 59-88, 92, 112, 173-174, 207-210, 211, 212, 213, 217, 256, 257
groupware, 33, 50, 51, 52, 53, 108, 257, 289

I

indicadores, 45, 49, 52, 76, 77, 79, 80, 82, 84, 86, 125, 126, 127, 129, 136, 137, 145, 150, 163, 181, 199, 213
informações, 8, 10, 11, 15, 16, 17, 22, 23, 25, 29, 43, 44, 46, 49, 50, 52, 54, 70, 71, 72, 86, 90, 91-97, 101, 102, 107, 108, 113, 124, 125, 130, 131, 140, 145, 147, 149, 153, 154, 156, 181-182, 195, 208, 209, 210-213, 217, 230, 257, 260, 277, 283, 284, 289, 290-292,
iniciativas, 5, 67, 73, 76, 79, 82-83, 84, 173, 179, 255, 276, 277, 278, 279, 285, 286, 288, 290-292, 293, 294-295
inovação, 10, 11, 16, 33, 40, 45, 47, 48, 51, 53, 56, 62, 66, 74, 75, 94, 102, 107, 123, 124, 130, 133, 134, 137, 142, 151, 154, 168, 179, 180, 188-189, 196, 207, 208, 209, 212, 212, 214, 219-251, 256, 257, 265, 266, 275, 286, 290
tipos de, 222-227, 230-232, 233
inteligência competitiva, 40, 48, 49, 51, 52, 53, 104, 188, 207-215, 257
intenção, 10, 112, 147, 148, 268, 280, 281, 294
interfaces, 40, 41, 46-47, 55, 115, 256
internalização, 19, 20, 21, 22, 25, 26, 36, 95, 147, 151

J

jornada, 258, 286-293

L

leniência no julgamento, 28, 29, 36, 244
linguagem
 compartilhada, 92-94, 103, 109, 148, 162
 inovadora, 272-273, 274, 294

M

macroambiente, 40, 41, 44-45, 55, 81, 85, 209, 236, 256, 257
Manual de Oslo, 222, 223, 242
mapa
 de visão, 264
 estratégico, 83, 84
matriz
 da inovação, 232
 de importância e desempenho, 199, 200, 201, 215, 216
metas, 23, 77, 80, 82-83, 84, 125, 127, 129, 175, 179, 210-211, 217, 232, 236, 246, 247,
microcomunidades, 263, 265, 273, 276, 278, 279, 284, 294
middle-up-down, 22, 24, 25, 96, 97, 167
modelo
 de excelência em projetos, 140, 152, 154-162, 163
 de inovação, 230, 239, 240, 241
 de negócios, 227-229, 230-231, 232
 dos 5 *gaps*, 201-204, 216
 SECI (Socialização, Externalização, Combinação e Internalização), 19-21, 28, 35, 94, 145-146, 147, 163, 270, 279, 285

O

objetivos, 22, 28, 43, 49, 60-61, 62-63, 70, 75, 76, 78, 79, 80, 82, 83, 84, 90, 92, 95, 103, 108, 112, 122, 135, 142, 145, 148, 150, 152, 159, 168, 173, 179, 180, 185, 191, 192, 196, 201, 208-209, 211, 212, 226-227, 243, 246, 261, 266-270, 276, 279, 280, 283, 286, 290, 291, 293, 294
OCDE, 222, 223, 238, 239, 240
ontologias, 92, 93, 102, 103
organização, em hipertexto, 20-28, 36, 98

P

padrões, 40, 41, 46-47, 51, 55, 107, 119, 152, 183, 247, 248, 256, 257, 269
padronização, 34, 118-123
páginas amarelas, 103, 181-184, 289
participação, 34, 50, 114, 133, 161, 172, 173, 177, 181, 249, 265, 270-271, 274, 290-291, 294
PDCA (*plan-do-check-act*), 130
perspectivas, 13, 14, 16, 23, 54, 75, 76, 79, 80, 82, 83, 123, 124, 169, 201, 245, 263, 277, 278, 279, 281, 284, 294
PMBOK, 140, 142, 152-154, 162, 163, 164
PMI, 142, 152

portal corporativo, 50, 51, 53, 99, 101, 103-104, 106, 181, 257
Porter, 44, 114, 116, 117, 123, 124
   cinco forças de, 79, 81, 236
práticas
   de conhecimento, 47, 51, 52, 56, 90, 101, 103, 110, 112, 115, 116, 118, 128, 131, 136, 144, 148, 151-152, 163, 166, 168-169, 181, 207, 210, 211, 213, 216-217, 222, 256-261, 286, 288, 292
   gerenciais, 33, 47, 48, 56
processo *middle-up-down*, 20-28
processos
   de conhecimento, 288
   de inovação, 47-48, 123, 124, 212, 225, 238, 240-241, 242, 243, 244, 246, 247, 249, 250
   de operações, 123
   de serviços de pós-venda, 123
   descrição de, 112-123
   gerenciamento de, 112, 127-136, 144
   integrados, 130, 157, 158, 164
   lacunas em, 201
   mensuração de, 123-126, 136
   modelagem de, 117, 118, 119
projeto
   ciclo de vida do, 144-145, 148-151, 154, 163
   fases de um, 145, 146

Q

qualidade
   de serviços, 197, 198, 202, 204, 205, 206, 216
   percepção da, 203, 206

R

raciocínio baseado em casos, 51, 105
redes
   interorganizacionais, 40, 41, 43-44, 55, 112, 257
   sociais, 40, 41, 42, 43, 45, 55, 194, 208, 256, 257-258
redundância, 280, 282, 283-284, 287, 294
reestruturação, 46, 55, 64, 66, 68, 99, 136, 137
regras, 93, 122, 176, 177, 188-189, 237, 251, 266, 274, 289
relacionamento com o cliente, 49, 124, 193-194, 195, 215, 216

S

Seis Sigma, 129, 133-134, 136
SERVQUAL, 201, 204-207, 215, 216

sistema
   da inovação, 226
   de conhecimentos, 18, 64, 66, 68, 282
   de tarefas, 64, 66, 68
   de valores, 114
sistemas
   de gestão de conteúdo, 50, 51, 52, 99, 101, 257, 290
   de informação e comunicação, 9, 50, 53-54, 90, 91, 102, 130, 289
   integração de, 118-123
   inteligentes, 40, 51, 52, 53, 54, 56
   legados, 99
SOA (service-oriented architecture), 118, 120, 122, 123, 230
socialização, 17-18, 19, 20, 21, 22, 25, 26, 35, 94, 146, 147, 195, 283
solicitude, 28, 29, 30, 36, 159, 181, 195, 243, 244, 260, 268, 271, 277, 286, 294
STICs, 40, 49, 50, 51, 52, 53, 56, 90, 91, 98, 99, 103-106, 110, 114, 118, 130-131, 211-212, 213, 230, 257, 258
supply chain management (SCM), 50-51, 52, 53, 63, 257
sustentabilidade, 40, 41, 43, 46, 55, 113, 136, 143-144, 170, 173, 256, 257, 258
SWOT, 79, 81, 236

T

taxonomia, 92, 93-94, 102, 103, 292
tecnologias
   de informação, 48-49
   de informação e comunicação, 33, 40, 49, 56, 118, 211-212, 230, 256, 257
trajetória, 64, 65, 67, 68, 83, 86, 249, 273, 276, 278-279, 286, 287, 288

U

universidade corporativa, 182-184

V

valor
   de mercado, 73-75, 84
   em processos, 196-201
variedade de requisitos, 27, 280, 284, 294
vantagem competitiva, 28, 48, 52, 54, 60, 61, 68, 71, 72, 103, 104, 110, 113, 114, 115-116, 153, 171, 207, 208, 209, 212, 217, 236, 237, 238, 258, 278, 290
visionária de 360º, 261, 262, 263, 293-294

W

workflow, 50, 51, 52, 257

NOSSA CAPA

Marcus Vitruvius não era um arquiteto qualquer. No ápice de sua carreira, servindo o imperador Augusto no século 1 a.C., dedicou-se a resumir sua experiência em dez volumes denominados *De Architectura*. Impressa pela primeira vez mais de 1500 anos depois de escrita, a obra influenciou a arquitetura europeia por séculos.

Um parágrafo de seu terceiro livro, especialmente, intrigou gerações. Ao discutir a construção de templos, Vitruvius buscava a harmonia nas relações simétricas entre as partes, utilizando como base as proporções ideais do corpo humano. Escreveu que se traçarmos um círculo sobre um homem deitado com as mãos e pés estendidos, centralizando o compasso em seu umbigo, os dedos das duas mãos e dos pés tocarão a circunferência do círculo descrito. Mas, assim como descreve um círculo, a forma humana também gera um quadrado, uma vez que o comprimento dos pés à cabeça é igual à medida dos braços esticados. Várias representações gráficas tentaram descrever essas relações, mas somente uma parece ter tido êxito.

Nascido em 1452, em um mundo à beira da mudança, Leonardo Da Vinci buscava entender o universo e relacionar o Homem à natureza. Cientista, arquiteto, artista e inventor, sua mente inquisitiva fica evidente em seus desenhos, que tinham como objetos não só a natureza e as pessoas, mas também máquinas, que criava em detalhes. Para ele, o funcionamento do corpo humano era uma analogia do funcionamento do universo, e era portanto natural que se debruçasse sobre o conceito de Vitruvius. Em sua representação, o "homem vitruviano" se inscreve simultaneamente no círculo e no quadrado, uma solução que depois de feita parece simples. Com esse expediente, o desenho revelou as proporções ideais do corpo humano e traçou tais relações com a matemática e as ciências que tornou-se um símbolo do conhecimento humano e dos ideais da ciência e da filosofia.

O conhecimento tende a ser elusivo, quando concebido por mentes criativas, mas depois de organizado exibe-se com desfaçatez, orgulhoso de sua recém-adquirida obviedade. Influentes como foram, as ideias e teorias de Vitruvius acabaram por ser de tal modo absorvidas pelas leis e conceitos arquitetônicos que se seguiram que acabaram por desaparecer sob elas; mas o conceito do homem vitruviano, iluminado pela imagem de Leonardo, sobrevive. Mesmo enquanto aponta o caminho para o conhecimento que o inspirou, o homem vitruviano segue livre para granjear novos significados.